경영과학의 이론과 실제

박용성 편

敎友社

머 리 말

현대는 국제화, 정보화 시대라고 일컫는다. 제 2차 세계대전 이후 근대화와 더불어 대기업이 속출하게 되었고 이들 대기업에서의 경영과학은 운용의 합리화를 위하여 큰 역할을 하게 되었다. 실제로 경영과학은 계획의 입안과 운용, 관리면에서 없어서는 안 되는 수단이 되었다. 기업도 경영다각화와 기업체구축을 위하여 새로운 전략적 정보시스템의 구축에 노력하지 않으면 안 된다.

경영과학을 넓게 정의할 때에는 품질관리, 생산관리, 경영과학, OR(operations research) 등을 전부 포함해서 생각하지만 좁게는 OR만으로 보는 것이 많다. 이 책에서도 처음에는 넓게 생각해 놓고 실제로는 OR을 주체로 한 내용으로 하고 있다.

OR의 대상은 기업경영이나 일반의 사회현상이 주체이지만 수법은 수학적 기초에 입각한 과학적 방법이다. 그러므로 사용자는 문과적인 입장의 사람이 많은데 수법은 이과적 사고를 필요로 한다. 여기에 이용면에서의 다소의 곤란함을 동반하는 경우가 있다. 이미 발간된 OR책들이 생각하는 방식만으로 끝나든가, 지나치게 수학적이든가의 양극단에 놓이기 쉬웠다. 이 책은 가능한 어느 쪽으로도 치우치지 않도록 신경을 썼다. 현재는 컴퓨터의 고도화와 이용의 용이함이 진전됨에 따라 수법의 자세한 이해보다 적용상의 이해만으로 충분히 취급되게 되었다.

제 1 장에서는 경영과학 전반에 관한 사고방식을, 제 2 장에서는 Linear Programming을 중심으로한 수리계획법의 기초적인 부분을, 제 3 장에서는 Graph이론을, 제 4 장에서는 확률이론에 관련한 여러 가지의 문제를 취급하였다. 직접 주제로는 되어 있지 않았지만 정보이론, Dynamic Programming 등의 사고방식도 관련되는 곳에 적당히 삽입시켰다.

이 책은 수학적 지식을 전혀 요구하지 않는 입장에서 쓰여져 있다. 독자대상은 주로 문과계의 학생과 기업의 실무자 여러분이다. 이과계의 여러분에게는 다소 부족할 지 모르지만 사고방식에 중점을 두고 읽는다면 도움이 될 것이다. 이 책이 경영과학을 공부하려는 학생이나 실무에서 필요로 하시는 분에게 큰 도움이 될 수 있다면 더 없는 기쁨으로 생각할 것이다.

끝으로 본인의 미숙함으로 고쳐야 할 점이 많으리라 생각되는데 앞으로 계속 고쳐 나아갈 것을 약속 드리며 이 책을 출판함에 있어서 교우사 오판근 사장님의 호의에 감사를 드린다.

저자 박 용 성

차 례

제 1 장

개 요

§1.1 경영과학은?

경영과학은 보통 **Management Science**(약해서 ; **MS**)의 역어로 되어 있다. MS는 정확하게는 관리과학이라고 한다. 또한 Management Science는 **Operations Research**(약해서 ; **OR**)와 거의 같은 의미로 사용되는 일이 많은데 MS는 다소 경영적 색채가 강하고 OR은 수법적 색채가 강하다고 한다. 그래서 경영과학을 좁은 의미로서 정의하려고 할 때에는 OR과 같게 생각하는 것이 많다. 본서도 이 입장을 따른다.

OR의 정의와 변천에 대해서는 다음절에서 서술하기로 하지만 OR은 일반적으로 **의사결정의 과학**으로 불리고 있다. 경영의 정상에서 중간을 거쳐 하급 관리층까지 모든 단계의 의사결정 수단으로서 사용되고 있다. 말하자면 경영의 과학화이다. 또 응용수학의 입장에서는 OR을 **계획수학**이라고 부르기도 하는데 그것은 수법 중심으로서 경영과 직결되지 않는다는 점에서 조금 좁은 견해가 된다. 한편 경영과학을 넓은 의미에서 정의하려고 할 때에는 **과학적 경영관리**의 모든 수법을 통합한 경영을 위한 과학이라고 생각하지 않으면 안 된다.

일반적으로 경영(administration)의 2가지 주류는 **조직**(organization)과 **관리**(management)라고 말하고 있다.

"경영은 사람으로"라고 말하지만 management의 능력이 있는 인재가 있고 그 인재를 살리는 조직이 있어서 비로소 잘 되어 가는 것이다. 관리(management)의 기능은 **계획**(planning)과 **통제**(control)가 중심이 되어 있다. 모든 경영관리수법은 Plan-Do-Check-Action의 **PDCA의 Cycle**을 돌리는 것이 필수조건으로 되어 있다. 품질관리에서는 이것을 **Deming Cycle**이라 부르고 있다. 우선 계획을 입안하고 그것을 실행으로 옮겨 계획대로 가고 있는가 어떤가를 체크하고 그렇지 않으면 무엇인가의 수정조치를 취한다. 다시 계획을 고쳐서 같은 모양의 cycle을 맞춘다. 이렇게 하여 나선적인 향상(spiral up)이 예측된다.

고유기술에 기초를 둔 기술개발, 기술혁신이 있고 나서 성장이 이루어졌지만 품질과 생산성의 향상은 **품질관리**(quality control ; 약해서 **QC**)와 **경영공학**(industrial engineering ; 약해서 **IE**)에 의한 것이라는 것은 말할 것도 없다.

그림 1-1

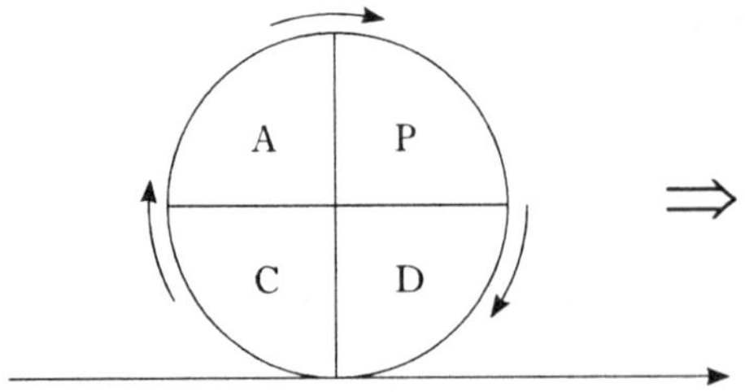

가장 새로운 **QC의 정의**는 다음과 같다.

> 품질관리는 사려는 사람의 요구에 맞는 품질의 물품 또는 서비스를 경제적으로 생산 또는 공급하기 위한 수단의 체계이다.

이 정의에서 알 수 있듯이 품질이라고 하는 사고방식은 공업제품에 대해서 뿐만 아니라 서비스의 품질도 생각하고 있다. 그래서 제조업에서의 생산뿐만 아니라 공급에 관한 유통업에도 관계하고 있다. 사실 최근에는 전력, 은행, 호텔, 수송 등의 서비스업에 있어서도 품질관리 활동이 활발하게 이루어지고 있다.

또 경제적이라고 하는 것이 평을 받게 되므로 품질의 향상이 코스트 높음을 가져와서는 안 되는 것을 주의해야 한다.

QC의 정의를 계속하면 다음과 같다.

> 근대적인 품질관리는 통계적인 수단을 채용하고 있기 때문에 특히 **통계적 품질관리**(statistical quality control ; 약해서 **SQC**)라고 한다.

> 품질관리를 효과적으로 실시하기 위해서는 시장의 조사, 연구・개발, 제품의 기획, 설계, 생산준비, 구매・외주, 제조, 검사, 판매 및 애프터서비스와 재무, 인사, 교육 등 기업활동의 모든 단계에 걸쳐 경영자를 비롯하여 관리자, 감독자, 작업자 등 기업 전원의 참가와 협력이 필요하다. 이와 같이 해서 실시된 품질관리를 **전사적 품질관리**(company-wide quality control ; 약해서 **CWQC**) 또는 **통합적 품질관리**(total quality control ; 약해서 **TQC**)라고 한다.

TQC의 T(total ; 통합적)가 어떻게 넓은 의미를 가지고 있는가를 알 수 있다. 전 부문, 전 계층, 전 업종에 걸쳐 있는 것이다.

품질관리도 제2차 세계대전 후의 도입기에서 현재에 이르기까지 내용이 점차 변화해 왔다. 최초에는 검사중심에 있었던 것이 제조부문으로 옮기고 다시 설계부문으로 옮기어서 점점 **원류관리**가 되었다. 제조자 자신의 기호에 의한 product out에서 소비자의 요구에 맞춘 **market in**으로 변화하고 단순히 품질이 좋은 것만으로는 소용이 없어서 소비자가 요구하는 품질의 물품을 만들지 않으면 팔리지 않는 시대로 되어 있다. 또 다양화의 시대라고 말하고 대량생산에서 소량 다품종의 생산으로 변화했다.

따라서 소비자 기호 등의 조사를 마케팅(marketing)에 의해서 행할 필요가 있다. 여기에 QC와 마케팅과의 밀접한 관련이 생긴다. 슈퍼마켓에서도 잘 팔리는 상품의 파악을 POS(point of sales)시스템에 의해서 행하고 상품의 회전의 원활화를 꾀하고 있다.

다음에 IE의 사고방식으로 옮기자.

IE의 발생은 QC보다도 오래되고 금세기의 초두에 Taylor가 제창한 **Taylor 시스템**의 창설에 근거한다. 여기에서는 작업분석, 동작연구, 작업표준화, 표준시간 등이 중심이 되고 있으며 동작연구(motion study)와 시간연구(time study)에 중점을 두고 있다.

초기의 **IE의 정의**는 다음과 같다.

> IE는 사람을 주된 활동의 대상으로 하고 작업을 분석, 평가해서 개선 및 표준화를 추진한다. 표준화된 작업의 시간측정에 의한 표준시간을 설정하여 각종관리의 기준으로 한다. 그 활동의 결과는 생산성향상과 원가절감에 의해서 경영에 기여한다.

IE가 도입된 것은 역시 제2차 세계대전 후로 QC보다 다소 늦게 들어왔다. 작업개선과 공정능력 향상의 활동으로서 활발하게 추진되어 급격한 생산성의 향상을 보게 되었다. 측정 기술면에서도 과거에는 stopwatch를 손에 쥐고 측정하였지만 memo morden film을 이용하기도 하고 통계학에서의 sampling수법을 응용한 work sampling 등이 개발되었다.

IE활동으로서도 oil-shock 후는 에너지절약이 정력적으로 추진되고 공장의 자동화, 결국 **FA**(factory automation)의 진전과 함께 에너지절약화가 추진되었다. 물류관계도 로봇의 이용 등에 의해 급속히 추진되고 있다.

QC가 SQC에서 TQC로 진행됨에 따라 IE도 고전적(classical)인 IE에서 현대(morden) IE로 탈피하게 되었다. 미국의 IE협회가 관여하고 있는 현대의 IE, 즉 **현대 IE**의 정의는 다음과 같다.

사람, 물건, 설비의 통합적 시스템의 설계 · 개선 · 확립에 관한 활동이다.

일반적으로 넓은 의미의 IE는 "전원참가의 생산성 향상활동"으로 되었다. QC에서의 QC서클과 같이 IE에서도 자주관리 활동이 성행하고 있다.

TQC나 현대 IE의 정의를 보면 기업의 전 분야에 걸친 활동이라는 것을 알 수 있다. 그러나 그를 위해 이러한 것이 단독으로 모든 경영관리에 도움이 된다는 착각을 하기 쉽다. 이러한 개개의 관리기술은 각자 고유의 목적을 가지고 개발된 것이기 때문에 그것의 실천을 위해서는 서로 밀접한 관련을 가질 필요가 있고 단독으로 all mighty는 할 수 없다.

QC의 대상은 **품질**이고 IE의 대상은 **능률**이다. 그런데 일반적으로 능률을 올리려고 하면 품질이 떨어지는 경향이 있고 역으로 품질을 올리려고 하면 능률이 저하되기 쉽다. 이 양립하기 어려운 목표를 동시에 취급하기 위해서는 적당한 때에 균형을 생각할 필요가 있다.

OR에서는 목적함수로서 **이윤**이나 **비용**을 생각하는 일이 많다. 그래서 품질이나 능률의 향상이 어떻게 이윤에 영향을 주는가를 생각하는 것으로서 하나의 척도로 삼는 것이다. 이것이 요인간의 trade off(물가와 고용의 상대관계)이다. 그렇게 하면 OR의 사고방식이 제일 좋다고 생각되지만 특별히 그렇게 말할 필요는 없고 취급대상이나 분야의 다름에 있고 수법사이의 상하관계는 없다.

QC와 IE는 주된 대상이 생산현장이지만 OR은 의사결정이 목적이고 참모(staff)가 중심이 되는 경향이 있다. 그러나 TQC 등에서는 사장이 솔선하고 선도하는 것이 요구되고 있다.

일반적으로 관리기술은 고유기술과 달라서 경영에 직결하고 있는 것이 중요하다. 고유기술에서는 새로운 기술을 개발하기 위한 기술수준은 높으면 높을수록 좋다. 그러나 관리기술에서는 과잉품질이나 능률을 지나치게 올리는 것에 비하여 팔리는 변화가 없어 비용만 들게 되어 경영을 압박하는 것이다. 관리기술에 종사하는 사람은 항상 경영중심의 사고방식을 잊지 말고 over-control에 주의하지 않으면 안 된다.

QC, IE, OR은 각각 맡은 업무는 달라도 서로 유기적으로 관련해서 비로소 실효가 나타난다. 다루는 방법면에서도 그러한 것이 잘 보인다. IE에서도 선형계획법(linear programming)이나 시뮬레이션(simulation) 등의 OR수법이 왕성하게 사용되고 있다. 연구면에서도 이러한 것의 융합의 필요성이 고조되고 품질관리학회, 경영공학회, OR학회의 3단체가 연합조직을 형성하고 있다.

여기에서 IE와 OR의 분담관계를 하나의 측면에 대해 조사해 보자. IE에서는 신뢰하는 기초데이타의 수립과 거기에 기초를 둔 표준화가 주안점이고 그것의 해석에는 OR수법 등을 이용하는 것이 많다. 한편 OR에서는 모든 데이타는 주어지는 것으로 하고 그것을 어떻게 해석하느냐가 중심이 된다. 현실의 어떠한 문제를 해결하는 데에도 그 문제에 필요한 데이터의 수립과 그것에 기초를 둔 해석이 필요하다. 이와 같은 것에도 IE와 OR의 일체적인 활용이 요구되는 것을 알 수 있다.

과학적 경영관리의 기술로서 **시스템공학**(systems engineering ; 약해서 **SE**)이 있다. 시스템공학의 정의는 다음과 같다.

> 어떤 목적을 달성하기 위해 상호 관련된 요소를 적당히 구성하여 하나의 새로운 시스템을 합리적으로 설계하고 그것을 운용하는 공학이다.

여기에 시스템으로는 어떤 것이 있을까? 상호 관련된 요소를 결합체로서 통일하고 어떤 목적을 달성하기 위한 기능을 갖는 것은 모두 시스템이다. 시스템에는 얼마간의 모양에 물질, 에너지, 정보 등이 깊이 입력되어 외부환경의 영향을 받으면서 시스템 내부에서 적당히 가공, 처리된 것이 출력되어 외부로 나아간다. 시스템공학은 이와 같이 매우 광범위한 개념이지만 여기서 문제로 하는 것은 주로 경영시스템이다.

여기에서 시스템과 조직(organization)은 다르다는 것을 주의하지 않으면 안 된다. 예를 들면 위, 장, 폐, 심장 등의 여러 가지 기관(organ)이 한데 모여서 인체조직을 이룬다. 결국 기관의 모임이 조직이다. 먹고, 마시고, 자고, 움직이는 것 등의 기능은 인체조직으로서 행해진다. 그러나 생각하기도 하고 계획하기도 하는 인간 스스로의 기능은 신경시스템에 의해서 행해진다. 대뇌중추로부터 인체의 말단까지 신경시스템이 퍼져 있고 중추로부터의 지령이 그것을 통해서 전달되고 전달한대로 잘 전달됐는지를 피드백(feed back)시킨다.

경영체에서도 인사부, 경리부, 자재부, 제조부, 판매부 등의 각 부문이 인체의 각 기관에 상당하고 그러한 것으로 기업체가 구성된다. 사무를 맡기도 하고 생산하기도 하고 판매하기도 하는 일상활동은 이러한 경영체로서 충분하다.

그러나 계획한 활동은 곧바로 진행되지 않는다. 기업을 장기에 걸쳐 존속시키기 위해서는 언제나 장래를 예측하면서 계획을 변경하여 PDCA의 사이클을 돌리지 않으면 안 된다. 그것을 행하는 것이 경영시스템이고, 인간의 대뇌중추에 해당하는 것이 기업의 정상(top)이다. 정상으로부터 명령전달 계통이 각 부문에 전달되고 또 역으로 bottom-up의 정보시스템이 만들어져서 비로소 경영이 능숙하게 진행된다.

시스템공학의 목표는 시스템의 최적설계와 그의 운용에 있다. 그를 위해서는 여러 종류의 구체적인 수법이 필요하게 된다. 그것에 쓰이는 최적화수법은 QC, IE, OR 등으로 개발된 것이 대부분이다. 역으로 과학적 경영관리의 실시를 위한 시스템이 잘 되어 있지 않으면 한낱 구호에 그쳐 실효가 오르지 않는다. TQC 추진을 위한 시스템이나 OR실시를 위한 **decision support system**(약해서 ; **DSS**) 등이 그에 해당한다.

또 관리기술의 실시를 위해서는 여러 가지의 계산을 컴퓨터로 하지 않으면 안 된다. QC에서의 다변량분석이나 OR에서의 선형계획법의 계산 등은 빈번히 필요하게 되지만 컴퓨터가 없으면 불가능하다.

현재에는 어느 기업에 있어서나 컴퓨터시스템이 정비되고 조직으로도 시스템부를 가지고 있는 곳이 많다. 간단히 시스템이라고 말하면 컴퓨터시스템을 가르키는 것이라고 해도 과언이 아닐 정도이다.

대기업에서는 컴퓨터시스템의 부문을 분리하여 자회사에서 하는 곳이 늘어나고 있다. 그 곳에서는 모회사의 일 이외에도 일반의 수탁계산도 하고 있다. 물론 초기의 단계부터 독립된 정보산업으로서의 계산회사도 많다.

컴퓨터의 하드웨어(hardware)면은 눈에 띄게 발달해 왔다. 반도체소자에 대해서는 1975년부터 1985년에 걸친 10년간에 처리 속도는 10배 이상이 되고 가격은 10분의 1이하가 되었다. 그로 인해 컴퓨터의 고도화, 소형화가 급속히 진행되고 현재에 있어서는, 한편으로는 초대형의 슈퍼컴퓨터가 떠받치고 다른 한편으로는 마이콤(micro computer), 파스콤(personal computer)의 대중화시대를 맞이했다. 그와 더불어 소프트웨어(software)면에서의 정보처리 기술자의 필요성도 질과 양에 있어서 모두 높아지고 국가시험의 수험자수도 매년 증가하고 있다. 또 대학의 경영정보학부 등의 신설도 증가하고 있다.

기업에서의 컴퓨터부문으로서 시스템부의 정비에 따라서 QC, IE, OR 등의 경영과학관계의 참모(staff)시스템부에 소속되는 곳이 증가하고 있다. 컴퓨터의 계산이 사무계산, 기술계산, 경영계산의 3가지로 되고 관리기술에 관한 것은 이전에는 기술계산에 포함시켰지만 현재는 경영계산으로 분리되게 되었다.

파스콤이나 워드프로세서(word processor) 또는 팩시밀리(facsimile) 등의 급속한 보급에 따라서 사무관리도 큰 변혁을 맞이하게 되고 **사무자동화**(office automation ; 약해서 **OA**)가 새로운 관리기술의 분야로서 나타나게 되었다. FA와 OA의 진전에 의한 생산관리와 사무관리의 쌍방에서 기계화, 자동화가 병행되어 왔다. OA에 있어서도 QC, IE, OR 등의 제수법의 이용이 금후의 과제로서 기대되고 있다.

지금까지 경영과학을 넓게 생각했을 때 여러 종류의 관리기술에 대해서 진술했다. 이러한 것은 각각 고유의 목표를 가지고 있지만 서로 밀접하게 관련되고 전체로서 어떻게 잘 유기적으로 결합시키느냐가 성공의 갈림길이 된다. 단독으로의 이용이나 개별로 또는 병렬로 이용하는 것은 많은 노력에 비해 효과는 적다고 생각된다. 이것은 경영과학 내부에서의 관련이다.

그것에 대해서 이번에는 경영전체에 놓인 경영과학에 위치를 부여할 필요가 있다. 경영과학은 컴퓨터시스템에 관련한 정보과학과 시스템설계 사이에 밀접한 관련을 가지고 있다. 경영에서의 일상활동은 생산, 판매, 사무 등의 운영(operation)이고 그것을 저변으로 해서 정상의 경영과 결합시키는 것이 경영과학, 정보과학, 시스템설계의 3가지 주류가 된다. 그러한 것이 관리(management)와 정보(information)와 시스템(system)의 3위 일체이고 **경영정보시스템**(management information system ; 약해서 **MIS**) 그것이다. 특히 경영과학에 중점을 둔 것이지만 전략적 경영시스템 또는 **전략적 정보시스템**이라 부르고 있다.

그림 1-2

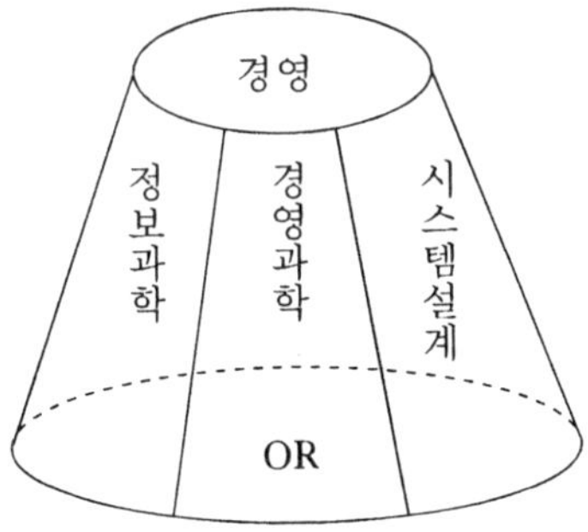

또 **인간공학**(human engineering ; 약해서 **HE**) 및 **가치분석**(value analysis ; 약해서 **VA**)도 광의의 경영과학에 포함하는 일이 있다.

경영과학을 협의로 생각할 때에는 OR과 같은 의미가 되고 OR은 의사결정의 과학이라고 서술했다. 의사결정을 하는 것은 인간이므로 인간과학과의 관련도 생각하지 않으면 안된다. 사회학에 관련한 **행동과학**, 심리학의 일부문으로서의 **산업심리학**과의 관계도 중요하다.

그런데 애매모호함을 취급하는 학문으로서 **퍼지이론**(fuzzy theory)이 각광을 받고 있다. 인간의 특징 중의 하나는 애매모호함을 처리하는 능력을 가지고 있는 것이다. 사회가 다양화되면 애매모호함이 도처에 나타난다. 현재 퍼지이론도 여러 가지 방면에 응용되기 시작했다.

경영과학에도 퍼지이론이 취급되고 있지만 이후 점점 광범위하게 도입될 것이다.

연습문제 1.1

1. 경영과학의 정의를 말하라.
2. QC와 IE의 사고방식을 말하라.
3. 품질관리의 내용 변화에 대하여 말하라.
4. QC, IE, OR의 상호관계를 말하라.

§1.2 OR은?

OR(operations research)의 내용은 의사결정의 과학이지만 품질관리나 경영공학 또는 시스템공학과 같은 적당한 번역어가 없어 현재까지 계속 OR로 약칭되어 왔다. 그것은 operation이라고 하는 개념이 여러 가지로 되어 있고 단순명쾌하게 잘 표현한 단어가 없기 때문이다. 계획의 과학이나 운용의 과학으로 불리기도 하지만 그것은 일면을 말하는 것에 불과하다. 기업에서의 일상활동으로 생산하는 일, 사무보는 일, 판매하는 일, 모두가 operation이다. 또 의사가 수술을 하는 것도 operation이다.

OR의 기원은 IE나 QC보다도 새로이 제2차 세계대전의 초기가 된다. Operation은 군대용어로는 작전이고 OR은 본래 **작전연구**에서 생겼다. 현재 중국에서는 OR을 운주학(運籌學)이라고 부른다. 이것은 계략을 의논하는데 머리를 짜낸다고 하는 의미로 바로 참모본부에서의 작전연구를 의미하고 있다. 당시 영국에서 새로 개발된 방공용레이더를 어떻게 배치하면 좋은가를 연구하는 과학자 위원회가 1939년에 만들어졌다. 이것이 세계최초의 OR그룹이라고 한다. 이 그룹은 맨체스터 대학교수인 Blackett경이 지도하였다. 그의 눈부신 활약에 대해서 Blackett Circus라고 하는 명칭이 이 그룹에 주어졌다.

한편 미국에서는 마사츄세스 공과대학의 Morse교수를 중심으로한 OR팀이 1942년에 편성되었다. 최신예의 성능을 가진 독일 잠수함, U보트에 의한 공격을 피하기 위해 수송선단을 어떻게 편성하면 좋은가 하는 것이 이 팀에 의해 연구되어 현저한 효과를 올렸다. 그 후 영국, 미국, 캐나다, 프랑스를 포함한 연합군의 참모본부의 고문(consultant)으로서 OR이 활용되었다. 노르망디 상륙작전이나 오키나와에서 일본의 특공대에 대한 반격 작전 등에 이용되어 그 성과가 폭넓게 인식되어지게 되었다.

과학적인 작전연구라고 하는 것이 제2차 세계대전 이전에도 없었던 것은 아니다. 병력과 화력이 전력으로서 어떻게 관계하는가를 미분방정식으로 나타낸 Lanchester의 법칙은 이미 1916년에 알려졌다. 그러나 당시는 OR로서는 인식하지 않았다.

제2차 세계대전이 종료되고 나서 영국에서는 군대에서 복원한 OR관계자가 국유화한 철강, 석탄, 철도 등의 기간산업에 종사하고 산업의 재건에 공헌했다. 그러나 미국에서는 전후에도 많은 OR종사자는 군대에 남아서 방위연구를 계속하고 있었다. 따라서 산업계로의 OR의 도입은 영국이 가장 빨랐다. 미국에서 OR이 산업계에 도입된 것은 자동화(automation)의 진전에 의한 제 2 차 산업혁명 이후이다.

제 2 차 세계대전 중에 OR이 현저한 성공을 나타낸 것은 대부분이 사례연구(case study)이고 정리된 OR 자신의 수법이 그다지 있었던 것은 아니다. 미국에서는 전후에 산업계로의 OR의 도입이 영국보다도 늦었는데도 영국에서 OR의 수수한 적용에 비교하여 많은 새로운 수법의 개발에 노력하고 그 결실을 맺어 화려하게 적용하였다.

미국에서 이와 같이 OR의 산업계에의 적용이 성공을 본 이면에는 과학적 경영에 대한 경영자의 적극적인 의사와 생산성 향상과 컴퓨터의 본격적인 도입 등 이의 기반이 정돈되어 있었다고 하는 것을 강조할 수 있다.

일본에서도 보다 빨리 이와 같은 동향이 미국에서 전해져 OR의 적용이 시행착오적으로 행해졌으나 처음은 QC나 IE에 비해서 OR의 적용이 따라붙지 못했다. 그것은 경영자의 받아들이는 태도나 컴퓨터 이용면 등의 제약에 따른 것이라고 생각된다.

그 후 기업에서 OR의 필요성도 증대되었고 고도 경제성장시대에는 OR도 비약적으로 발전했다. 생산계획을 비롯하여 수송계획, 혼합문제 등의 여러 가지 배분문제는 기업에서의 일상의 일(routine work)로서 행해질 때가 되었다. 또 TQC와 현대 IE의 진전과 함께 컴퓨터 이용의 용이함이 같이 작용하여 OR도 모든 업종의 기업에 침투하게 되었다.

여기서 **OR의 정의**를 옮겨 보자. OR의 탄생이래 OR의 정의도 계속되어 왔다. 경영과학의 진전과 함께 OR의 사고방식도 점점 변화하고 있다.

OR이 정리된 책으로서 최초로 간행된 것은, 지금은 OR의 고전으로 되어 있지만, 앞에서 밝힌 Morse교수와 Kimball교수에 의해 1951년에 출판된 「OR의 방법(method of operations research)」이다. 이 책에는 제 2 차 세계대전 중에 사용했던 많은 OR적용의 성공 사례가 실려 있다. 이 책에서의 OR의 정의가 초기의 OR의 적용단계에 널리 받아들여졌다. 이 책에서는 OR을 다음과 같이 정의하고 있다.

OR은 통제하에 있는 operation에 관한 결정에 대해서 정량적인 기초를 집행부에 부과하는 과학적인 방법이다.

이 정의는 아직 OR을 작전연구로 보고 있는 경향이 강하다.

기업에서 집행부는 경영진이다. 이 정의에서 중요한 것은 OR은 의사결정을 중심으로 한다는 것과 선택된 행동가운데서 정량적인 판단에 의하여 최적이라고 생각되는 방책을 선택할 필요가 있다는 것이다. 결국 단어로서 "결정", "정량적", "과학적" 등이 중요하다. 다만 최종결정은 집행부가 보다 고도의 시야에서 행하고 OR종사자는 그 판단자료를 제작하는 것이다.

과학적 경영관리의 유력한 수단으로서 OR이 채용되었을 때에 OR의 표준적인 교과서로서 정평이 있는 것이 Churchman, Ackoft, Arnoff에 의해 1961년에 출판된 「Operations Research 입문」이다. 이 책에서는 OR을 다음과 같이 정의하고 있다.

> OR은 과학적인 방법, 수법, 용구를 시스템의 운용(operation)에 관한 문제에 적용하여 시스템의 관리자에게 그 문제의 최적해를 제공하는 것이다.

여기에 비로소 OR의 시스템에 대한 개념이 나타난다. 시스템의 최적화에 관한 결정이 목표가 된다.

그 위에 시스템공학과 정보과학의 발전에 따라서 OR도 체질개선이 되었다. Acoff, Sasieni가 1970년에 쓴「현대 OR의 방법(fundamental of operations research)」에서는 다음과 같이 정의하고 있다.

> OR은 제분야 협력의 팀에 의해서 조직화된 인간과 기계의 시스템을 조직 전체로서의 목적에 가장 적합한 해를 얻도록 제어하기 위한 과학적 방법이다.

여기서 OR의 목표가 개개의 시스템이 아니라 전체로서의 통합시스템(total system)으로 되어 있는 것을 알 수 있다. Subsystem의 최적화로는 불충분해서 total system의 최적화를 지향하게 된다. 이를 위해서는 전문이 다른 많은 사람들의 협력에 의한 학제적인 연구팀이 필요하다. 또 제어의 문제가 관련되어 있는 것도 하나의 특징이다.

부문별의 최적화가 반드시 전체로서의 최적화에 결부되지 않는다는 것이 도처에서 발견된다. 재고관리 문제에서는 부문별로 전혀 다른 요구가 된다. 판매부문에서는 고객의 요구를 충족하기 위해 가능한 다종의 품종의 재고를 요망한다. 생산부문에서는 생산 라인의 효율화를 위해 소품종의 다량재고가 되기를 원한다. 반면, 경리부문에서는 자금의 유효이용 때문에 가능한 재고는 적게 하기를 원한다. 이와 같은 모순된 요구를 전체로서 어떻게 맞추는가가 total system의 최적화로서 OR에서 꼭 보이고 싶은 솜씨인 것이다.

이와 같이 1950년부터 1970년에 걸쳐 거의 10년마다 3번의 정의를 해 왔다. OR의 사고방식이 시대와 함께 어떻게 변천해 왔는가를 알 수 있는 것이다. 1980년대는 현실문제로의 적용을 보다 광범위하게 생각하지 않으면 안 된다고 하는 정보화, 국제화의 시대가 되었다. 그것에 따라서 OR의 적용도 개별기업의 문제뿐만 아니라 지방자치체에 관한 제 문제나 병원과 같은 긴급시설의 입지문제 등 공공적인 면으로의 적용이 확대되어 왔다. 더욱이 도시계획, 광역행정, 공해문제 등 지역적, 국가적인 견지에서의 OR적용이 왕성하게 되었다. 현재 긴급한 과제로는 교통문제, 특히 도시의 교통정체와 불법주차문제이다. 또 주택문제도 전국적인 토지이용과 관련해서 큰 문제다. 그 위에 고령화 사회에 동반한 연금문제도 아주 급하다. 이러한 것들의 해결에 OR의 효과적인 적용이 요망된다.

그런데 OR을 실제에 적용할 때에는 어떠한 순서로 진행하면 좋을까?

우선, 먼저 해결해야 할 문제가 제기되지 않으면 안 된다. 현실에는 무수히 많은 문제가 있어서 어느 문제부터 손을 대면 좋을까 하고 당혹해 하는 것이 보통이다. 문제가 없다고 하는 것은 문제 그대로 문제가 아니고 너무 잘 처리되어서 개선의 여지가 전혀 없다고 하는 이상적인 상태일 것이다. 그렇지 않는 한 문제가 없다고 하는 것은 있을 수 없다. 문제를 발견할 능력이 없다고 하는 것이다. 그래서 문제가 제기 되어 그것에 OR을 사용하여 해결할 때의 순서는 일반적으로 다음의 단계에 따라 행해진다.

1. 문제의 설정
2. 모델의 작성
3. 최적해의 도출
4. 최적해에 의한 모델의 테스트
5. 최적해의 실시

위의 각 단계를 좀 더 상세하게 살펴보기로 하자.

첫 번째, **문제의 설정**의 단계에서는 취급하는 문제에 영향을 주는 요인으로서 어떤 것을 생각해야 하는가를 조사해야만 한다. 거기에는 그 문제에 관한 전문가와 OR그룹이 협력해서 처리하는 것이다. 전문가를 넣지 않은 OR그룹 만으로의 검토는 중요한 요인을 빠뜨릴 위험이 있다. 요인의 적절한 선정에는 전문가의 경험과 전문적인 고유의 지식이 필요하다. 결국 여기에서는 관리기술 보다도 고유기술 쪽이 중요하다. 일반적으로 과학적이라고 할 때에는 경험이나 직관을 배제하지 않으면 안 된다는 것을 잘 알 수 있다. 그러나 요인선정 등에서는 오히려 경험과 직관이 매우 중요하지만 문제의 해답까지도 경험과 직관만으로 내는 것은 비과학적이다. 거기에는 여러 가지 과학적 수법을 구사해야 한다.

생각할 요인을 뽑아 낼 때에는 그룹의 brain storming에 의한 QC에서의 **특성요인도**와 같은 것을 만드는 것이 좋다. 그리고 뽑혀진 많은 요인 가운데 중요한 것은 어느 것이며 어느 요인간에 관계가 있는지에 대해서 조사하는 것이다.

요인간의 관계를 조사할 때에도 전문적인 견지에서 관계가 있다고 생각되는 요인에 대해 데이터에 근거하여 조사하면 좋다. 조건 없이 임의의 요인간의 상관분석을 통계적 수법으로 진행해도 많은 노력에 비해서 쓸모 없는 것이 많다. 또 실제로는 관계가 없는데 다만 데이터 상에서만 상관이 있다고 하는 결과가 되어 사실과 틀리는 일도 일어난다. 통계적인 처리는 논리적으로 예상된 것을 데이터 상에서 거듭 확인하는 데에 사용하면 좋다.

두 번째, **모델의 작성**의 단계에서는 이미 설정된 문제와 관련하여 선정된 요인을 변수로 하고 변수간의 관계를 나타내는 식을 중심으로한 수식모델을 작성하게 된다. 수식모델이라고 해도 그렇게 복잡한 것은 거의 나타나지 않는다. 초등수학 정도의 수식, 예를 들면 1차식이나 2차식 정도로 충분하다. 복잡한 식을 사용하면 취급이 곤란하게 될 뿐이다. 여기에서도 수학적 지식보다도 오히려 문제에 관한 고유의 지식이나 경험이 도움이 된다.

OR의 적용단계에서 가장 중요한 것은 모델작성의 단계이다. 모델작성에 대해서는 어떠한 모델이 있는가를 참고해야 한다. 그것에 대해서는 다음 절에 상세하게 서술하기로 한다. 모델은 어디까지나 모델이고 현실 자체는 아니다. 그러나 현실문제 그대로는 취급되지 않기 때문에 마땅히 모델로 하는 것이다. 따라서 모델은 문제의 본질을 상실해서는 안된다. 중요한 관계를 빠뜨리거나 비선형인 것을 선형으로 하는 것은 본질을 잃어버린 모델이 된다. OR의 실시에서 잘 되지 않는 경우의 대부분은 모델이 틀렸거나 불완전하게 되어 있는 경우이다.

모델을 단순하게 해서 정확한 해답을 구하는 것과 모델을 복잡하게 해서 근사해를 구하는 것과 어느 것이 좋은가는 논의로 알 수 있다. 그러나 모델작성은 문제의 본질을 잃지 않는 범위에서 될 수 있는 대로 단순한 모델로 하는 것이 좋다고 생각된다.

세 번째, **최적해의 도출**의 단계에서는 여러 가지 수학적 수법이 구사된다. 그러나 사용자가 각자의 수법을 실제에 적용할 때에 손 계산으로 해를 얻는 것은 전혀 아니라고 해도 좋다. 현실문제는 간단한 것 같이 생각되어도 변수나 식의 개수는 꽤 많다. 그러므로 손 계산으로는 무리이고 컴퓨터로 하지 않을 수 없다.

컴퓨터를 사용할 때에는 각 수법에서 해를 구하는 방법의 순서가 알고리즘(algorithm)으로 되어 컴퓨터 프로그래밍으로 만들어져 있다. 사용자는 그것을 사용해서 실제의 데이터를 넣어 주면 컴퓨터가 자동적으로 최적해를 도출해 준다. 해를 구하는 공식이나 그와 같이 되는 수학이론을 알고 있을 필요는 없다. 오히려 각각의 수법이 조건 없이 사용되는 것은 적고 무엇인가의 제한이 부과되는 것이 많다. 그래서 각 수법이 어떠한 조건하에서 사용가능하며 그 수법의 기본적인 사고방식은 어디에 있는지 등을 이해해 두면 사용상에 있어서 전혀 지장은 없다.

정형적인 수법에 대해서는 대부분 컴퓨터 프로그램이 작성되어 있다. 그러나 실제의 문제가 모두 정형적인 수법으로 해결되는 것은 아니다. 실제로 발생하는 아주 많은 문제는 이미 만들어진 수법 그대로 해결되지 않는 것이 많기 때문에 이미 만들어진 수법을 적당히 조정해서 수정하거나 또는 전혀 새로운 수법을 개발하지 않으면 안 된다. 이를 위해서는 그러한 수법과 함께 어떤 수학적인 사고방식을 충분히 습득해 놓아야 한다. 그것은 전문의 OR사용자가 하는 일은 아니다.

그런데 실제로 해결해야 할 문제에서 그 해법이 발견될 때까지 기다릴 수는 없다. 신기술의 개발과 달리 문제해결이 시급하거나, 시기를 잃어서 도움이 되지 않는 경우가 자주 있다. 이와 같은 때에는 신해법의 개발을 느긋하게 기다리지 말고 이론적이 아니라 실험적으로 해를 구할 것을 생각한다.

실험적으로 해를 구하는 것을 시뮬레이션(simulation)이라고 한다. 시뮬레이션도 역시 컴퓨터를 이용한다. 컴퓨터 언어로서도 시뮬레이션 전용의 것이 여러 가지 개발되어 있다. 시뮬레이션은 모의(模擬)모델실험으로 현실에 유사한 상황을 만들어 컴퓨터에 의해 실험적으로 해를 구한다. 여기에서는 이미 모델이 만들어져 있으므로 그것을 사용해서 바로 시뮬레이션을 할 수 있다. 시뮬레이션은 실험적 해법이므로 수학적인 이론이 전혀 필요 없다. 그러나 실험이므로 정도(精度)가 문제된다. 정도가 좋은 해를 구할 때는 실험횟수를 늘려야 한다. 따라서 컴퓨터를 사용하는 비용이 상당히 든다. 그러나 이론적으로 풀 수 없으므로 시뮬레이션에 의존해야 한다.

최근에는 컴퓨터를 싼값으로 사용할 수 있게 되고 시뮬레이션이 편리해서 이론도 필요하지 않으므로 시뮬레이션의 도용이 있다고 생각된다. 이론적인 수법이 있을 때에 시뮬레이션을 사용하는 것은 어처구니가 없는 일이다. 이론적으로 해를 구하는 것은 정확한 해를 직접 구하는 것이며 시뮬레이션에 의한 해는 근사해이고 더구나 돈과 시간이 든다. 그러나 이론적 해법이 없기 때문에 할 수 없이 시뮬레이션을 사용하는 것이다. 그래서 이미 만들어진 수법에 대해서는 어떠한 것이 있는지 알아 둘 필요가 있다.

네 번째, **최적해에 의한 모델테스트**의 단계에서도 다시 시뮬레이션이 사용된다. 대규모 시스템에 대해서는 시스템 시뮬레이션이 생각되어진다. 시스템의 동특성(動特性)을 고려한 것으로 **system dynamics**(약해서 ; **SD**)라고 불리는 것이 있다. 자원절약 문제나 에너지 문제 등에 자주 이용된다.

모델을 테스트한 결과 형편이 나쁜 것이 발견되면 그 모델을 수정한다. 모델작성에 있어서도 PDCA의 사이클이 적용된다.

이상에서 본 바와 같이 OR의 실시에서는 수학적 감각을 중요시 할 필요가 없다. 결국 수학에 약하다고 해서 OR사용자가 될 수 없는 것은 아니다. 수법의 이름과 사고방식, 적용의 한계 등을 이해하면 충분하다.

OR에 수학이 필요한 것은 수법의 개발 때문이다. 그것은 전문의 OR종사자의 일이지만 이것도 중요한 일이다. 새로운 수법이 개발되면 그만큼 시뮬레이션을 하지 않아도 끝나게 된다. 이의 연구면과 현장에서의 적용면을 혼동해서는 안 된다. 더욱이 OR의 목표가 과학적 경영이므로 OR의 실시에 있어서 경영자의 관심이 가장 중요하다. 아무리 우수한 OR종사자가 최적해를 제시해도 경영자가 그것을 거의 채용하지 않으면 OR종사자의 사기가 떨어져 버린다. OR종사자가 생각하는 모델과 경영자가 지향하는 모델에 차이가 있을 때에는 그러한 일이 일어나기 쉽다. 경영자가 스스로 장기 경영방침을 제시하고 거기에서 해결할 문제를 OR종사자에게 지시하는 것이 바람직하다. 그 때 문제뿐만이 아니라 가능하면 모델에 대해서 고려해야 할 요인이나 환경조건 등에 대해서도 될 수 있는 대로 주의를 주려고 배려하면 OR종사자도 쾌적한 상황에서 일을 쉽게 하게 된다. 여기에서도 TQC와 마찬가지로 경영자의 주도성이 중요하다.

OR의 적용에 실패하는 경우로서는 모델이 부적절하여 일어나는 일이 많다는 것을 앞에서 서술했다. 그 밖의 경우로는 사용하는 데이터가 잘못되어 있거나 불확실하게 되어 있는 경우이다. 사실 데이터는 고정된 것이 아니고 확률적으로 또는 시간적으로 변동하는 것이 많다. 이와 같을 때에는 단 한 개의 최적해도 구할 수 없다.

그래서 선형계획법에서의 **감도분석**과 같이 데이터가 여러 가지로 변할 때 최적해가 어떻게 변하는가를 표시해 두면 환경변화에 대해서도 적응하기 쉽다. 또 불확실한 데이터는 퍼지이론을 사용한다. **퍼지수**로서 취급하는 것도 하나의 방법이다. OR의 여러 가지 수법에 퍼지수를 사용해서 일반화하는 경향이 최근 갑자기 진행되고 있다

지금까지 OR이라고 하는 것은 경영에 관한 중요한 문제를 해결하는 것을 주된 목적으로 강조했기 때문에 개인적인 문제에는 OR은 관계가 없다고 생각할지도 모른다. 그러나 일상생활에서도 OR의 문제는 도처에 널려 있다.

몇 개의 간단한 예를 들어보자.

· 주부가 시장에 가서 물건을 살 때 가족의 기호와 영양가를 고려해서 가능한 식비를 적게 들이려면 어떠한 것을 얼마만큼 사면 좋을까?

> · 슈퍼마켓의 계산대가 붐비기 시작했다. 기다리는 시간을 평균 1분 이내로 하려면 카운터를 몇 개 열면 좋을까?
> · 한정된 넓이의 방에 여러 가지 모양을 한 많은 물건을 배치하여 가능한 공간을 유용하게 이용하고 싶다. 어떻게 배치하면 좋은가?

이러한 문제는 전형적인 OR문제로서 각각의 문제에 맞는 특유의 고상한(elegant) 해법이 사용되고 있다.

이러한 문제가 보다 규모가 커지면 다음과 같은 기업의 문제가 된다.

> · 현재 보유한 기계와 노동력으로 여러 가지 제품을 각각 어느 정도 생산하면 전체로서의 이익이 최대가 되는 것일까?
> · 여러 군데의 차고에 들어 있는 버스를 각 노선에 어떻게 배치하면 가장 효율적일까?

이러한 문제는 지역적, 국가적, 세계적으로 얼마든지 확대할 수가 있다. 요컨대 문제의 규모에 상관없이 문제의 본질은 같다. 그 본질을 나타내는 것이 OR모델이다.

끝으로, **최적해의 실시**의 단계에서는 얻은 해를 음미하고 해의 실시에 대한 관리방법을 정해서 관리한다. 최종적으로 결정한 해가 그 문제의 목적에 합치하고 조건이나 범위를 만족하여 유효한 것인지를 충분히 검토해야 한다. 해가 구해지고 검토가 완료되면 실시의 단계에 들어간다. 여기에서는 해의 관리방법을 미리 정해두는 것이 중요하다. 이것은 OR에서 얻어진 해는 한정된 조건과 범위에서 얻은 것인데 실제로 문제를 둘러싸고 있는 모든 환경은 시시각각으로 변화하며 투입자원도 변화하고 있기 때문이다. 해에 대한 통제를 위해서는 가장 민감한 투입요소(input parameters)들을 찾아내어 이들이 해에 미치는 영향을 분석하여 변화가 발견될 때마다 즉시 해를 조정하여 의사결정을 수정해야 한다. 따라서 늘 관리체제가 필요하다.

연습문제 1.2

1. OR의 정의를 시대 변천에 따라 내려라.

2. OR을 사용하여 문제를 해결하는 단계를 설명하여라.

§1.3 Model의 분류

OR의 적용단계에서 가장 중요한 것이 모델작성이었다. 모델은 취급하려고 하는 문제의 본질적인 부분을 추상화하고 간단한 수식으로 표현한 것이다.

모델작성에 일반적인 이론은 없고 문제에 따라 고유의 지식이나 경험에 근거하여 만들어지는 것이다. 문제의 본질적인 부분이 얼마만큼 모델에 반영되어 있는가가 좋은 모델과 그렇지 못한 것의 분기점이 된다.

모델작성의 일반적인 순서는 없어도 여러 가지의 모델을 알고 있으면 모델을 만들 때 많은 도움이 된다. 마치 판례집(判例集)과 같은 것이다. 그래서 모델을 적당히 분류해 놓는 것이 편리하다.

우선 **모델의 대분류**에서부터 시작하자. 여러 각도에서 분류할 수 있지만 주로 3가지 측면에서 모델을 대분류한다.

❶ 확정모델(Deterministic Model)과 확률모델(Stochastic Model)

확정모델은 **결정론적모델**이라고도 한다. 또 확률모델은 확정모델에 대립하는 것으로서 **불확정모델**이라고 한다. 이 분류는 모델에 우연변동이 얼마나 관여했는가에 따라 결정된다.

확정모델은 어떠한 의사결정을 선택해도 각각에 대응하는 특정의 정해진 결과를 낳는다. 우연히 관여하는 여지는 전혀 없다. 현실에서는 천체의 운행 등을 제외하고, 완전하게 확정한 문제라고 하는 것은 거의 없다고 말할 수 있다. 기계에서도 언제 고장이 날지 전혀 예측할 수 없다. 그러므로 어떤 문제라도 크든 작든 우연히 관계한다. 다만 우연의 영향정도가 문제이다. 우연의 영향이 무시할 정도이면 근사적으로 확정모델로 생각하면 좋다. 선형계획법 등에서 취급하는 모델은 확정모델이다

엄밀히 말하면 확률모델과 확정모델은 적은 차이가 있다. 불확정모델 쪽이 넓은 의미를 가지고 있다. 확정모델이 아닌 것은 모두 불확정모델이다. 불확정모델에는 확률모델과 전혀 확률을 모르는 미지의 모델이 있다.

확률모델에서는 어떤 행동을 취했을 때의 결과가 확정되지 않고 각각의 결과에 도달하는 확률은 알고 있다. 설비보전에서의 기계고장에 관한 신뢰성의 문제, 대기행렬에서의

손님의 도착상태와 서비스시간 등은 데이터를 조사하는 것에 의해 확률이 추정되어 확률모델로 된다. 주가의 변동 등은 당연히 우연변동이 큰 영향을 주는 것이다. 투자신탁에서의 주식거래에 관한 **유가증권**(portfolio)문제 등도 확률모델이다.

재고관리의 모델에서 수요상태를 확률분포로서 확실히 알 수 있을 때에는 확률모델이 된다. 그러나 신제품의 경우와 같이 수요를 전혀 알 수 없을 때에는 확률을 알 수 없는 모델이 된다. 이것은 확률모델이 아닌 불확정모델이다.

그러한 때에는 상대가 나오는 태도를 전혀 알 수 없기 때문에 게임이론에서의 minimax 방식을 채용하는 것이 많다. 상대가 어떻게 나오는가를 알 수 없지만 자신으로서 가장 불리하게 되는 경우를 상정하고 피해를 입을 가능성 있는 최대의 손실(maximum loss)을 최소로 하는(minimize) 방법을 취하는 것이 minimax방식이다.

❷ 정태모델(Static Model)과 동태모델(Dynamic Model)

정태모델과 동태모델의 차이는 시간적 변동을 모델에 참작했는가 하지 않았는가에 의한다. 어떤 현상에서도 시간적 변동을 전혀 동반하지 않는 것은 거의 없다고 한다. 이것도 우연변동과 마찬가지로 시간적 변동이 모델에 영향을 주는 정도가 적어지면 근사적으로 정태모델이 될 수 있다. 모델로서는 정태모델이 동태모델보다 훨씬 단순하므로 정태모델쪽이 훨씬 취급하기 쉽다.

한편 어떤 문제에서나 크든 작든 시간적 변동이 있다고 하는 생각을 하면 정태모델은 시간적으로 그다지 변동하지 않는 기간에 관계하며 **단기계획모델**이라고 할 수 있다. 역으로 시간적 변동이 본질적으로 영향을 주는 **장기계획모델**은 동태모델로 하지 않으면 안 된다.

어느 정도가 단기이고 장기인가는 경우와 상황에 따라서 다르고 일률적으로는 말하지 않는다. 그러나 최근과 같이 기술혁신이 심하고 유행이 변화하는 시대에서 단기는 월단위 정도로밖에 생각되지 않는다. 예전의 단기는 1년 정도까지는 생각했으나 현재는 장기로 볼 수밖에 없다.

단기적인가 장기적인가 하는 것은 보는 방식을 바꾸면 전술적인가 전략적인가라고 하는 것으로 된다. 그래서 정태모델을 **전술적모델**, 동태모델을 **전략적모델**이라고도 한다. 전술적이라고 하는 것은 눈앞의 이해관계만으로 당장 가장 좋은 방법을 쓰는 일이고 **국소적**(local)이라고 할 수 있다. 그에 반해 전략적인 사고방식은 가능한 사물을 최후까지 꿰뚫어 보고 전체로서의 최적한 행동을 생각한다. 그 최적행동의 투영을 가지고 현재의 대책으로 쓰는 것이 된다. 그것은 **대국적**(global)인 결정이라고 한다.

정태와 동태의 한계는 시간적 변동이 주체로 생각되지만 국소적이냐 대국적이냐 하는 것으로 되면 시간적 변동만이 아니고 공간적 변동을 생각해도 좋다. 공간적 변동에 대해서 예를 들면, 어떤 회사가 여러 곳에 공장을 가지고 있을 때 각 공장마다 최적계획을 세우는 것이 국소적인 결정이다. 그에 반해 전사적인 최적계획을 세우는 것이 대국적 결정이며 어느 공장인가는 다소 희생이 될지도 모른다.

일반적으로 국소적인 최적을 전체에 걸쳐서 합해 맞추는 것이 대국적 최적이 되는 것은 아니다. 국소적인 최적의 합의 방식이 대국적 최적보다 나쁜 것이 보통이다. 그것은 어느 부서엔 가에 희생이 있다는 것이 된다. 그 방향이 전체로서 좋아진다.

시간적 변동을 가진 장기계획에 대해서도 같은 모양이다. 5개년 계획을 생각할 때 매년 연초에 일년간의 최적계획을 세우고 그것을 5년간 계속한 것이 국소적인 최적의 누적이다. 한편 5개년 전체를 통해서 최적계획을 세우는 것이 대국적 결정이다. 예를 들면 생산계획을 생각할 때 일년마다의 최적계획에서는 매년 초에 어느 제품을 얼마만큼 생산하느냐 하는 구체적인 수치가 정해진다. 그렇지만 5개년 전체를 통한 최적계획에서는 구체적인 수치를 주는 것은 아니고 전략을 주는 것이다. 전략은 **정책**(policy)이라고도 한다.

정책을 준다고 하는 것은 수학적으로 말하면 함수 모양을 정하는 것이 된다. 정책이 다르다고 하는 것은 함수 모양이 다른 것인데 이는 각 시점에서의 경기상태나 경쟁타사의 상황을 포함한 외부환경 상황의 함수이다. 따라서 정책을 부여해도 미리 구체적인 수치가 결정되는 것은 아니다. 그러나 각각의 시점에 도달했을 때에는 그 때의 외부 환경조건이 지정되기 때문에 그 시점에서의 함수가 취한 값으로서 구체적인 수치가 정해진다. 이 때 비로소 동태라고 말할 수 있는 것이고 경기상태에 관계없이 취한 방법이 같다면 동태라고는 말 할 수 없다. **동적계획법**의 사고방식이 바로 여기에 있는 것이다.

그림 1-3

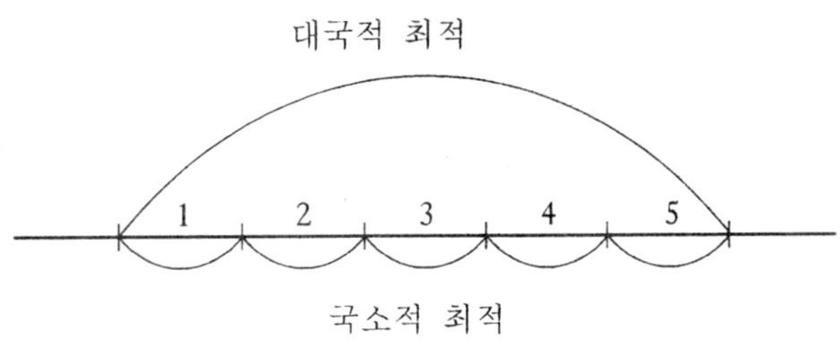

❸ 선형모델(Linear Model)과 비선형모델(Nonlinear Model)

이 분류는 모델 식의 모양 상에서의 분류로서 그것이 직선적인가 그렇지 않은가에 의한다. 여기서도 전체에 걸쳐서 선형인 현상은 적다고 할 수 있다. 따라서 부분적으로 선형조사를 하는 것이 늘어나고 있다. 대부분의 경우를 선형으로 조사할 수 있다. 그 때에는 조사범위를 명시해야만 한다.

여러 개의 꺾은선을 사용해서 차례로 기울기가 다른 직선으로 선형조사하는 경우도 있다. 2차 곡선 등은 이와 같이 선형조사를 하는 경우가 많다. 이 때에는 꺾은선의 개수가 많아지면 취급이 어려워지므로 문제의 본질을 잃지 않을 정도로 적은 개수의 직선으로 조사해야 한다.

현상 그것도 비선형이라는 것이 자주 발생한다. 교통지체 등은 자기악화현상이라고 불리며 나빠지면 점점 더 나빠지는 비선형의 혼잡을 나타낸다. 결국 차량이 2배로 늘었다고 해서 혼잡함이 2배로 되는 것은 아니고 더욱 더 가속한 혼잡 상황을 나타낸다.

상품의 수요예측의 수단으로서 **성장곡선**의 적용이 잘 사용되고 있다. 시간적 경과와 함께 상품수요가 어떻게 변하는 가를 나타내는 것이 성장곡선이다. 이것은 보통 **S자형 곡선**이라 불리며 S를 옆으로 잡아늘인 모양을 하고 있다. 인구모델이나 생물의 성장모델로 사용해 온 Gompertz곡선, Logistic곡선, 2차의 지수곡선 등은 모두 S자형 성장곡선이다.

S자형의 성장곡선을 선형조사할 때에는 초기의 시작부분과 최종의 포화상태에 접근한 부분을 제외하고 중간의 부문만을 직선으로 근사하는 것으로 생각한다.

그림 1-4

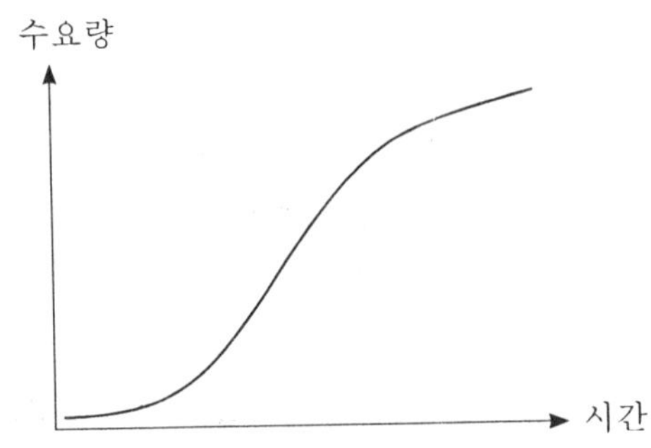

이 때는 근사할 수 있는 상한을 확실히 잡아 놓아야 한다. 그 직선을 한없이 늘여서 그 수요에 대응하는 설비투자를 계속해 가면 즉시 과잉투자가 되고 경영의 악화를 가져오게

된다. 고도경제성장의 여파에서 설비투자를 지나치게 해서 실패한 것은 새로운 교훈이다.

S자형 성장곡선을 선형근사할 때의 상한을 정하는 데에는 이 곡선이 상품 1개의 사이클을 나타낸다고 생각하고 성장과정을 몇 개의 기간으로 분할하는 것을 생각할 필요가 있다. 그것은 도입기, 성장전기, 성장후기, 성숙기, 쇠퇴기의 5기간으로 나뉘어진다.

그림 1-5

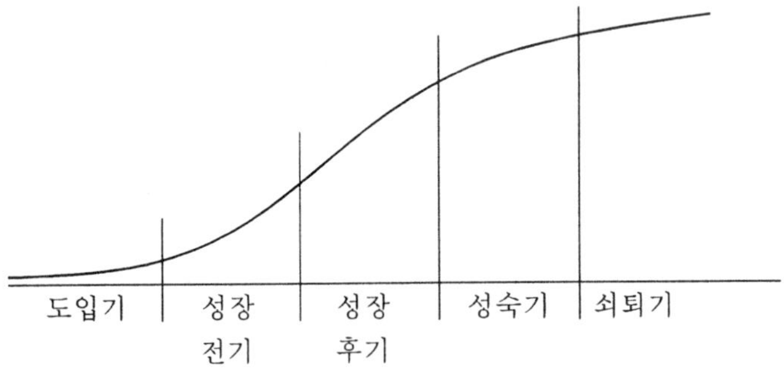

성숙기의 끝에서부터는 S자형이 하강하기 시작해서 쇠퇴기가 된다. 선형근사할 수 있는 상한은 성장후기까지이다. 그렇게 하려면 문제되는 상품에 대해서 현재 어느 기에 있는가를 초기에 판별하지 않으면 안 된다.

현재 어느 기에 있는가를 판별하는 것은 간단하지 않다. 정량적인 판정은 매우 곤란하다. 그러나 정성적으로는 수요상태, 생산면, 판매면, 경쟁타사의 상황 등을 총합평가해서 판별할 수 있다. 총합평가의 방법도 **Fuzzy적분** 등으로 할 수 있게 되었다.

그림 1-6

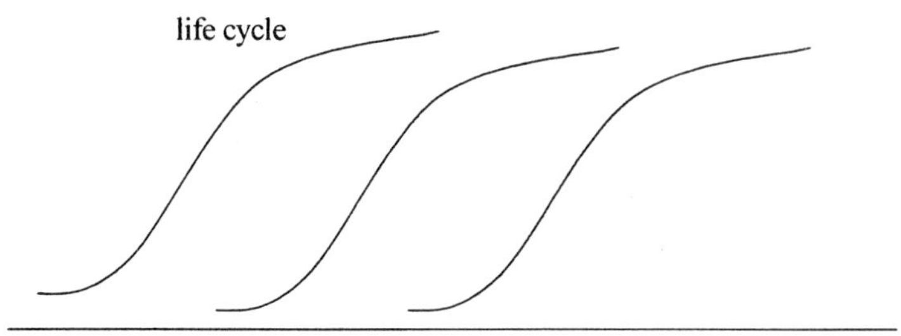

그런데 아무리 잘 팔리는 상품이라고 해도 그것 한 개에 매달려 있는 동안에 팔리지 않는 경우도 있다. 그 때가 되어서 당황해도 방법이 없다. 서둘러서 신제품을 개발해 놓지 않으면 안 된다. 그 신제품의 사이클이 끝나지 않는 동안에 다음의 신제품이 나오도록 해 놓을 필요가 있다. 그것이 제품의 **life-cycle**이라고 불리는 것이다. 생물에서의 세대교체와 같은 것이다.

이 때 앞의 life-cycle의 어느 부분에서부터 다음 신제품의 도입을 시작해야 할 것인가? 쇠퇴기에서는 물론 쓸모가 없지만 성숙기에도 너무 늦다. 성장전기쯤에서 이미 다음 신제품의 도입기가 시작되어 있는 것이 바람직하다. 그렇게 해서 비로소 경영이 안정한 성장을 하게 된다.

여기에서 비선형모델의 또 하나의 예를 들어보자. 기계를 구성하고 있는 부품에서 진공관이나 전지같은 것은 일정한 수명이 있고 수명이 다된 부품은 교체함으로써 기계는 정상으로 작동한다. 이 수명은 통계적인 분포를 가지며 **수명분포**라고 불린다. 이러한 부품의 교체도 기기의 고장으로 본다. 물론 기기 그 자체의 고장도 있고 그런 사이에 기기 전체가 노화한다. 이 때 기기의 사용 시작부터 고장률이 어떻게 변화해 가는지, 즉 시간의 경과와 함께 고장률이 도달한 변화의 곡선을 고장률곡선이라고 한다. 그것은 일반적으로 **선저형곡선**(船底型曲線)이라고 불리는 모양을 하고 있다. 사용초기에는 초기고장이라고 부르며 불량부품이 들어 있을 두려움이 있고 작은 고장률이 높다. 그것이 debug되어서 고장률이 점점 감소하고 안정된다. 그리고 장기간에 걸쳐서 고장률이 거의 일정한 부분을 우발고장이라고 부른다. 장기간 지난 후에는 고장률은 점점 상승하기 시작하고 그 때를 마모고장이라고 한다. 그렇게 되면 빠른 교체 수술을 하지 않으면 안 된다.

그림 1-7

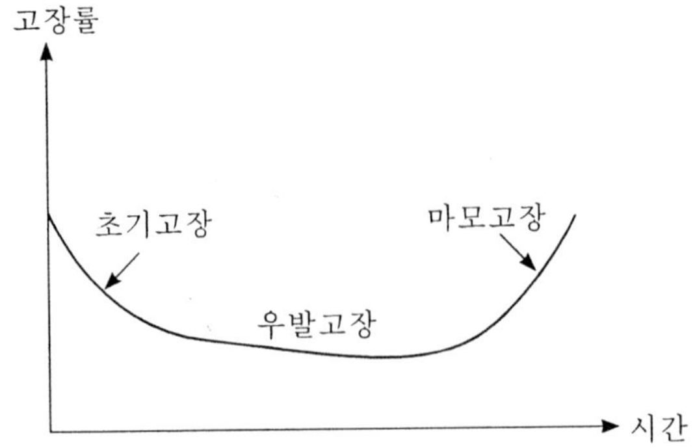

이상으로 3가지 측면에서의 모델 대분류의 설명을 마치기로 하자. 이 3개의 분류가 혼합되어서 하나의 모델이 된다. 선형계획법에서의 모델은 확정모델, 정태모델, 선형모델로

모델의 대분류로서 제일 단순한 모델이다. 확률계획법의 모델은 확률모델이다. 동적계획법의 모델은 이름과 같이 동태모델이다. 또 비선형계획법에서의 모델은 말할 것도 없이 비선형모델이다.

다음에 모델의 중분류에 대해 알아보자. 중분류는 취급하는 내용이나 대상에 의한 분류로 구체적인 대상이나 내용에 관한 모델이 된다.

우선 생산계획, 수송계획, 혼합계획 등의 여러 가지 계획에서는 자원이나 기계, 노동력 등의 투입재(input)의 적정배분이 목적이 되며 이것을 **배분모델**이라고 한다. 배분모델은 중분류의 모델로서는 꽤 넓은 내용을 가지고 있다.

재고관리에 관한 모델을 **재고모델**이라고 한다. OR 자체의 재고모델이 여러 가지로 개발되어 있다. 여기에서도 정태모델과 동태모델이 있고 각각에 대응된 발주방식이 생각되고 있다. 정태모델도 수요의 변동을 다소는 고려해 놓고 안전여유 재고품(stock)의 사고방식에 대처하고 있다. 또 변질하거나 부패하기 쉬운 상품에 대한 모델도 생각하고 있다.

재고관리에 자주 사용되는 정책의 하나로서 (s,S)**정책**이라고 하는 것이 있다. 이 방식은 수요에 따라서 재고량이 감소되고 재고수준이 s를 넘을 때 재고량이 S가 되도록 발주한다. 납입기간 동안은 여전히 재고가 감소하지만 그것을 미리 예측해서 발주해 놓으면 좋다. 이 방식은 발주간격이 일정하지 않으며 동적인 사고방식으로 되어 있다.

그림 1-8

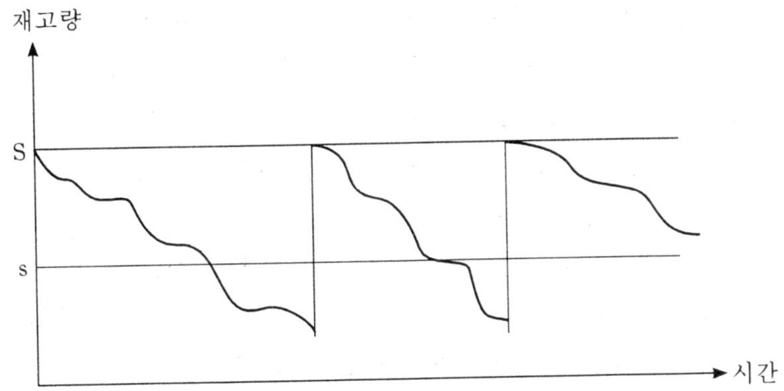

대기행렬모델은 모든 물건의 흐름을 대상으로 한다. 이것은 교통문제나 **물류관리**에서 중요한 모델이다. 이 모델은 구체적으로 움직이고 있는 물건이 아닌 사무관리나 기계관리에도 사용된다. 역시 서류의 흐름이나 기계의 가동 등을 물건의 흐름으로 보면 좋다. 일반적으로 대기행렬모델은 능률관리에 넓게 적용된다. 능률관리와 대기행렬에 대해서는 절을 바꿔서 서술하기로 한다.

교환모델은 크게 나누어 부품교환문제와 설비갱신문제로 나눈다. **부품교환문제**는 수명이 다한 부품을 교환하는 것인데 여러 가지 방식이 있다. 예를 들면 고장난 것을 그 때마다 교환하는 개별교환이나 일정기간 지나면 고장이 없어도 일제히 교환하는 block교환방식 등이 있다. 또 예방보전도 필요하고 최적 점검간격 등도 검토되어야 한다. **설비갱신문제**에서는 건물이나 기계, 차량 등의 대형설비를 교체하는 것을 생각한다. 개인적인 문제로서는 자동차를 팔고 교환하는 것 등의 문제가 된다. 최적 갱신시기를 경제계산에 의해서 구할 수가 있다. 팔고 교환하는 비용과 낡아서 열화했을 때의 능률의 악화와 유지비의 증가와의 밸런스를 계산하여 조사한다.

스케쥴링모델(scheduling model)은 순서부과모델, 일정계획모델, line balancing모델로 나눌 수 있다. **순서부과모델**(sequencing model)은 몇 개의 일을 각각 몇 대의 기계에 걸쳐서 처리할 때 어느 일을 어느 기계에 어떠한 순서로 처리하면 좋은가를 결정하는 문제에 취급한다. 목표로서도 전체의 일이 끝날 때까지의 최대완료시간을 최소로 하고 싶기도 하고 납기지연을 최소로 하고 싶은 경우도 있다. 각각의 일에 따라서 몇 대의 기계에 처리하는 순서가 지정되어 있을 때 job shop이라 부르고 모든 일을 같은 순서로 기계에 처리할 때 flow shop이라고 한다. 수주 생산공장은 이와 같은 형태가 많다.

건설공사나 행사(event)의 개최준비 등 project의 진행관리를 문제로 하는 것이 **일정계획모델**이다. 전체의 project를 그것을 구성하는 각각의 작업으로 분해하고 그들 작업사이의 선행관계를 조사해서 전체의 allow diagram을 만든다. **allow diagram**은 어느 일을 동시에 병행해서 처리하는지, 어느 작업이 끝나지 않았고 어느 작업이 착수되지 않았는지 등을 전부 나타내고 있다. 그리고 진행관리상에서 어디에 neck가 있는가를 조사한다. 그 neck가 있는 곳을 critical path라고 한다. 일정계획모델에 관한 문제를 해결하는 스스로의 수법이 여러 가지 개발되어 있다.

계속되는 작업에서 몇 가지 공정에 걸쳐 생산이 진행되고 있을 때 각 작업 점에서 line과 함께 지나치게 흩어짐이 있으면 일의 진행상 형편이 나쁘다. 그것의 balance를 생각하는 문제를 대상으로 하는 것이 **line balancing model**이다. 자동차나 가전제품 등과 같이 가공을 차례로 행하는 생산 형태에서는 line balancing이 특히 중요하다. 이런 종류의 문제는 경험적으로 좋다고 인식되는 체험적(heuristic)인 방법으로 취급되는 것이 많으나 효율적인 해법이 용이하게 되는 경우는 적다.

다음에 **network model**로 옮기자. 도로망, 수도관망, 전기회로 등은 전형적인 network model이다. 그밖에 인간집단에서의 의사소통관계나 심리적인 지배관계, 몇 개의 대상에 관한 선호관계, 토너먼트에서의 순위부여 등도 network로 표현된다. 또 기업의 조직도(組織圖), 정보system에서의 흐름도 등도 network model이다.

일반적으로 몇 개의 점과 이들 점을 적당히 맺는 선으로 만들어진 도형을 **graph**라고 한다. 이러한 점을 정점(vertex), 정점을 맺는 선을 호(arc)라고 하고 network model은 graph로 표현할 수 있다. 그래서 graph이론이 중심적인 수법이 된다.

그림 1-9

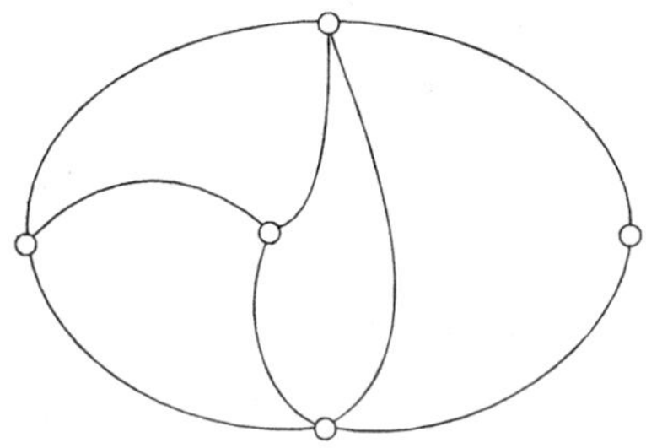

Network로서 도로망을 생각할 때에는 **최단경로문제**나 **최대유량문제** 등이 주요한 문제가 된다. 최단경로문제는 각각의 호에 거리가 주어지고 최대유량문제는 단위시간에 흐르는 용량(capacity)이 주어진다. 또 최단경로문제의 하나로서 순회salesman문제가 있다.

일정계획모델을 allow diagram으로 표시할 때에는 network model로 생각할 수도 있다. 이와 같이 같은 문제도 내용과 주체로서 생각하느냐, 표현형식을 주로 생각하느냐에 따라 동시에 몇 개의 모델로 취급될 수 있다.

자유주의 사회에서는 동종기업간의 자유경쟁이 원칙으로 되어 있다. 그것에 의해서 품질의 향상과 가격의 저하가 기대되고 소비자에게 있어서 호감이 가는 상황이 된다. 독점사회에서는 maker가 유리하게 되어 버린다. 이와 같은 경쟁상태를 나타내는 모델이 **경합모델**이다.

국제관계는 하나의 경합모델이고 정당간의 문제도 경합모델이 된다. 구체적인 문제로서는 입찰문제, 지점개설문제 등이 있다. 독점적인 상황에서는 최대화문제로 취급되지만 경합모델에서는 서로가 상대를 앞지르려고 노력하고 있어서 최대화문제로는 되지 않는다. 스스로 최대가 되려고 생각해도 상대에 의해서 방해를 받는다. 경합모델을 취급하기 위한 이론이 **game이론**이다.

제 2 차 세계대전 중에 작전연구로서 발족된 OR의 초기단계에 항공기, 잠수함, 지뢰 등의 발견에 관한 문제를 취급하기 위해 개발된 것이 **탐색모델**이다. 금속, 석유, 석탄 등의 광산의 발견은 문자 그대로 탐색이다. 또 기업에서의 회계감사도 잘못의 탐색이고 컴퓨터에 관련한 정보의 보관과 검색도 탐색의 일종이다. 탐색해야 할 대상이 목표물로 불리고 목표물은 정지하고 있는 경우와 움직이고 있는 경우가 있다. 서로가 상대의 목표물로 되어 있을 때에는 양측탐색의 문제로 된다. 탐색노력의 최적배분이 탐색의 주요한 목적으로 된 것이 많다.

모델의 중분류의 마지막으로서 **기업모델**을 언급한다. 자주 사용되는 모델로서는 **장기경영계획모델**, **예산편성모델** 등이 있다. 기업활동에 관계된 여러 종류의 요인과 요인상호간의 관계를 정하면 모델의 구조가 결정된다. 그래서 몇 개의 결정변수의 값을 정하는 것에 의해 결과가 확정된다. 실제 계획책정에 도움이 되는 것도 있지만 management game으로서 경영자의 교육훈련에 사용되는 것도 많다. 기업모델은 submodel로서 부문별로 수요예측모델, 자금계획모델, 인사계획모델 등을 포함하고 있다. 이러한 submodel은 각각 1개의 module로 되어 있어 개별로 사용할 수도 있다.

이상으로 모델의 중분류를 마친다. 이러한 모델은 대상으로 하는 내용별로 만들어진 것이다. 그러한 모델에 근거하여 각각의 최적해를 구하는 수법이 여러 가지 개발되어 있다. 그러나 모델과 수법이 반드시 1 : 1로 대응하고 있는 것은 아니다. 하나의 수법으로 여러 개의 모델을 해결할 수도 있고 역으로 하나의 모델이 여러 개의 수법에 취급되는 일도 있다.

특정 모델을 위해 개발된 수법도 여러 가지 있다. 경합모델은 게임이론에 의하고 탐색모델은 탐색이론에 의해서 취급된다. 또 대기행렬이론은 대기행렬모델을 위해서 만들어진 것이지만 그것에 의해서 재고모델을 취급하는 일도 있다. 배분모델은 주로 linear programming으로 풀어지지만 linear programming으로 재고모델을 취급할 수도 있다.

이와 같이 재고모델은 linear programming이나 대기행렬이론에도 취급되지만 재고모델 스스로의 이론도 상당히 연구되고 있다. 교환모델에 대해서도 교환이론이 있다. 일정계획모델 스스로의 수법으로서 **PERT**(project evaluation and review technique)와 **CPM** (critical path method)이 자주 이용되고 있다.

일반적인 수법에 관한 모델을 생각하는 것도 있는데 그것은 중분류보다 조금 넓다. 예를 들면 linear programming에 의한 모델이나 dynamic programming모델 방식이다. Linear programming의 모델에는 배분모델의 대부분과 재고모델의 일부 등 많은 모델이 포함되어 있다.

이번에는 모델의 소분류를 생각해 보자. 소분류로 되면 개개의 문제에 따라 그것을 모델화 시킨 것 자체로 생각한다. 그러나 모델은 문제의 본질적인 부분을 추상화한 것이고 개개의 문제에 관한 세세한 조건은 버린다. 그래서 전혀 별개 분야의 문제도 모델화 할 때에 같은 모양으로 되는 것이 자주 있다. 이와 같은 문제를 **같은 형의 문제**라고 부른다. 결국 같은 형의 문제는, 문제로서는 별개 분야의 문제로 세세한 개별의 특성은 가지고 있지만 모델로서는 같고 또 같은 방법으로 해결한다. 어떤 모양의 문제에 대한 모델이 모델의 소분류로 생각되는가 보자.

문제의 형(type)이라는 것으로, 다른 분야의 문제도 본질이 같은 것을 정리하려고 할 때 모델작성의 의의가 있다. 같은 형의 문제의 예를 몇 개 들어보기로 하자.

우선 **수송문제**를 생각해 보자. 이것은 linear programming의 모델의 하나이지만 극히 특수한 형태의 문제이다. 이 문제가 제기된 것은 제 2차 세계대전 중이었고 이미 1941년에 그 해법이 나와 실제로 이용되었다. linear programming의 일반해법이 나오게 된 것은 1948년이므로 이보다 조금 빠르다.

수송문제는 여러 가지 모양으로 생각되지만 하나의 모양으로서는 몇 개의 공장과 몇 개의 수요지가 있고 제품으로서는 한 품종을 생각한다. 각 공장에서의 생산량과 각 수요지에서의 수요량은 사전에 알고 있다. 전체로서 생산량과 수요량이 일치할 때 균형 잡힌 수송문제라고 한다. 균형 잡히지 않은 수송문제는 dummy로서 가공의 공장이나 수요지를 생각해 놓으면 균형 잡힌 경우로 귀착할 수 있다.

생산량과 수요량 외에 각 공장에서 각 수요지로의 수송단가를 알고 있다. 이 때 전체로서의 총수송비를 최소로 하는 데에는 어디에서 어디로 얼마만큼 수송하면 좋을까? 그 최적 수송방법을 결정하는 것이 수송문제이다. 수요지의 가까운 공장에서 수송하면 수송비가 싸게 드는 것은 분명하지만 반드시 가장 가까운 공장에서 가까운 수요지의 필요량만 생산하고 있는 것은 아니다.

수송문제의 다른 형태로 각 버스차고에서의 수용대수와 각 버스노선에서의 필요대수를 구하는 문제가 있다. 어느 차고에서, 어느 노선으로 최적의 버스를 배치하는 문제는 공장과 수요지의 경우의 모델과 같은 모양이다.

전혀 다른 분야의 문제로서 **인원배치문제**를 생각해 보자. 기업에서 신입사원을 배치하려고 할 때 개인의 적성에 의해서 사원을 몇 개의 적성별 group으로 나눌 수가 있다. 한편 몇 개의 직종이 있고 그 곳에서 필요한 인원수가 알려져 있다. 어떤 직종에 합당한 적성을 가진 그룹의 인원수가 그 직종에 필요한 인원수와 같다고 하는 제한은 없다. 또 어떤 그룹의 사람을 어떤 직종에 맡길 때 한 사람당 생산성이 측정되어 있다고 한다. 이것은 IE에서 rating 등의 방법에 의해서 할 수 있게 되어 있다. 이것이 안 되면 직무급이나 능률급에도 지장이 있다. 이 때 총생산성을 최대로 하는 데에는 어느 그룹의 사람을 어느 직종에 몇 사람 배당하면 좋은가? 이것이 인원배치문제이다.

수송문제에서의 각 공장의 생산량과 각 수요지에서의 수요량을 인원배치문제에서의 각 적성별 그룹의 인원수와 각 직종에서의 필요한 인원수에 각각 대응시킨다. 또 각 공장에서 각 수요지로의 수송단가를 어떤 그룹의 사람을 어떤 직종에 배치할 때의 1인당 생산성에 대응시킨다. 그렇게 하면 이 두 문제는 똑같은 형의 모델이 된다.

다만 총수송비를 최소로 하는 것과 총생산성을 최대로 하는 것을 목적으로 최소화와 최대화만이 다르다. 최대화와 최소화는 수학적으로는 같은 것으로 취급된다. 그러므로 수송문제와 인원배치문제는 같은 형태의 문제이다. 이런 형태의 문제를 **수송형문제**라고 한다. 수송문제에 대해서는 linear programming의 일반해법 보다 훨씬 간단한 간편해법이 나와 있다.

다음에 **순회salesman문제**를 생각해 보자. 몇 개의 도시와 이들 도시를 연결하는 도로망이 있다. 어떤 도시를 출발한 salesman이 전체의 도시를 꼭 한번씩 돌아서 원래의 도시로 되돌아오지 않으면 안 된다. 어떠한 코스로 순회하면 최단코스로 순회할 수 있을까? 즉, 각 도시간의 주어진 최단순회경로를 구하는 문제이다.

이것은 수학 puzzle적으로는 소위 한붓그리기문제이다. 모든 순회방법은 유한 번밖에 없으므로 그 안에서 최단의 것을 찾아내는 데에는 남김없이 조사하므로서 알게 되는 것으로 생각 할 지도 모른다. 그러나 도시의 수가 많으면 전체 순회방식의 개수는 지수적으로 증대되어 컴퓨터에 의한다고 해도 전부 조사할 수는 없다. 이 문제의 해법으로서는 **분기한정법**(branch and bound method)이 좋을 듯하다.

한편 **품종교환문제**라고 하는 것을 생각해 보자. 같은 생산설비를 사용하여 차례차례 여러 품종의 생산으로 바꾸어 1품종씩 교대로 생산을 한다. 이것을 1사이클이라고 한다. 품종을 바꿀 때에는 교환비용이 든다. 일을 진행시키는 비용은 생산설비에서 생산하는 물건만으로 정해지지만 교환에는 지금까지 생산해 온 품종과 생산설비에서 생산하려고 하는 품종의 양쪽에 관계한다.

Paint생산 등에서 백색에서 검정색으로의 교환과 적색에서 백색으로의 교환은 교환비가 상당히 다르다. 1사이클의 생산에 대해 총교환비용을 최소로 하는 최적 생산순서를 구하는 문제가 품종교환문제이다. 순회salesman문제에서의 2개의 도시 사이의 거리와 품종교환문제에서의 2개의 품종사이의 교환비를 대응시키면 이 두 문제는 같은 형태의 문제가 된다. 단, A에서 B와 B에서 A로의 교환비는 반드시 대칭이라고는 할 수 없다. 일방통행 거리 등이 있으면 반드시 대칭은 아니다. 전체 도시를 1번 순회하는 것과 1사이클의 품종을 생산하는 것이 대응하고 있다. 이 두 문제는 일견(一見) 전혀 다른 문제와 같이 생각되지만 모델로서는 아주 같다.

또 하나의 예로서 **부품교환문제**가 있다. 많은 부품을 가진 기기에서는 수명이 다된 부품만 교환하면 기기는 정상으로 가동을 계속한다. 이 때 각 시점에서의 부품의 평균 여명(余命)이나 부품재고의 문제 등이 기기의 보전에 있어서 중요하다. 한편 회사에서는 정년이 된 사원은 퇴직하고 또 신입사원이 들어온다. 기업조직에 있어서 인간도 하나의 부품으로 생각되어 부품교환이 행해지고 있다고 보여진다. 그래서 몇 년 후의 사원의 연령별 구성은 부품의 수명분포를 조사하면 안다. 또 퇴직준비금 등도 부품교환모델로 해서 취급된다.

이와 같이 하나하나의 문제의 형태를 모델의 소분류로 생각하면 좋다. 보기에는 전혀 다르게 생각되어도 또 전혀 다른 문제에서도 모델화했을 때에 같은 형태가 되면 같은 형태의 문제다. 모델화의 본질이 여기에 있다. 이후 점점 같은 형태의 문제가 다수 발견되고 거기에 대처하는 해법도 개발되고 있다.

여기까지 모델의 대분류에서 시작해서 중분류를 거쳐 소분류로 진행해 왔다. 이들은 각각 소속된 문제의 종류나 규모의 크기에 따른 분류다. 생물학에서의 분류와 같이 반드시 나뭇가지 형태로 세분화해 가는 분류는 아니다. 계층으로 되어 있어도 복잡하게 얽혀서 관련을 하고 있다. 예를 들면 재고관리모델에는 확정적인 것이 있으면 확률적인 것도 있고 정태모델이 있으면 동태모델도 있다. 그러나 막연히 전체를 바라보는 것으로는 정리하기가 어렵기 때문에 우선 분류해 놓는 쪽이 편리할 것이라는 생각에서 상기와 같은 분류를 시도한 것이다.

끝으로 문제를 중심으로 한 모델과 수법의 관련도를 그림 1-10에 표시해놓았다.

그림 1-10

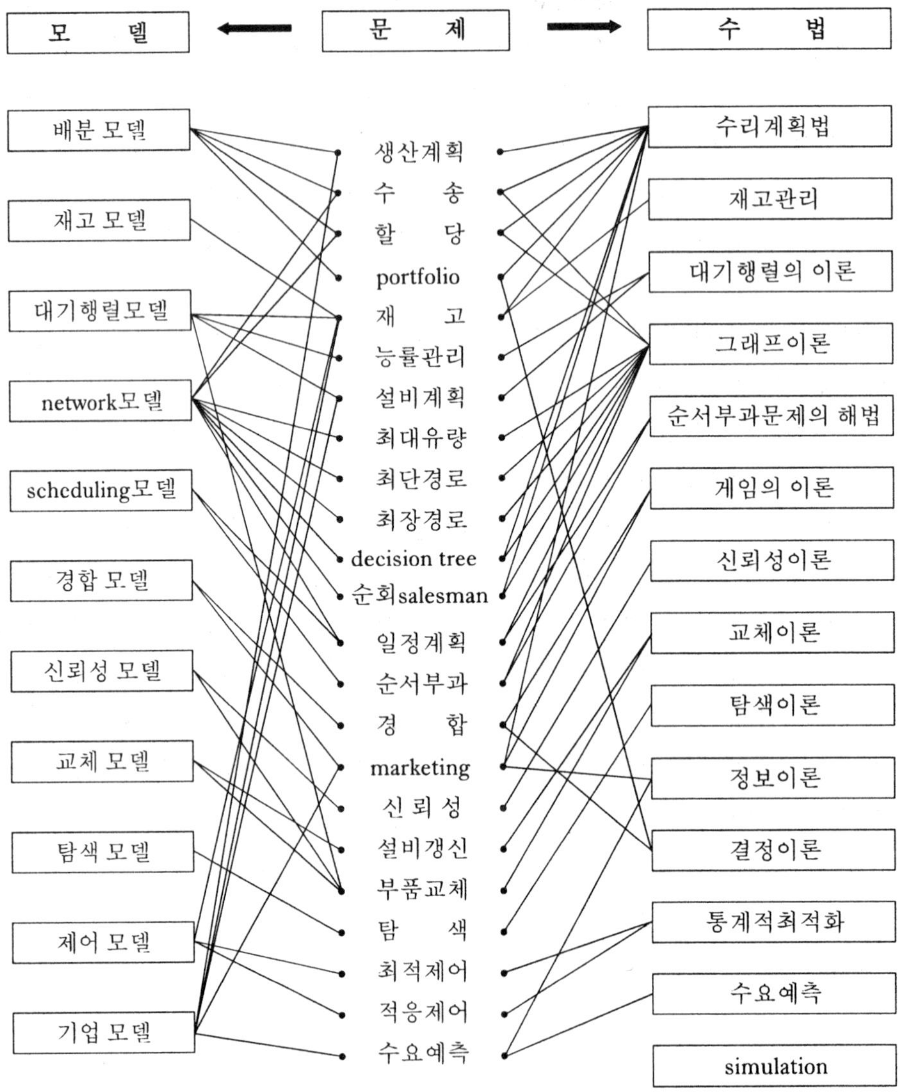

연습문제 1.3

1. 모델을 대분류하고 설명하여라.
2. 모델을 중분류하고 설명하여라.
3. 모델을 소분류하고 설명하여라.

제 2 장

선형계획법

§ **2.1** 수리계획법
§ **2.2** LP의 모델
§ **2.3** 도식해법
§ **2.4** 실행가능해 (Basic)
§ **2.5** 대체관계 (代替關係)
§ **2.6** 단체법 (Simplex Method)
§ **2.7** 쌍대문제
§ **2.8** 감도분석
§ **2.9** 매개변수계획법 (Parametric Programming)
§ **2.10** 정수계획법 (Integer Programming)
§ **2.11** 수송형문제
§ **2.12** 할당문제
§ **2.13** 게임이론

§2.1 수리계획법

생산계획 등의 여러 가지 계획(planning)을 합리적으로 행하려고 하는 것이 수리계획법이다. 수리계획법은 지극히 일반적인 입장에서 다음과 같이 정의된다.

> **수리계획법**은 주어진 제한조건 아래에서 목적함수를 최적으로 하기 위한 수학적 방법이다.

어떤 문제도 전혀 무조건으로 생각되는 것은 거의 없다. 생산계획도 현재의 노동력이나 기계설비로 생산하지 않으면 안 되고 원료 사용량이나 제품의 시장조건 등 여러 제한조건이 부과된다. 목적함수로서는 이윤이나 비용 또는 시간 등을 취하는 일이 많다. 이윤을 목적으로 했을 때는 그것을 최대로 하는 것이 목표로 되고 비용이나 시간을 목적으로 했을 때는 그것을 최소로 하는 것이 목표로 된다. 이 최대화와 최소화를 일괄하여 최적화라고 한다.

수리계획법 가운데 가장 단순한 모델이 선형계획법이다. 선형계획법은 모든 제한조건을 1차 부등식 또는 1차 방정식으로 나타내고 목적함수를 1차식으로 나타낸다. 모두 1차(linear)로 표현한 단순한 모델이다. 그러므로 모델로서는 근사모델이라고 말할 수밖에 없다. 모델이 단순하기 때문에 선형계획법(LP)에는 일반해법이 있고 LP문제이면 어떤 문제도 반드시 풀어진다. 그것이 LP가 널리 적용되고 있는 큰 이유이다.

그런데 LP는 모델이 단순하기 때문에 여러 가지 문제가 발생한다. 먼저 목적함수에 대하여는 어떤 제품의 생산량과 이윤을 생각해 보았을 때 1차(linear, 선형)라고 하는 것은 비례한다는 것이므로 생산량을 배로 하면 이윤도 배로 된다고 하는 직선적인 관계가 가정된다. 그러나 현실에는 그와 같은 것은 없고 생산량의 증가에 따라서 이윤은 점점 증가하기도 하고 감소하기도 한다. 그것을 전체로 하여 하나의 직선으로 나타내는 것은 근사로서도 매우 정도(精度)가 나쁘다고 말할 수밖에 없다.

근사모델이라고 해도 정도가 나쁜 근사로는 현실에 LP를 사용할 수 없는 것은 아닌가라는 의문이 일어날 것이다. 그러나 사고방식을 적당히 바꾸는 것에 의해서 LP도 충분히 사용할 수 있는 것이다. 생산량 전체를 하나의 범위로 생각하지 않고 그것을 몇 개인가의 단계로 분할하여 각 부분마다 직선으로 근사하는 것을 생각하면 된다. 이와 같은 꺾은선에 의해서 근사하면 상당히 정도가 좋은 근사가 얻어진다.

그림 2-1

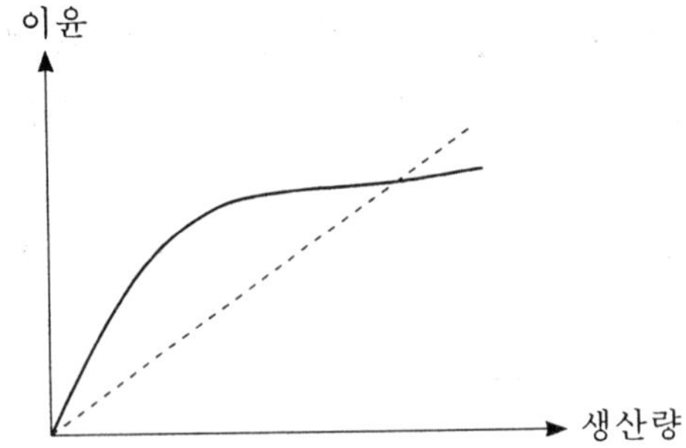

또 현실에서 생산하고 있는 제품에 대하여 지나치게 적은 생산량이나 매우 많은 생산량을 생각할 필요는 거의 없다. 어느 적당한 범위에서 생각하면 충분할 것이다. 그와 같은 적당한 범위에서는 직선으로 충분히 근사할 수 있다. 이와 같이 생각하면 LP도 근사하여 사용할 수 있는 것을 알 수 있을 것이다. 직선에 의한 근사일 때에는 틀림이 없다.

그림 2-2

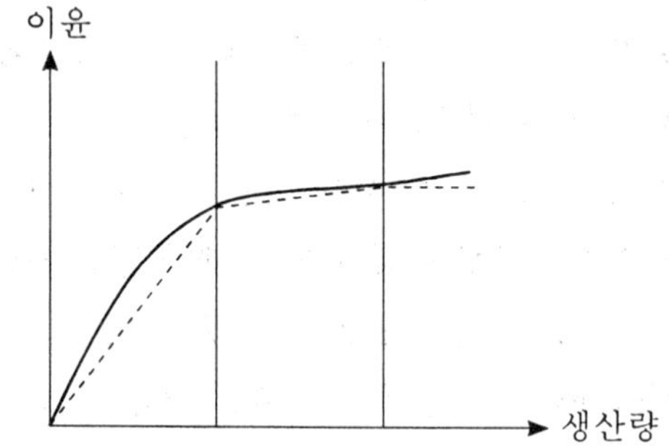

다음의 문제점은 LP는 시간적인 요소를 고려하고 있지 않다는 것이다. 결국 LP모델은 **정적모델**이다. 환경조건이 안정하고 있으면 정적모델도 장기계획에 사용할 수 있지만 현실에서 경제환경은 끊임없이 변화하고 있다. 따라서 LP모델은 **단기계획**에만 사용할 수 있다. 그래서 **장기계획**에 사용하려고 하면 **동적**(dynamic)인 모델을 취하지 않으면 안 된다. 또한 LP모델은 보통 **확정적**인 모델로 우연변동을 고려하고 있지 않다. 그러나 실제문제에서는 확률적인 현상을 LP모델에 추가할 필요도 자주 일어난다.

이러한 LP모델의 결점을 보충하여 일반화한 방향으로서는 위에서 서술한 것으로부터 당연한 다음의 3가지를 생각해 보도록 하자.

1. 비선형계획법 (non-linear programming)
2. 동적계획법 (dynamic programming)
3. 확률적계획법 (stochastic programming)

LP는 모델이 단순하기 때문에 일반해법이 존재하지만 이러한 것을 일반화한 모델에서는 이제 일반해법은 존재하지 않는다. 현재의 경우 일반해법은 없고 앞으로도 발견되지 않을 것이다. 그것은 모델이 일반에 불과하기 때문이다. 그렇다고 해서 개개의 문제마다 해법을 조사할 필요는 없다. 모델로한 문제의 형마다 해법을 연구하면 된다. 자주 나타나는 전형적이지 않은 몇 가지형의 문제에 대해서는 현재 해법은 알려져 있다. 앞으로 풀어지는 형의 문제가 점점 증가 상태로 발전해 갈 것이다.

비선형계획법(non-linear programming ; 약해서 **NLP**)은 제한조건도 목적함수도 어떤 형태로든 보다 현실에 적합한 형태의 모델로 하면 된다. 특히 제한조건은 1차 그대로이고 목적함수만이 2차식인 것을 **2차계획법**(quadratic programming ; 약해서 **QP**)이라 하며 그것에 대한 일반해법은 알려져 있다. 일반적으로 제한조건은 1차의 형태라도 그다지 현실을 깨뜨리지 않지만 목적함수를 1차로 나타내는 것은 비현실적이다. 그래서 이미 서술한 것과 같이 LP를 적용하려고 하면 몇 단계인가로 나누어 단계마다 직선으로 근사한다고 하는 꺾은선 근사에 의할 필요가 있었다. 그렇지만 근사로 나누는 것이 귀찮으면 전체를 2차식으로 근사할 수가 있다. 2차식은 포물선이므로 전체적인 근사로서 상당히 도움이 된다. 이와 같이 QP의 이용가치는 꽤 높다고 생각된다.

동적계획법(dynamic programming ; 약해서 **DP**)의 특징은 다단계의 계획, 결국 몇 개의 기간에 걸친 계획이다. 이 때에도 각 기간의 처음에 그 기간만의 최적계획을 차례로 세워 가는 것도 가능하다. 그러나 이와 같이 부분적 최적을 쌓아 올라간 것으로는 전체로서의 대국적인 최적으로는 되지 않는다. 전체로서 생각했을 때에는 어느 곳인가의 기간을 조금쯤 희생해서라도 더욱 이윤을 올리는 것이 가능하게 된다. 부분적 최적의 합이 대국적인 최적으로는 되지 않는다고 하는 것을 여기에서는 시간에 관해서 서술했지만 이것은 어느 경우에서나 말할 수 있다. 많은 공장이 있을 때 공장마다의 최적계획이 전체로서의 최적계획으로는 되지 않는다. 또 회사에서도 사업부마다 최적계획을 세워도 회사전체의 최적으로는 되지 않는다. 그러나 기업규모가 팽대하게 되어 전체로서의 계획이나 관리를 할 수 없는 상태에서는 차선책은 있어도 사업부마다 최적계획을 세우는 것이 아무 것도 하지 않는 것 보다 훨씬 좋다.

DP의 계획은 현재 시점에서 몇 개 기간의 후까지 생각하는 계획을 세우는 것이지만 그것은 구체적인 수치형태의 계획은 아니다. 결국 1년 후에 어느 정도 생산하고 2년 후에 어느 정도 생산하는가 하는 형태는 아니다. 전체로서의 최적방책을 구하는 것이다. **방책**(policy)이라고 하는 것은 게임이론에서 말하는 **전략**(strategy)인 것이다. 전략은 **전술**(tactics)과 달리 장기적인 것이다. 수학적인 표현으로는, 전략을 선택하는 것은 하나의 함수의 형을 결정하는 것에 해당한다. 따라서 전략이 다르다는 것은 함수의 형이 다른 것이다. 어떤 함수인가 하면 게임의 경우에서는 상대가 취하는 수법의 함수이다. 결국 상대가 어떻게 나와도 같은 수법을 취하는 것은 아니고 상대의 나오는 방법에 따라서 취하는 수법이 변한다. 그 대응방법을 규정하고 있는 것이 전략이다. DP의 경우에서는 각 기간에서의 경제환경의 함수로 된다. 그것은 경기가 좋아도 나빠도 같은 수단을 취하는 것은 아니고 그것에 대응하여 dynamic한 수법을 취하는 것이다. 이 대응방법이 방책에 따라서 주어진다. 그러므로 구체적인 결과는 미리 알 수 없지만 그 기간이 되면 그 때의 환경조건에 대응하여 취하는 수법은 확실히 정해진다. DP에서의 최적방책의 결정은 수학적으로는 함수공간의 점을 선택하는 귀찮은 문제로 된다.

이와 같이 DP는 장기계획으로서 바람직한 수법이지만 실제 계산에 임해서는 컴퓨터를 사용해도 꽤 귀찮은 것이다. 현재의 컴퓨터로 바둑이나 장기의 묘수풀이문제가 열 수 전후 정도에 겨우 풀리는 것만 보아도 그 곤란함을 알 수 있을 것이다. 그래서 DP만큼 일반적으로는 하지 않지만 다소의 변동정도는 고려할 수 있는 LP와 DP의 중간모델이 고려된다. 그것은 parametric programming이다. LP는 목적함수의 계수(단위당이윤이나 비용)나 제한량을 각각 일정하게 주어진 정수로서 취급하고 있다. 그러나 단위당이윤이나 비용은 상황의 변동과 함께 끊임없이 변하는 것이 현실이다. 또 제한량으로서도 새로운 기계가 사용되기도 하고 지금까지 사용한 노동력이 줄어들기도 해서 자꾸 변화한다. 그래서 이와 같은 값을 일정한 정수로 하지 않고 parameter로 하려고 하는 것이 parametric programming이다. Parameter로 하는 것은 무엇이나 변수로 하는 것은 아니다. 정수(定數)이지만 일정하다고는 제한하지 않고 변할 수 있는 정수로 보는 것이다. Parametric programming은 parameter의 전 범위에 대한 최적해를 전부 단번에 구하는 것이다. 그렇게 하면 이러한 값이 여러 가지로 변해도 그 때의 값을 사용한 최적해를 바로 알 수 있다.

Parametric programming의 이용면으로서 다음과 같은 경우도 고려된다. LP모델작성

때에 정수의 정확한 결정이 곤란한 경우도 많다. 사무의 표준화의 불완전 때문에 기초 데이터가 정확하지 않은 경우가 자주 있다. 그와 같은 조잡한 정보에 근거하여 LP로 최적해를 구하면 현실에 도움이 되지 않을 것이라는 이론도 있다. 그러나 그와 같은 경우에도 정수의 정확한 값은 알 수 없어도 그 정수가 포함되는 범위는 대체로 정확하게 추정할 수 있다. 그 때 그 범위를 변하는 parameter로 해서 문제를 설정해 놓으면 parametric programming에 의해 최적해의 변동범위를 알 수 있어 현실에 적용 가능하게 된다.

다음으로 **확률적계획법**(stochastic programming ; 약해서 **SP**)은 parametric programming의 모델에 있어서 parameter의 경우를 확률변수로 한 모델이다. 그 확률변수가 주어진 분포를 따른다. 목적함수의 계수만이 확률변수일 때에는 기대치를 잡고 보통 LP문제로 하는 경우가 많다. 제한량이 확률변수인 경우도 수요분포 등에 관련하여 자주 일어난다. 그 때에는 어느 확률이상으로 수요를 만족시키는 계획 등이 문제로 되어 확률계획법 독자의 여러 가지 수법이 생각되고 있다. 확률계획법에 대해서는 여러 가지 형태의 모델화가 생각되고 있으나 현재로는 아직 완전한 해결을 보지 못하고 있다. 앞으로의 발전이 요망된다.

위와 같은 LP모델의 일반화의 방향과는 반대로 특수화의 방향도 필요하다. 그 하나로서 **정수계획법**(integer programming ; 약해서 **IP**)이 있다. Lot단위의 생산이나 화차단위의 수송문제에서는 답이 정수(整數)가 아니면 곤란하다. 정수해(整數解)를 구하는 계획이 정수계획법이다. LP에서 구한 최적해가 정수가 아닌 경우에는 그의 끝수를 적당히 마무리하면 IP의 최적해가 얻어지는 것은 아닐까 하고 직관적으로 생각할 수 있지만 정수만의 최적해는 일반적으로 그와 같이는 되지 않는다. 그래서 IP로서의 해법이 필요하게 되고 그것은 해결되고 있다. IP의 사고방식을 기초로 해서 **Bool계획법**이나 **네트워크계획법**(network programming) 등도 나오고 있다.

또 LP에는 일반해법이 있지만 문제의 형태가 특수한 경우에 일반해법에 의하는 것은 닭고기를 찢는데 소잡는 칼을 사용하는 것이 되어 유리하지는 않다. 문제의 특수성을 이용한 간편해법이 있으면 편리하다. 그 대표적인 것으로 **수송형문제**가 있으며 그의 특수해법이 알려져 있다. 역사적으로는 오히려 수송형문제의 해법이 먼저 알려져 있었고 LP의 일반해법이 나중에 개발된 것이다. 더욱이 몇 사람과 몇 개의 일이 있고 각 사람이 각각의 일을 하는 데에 필요한 시간이 주어졌을 때 어떤 사람을 어느 일에 할당하면 전체를 최소시간에 할 수 있을까 하는 문제를 **할당문제**라 한다. 할당문제는 수송형문제의 특수한 경우이지만 이것에 대해서는 그 나름대로의 해법이 생각되고 있다. 이와 같은 특수화의 방향도 LP문제의 형태가 여러 가지로 분류되어 옴에 따라 여러 가지로 발전해 갈 것이다.

이와 같이 수리계획법은 LP를 중심으로 많은 방향으로 계속하여 발전해 왔다. 이러한 발전은 최근 수십년 사이에 된 것이다. 앞으로도 점점 다방면으로 신장해 갈 것이 기대된다. 이를 위해서도 현실문제의 모델작성을 수리계획법과 관련하여 널리 생각할 필요가 있을 것이다.

연습문제 2.1

1. LP를 모델화할 때의 문제점을 말하라.
2. LP모델의 일반화의 방향에 대하여 설명하여라.
3. LP모델의 특수화의 방향에 대하여 설명하여라.

§2.2 LP의 모델

선형계획법은 일반적으로 1차 부등식 또는 1차 방정식으로 주어진 제한조건 아래에서 1차식 형태의 목적함수를 최대 또는 최소로 하는 문제이다. 생산계획, 배분계획, 수송계획 등 경영계획에 관한 여러 가지 문제가 선형계획문제의 모델로 만들어진다. 실제의 문제를 모델화하는데 있어서는 그 문제를 정확하게 파악하고 어떠한 요인이 그 문제에 큰 영향을 주는가? 또 그러한 요인에 대하여 어떠한 것이 제약조건으로 주어지는가? 하는 것을 그 문제에 관한 전문적인 지식이나 경험에 의해서 생각하지 않으면 안 된다. 이와 같은 것은 현실의 현상에 대한 많은 경험을 겪어서 할 수 있는 일이고 문서로 얻어지는 것은 아니다. 여기서 LP의 모델을 몇 개 소개하지만 그것은 참고적인 예이고 실제로는 개개의 문제의 특징을 어떻게 정확하게 파악하느냐가 중요하다. 또 문제에 주어진 데이터도 신뢰할 수 있는 데이터로 취급될 필요가 있다. 다음에 주어지는 예는 문제에 영향을 주는 요인이나 제한조건과 개개의 데이터는 모두 정확하게 주어진 것으로서 그러한 것을 근거로 하여 수식모델로 취해 가는 것만을 생각하면 실제로는 오히려 수식모델을 만드는 기초의 경우가 진짜 모델작성이라고 말할 수 있다.

생산계획문제는 여러 가지의 **투입재**에 관계한 제한조건이 필요하다. 투입재로서는 원료, 자재, 기계설비, 노동력 등 여러 가지가 생각된다. 더욱이 기계에 있어서도 여러 가지 형태가 있고 노동력에도 숙련공, 미숙련공, 임시공 등으로 능력이 다르면 별도로 취급하지 않으면 안 된다. 한편 생산재, 결국 제품에 있어서도 시장조건이 제한조건으로 주어지는 것도 많다. 현실로는 이러한 많은 제한조건을 생각하고 매우 많은 품종의 생산계획을 세우지 않으면 안 된다. 여기에서는 LP모델의 이해만을 위한 것이라는 데에 주의하지 않으면 안 된다.

❶ 생산계획 모델(Ⅰ)

가장 간단한 경우로서 제품이 단 1개인 경우를 생각하자. 또 투입재로서는 원료만을 문제로 하고 그 원료를 1종류로 한다. 여기에서 생산방법이 단 한가지이면 문제로는 되지 않는다. 그래서 생산방법은 2가지로 하고 각각의 생산방법으로 제품을 1단위 생산하는데 필요한 원료의 양은 a_1, a_2단위로 한다. 각 생산방법에서의 제품단위당 생산비를 c_1, c_2로 한다. 한편 원료의 1일 사용량은 a이상으로는 할 수 없다. 또 제품의 판매단가는 p이다. 이 때 각 생산방법으로 각각 1일 얼마씩 생산하면 이윤이 최대로 되는 것일까? 생산방법별로 이러한 수치를 표로 나타내면 표 2-1과 같다.

표 2-1

생산방법	I	II
원료 필요량 (제품단위당)	a_1	a_2
생산비 (제품단위당)	c_1	c_2
생산량	x_1	x_2

여기서 생산방법에서의 생산량은 미지수 x_1, x_2이다.

이 문제에서의 제한조건은 1종류의 원료 사용제한량에 관한 것 단 1개이다. 생산방법 I, II에서 제품단위당 생산에 필요한 원료가 a_1, a_2단위이므로 각각의 생산방법으로 1일 x_1, x_2만 생산할 때에 전체로서 필요한 원료의 양은

$$a_1x_1 + a_2x_2$$

이고 그것이 1일 원료 사용제한량 a를 넘으면 안 되므로 제한조건은

$$a_1x_1 + a_2x_2 \leq a$$

로 된다. 이 제한조건은 단 1개의 1차 부등식이다. 한편 목적함수로서는 총이윤을 잡고 판매단가에서 생산비를 뺀 것이 제품단위당이윤이라고 하면 순익은

$$(p-c_1)x_1 + (p-c_2)x_2$$

로 되고 이것은 x_1, x_2에 관한 1차식이다. 이 목적함수를 최대로 하는 것이 목적이다. 따라서 이 문제는 1차 부등식의 제한조건 아래에서 1차식인 목적함수를 최대로 하는 것으로 되어 선형계획법문제로 된다. 그러나 이 문제의 답은 직관적으로 분명하고 $p-c_1$, $p-c_2$가 마이너스가 아닌 한 원료 단위당이윤 $(p-c_1)/a_1$, $(p-c_2)/a_2$의 큰 쪽의 생산방법만으로 제한량까지 생산하는 것이 최적이다. 여기서 생산량을 나타내는 미지수 x_1과 x_2는 0이어도 괜찮지만 마이너스로 되어서는 안 된다. 보통 LP문제에서 취급하는 미지수로서는 생산량, 수송량, 혼합량 등을 생각하므로 마이너스로 되지 않는다(비음)는 조건이

반드시 붙는다. 이것은 정확하게는 미지수에 관한 제한조건이지만 보통 제한조건에는 특별히 넣지 않으며 그 조건을 **실행가능성**(feasibility)이라 부른다.

이번에는 역시 1품종 생산에 생산방법은 2가지이지만 각 생산방법에서는 다른 원료를 사용한다고 하자. 그리고 제품단위당 생산에 필요한 원료의 양은 a_1, a_2 이고 또 각각의 원료의 1일 사용제한량은 r_1, r_2로 한다. 각 생산방법에서의 생산비는 c_1, c_2이고 제품의 판매단가를 p로 한다. 이 때 역시 각 생산방법에서의 1일 생산량 x_1, x_2가 문제로 된다. 물론 $x_1 \geq 0$, $x_2 \geq 0$ 이다. 이것을 표로 나타내면 표 2-2와 같다.

표 2-2

생산방법	I	II
원료필요량	a_1	a_2
원료 사용제한량	r_1	r_2
생산비	c_1	c_2
생산량	x_1	x_2

여기서 제한조건은 2종류의 원료 사용제한량에 관한 것이다. 그것은

$$a_1x_1 \leq r_1$$

$$a_2x_2 \leq r_2$$

라는 2개의 1차 부등식으로 된다. 한편 목적함수는 총이윤으로 앞과 같고

$$(p-c_1)x_1 + (p-c_2)x_2$$

를 최대로 하는 것이 목적이다. 이것은 역시 LP문제이다. 이 문제의 해도 분명하고 $p-c_1$, $p-c_2$가 마이너스가 아닌 한 각각의 생산방법으로

$$x_1 = \frac{r_1}{a_1}, \quad x_2 = \frac{r_2}{a_2}$$

까지 생산하면 된다.

이 정도의 문제이면 LP모델이라고는 해도 LP의 일반해법을 사용할 필요는 없다. 그러나 이런 형태의 것이 일반으로 되어서 몇 종류인가의 제품생산에, 각각의 제품에 몇 가지의 생산방법이 있고 각 생산방법에 몇 가지의 원료를 섞어 사용하는 경우에는 이제 직관적으로는 해를 구할 수 없다. 이 때 j번째 제품을 k번째 방법으로 단위당 생산하는데 필

요한 i번째 원료의 양을 a_{ijk}로 하고 생산단가를 c_{jk}, 생산량을 미지수 x_{jk}, i번째 원료 사용제한량을 r_i, j번째 제품의 판매단가를 p_j로 하면 제한조건은

$$\sum_{j,k} a_{ijk}x_{jk} \leq r_i \quad (i=1, 2, \cdots, m)$$

로 된다. 여기서 원료는 m종류로 한다. 목적함수는

$$\sum_{j,k} (p_j - c_{jk})x_{jk}$$

이고 이것을 최대로 하고 싶다. 이와 같이 되면 투입재로서 원료만을 생각했다고 해도 꽤 복잡한 LP모델로 되는 것을 알 수 있다. 이 때에는 LP의 일반해법을 사용해야만 한다.

❷ 생산계획 모델(II)

이번에는 투입재로서 기계와 노동력을 생각하자. 3종류의 제품 A, B, C의 생산을 문제로 하고 각 제품단위당의 생산에 필요한 기계대수와 인원이 표 2-3에 주어졌다. 또 단위시간(1일이나 1주간 등 적당한 단위)당의 기계와 인원의 사용제한량과 각 제품단위당의 이윤도 표 2-3에 있다. 예를 들면 제품 A를 1단위 생산하는데 기계 6대와 사람 5명이 필요하다.

표 2-3

제 품	필 요 량		이 윤
	기 계	인 원	
A	6	5	90
B	5	4	70
C	4	3	60
사용제한량	180대	140명	

단위시간당의 제품 A, B, C의 생산량을 미지수 x_1, x_2, x_3로 한다. 이 때의 제한조건은 기계와 인원의 사용제한량에 관한 것이고 기계에 대해서는

$$6x_1 + 5x_2 + 4x_3 \leq 180,$$

인원에 대해서는

$$5x_1 + 4x_2 + 3x_3 \leq 140$$

인 연립 1차부등식이다. 목적함수는 총이윤으로 1차식

$$90x_1 + 70x_2 + 60x_3$$

이다. 이것을 최대로 하는 A, B, C의 생산량 x_1, x_2, x_3을 위의 제한조건을 만족하는 범위에서 구하면 된다. 이와 같은 간단한 문제도 답은 직관적으로는 알 수 없다. 이 예는 일반해법을 설명할 때 사용하기로 한다.

❸ 절단계획 모델

강철봉을 생산하고 있는 회사가 있다. 생산과정의 편의상 10m단위로 강철봉을 생산하고 있다. 그런데 지금 5m, 4m, 3m의 것을 각각 25개, 20개, 15개씩 주문했다. 강철봉을 절단했을 때 될 수 있는대로 남은 조각을 적게 하고 싶다. 어떻게 절단하면 좋을까? 절단의 방법으로는 다음 (a), (b), (c), (d), (e), (f)의 6가지 방법이 있다.

표 2-4

방 법	(a)	(b)	(c)	(d)	(e)	(f)
5m	0	0	0	1	1	2
4m	0	1	2	0	1	0
3m	3	2	0	1	0	0
남은 조각(m)	1	0	2	2	1	0

예를 들면 방법 (a)로는 10m의 봉에서 3m의 봉을 3개 만들면 나머지가 1m로 되고 방법 (b)로는 4m의 봉을 1개, 3m의 봉을 2개 만들면 나머지가 0이 되는 것이다. 지금 방법 (a), (b), (c), (d), (e), (f)의 각각으로 절단한 10m의 봉의 개수를 미지수 x_1, x_2, x_3, x_4, x_5, x_6으로 한다. 그 때 5m의 봉, 4m의 봉, 3m의 봉은 각각 다음과 같이 만들어진다.

$$x_4 + x_5 + 2x_6 \text{ 개},$$

$$x_2 + 2x_3 + x_5 \text{ 개},$$

$$3x_1 + 2x_2 + x_4 \text{ 개}.$$

이러한 것이 각각의 수요량으로 되지 않으면 안 된다고 하는 것이 제한조건이다. 따라서

이 문제의 제한조건은

$$x_4 + x_5 + 2x_6 = 25$$
$$x_2 + 2x_3 + x_5 = 20$$
$$3x_1 + 2x_2 + x_4 = 15$$

로 된다. 이 때 목적함수로서는 전체의 남은 조각이 최소가 되도록 하고 싶다. 전체의 남은 조각의 길이는

$$x_1 + 2x_3 + 2x_4 + x_5(m)$$

이다. 이것을 최소로 하고 싶다. 이와 같이 해서 강철봉의 절단계획은 LP문제로 된다. 이 때 문제의 성격상 모든 미지수는 음이 아닌 정수(整數)이어야 한다. 따라서 정수계획법의 문제로 된다. 이 예는 정수계획법의 경우에 사용한다.

❹ 수송계획 모델

똑같은 제품을 몇 개의 공장에서 생산하고 있고 또 수요지가 몇 군데 있다. 각 공장에서의 생산량과 각 수요지에서의 수요량은 알고 있다. 이 때 전체 생산량의 합계와 전체 수요량의 합계는 반드시 일치할 필요는 없으나 일치할 때 **균형잡힌 수송문제**라 한다. 일치하지 않을 때에는 균형잡히지 않은 문제이고 그 때는 가공의 공장이나 수요지를 생각하는 것에 의해서 균형잡힌 문제로 만들 수 있다. 더욱이 각 공장에서 각 수요지로의 수송단가가 주어져 있다. 지금 4개의 공장과 5개의 수요지가 있을 때 생산량, 수요량, 수송단가가 표 2-5와 같이 주어졌다고 하자.

표 2-5

공장 \ 수요지	B_1	B_2	B_3	B_4	B_5	생산량
A_1	95	33	95	22	18	13
A_2	90	84	60	79	24	19
A_3	46	40	62	98	54	16
A_4	20	31	89	43	38	10
수요량	7	14	21	8	8	58

이 때 각 공장에서 각 수요지로의 수송량이 미지수로 된다. 그것을 표 2-6과 같이 나타낸다.

표 2-6

공장 \ 수요지	B_1	B_2	B_3	B_4	B_5	생산량
A_1	x_{11}	x_{12}	x_{13}	x_{14}	x_{15}	13
A_2	x_{21}	x_{22}	x_{23}	x_{24}	x_{25}	19
A_3	x_{31}	x_{32}	x_{33}	x_{34}	x_{35}	16
A_4	x_{41}	x_{42}	x_{43}	x_{44}	x_{45}	10
수요량	7	14	21	8	8	58

미지수는 공장수 4와 수요지의 수 5를 곱한 $4 \times 5 = 20$개이다. 이 문제에서 제한조건을 조사해 보자. 균형잡힌 문제이므로 각 공장에서 생산한 것을 모두 어느 곳인가의 수요지로 보내면 전체의 수요를 만족시킬 수 없다. 그러므로 공장측에서의 제한조건은 각 공장에서 보낸 양의 합계가 그 공장의 생산량이 되는 것이다. 결국

$$
\begin{aligned}
x_{11} + x_{12} + x_{13} + x_{14} + x_{15} &= 13 \\
x_{21} + x_{22} + x_{23} + x_{24} + x_{25} &= 19 \\
x_{31} + x_{32} + x_{33} + x_{34} + x_{35} &= 16 \\
x_{41} + x_{42} + x_{43} + x_{44} + x_{45} &= 10
\end{aligned}
$$

인 4개의 조건으로 된다. 한편 수요지측으로서는 그 곳에 보내 온 양의 합계가 그 곳에서의 수요량으로 되는 조건이 필요하다. 그러한 것은

$$
\begin{aligned}
x_{11} + x_{21} + x_{31} + x_{41} &= 7 \\
x_{12} + x_{22} + x_{32} + x_{42} &= 14 \\
x_{13} + x_{23} + x_{33} + x_{43} &= 21 \\
x_{14} + x_{24} + x_{34} + x_{44} &= 8 \\
x_{15} + x_{25} + x_{35} + x_{45} &= 8
\end{aligned}
$$

이다. 이와 같이 제한조건은 공장의 수와 수요지의 수를 합한 $4 + 5 = 9$개이다. 외관상으로는 9개의 조건이지만 균형잡힌 조건이므로 실제로 필요한 것은 8개이다. 제한조건을 위와 같이 1개씩 쓰지 않아도 수송량의 표 2-6에서 가로로 더한 것이 오른쪽의 생산량이 되고 세로로 더한 것이 아래의 수요량이 되도록 읽으면 된다. 다른 한편 목적함수는 총수

송비이고 그것은 최초로 주어진 수송단가와 수송량을 곱한 것을 전부 합하면 된다. 결국 다음과 같이 된다.

$$95x_{11} + 33x_{12} + 95x_{13} + \cdots + 43x_{44} + 38x_{45}$$

이것을 최소로 하는 수송량을 구하면 된다. 수송경로가 육송, 해송, 철도 등 여러 가지 있을 때나 수송량에 따라서 단가가 다를 때에는 미지수의 개수를 늘려서 생각하지 않으면 안 된다.

5 혼합계획 모델

3종류의 원료 a, b, c를 혼합해서 3종류의 제품 A, B, C를 생산하는 경우를 생각하자. 이 때 각 제품에 대한 원료의 혼합율의 규격이 주어지고 각 원료의 사용제한량, 원료의 구입가격, 각 제품의 최저필요량이 표 2-7과 같이 주어졌다고 하자.

표 2-7

원료＼제품	A	B	C	원료사용 제한량	원 가
a	60% 이상	20% 이하		1500	5
b	5% 이하		50% 이상	1800	7
c		50% 이상		1200	4
제품최저필요량	1800	1000	1300		

단, 원료 b만은 혼합과정에서 2% 증발한다고 한다. 이 때 어느 제품에 어느 원료를 얼마만큼 혼합하면 원료의 구입비가 최소로 될까? 각 제품에 혼합하는 원료의 양을 표 2-8과 같이 미지수로 나타내기로 하자.

표 2-8

원료＼제품	A	B	C
a	x_1	x_2	x_3
b	x_4	x_5	x_6
c	x_7	x_8	x_9

이 문제의 제한조건으로서 원료의 사용제한량에 관한 것은 다음과 같다.

$$x_1 + x_2 + x_3 \leq 1500$$

$$x_4 + x_5 + x_6 \leq 1800$$

$$x_7 + x_8 + x_9 \leq 1200$$

제품의 생산량에 관한 조건은 원료 b만이 2% 증발하므로 b를 혼합했을 때의 나머지는 98%인 것을 고려하지 않으면 안 된다. 최저수요량을 만족하는 조건은 다음과 같이 된다.

$$x_1 + 0.98x_4 + x_7 \geq 1800$$

$$x_2 + 0.98x_5 + x_8 \geq 1000$$

$$x_3 + 0.98x_6 + x_9 \geq 1300$$

이 때 혼합률의 규격에 관한 제한조건을 생각하지 않으면 안 된다. 그러한 것은 표 2-7로부터 다음과 같이 되는 것을 알 수 있다.

$$x_1 \geq 0.6(x_1 + 0.98x_4 + x_7)$$

$$0.98x_4 \leq 0.05(x_1 + 0.98x_4 + x_7)$$

$$x_2 \leq 0.2(x_2 + 0.98x_5 + x_8)$$

$$x_8 \geq 0.5(x_2 + 0.98x_5 + x_8)$$

$$0.98x_6 \geq 0.5(x_3 + 0.98x_6 + x_9)$$

이와 같이 이 문제의 제한조건은 전부 11개의 1차부등식이다. 한편 목적함수는 원료의 총 구입비로

$$5(x_1 + x_2 + x_3) + 7(x_4 + x_5 + x_6) + 4(x_7 + x_8 + x_9)$$

이고 이것을 최소로 하는 것이 목적이다.

이상 LP모델의 예를 몇 개 들었지만 이와 같이 선형계획법의 형태로 모델화되는 문제는 극히 많다. 생산공정에 관한 문제, 창고의 문제, **재고관리**의 문제 등도 LP모델로 할 수 있는 것이 많다. 또 경영계획의 문제가 아니라도 건축할 때에 가장 중요한 부분에 미치는 힘이 최대가 되도록 하기 위한 대들보의 설계 등도 LP모델로 된다. 이와 같은 예는 모두 참고 예이고 현실의 개개의 문제의 모델화에는 현상에 보다 익숙함으로 본질을 이해하는 능력을 갖게 하는 것밖에 방법이 없다.

연습문제 2.2

1. 2종류의 제품생산계획을 세우고 싶다. 제품 A를 $1kg$ 생산하기 위하여는 원료 1이 $6kg$ 필요하고 원료 2가 $4kg$ 필요하다. 한편 제품 B를 $1kg$ 생산하기 위하여는 원료 1이 $4kg$, 원료 2가 $8kg$ 필요하다. 공급 가능한 원료 1, 2는 각각 $240kg$, $320kg$이다. 제품 A, B 모두 $1kg$당 10만원의 이익이 있다고 할 때 이익을 최대로 하기 위한 생산계획을 정식화하여라.

2. 3종류의 제품 A, B, C의 생산계획을 세우고 싶다. 각각의 제품을 생산하는데 3종류의 가공처리 1, 2, 3이 필요하고 각각의 제품 1단위당 각 가공처리에 필요한 시간은 표와 같다.

처리시간(단위 : 시간)

제 품	처리 1	처리 2	처리 3
A	10	10	15
B	20	8	25
C	8	25	6

또 가공기계의 관계로 각각의 가공처리의 합계시간에 제한이 있고 1일 처리할 수 있는 시간의 상한은 표와 같다.

처리시간(단위 : 시간)

처 리	상 한
1	3000
2	4000
3	3000

제품 A, B, C 1단위당의 이익이 각각 4, 6, 5만원일 때 이익을 최대로 하려는 생산계획을 식으로 나타내어라.

§2.3 도식해법

선형계획법의 일반해법에 들어가기 전에 도식해법에 대해서 생각해 보자. 이것은 무엇이나 LP문제가 그림으로 풀어진다는 것은 아니다. 미지수가 2개인 경우에는 그림으로 풀어지지만 실제로는 그런 간단한 LP문제는 없다. 다만 도식해법의 사고방식이 그대로 기본적인 사고방식으로서 일반해법에 통하는 부분이 있기 때문에 도식해법에 의해서 일반해법의 사고방식을 잘 알아보려고 하는 것이다.

어느 제품의 생산에 필요한 화학원료로서 A, B 2종류가 있다고 한다. 그런데 이러한 화학원료는 단독으로 분리된 순수한 형태로는 입수가 불가능하고 혼합한 형태로 포함되어 있는 원광석으로부터 분리 추출해야 한다. 입수하기 쉬운 원광석으로서 2종류 C, D가 있다. 이것은 무엇이나 2종류일 필요는 없지만 미지수를 2개로 하여 그림으로 풀기 위한 것이다. 이 때 C는 단위당 A를 a_1단위, B를 b_1단위 포함하고 있고 D는 단위당 A를 a_2단위, B를 b_2단위 포함하고 있다. 원광석 C와 D의 구입단가는 c와 d이다. 목적으로 하는 제품을 단위당 생산하는데에는 화학원료 A를 a단위 이상, B를 b단위 이상 필요로 한다. 이 때 제품단위당에 대해서 원광석 C와 D를 각각 어떠한 비율로 구입하면 원가가 가장 싸게 될까? 제품단위당에 대한 원광석 C와 D의 구입량을 미지수 x_1, x_2로 한다. 이러한 것의 수치를 표로 나타내면 표 2-9와 같이 된다.

이 문제의 제한조건은 화학원료 A와 B의 제품에 있어서의 최저 함유량이다.

표 2-9

원 광 석	함 유 량		원 가	구 입 량
	A	B		
C	a_1	b_1	c	x_1
D	a_2	b_2	d	x_2
최저필요량	a	b		

A에 대해서는 원광석 C와 D를 각각 x_1, x_2단위 구입했을 때의 함유량이

$$a_1x_1 + a_2x_2,$$

B의 함유량은

$$b_1x_1 + b_2x_2$$

이다. 따라서 제한조건은

$$a_1x_1 + a_2x_2 \geq a, \quad b_1x_1 + b_2x_2 \geq b$$

로 된다. 목적함수는 구입비

$$cx_1 + dx_2$$

이고 이것을 최소로 하지 않으면 안 된다. 물론 $x_1 \geq 0$, $x_2 \geq 0$이어야 한다. 여기에서는 미지수가 x_1과 x_2의 2개뿐이므로 평면상에 그림으로 나타낼 수 있다.

$x_1 \geq 0$, $x_2 \geq 0$이므로 x_1과 x_2에 관한 평면의 우상(右上)부분 결국 제 1 상한이어야 한다. 다음으로 제한조건의 부등식을 등식으로 놓은 것

$$a_1x_1 + a_2x_2 = a, \quad b_1x_1 + b_2x_2 = b$$

는 각각 한 개의 직선을 나타내고 있다. 그리고 제한조건의 부등식

$$a_1x_1 + a_2x_2 \geq a, \quad b_1x_1 + b_2x_2 \geq b$$

로 주어진 범위는 그 직선의 위쪽 결국 원점과 반대쪽이다. 이와 같이 해서 제한조건으로 주어진 범위는 두 개의 좌표축과 두 개의 직선으로 제한된 그림 2-3과 같은 범위로 된다.

그림 2-3

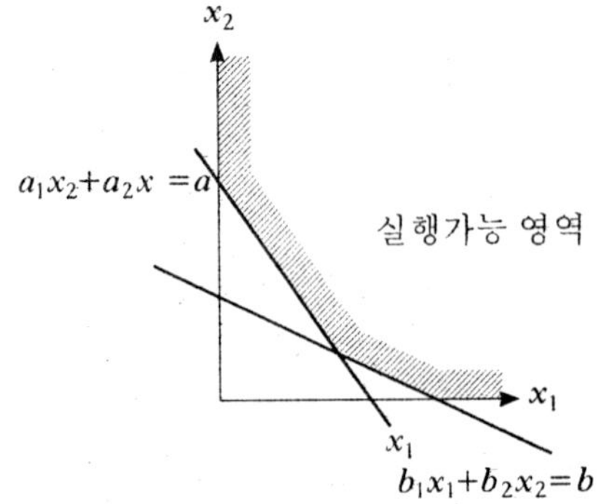

이와 같은 제한조건으로 규제된 범위를 **실행가능역**이라 한다.

한편 목적함수

$$cx_1 + dx_2$$

는 단순한 1차식이고 직선으로는 되지 않는다. 그러나 임의로 하나의 값 p를 주어서

$$cx_1 + dx_2 = p$$

로 하면 이것은 하나의 직선으로 된다. 그리고 p의 값을 여러 가지로 바꾸었을 때 그 직선군은 기울기는 같고(기울기는 c와 d만으로 정해지고 일정하다) 평행한 직선군으로 된다. 우리의 목적은 실행가능역에서 이 p의 값을 최소로 하는 점을 찾아내는 것이다. 그런데 p의 값을 최소로 했을 때 평행직선군은 점점 원점 쪽으로 접근한다.

그림 2-4

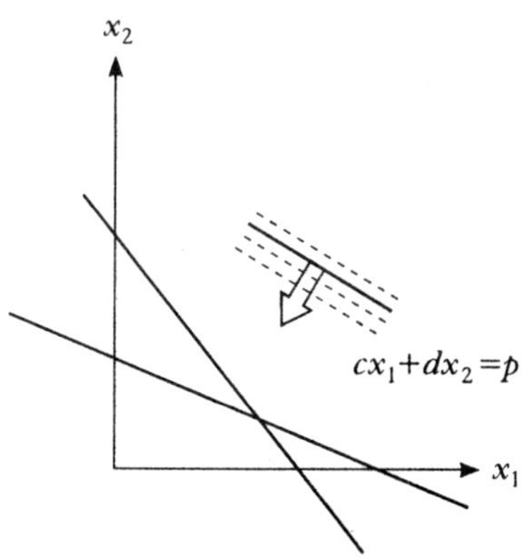

그래서 목적함수가 최소로 되는 점을 찾는 데에는 평행직선을 움직여서 실행가능역 안의 점과 교차하는 점을 찾으면 된다. 그와 같은 점은 목적함수의 평행직선군의 기울기에 의해서 결정되지만 그림 2-5와 같은 단점(端点) P, Q, R의 어느 점이다. 이와 같은 점을 실행가능역의 **단점**이라 한다. 결국 목적함수를 최적으로 하는 것은 단점 가운데 어느 것이라는 것을 알 수 있다. 또는 두 개의 단점을 맺는 직선 위에서 꼭 최소로 될지도 모르지만 그 때는 양끝의 단점을 대표점으로 보면 된다. 따라서 도식해법에 의하여 최적해를 구하는 방법으로서는 다음 두 가지 방법이 생각된다.

① 목적함수로 주어진 평행직선군의 기울기를 조사하고 그것을 움직여서 실행가능역 내의 점을 찾는다.

② 실행가능역의 모든 단점에서의 목적함수의 값을 조사하여 그 최대 또는 최소를 찾는다.

그림 2-5

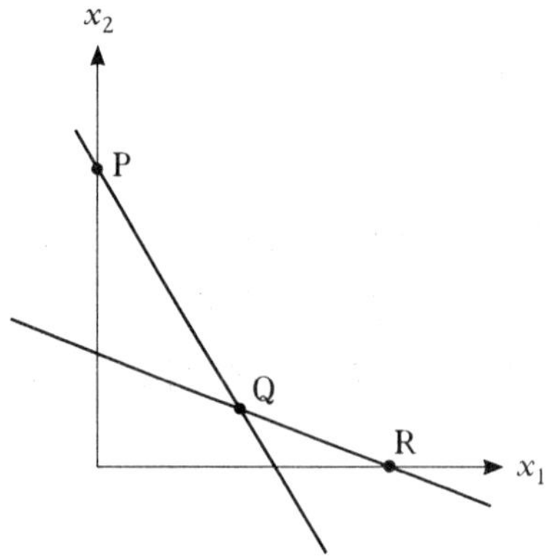

도식해법으로서 이 두 가지 방법은 실질적으로 그다지 다르지 않지만 일반화할 때에는 크게 다르다. 방법 ①에서는 미지수가 3개로 되면 공간의 평면을 움직이는 것이 되고 더구나 일반일 경우에는 생각 할 수 없다. 그렇지만 ②의 방법은 일반화하는데 적당하다. 선형계획법의 일반해법은 이 방법을 계통적으로 행하도록 순서를 부여한 것이다.

앞의 예에 구체적인 수치를 주어 최적해를 구해 보자. 표 2-9의 수치가 표 2-10과 같이 주어졌다고 하자.

표 2-10

원 광 석	함 유 량		원 가
	A	B	
C	2	5	2
D	4	2	3
최저필요량	8	12	

이 때 제한조건은

$$2x_1 + 4x_2 \geq 8$$

$$5x_1 + 2x_2 \geq 12$$

이고 목적함수

$$2x_1 + 3x_2$$

를 최소로 하면 된다. 도시하면 그림 2-6과 같이 된다.

그림 2-6

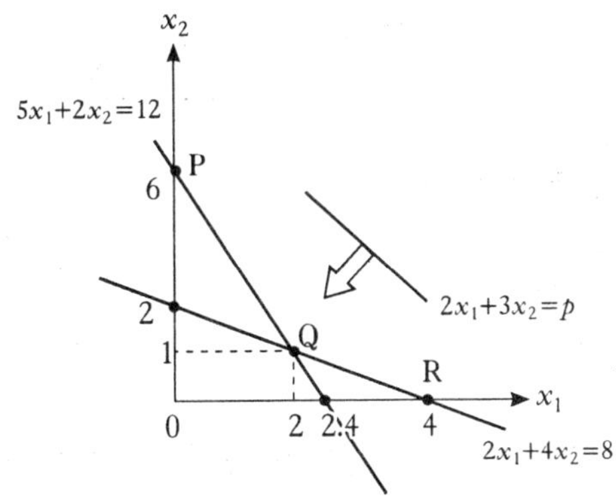

여기서 단점 P, Q, R의 좌표는

$$P:(0,6),\ Q:(2,1),\ R:(4,0)$$

이므로 각각의 단점에서의 목적함수의 값은

$$P:18,\ Q:7,\ R:8$$

로 되어 Q에서 최소로 된다. 결국, 최적해는

$$x_1 = 2,\ x_2 = 1$$

이고 원광석 C와 D를 2대 1의 비율로 구입하면 된다는 것을 알 수 있다. 또, 이 때의 단위당 최소비율은 7이다.

여기서 실행가능역에 대하여 언급해 놓자. 도식해법에서는 직관적으로 분명한 것이지만 실행가능역은 오목한 곳이 아니고 단점이 유한 개 밖에 없다. 이것은 일반적인 LP문제에 대하여 미지수와 제한조건이 몇 개 있어도 수학적으로 정확히 증명할 수 있다. 일반적으로 점집합에 관한 개념으로 볼록집합과 다면체라고 하는 두 개의 개념에 대하여 설명한다. 우선, 어떤 집합의 임의의 두 개의 점을 맺는 직선 위의 점이 모두 그 집합에 속할 때 그 집합을 **볼록집합**이라고 한다. 원이나 타원, 삼각형 등은 모두 볼록집합이지만 오목한 곳이 있는 도형은 물론 볼록집합이 아니다.

그림 2-7

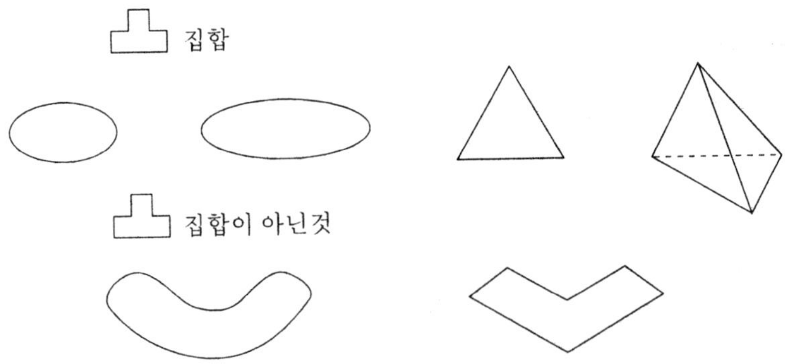

다음으로 점집합의 점에서, 그 점 이외의 이 점집합의 어느 두 점을 맺는 직선 위에도 놓일 수 없는 점을 이 점집합의 **단점**이라고 한다. 원에서는 주상의 점은 모두 단점이고 단점이 무수하다. 또 삼각형이나 사면체에서는 변의 도중의 점은 단점이 아니고 정점만이 단점이다.

그림 2-8

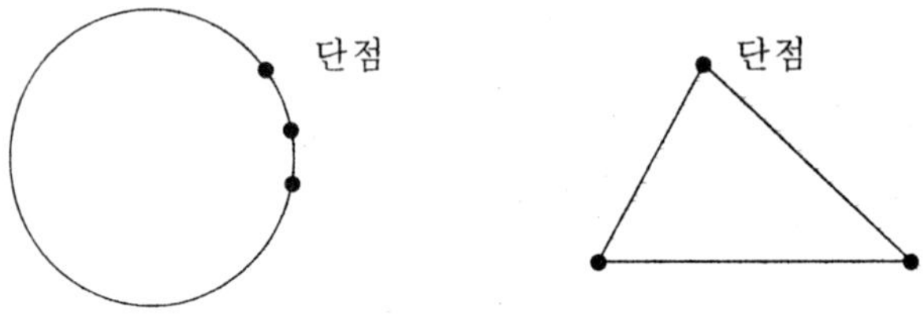

단점이 유한개밖에 없는 도형을 **다면체**라 한다. 삼각형이나 사면체는 다면체이지만 원은 다면체는 아니다. 볼록집합이고 동시에 다면체인 것을 **볼록다면체**라 한다. LP의 제한조건으로 규제된 실행가능역은 일반적으로 볼록다면체로 된다. 그런데 1차식으로 표현된 목적함수가 실행가능역에서 최대 또는 최소로 되는 것이 그 볼록다면체의 단점이라는 것도 일반적으로 증명된다. 이것은 도식해법에서 직관적으로 알았던 경우이다. 따라서 단점을 순서대로 조사하면 된다. 더구나 단점이 유한개이므로 어딘가 에서 반드시 최적해가 발견된다. 그것을 일정한 순서로 행하는 것이 LP의 일반해법이다.

이와 같이 일반적으로는 어딘가의 단점에서 최적해가 발견되지만 그렇지 않은 경우도 일어난다. 그 하나는 **유계가 아닌 해**가 선택되는 경우이다. 실행가능역이 앞의 예와 같이 아래로 한정되어 있을 때에는 최소로 하는 것은 의미가 있지만 최대로 할 때에는 무한이 되어 아무 의미 없는 결과로 된다.

그림 2-9

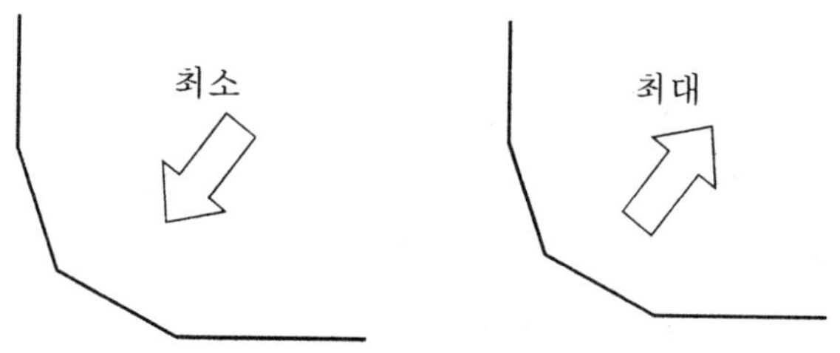

역으로 위로 한정되어 있을 때에는 최대로 하는 것은 의미가 있지만 최소로 하는 것은 모든 변수를 0으로 하는 것이 되어 무의미한 문제로 된다.

그림 2-10

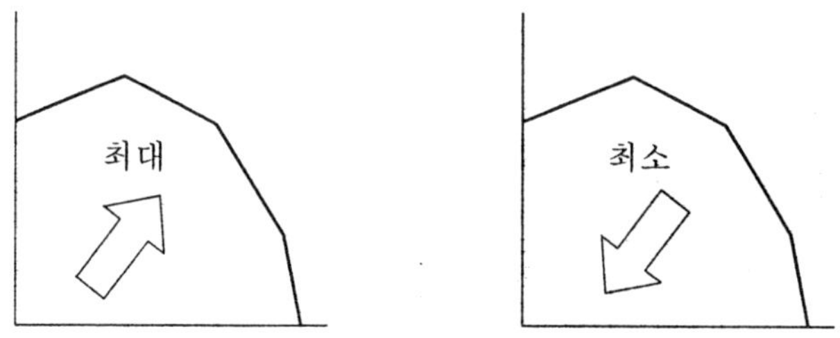

또 제한조건이 모순일 가능성도 있는데 그 때에는 실행가능역이 존재하지 않는 것이므로 당연히 해는 존재하지 않는다.

그림 2-11

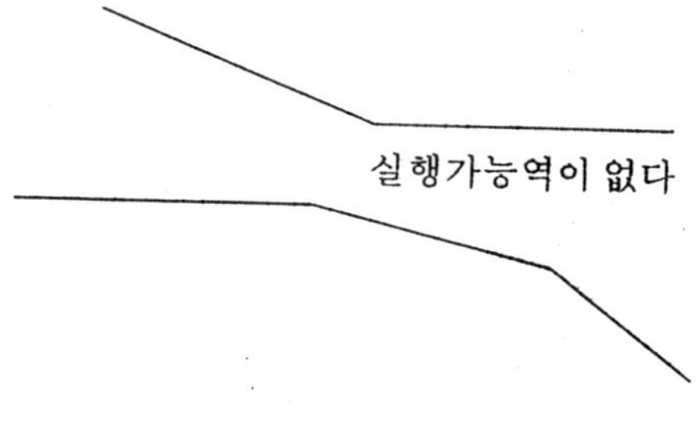

결국 LP문제의 가능성으로서 다음 3가지가 일어 날 수 있다.

① 유한한 최적해가 존재한다 ② 유한이 아닌 해가 존재한다 ③ 제한조건이 모순이고 해가 없다

보통은 ①의 경우이지만 ②와 ③이 일어나지 않는다고는 할 수 없다. 도식해법으로 할 때에는 이러한 경우를 간단히 판별할 수 있지만 미지수와 제한조건이 많은 보통의 LP 문제에서는 문제를 보는 것만으로는 이러한 경우를 구별할 수 없다. 그러나 LP의 일반해법은 그러한 경우를 주의하지 않고 진행해 나가도 도중의 단계 또는 최후에 ②나 ③의 경우가 발생해도 구별할 수 있게 되어 있다. 그런 의미에서 일반해법은 매우 일반적으로 편리하게 되어 있다고 할 수 있다.

연습문제 2.3

1. 다음 선형계획문제를 도식해법으로 풀어라.

1) $\begin{cases} 9x_1+4x_2 \le 1080 \\ 4x_1+5x_2 \le 600 \\ x_1,\ x_2 \ge 0 \end{cases}$ 인 조건에서 $Z=x_1+12x_2 \to \max$

2) $\begin{cases} 2x_1+3.2x_2 \le 2.5 \\ x_1+x_2 = 1 \\ x_1,\ x_2 \ge 0 \end{cases}$ 인 조건에서 $Z=80x_1+60x_2 \to \min$

§2.4 실행가능해(Basis)

선형계획법의 제한조건은 문제에 따라서 1차 부등식으로 주어지기도 하고 1차 방정식으로 주어지기도 한다. 통일적으로 취급하는 것이 불편하기 때문에 전부 1차 방정식으로 고치는 것을 생각한다. 이를 위해 **여유변수**(slack variable)라고 하는 것을 도입한다.

§2.2의 (예 2)의 문제를 생각해 보자. 3종류의 제품 A, B, C의 생산량 x_1, x_2, x_3에 관하여 기계와 인원의 사용제한량에 대한 제한조건은

$$6x_1 + 5x_2 + 4x_3 \leq 180$$

$$5x_1 + 4x_2 + 3x_3 \leq 140$$

이었다. 이러한 제한조건은 제한량보다 크지 않다고 하는 형태이므로 얼마인가를 더하는 것에 의해서 등식으로 고칠 수 있다. 그 더하는 양은 물론 변수이고 또 비음이다. 그와 같은 변수를 여유분을 나타내는 변수라는 의미에서 **여유변수**라 한다. 기계의 여유대수를 나타내는 여유변수 y_1에 의해서

$$6x_1 + 5x_2 + 4x_3 + y_1 = 180$$

과 같이 등식으로 고칠 수 있다. 같은 방법으로 인원의 여유분을 나타내는 여유변수 y_2를 사용하여

$$5x_1 + 4x_2 + 3x_3 + y_2 = 140$$

으로 할 수 있다. 여기서 $y_1 \geq 0$, $y_2 \geq 0$이다. 결국, LP에서 사용하는 변수로서는 본래 필요한 변수도 여유변수도 모두 마이너스로 되지 않는 것으로 한다. 그래서 최적해로 y_1이나 y_2가 플러스 값으로 되면 그만큼 기계나 인원을 남긴 쪽이 최적이라는 것을 나타내고, y_1과 y_2가 0으로 되면 제한량까지 사용하는 것이 최적으로 된다는 것을 나타낸다.

지금은 제한량보다 크지 않다고 하는 형태로 제한조건을 생각했지만 이번은 반대인 경우를 생각해 보자. 그를 위해 도식해법 §2.3에서 사용했던 수치 예에 대하여 조사해 본다. 2종류의 원광석 C와 D의 구입량 x_1과 x_2에 대하여 화학원료 A와 B의 함유량에 관한 제한조건은

$$2x_1 + 4x_2 \geq 8$$
$$5x_1 + 2x_2 \geq 12$$

이었다. 이 때 화학원료 A와 B의 여분인 함유량을 나타내는 여유변수를 z_1, z_2로 하면 여유변수를 빼는 것에 의해 1차 방정식으로 고칠 수가 있다. 결국,

$$2x_1 + 4x_2 - z_1 = 8$$
$$5x_1 + 2x_2 - z_2 = 12$$

로 된다. 여기에서 물론 $z_1 \geq 0$, $z_2 \geq 0$이다.

최초의 제한조건이 수송문제와 같이 이미 1차 방정식으로 표현되어 있는 경우에는 여유변수를 사용할 필요가 없다. 이와 같이 하여 필요하면 여유변수를 도입하는 것에 의하여 LP의 제한조건은 연립 1차 방정식 형태로 주어진다고 할 수 있다.

그런데 연립 1차 방정식에서는 예외를 제외하고 일반적으로 미지수의 개수와 방정식의 개수의 대소와 관련하여 해의 상태가 여러 가지로 변한다. 지금 미지수의 개수를 n, 방정식의 개수를 m으로 했을 때 그 대소관계에 대응하여 해의 수는 다음과 같다.

미지수의 개수		방정식의 개수	해
n	$>$	m	무수함
n	$<$	m	없음
n	$=$	m	1개

LP의 제한조건에서 미지수로는 본래 필요한 미지수와 여유변수를 포함하고 있다. 또 방정식의 개수는 제한조건의 개수 그것이다. 그래서 $n < m$일 때나 $n = m$일 때에는 실행가능역이 없거나 단 하나의 점으로 되어 버려 LP문제로서 의미가 없게 된다. 따라서 $n > m$되지 않으면 LP의 제한조건으로서는 의미가 없다. 최초의 제한조건이 전부 1차 부등식으로 주어졌을 때에 이 조건은 반드시 만족된다고 하는 것은 부등식일 때에는 하나의 식에 여유변수가 하나씩 도입되므로 여유변수만도 이미 m개이고 그것에 처음부터의 미지수가 더해지므로 당연히 $n > m$로 된다. 그래서 처음부터 1차 방정식 형태로 제한조건이 주어 졌을 때에는 $n > m$로 되어 있는가 어떤가를 조사할 필요가 있다. 그것은 미지수의 수가 제한조건의 개수보다 많은 경우로 용이하게 조사할 수 있다. 현실에서 의미 없는 문제는 좀처럼 일어나지 않는다.

이와 같이 하여 제한조건을 연립 1차 방정식으로 고쳤을 때 여유변수를 포함한 미지수의

개수 n은 제한조건의 개수 m보다 크다고 가정하지 않으면 의미가 없다. 결국 $n > m$로 한다. 그래서 n개의 미지수 가운데 적당히 m개의 미지수를 선택하고 그 나머지 $(n - m)$개의 미지수를 0으로 놓는다. 그렇게 하면 m개의 미지수와 m개의 방정식이므로 해가 1개 얻어진다. 그 해에는 마이너스의 값을 갖는 것이 있을지도 모른다. 만약, 이 해가 전부 비음일 때 이 m개의 미지수의 쌍을 **기저**(basis, 기저변수)라 하고 0으로 놓은 나머지 $(n - m)$개의 미지수의 쌍을 **비기저**(non-basis, 비기저변수)라 한다. 그 때 기저변수가 취하는 값의 쌍이 공간내의 하나의 점을 결정한다. 하나의 기저에 대응하는 점은 실행가능역의 하나의 단점에 해당한다. 도식해법의 경우에서 서술했던 것처럼 LP문제의 최적해는 실행가능역의 단점 가운데에서 얻어진다. 따라서 최적해는 어느 것인가의 기저로 얻어지게 된다. 일반해법은 기저를 차례로 조사해서 최적에 도달하는 순서를 밟는다.

그런데 일반해법에서 하나의 단계는 하나의 단점에서 이웃하는 단점으로밖에 옮길 수 없다. 갑자기 몇 개의 단점을 뛰어서 이동하면 최적해에 바로 도달할 수 있지만 하나씩밖에 이동되지 않는다. 이웃하는 단점이라는 것은 기저에 대해서 말하면 기저변수가 하나만 들어가 교체된 것을 나타낸다. 그래서 차례로 기저를 이동해 갈 때 하나의 단계로는 기저변수와 비기저변수를 하나씩밖에 교체할 수 없다.

여기서 일반해법은 어떠한 것을 가르쳐 주는 것일까? 그것은 다음 두 가지로 주어진다.

① 주어진 단점(기저)에서 목적함수의 최적여부 판정 ② 최적이 아닌 경우에는 이웃하는 단점(기저)으로 이동하는 방법

이 두 가지를 알고 이것을 계속하여 반복해 가면 단점은 유한개이므로 반드시 최적에 도달한다. 그렇지만 여기에서 문제가 하나 발생한다. 그것은 처음에 어디에서도 좋으므로 출발점으로서의 단점을 하나 주지 않으면 이 순서에 놓이지 않는다는 것이다. 그것이 주어지면 이후는 일반해법으로 자동적으로 최적해가 얻어진다.

그래서 일반해법에 들어가기 전에 출발점으로서의 단점을 간단히 발견하는 방법을 생각해 보자. 제한조건의 형태로서 제한량에 대하여

$\leq$ 제한량

$\geq$ 제한량

$=$ 제한량

의 3가지 경우가 있다. 출발점의 기저를 만들 때에는 이러한 경우를 구분하여 생각할 필

요가 있다. 우선 모든 제한조건이 제한량보다 크지 않을 때를 생각하자. 구체적인 예로서 조금전의 기계와 인원에 의한 3종류의 제품 A, B, C의 생산문제를 들자. 여기서 제한조건은

$$6x_1 + 5x_2 + 4x_3 \leq 180$$
$$5x_1 + 4x_2 + 3x_3 \leq 140$$

이고 여유변수를 사용하여

$$6x_1 + 5x_2 + 4x_3 + y_1 = 180$$
$$5x_1 + 4x_2 + 3x_3 + y_2 = 140$$

으로 되었다. 이 때 여유변수를 포함해서 미지수는 x_1, x_2, x_3, y_1, y_2로 $n=5$이고 또 제한조건의 개수는 $m = 2$이다. 따라서 이 5개의 미지수 가운데 적당히 2개를 남기고 나머지 3개를 0으로 놓았을 때의 해가 마이너스로 되지 않는 것을 발견하면 그것이 기저이다. 그와 같은 것은 용이하게 발견되지만 여기서는 이 특별히 간단한 예에 관한 방법이 아니고 n과 m이 $n > m$이고 아무리 커도 가능한 방법이 아니면 안 된다. 그것은 매우 간단히 할 수 있다. 여기서 본래 필요한 미지수 x_1, x_2, x_3을 0으로 놓는다. 그렇게 하면 곧바로

$$y_1 = 180$$
$$y_2 = 140$$

으로 된다. 그러므로 y_1과 y_2가 기저로 되고 x_1, x_2, x_3가 비기저로 된다. 결국, 모든 제한조건이 제한량보다 크지 않다고 하는 형태일 때에는 여유변수만으로 출발점으로서의 기저를 만들면 된다.

이와 같이 하면 전혀 생각지도 않게 출발점으로서의 기저가 만들어진다. 그러나 이 기저는 여유변수만으로서 본래 필요한 변수는 하나도 포함되어 있지 않다. 따라서 최적으로부터 상당히 먼 단점에서 출발하고 있는 것으로 된다. 그렇지만 최적에 가까운 점에서 출발하려고 하면 기저를 찾아내는데 많은 노력을 하지 않으면 안 된다. 조금 최적에서 멀어도 일반해법으로는 바로 진행하는 것이므로 출발점의 기저를 간단히 찾아내는 쪽이 바람직하다.

다음에 제한조건의 부등호가 반대로 된 경우 결국 제한량 보다 작지 않다고 하는 경우를 생각하자. 그 예로서 조금전의 도식해법에서의 화학원료 A와 B의 함유량에 관한 제한조건을 취하면

$$2x_1 + 4x_2 \geq 8$$
$$5x_1 + 2x_2 \geq 12$$

이고 이것에 여유변수를 사용하여

$$2x_1 + 4x_2 - z_1 = 8$$
$$5x_1 + 2x_2 - z_2 = 12$$

로 된다. 이 때 앞에서와 같이 여유변수만으로 출발점으로서의 기저가 만들어질 수 있을까? 그래서 $x_1 = x_2 = 0$으로 하면

$$z_1 = -8\,,\ z_2 = -12$$

로 되고 마이너스의 값으로 되어 이러한 것은 기저가 아니다. 결국, 빼는 쪽의 여유변수는 출발점으로서의 기저가 될 수 없다는 것을 알 수 있다. 그런데 이 때에는 여유변수를 뺀 형태의 연립 1차 방정식으로 되어 있는데 처음부터 연립 1차 방정식으로 제한조건이 주어졌을 때의 기저를 찾아내는 방법을 알면 그것을 여기에 적용하면 된다.

여기에서 문제는 처음부터 제한조건이 연립 1차 방정식으로 주어졌을 때 출발점으로서의 기저를 어떻게 찾아내는가를 생각하지 않으면 안 된다. 그것을 위해 §2.2의 (예 3)에서 서술한 강철봉 절단계획의 문제를 생각해 보자. 거기에서는 6가지의 절단 방법에 의한 절단 개수를 미지수 x_1, x_2, x_3, x_4, x_5, x_6로 잡았을 때 $5m$, $4m$, $3m$의 봉의 주문에 맞춘 제한조건이

$$x_4 + x_5 + 2x_6 = 25$$
$$x_2 + 2x_3 + x_5 = 20$$
$$3x_1 + 2x_2 + x_4 = 15$$

이었다. 이것은 미지수가 $n = 6$, 제한조건이 $m = 3$이지만 역시 일반의 경우에 적용할 수 있도록 기저를 찾는 방법을 생각하지 않으면 안 된다. 여기에서 여유변수와는 다르지만 형식적으로 여분인 변수 y_1, y_2, y_3을 도입하여

$$x_4 + x_5 + 2x_6 + y_1 = 25$$
$$x_2 + 2x_3 + x_5 + y_2 = 20$$
$$3x_1 + 2x_2 + x_4 + y_3 = 15$$

로 해보자. 여기에서도 y_1, y_2, y_3는 비음으로 한다. 이 y_1, y_2, y_3는 여유분으로 넣은 것은 아니고 여유가 없는 곳에 무리하게 넣은 것이므로 이것은 이미 여유변수는 아니다. 출발점으로서의 기저를 어떻게든 만들려고 인위적으로 사용한 것이므로 이것을 **인위변수**라 한다. 그런데 인위변수의 값이 0이 아닐 때에는 제한조건을 만족하지 않는다. 그래서 최초의 단계는 어떻든 최종적으로는 0으로 할 수밖에 없다. 그것을 어딘가 에서 규제할 필요가 있다. 그를 위하여 목적함수를 이용한다. 이 문제의 목적함수는

$$x_1 + 2x_3 + 2x_4 + x_5$$

이고 그것을 최소로 하는 것이 목적이었다. 그래서 이 목적함수에

$$x_1 + 2x_3 + 2x_4 + x_5 + M \cdot y_1 + M \cdot y_2 + M \cdot y_3$$

와 같이 여분의 항을 첨가한다. 이 M은 인위변수를 1단위 사용하는 것에 대한 **벌금**이라고 생각하면 된다. 직접 계산할 때에는 M값을 구체적으로 지정할 필요가 없이 굉장히 큰 수로 해 놓는다. 컴퓨터로 처리할 때에는 M을 컴퓨터에 넣어야 할 최대의 수로 해 놓으면 충분하다. 따라서 인위변수를 조금이라도 사용하면 막대한 벌금이 부과되고 목적함수를 최소로 하는 것이 불가능하다. 그래서 최종적으로는 인위변수를 모두 0으로 할 수밖에 없게 된다.

만약 목적함수를 최대로 하려고 할 때에는 인위변수에 $-M$을 곱한 것을 목적함수에 첨가해 놓으면 된다. 벌금인 이상 목적에 반한 부호의 것을 부칠 필요가 있다. 이와 같이 하여 목적함수에 벌금을 첨가하는 것에 의해 최초의 출발점으로서의 기저로 인위변수를 취할 수 있다.

제한량보다 작지 않다는 형태의 도식해법의 예로서는 여유변수를 빼서

$$2x_1 + 4x_2 - z_1 = 8$$
$$5x_1 + 2x_2 - z_2 = 12$$

이었다. 그래서 인위변수를 첨가해서

$$2x_1 + 4x_2 - z_1 + y_1 = 8$$
$$5x_1 + 2x_2 - z_2 + y_2 = 12$$

로 하여 인위변수 y_1과 y_2를 최초의 기저로 하면 된다. 그러나 목적함수

$$2x_1 + 3x_2$$

를 최소로 하고 싶은 것이므로 그것에

$$2x_1 + 3x_2 + My_1 + My_2$$

와 같이 벌금을 추가해 놓을 필요가 있다. 이와 같이 제한량보다 작지 않다는 형태일 때에는 여유변수와 인위변수 양쪽을 사용해야만 한다.

이상에서는 제한조건이 모두 제한량보다 크지 않은 경우, 작지 않은 경우, 등호로 되어 있는 경우에 출발점으로서의 기저 만드는 방법을 생각했지만 실제문제에서는 이러한 3가지 형태가 뒤섞인 제한조건이 많다. 그 때에는 위에서 서술한 3가지 형태에 대한 방법을 조합하면 된다. 예를 들면 제한조건이

$$\begin{aligned} 2x_1 + 3x_2 + x_3 &\leq 20 \\ x_1 - x_2 &\geq 1 \\ x_1 + x_2 + x_3 &= 10 \end{aligned}$$

이고 목적함수

$$4x_1 + 5x_2 - 3x_3$$

을 최대로 하는 문제를 생각하자. 이 때 여유변수 y_1과 z_1을 도입하여 우선 등식으로 고치고 다음에 인위변수 y_2와 y_3을 사용한다. 이렇게 하면 제한조건은

$$\begin{aligned} 2x_1 + 3x_2 + x_3 + y_1 &= 20 \\ x_1 - x_2 - z_1 + y_2 &= 1 \\ x_1 + x_2 + x_3 + y_3 &= 10 \end{aligned}$$

으로 된다. 인위변수에 대해서는 목적함수에 벌금을 부과하지 않으면 안 된다. 목적함수를 최대로 하는 것이므로 그것을

$$4x_1 + 5x_2 - 3x_3 - My_2 - My_3$$

으로 한다. 여기서 출발점으로서의 기저는 여유변수와 인위변수의 짝

$$(y_1, y_2, y_3)$$

이고 x_1, x_2, x_3, z_1은 비기저로 된다. 비기저변수를 모두 0으로 놓은 출발점으로서의 기저의 값은

$$y_1 = 20, \ y_2 = 1, \ y_3 = 10$$

으로 된다.

여기서 기호에 대하여 설명을 조금 첨가한다. 여유분으로 추가되는 여유변수에는 y, 빼는 쪽의 여유변수에는 z라는 기호를 사용했다. 그렇게 하면 같은 여유변수이면서 다른 기호를 사용하기도 하고 여유변수와 인위변수에 같은 기호를 사용하는 것으로 되어 혼돈하기 쉽다고 생각될지도 모른다. 그러나 여유변수라도 출발점의 기저로 될 수 없는 것은 z로 나타내고 출발점의 기저로 되는 것은 여유변수에도 인위변수에도 모두 y로 표시한 것이다. 여유변수인가 인위변수인가의 구별은 목적함수에 벌금이 부과되어 있는가 어떤가를 발견하면 된다.

역시 1쌍의 기저와 비기저로 하나의 단점이 되는데 그것을 **실행가능해**라 부르기로 한다. 일반적으로는 실행가능역의 점을 모두 실행가능해라고 할 수 있지만 단점밖에 최적으로 되지 않기 때문에 실행가능해를 단점으로 제한하는 쪽이 편리하다. 따라서 일반해법은 하나의 실행가능해로부터 출발해서 차례로 실행가능해를 이동해 가면서 최적에 도달하는 것이다. 출발점으로서의 실행가능해를 찾는 방법을 알았는데 그 때의 기저와 비기저의 관계를 다음에 조사하자.

연습문제 2.4

1. $\begin{cases} 3x_1 + 4x_2 \le 9 \\ 5x_1 + 2x_2 \le 8 \\ x_1 - 2x_2 \le 1 \\ x_1, \ x_2 \ge 0 \end{cases}$ 인 조건에서 $Z = 10x_1 + 11x_2 \to \max$을 그래프로 나타내고 실행 가능해를 구하라.

2. $\begin{cases} 4x_1 - 5x_2 + 7x_3 \le 8 \\ 2x_1 - 4x_2 + 2x_3 \ge 2 \\ x_1 - 3x_2 + 2x_3 \le 2 \\ x_1, \ x_2, \ x_3 \ge 0 \end{cases}$ 의 조건에서 목적함수 $Z = x_1 + 3x_2 + 2x_3 \to \min$을 여유변수와 인위변수를 사용한 식으로 나타내어라.

§2.5 대체관계(代替關係)

선형계획법의 최적해를 구하는 최초의 단계에서 출발점의 실행가능해로 기저를 구할 수 있었다. 그 때 기저변수만을 사용하고 비기저변수는 모두 0으로 놓고 쓰지 않았다. 그것은 비기저변수를 사용하는 대신에 기저변수로 그 대신을 하고 있는 것으로 된다. 그래서 기저에 의한 비기저의 **대체**가 행해지고 있는 것이다.

대체관계를 구체적으로 나타내기 위하여 **생산과정**이라는 말을 사용하기로 한다. 수송문제이면 수송과정, 혼합문제이면 혼합과정이라고 불러도 지장이 없다. 이 생산과정은 하나의 변수에 하나의 생산과정이 대응하고 있다고 생각한다. 그런데 변수 안에는 본래 필요한 생산량을 나타내는 변수 이외에도 여유변수나 인위변수가 들어 있다. 그러나 그러한 변수에도 가공의 생산과정이 대응하고 있다고 생각하는 쪽이 편리하다. 따라서 모든 변수에 생산과정이 하나씩 대응하고 있다고 간주한다. 그래서 기저변수에 대응하고 있는 생산과정에 비기저변수에 대응하는 생산과정을 대체하는 것으로 한다.

이와 같이 생산과정 사이에 대체가 행해지고 있다고 생각하면 되지만 그 대체관계는 어떻게 되어 있는 것일까? 그것을 조사하기 위하여 다시 §2.2의 (예 2)를 사용하여 생각해 보자. 거기에서는 3종류의 제품 A, B, C의 생산에 필요한 투입재로서 기계와 인원만을 생각하고 각 제품 1단위당의 생산에 필요한 기계대수와 인원의 수, 각 제품 단위당이윤, 기계와 인원의 단위시간당 사용제한량을 표 2-11과 같이 나타낸다.

표 2-11

제 품	필 요 량		이 윤
	기 계	인 원	
A	6	5	90
B	5	4	70
C	4	3	60
사용제한량	180	140	

여기서 단위시간당 제품 A, B, C의 생산량을 미지수 x_1, x_2, x_3로 했을 때 기계와 인원에 관한 사용제한량에 대한 제한조건은

$$6x_1 + 5x_2 + 4x_3 \leq 180$$
$$5x_1 + 4x_2 + 3x_3 \leq 140$$

으로 된다. 여기서 기계와 인원에 관한 여유분을 나타내는 여유변수 y_1과 y_2를 도입하여

$$6x_1 + 5x_2 + 4x_3 + y_1 = 180$$
$$5x_1 + 4x_2 + 3x_3 + y_2 = 140$$

과 같이 1차 방정식으로 고칠 수 있다. 이 때 이미 서술한 것과 같이 본래 필요한 미지수 x_1, x_2, x_3를

$$x_1 = x_2 = x_3 = 0$$

으로 놓고 비기저로 하면

$$y_1 = 180$$
$$y_2 = 140$$

으로 y_1과 y_2가 기저로 된다. 그러므로 여기에서는 기저변수 y_1, y_2로 비기저변수 x_1, x_2, x_3을 대체한다. 그 대체관계를 조사해 보자.

대체관계를 조사하기 위해 각 생산과정을 무엇인가로 표현하지 않으면 안 된다. 그래서 생산과정을 특징짓는 **벡터**(vector)라는 것을 생각해 보자. 일반적으로 보통의 수가 크기만을 나타내는 것에 대하여 벡터는 크기와 동시에 방향을 가진 방향량으로서 생각되고 있다. 그것은 공간내의 좌표를 나타내는 점에 대응하는 것이다. 따라서 보통의 수는 스칼라라고 부르는데 스칼라는 하나의 수인 것에 대하여 벡터는 몇 개의 수의 조합으로 나타낸다. 여기서도 벡터라는 것은 몇 개의 수의 조합으로 표현되는 것으로 생각하면 된다.

이제 각 변수에 대응하는 생산과정을 특징짓는 벡터를 생각하는 것인데 생산과정을 규정하고 있는 것은 제한조건

$$6x_1 + 5x_2 + 4x_3 + y_1 = 180$$
$$5x_1 + 4x_2 + 3x_3 + y_2 = 140$$

뿐이다. 그래서 제품 A의 생산량을 나타내는 변수 x_1에 대응하는 생산과정을 특징짓는 벡터를 $\boldsymbol{P}_1$로 표시했을 때 (벡터는 보통 고딕체로 나타낸다) 그것은 제한조건에서의 x_1의 계수의 짝을

$$P_1 = \begin{pmatrix} 6 \\ 5 \end{pmatrix}$$

로 주어진다. 이것은 2개의 수의 짝이므로 2차원 벡터이지만 만약 제한조건이 10개이면 10차원 벡터로 된다. 같은 방법으로 제품 B와 C의 생산량을 나타내는 변수 x_2와 x_3에 대응하는 생산과정을 특징짓는 벡터를 $\boldsymbol{P}_2$와 $\boldsymbol{P}_3$로 표시했을 때 그들은 제한조건식의 x_2와 x_3의 계수의 짝으로 할 수 있는 벡터

$$P_2 = \begin{pmatrix} 5 \\ 4 \end{pmatrix}$$

$$P_3 = \begin{pmatrix} 4 \\ 3 \end{pmatrix}$$

으로 된다. 한편, 기계와 인원의 여유분을 나타내는 여유변수 y_1과 y_2에도 가공의 생산과정이 대응하고 그러한 생산과정을 특징짓는 벡터를 각각 $\boldsymbol{Q}_1$, $\boldsymbol{Q}_2$로 했을 때 제한조건식의 y_1과 y_2의 계수로부터

$$Q_1 = \begin{pmatrix} 1 \\ 0 \end{pmatrix}$$

$$Q_2 = \begin{pmatrix} 0 \\ 1 \end{pmatrix}$$

로 된다. 이들이 각 생산과정을 특징짓는 벡터이다. 지금의 경우, 기저에 대응하는 벡터 $\boldsymbol{Q}_1$과 $\boldsymbol{Q}_2$로 비기저에 대응하는 벡터 $\boldsymbol{P}_1$, $\boldsymbol{P}_2$, $\boldsymbol{P}_3$을 대체한다. 그 대체관계를 조사하지 않으면 안 된다.

이와 같이 생산과정의 대체관계가 벡터의 대체관계로 바뀌었다. 그래서 벡터에 대한 기본적인 연산을 사용할 필요가 있다.

그림 2-12

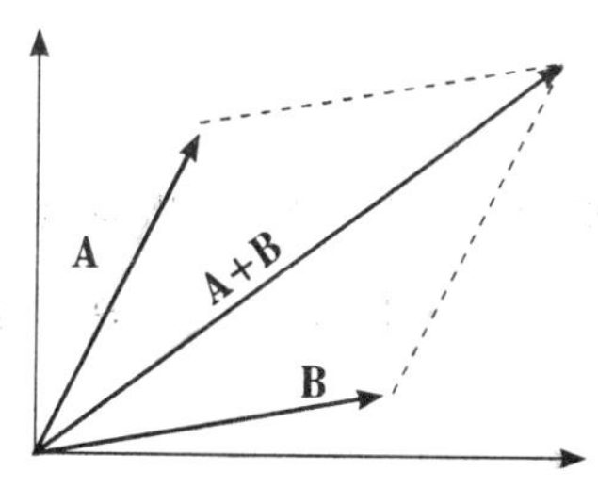

우선 벡터의 덧셈에 대하여 설명한다. 평면상의 두 개의 벡터를 더한 것은 그 두 개의 벡터를 두 변으로 하는 평행사변형의 대각선으로 표현된 벡터로 정의한다. 그 정의가 타당한 것은 벡터 $\boldsymbol{A}$와 $\boldsymbol{B}$를

$$\boldsymbol{A}=\begin{pmatrix} a_1 \\ a_2 \end{pmatrix},\ \boldsymbol{B}=\begin{pmatrix} b_1 \\ b_2 \end{pmatrix}$$

로 했을 때

$$\boldsymbol{A}+\boldsymbol{B}=\begin{pmatrix} a_1 + b_1 \\ a_1 + b_2 \end{pmatrix}$$

로 되어 더한 벡터의 각 성분이 본래 벡터의 각 성분의 합으로 되어 있는 것으로부터 알 수 있을 것이다. 따라서 벡터의 합은 각 성분의 합을 성분으로 하는 벡터라고 생각하면 된다. 다음에 벡터를 몇 배 한다고 하는 것은 같은 방향으로 몇 배 한 벡터로 정의한다.

그림 2-13

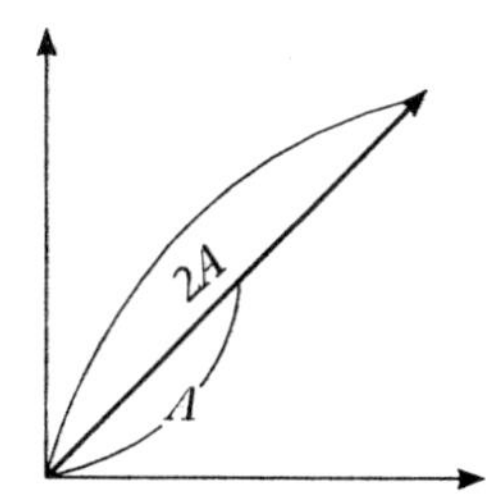

이 때, 벡터

$$\boldsymbol{A}=\begin{pmatrix} a_1 \\ a_2 \end{pmatrix}$$

에 대해서

$$k\cdot\boldsymbol{A}=\begin{pmatrix} ka_1 \\ ka_2 \end{pmatrix}$$

로 된다. 결국 벡터를 몇 배 한 것은 각 성분을 몇 배 한 것을 성분으로 하는 벡터의 연산을 사용하면 조금전의 비기저를 나타내는 벡터 $\boldsymbol{P}_1$, $\boldsymbol{P}_2$, $\boldsymbol{P}_3$을 변형할 수 있다. 우선 $\boldsymbol{P}_1$에 대해서는

$$P_1 = \begin{pmatrix} 6 \\ 5 \end{pmatrix} = \begin{pmatrix} 6 \\ 0 \end{pmatrix} + \begin{pmatrix} 0 \\ 5 \end{pmatrix} = 6 \cdot \begin{pmatrix} 1 \\ 0 \end{pmatrix} + 5 \cdot \begin{pmatrix} 0 \\ 1 \end{pmatrix}$$

로 된다. 이것은

$$P_1 = 6\ Q_1 + 5\ Q_2$$

로 되는 것을 나타낸다. 결국 비기저의 벡터 P_1을 기저의 벡터 Q_1과 Q_2로 나타낸 것이다. 같은 방법으로

$$P_2 = \begin{pmatrix} 5 \\ 4 \end{pmatrix} = \begin{pmatrix} 5 \\ 0 \end{pmatrix} + \begin{pmatrix} 0 \\ 4 \end{pmatrix} = 5 \cdot \begin{pmatrix} 1 \\ 0 \end{pmatrix} + 4 \cdot \begin{pmatrix} 0 \\ 1 \end{pmatrix} = 5\ Q_1 + 4\ Q_2$$

$$P_3 = \begin{pmatrix} 4 \\ 3 \end{pmatrix} = \begin{pmatrix} 4 \\ 0 \end{pmatrix} + \begin{pmatrix} 0 \\ 3 \end{pmatrix} = 4 \cdot \begin{pmatrix} 1 \\ 0 \end{pmatrix} + 3 \cdot \begin{pmatrix} 0 \\ 1 \end{pmatrix} = 4\ Q_1 + 3\ Q_2$$

로 된다.

이러한 관계는 비기저의 벡터를 기저의 벡터로 대체할 때의 대체관계를 나타낸다. 결국

$$P_1 = 6\ Q_1 + 5\ Q_2$$

라는 것은 P_1에 대응하는 변수 x_1을 1단위 사용하는 것과 Q_1에 대응하는 변수 y_1을 6단위, Q_2에 대응하는 변수 y_2를 5단위 섞어 사용하는 것과 같은 것이라는 것을 의미한다. 그러므로 x_1의 1단위를 y_1의 6단위와 y_2의 5단위로 대체하는 것으로 된다. 같은 방법으로 x_2의 1단위는 y_1의 5단위와 y_2의 4단위로 대체되고 x_3의 1단위는 y_1의 4단위와 y_2의 3단위로 대체된다. 이러한 **대체단위**를 표로 나타낼 수 있다.

표 2-12

기저 \ 비기저	x_1	x_2	x_3
y_1	6	5	4
y_2	5	4	3

기저변수를 좌측에 비기저변수를 우측에 쓴다. 이것이 비기저의 생산과정을 기저의 생산과정에 대체할 때의 대체단위를 나타낸다. 표 2-12는 형식적으로는 제한조건식

$$6x_1 + 5x_2 + 4x_3 + y_1 = 180$$

$$5x_1 + 4x_2 + 3x_3 + y_2 = 140$$

의 x_1, x_2, x_3의 계수를 그대로 y_1, y_2의 행에 늘어놓은 것에 불과하다. 그러나 그 의미는 대체단위를 나타낸다.

표 2-12에 기저의 값

$$y_1 = 180$$

$$y_2 = 140$$

을 첨가한다. 이것은 주어진 제한조건의 우변의 제한량 그것이다. 그것이 출발점의 기저가 취하는 값으로 된다. 더욱이 기저와 비기저의 단위당이윤을 첨가한다. 각 생산과정의 단위당이윤은 목적함수에 나타낸 각 변수의 계수이다. 이 문제에서 y_1과 y_2는 여유변수이고 목적함수에는 나타나지 않는다. 따라서 그 계수는 0으로 간주한다. 그것은 당연한 것이고 기계나 인원의 여유분을 나타내는 생산과정의 사용은 아무런 이윤을 내지 않는다. 앞의 대체단위를 나타내는 표 2-12에 기저의 값과 기저와 비기저의 단위당이윤을 첨가한 표는 표 2-13과 같다.

표 2-13

C			90	70	60
			x_1	x_2	x_3
0	y_1	180	6	5	4
0	y_2	140	5	4	3

기저의 단위당이윤은 기저의 좌측에 비기저의 단위당이윤은 비기저의 위쪽에 쓰기로 한다. 단위당이윤을 기호 C로 표시한다. 이 표는 문제가 주어지면 곧바로 만들어진다. 제한조건의 계수와 우변의 제한량, 목적함수의 계수를 그대로 늘어놓으면 된다. 그러나 이 표가 가진 의미는 이미 서술한 것과 같이 비기저의 기저에 의한 대체단위 등을 나타낸다. 이 표를 가능하면 직접 일반해법에 넣을 수 있다. LP의 일반해법에 대해서는 컴퓨터 프로그램이 만들어져 있으므로 특별히 몰라도 되지만 이 표의 단계까지 만들어 놓을 필요는 있다. 이와 같이 표로 만들어 놓으면 본래 문제의 고유성질은 모르게 되어 계산센타 등에 위촉할 때에도 비밀성보존에 도움이 된다

다만, 이 표는 위쪽에 비기저만을 썼지만 기저도 함께 써서 나타내기도 한다. 실제로 그 부분은 필요 없다. 위쪽에 기저를 쓰면

	y_1	y_2
y_1	1	0
y_2	0	1

과 같은 형태의 단위행렬의 부분이 첨가될 뿐이다. 실제로 사용하고 있는 생산과정은 그것 자신을 1단위로 대체하고 있다는 의미가 된다.

연습문제 2.5

1. $\boldsymbol{A}_1 = (1, 1)'$와 $\boldsymbol{A}_2 = (2, -1)'$의 1차결합이 $\boldsymbol{B} = (1, 2)'$인지를 그래프를 써서 설명하라.

§2.6 단체법 (Simplex Method)

선형계획법의 일반해법을 보통 단체법(simplex method)이라고 부른다. **simplex**라고 하는 것은 기하학상의 용어로 단체라고 하는데 그것은 각 차원에서의 기본적인 도형이다. 1 차원에서는 선분, 2차원에서는 3각형, 3차원에서는 사면체 등을 말한다. 그것에 대하여 복잡한 도형을 **복체**(complex)라고 한다. 단체법이라 부르는 것은 LP의 제한조건에 규정된 실행가능역이 단체로 구성되어 있기 때문이다.

단체법을 설명하기 위하여 다시 앞의 예를 사용하자. 앞 절에 주어진 것과 같이 기계와 인원의 여유분을 나타내는 여유변수 y_1과 y_2를 기저로 하고 3종류의 제품 A, B, C의 생산량을 나타내는 변수 x_1, x_2, x_3을 비기저로 하여 출발점의 기저로 했다. 그 때의 기저의 값, 비기저의 기저에 의한 대체단위, 각 생산과정의 단위당이윤을 표로 나타낸 것은 표 2-14와 같다.

표 2-14

C			90	70	60
			x_1	x_2	x_3
0	y_1	180	6	5	4
0	y_2	140	5	4	3

여기에서는 비기저 x_1, x_2, x_3이 기저 y_1, y_2로 대체되어 있다. 일반해법은 주어진 기저(단점)에서 최적인가 어떤가의 판정을 가르쳐 준다. 그래서 먼저 **최적성의 판정** 방법에 대하여 서술해 보자. 그를 위하여 비기저를 기저에 의해 대체했을 때의 **대체이윤**이 어떻게 되는가를 조사한다. 각 비기저에 대한 대체이윤은 각 기저의 단위당이윤에 그 기저에 의한 대체단위를 곱하여 그것을 모든 기저에 대해 더하면 된다. 기저의 단위당이윤은 표 2-14와 같이 기저의 좌측에 쓰고 비기저의 기저에 의한 대체단위는 그 비기저의 아래에 쓴다. 그렇게 대응하는 것을 곱해서 더하면 된다. 비기저 x_1의 대체이윤 z_1은

$$z_1 = 0 \times 6 + 0 \times 5 = 0$$

으로 된다. 같은 방법으로 비기저 x_2와 x_3의 대체이윤 z_2와 z_3은

$$z_2 = 0 \times 5 + 0 \times 4 = 0$$

$$z_3 = 0 \times 4 + 0 \times 3 = 0$$

으로 된다. 결국, 이 때는 모든 비기저에 대하여 대체이윤은 0이다. 그것은 아무 것도 생산하고 있지 않다는 것이므로 당연한 것이다.

다음으로 현재 비기저로 있어 사용하지 않은 생산과정을 실제로 사용하는 것이 득이 되는지 어떤지를 조사한다. 거기에서는 지금의 대체이윤과 그 비기저를 실제로 사용할 때의 이윤과의 차를 조사해 보면 된다. 비기저의 단위당이윤은 표의 제일 위에 쓴다. 그 대체이윤과 본래의 이윤과의 차는

$$Z - C$$

로 나타낸다. 비기저 x_1에 대한 대체이윤과 본래의 이윤의 차는

$$0 - 90 = -90$$

이고 x_2에 대해서는

$$0 - 70 = -70,$$

x_3에 대해서는

$$0 - 60 = -60$$

이다. 이들 값이 마이너스인 것은 대체이윤보다 본래의 이윤 쪽이 크다는 것을 나타내고 있으며 그 비기저를 실제로 사용한 쪽이 득이 된다. 표 2-14에 여기까지의 단계를 첨가한 표를 만든다. 더욱이 이 단계에서의 총이윤을 기저의 값 아래에 써넣는다. 총이윤은 각 기저의 단위당이윤에 그 기저의 값을 곱한 것을 모든 기저에 대하여 더하여 맞출 수 있다. 이 예에서는

$$0 \times 180 + 0 \times 140 = 0$$

으로 되어 이윤은 0이다. 아무 것도 생산하지 않은 것이므로 그것은 당연하다. 그러면 확대한 표는 표 2-15와 같다. 이것이 simplex표의 제 1 표이다.

표 2-15

C			90	70	60
			x_1	x_2	x_3
0	y_1	180	6	5	4
0	y_2	140	5	4	3
	Z	0	0	0	0
	$Z-C$		-90	-70	-60

최적성의 판정은 이 표의 $Z-C$의 행에 의해서 할 수 있다. 그 란에 마이너스 값이 없으면 최적이다. 모든 비기저에 대해서

$$Z-C \geq 0$$

인 것은 어느 비기저에 대해서도

$$Z \geq C$$

이고 대체이윤 쪽이 본래의 이윤보다 크다 라는 것은 어느 비기저도 사용하지 않고 대체하고 있는 쪽이 득인 것이 되며 그것이 최적이다. 하나라도

$$Z-C < 0$$

인 것이 있는 한 그의 비기저는 대체하고 있는 것 보다 실제로 사용한 쪽이 득이다. 따라서 아직 최적은 아니다.

이 예에서는 목적함수가 총이윤이고 그것을 최대로 하는 것이 목적이었는데 목적함수를 최소로 할 때에는 대체이윤 대신에 **대체비용**을 생각하면 된다. 그리고

$$Z-C$$

를 대체비용과 본래의 비용의 차로 간주하면 된다. 따라서 목적함수를 최소로 할 때에는 모든 비기저변수에 대하여

$$Z-C \leq 0$$

으로 되면 대체비용 쪽이 본래의 비용보다 싸고 최적으로 된다. 비기저에 대하여 하나라도

$$Z-C > 0$$

인 것이 있는 한은 최적은 아니다. 이와 같이 최대화의 문제와 최소화의 문제는 최적성의

판정에서의 $Z-C$의 부호가 반대로 된다. 그것 이외의 계산순서는 최대화도 최소화도 똑같다. 그런데 이 문제에서는 어느 비기저의 $Z-C$의 값도 모두 마이너스였다. 그래서 어느 비기저를 실제로 사용해도 득이 된다. 비기저를 사용한다고 하는 것은 그것을 기저로 가지고 오는 것이 된다. 그렇지만 단체법의 하나의 단계에서는 하나밖에 비기저를 기저로 가지고 오지 못한다. 여기에서는 어느 비기저를 가지고 오면 좋을까? 마이너스의 절대값의 최대의 것을 가지고 오면 된다는 것은 당연할 것이다. 일반적으로 $Z-C$란에는 플러스의 것이나 마이너스의 것이 있지만 그 때에는 마이너스 것에서 절대값의 최대의 것을 기저로 가지고 오면 된다. 최소화의 문제에서는 부호를 반대로 하면 되고 $Z-C$가 플러스의 것으로 최대인 것을 비기저에서 기저로 옮기면 된다. 그러므로 이 예에서는 x_1을 비기저에서 기저로 옮기는 것으로 된다.

x_1을 비기저에서 기저로 옮기는 것은 지금까지 $x_1 = 0$으로 하고 있었던 것을 $x_1 > 0$로 하는 것이다. 그 때 x_1을 얼마만큼 늘릴 수 있을까? 제한조건이 만족되기 위하여 얼마라도 늘릴 수는 없다. 제한조건

$$6x_1 + 5x_2 + 4x_3 + y_1 = 180$$
$$5x_1 + 4x_2 + 3x_3 + y_2 = 140$$

에 있어서 처음은

$$x_1 = x_2 = x_3 = 0$$

이였으므로

$$y_1 = 180$$
$$y_2 = 140$$

이었다. 그렇지만 여기에서는 $x_1 > 0$로 하는 것이다. 그러나 x_2와 x_3은 여전히 비기저로 남아 있다. 결국

$$x_2 = x_3 = 0$$

인 상태이다. 따라서 이 예에서는 제한조건이

$$6x_1 + y_1 = 180$$
$$5x_1 + y_2 = 140$$

의 형태로 된다. 먼저 첫 번째의 식으로부터

$$y_1 = 180 - 6x_1$$

로 된다. 그렇지만 여유변수 y_1은 마이너스로 되어서는 안 된다. 그래서

$$180 - 6x_1 \geq 0$$

이어야 한다. 이것으로부터

$$x_1 \leq \frac{180}{6} = 30$$

으로 된다. 한편, 두 번째의 식으로부터

$$y_2 = 140 - 5x_1$$

으로 되고 y_2도 역시 $y_2 \geq 0$이다. 그래서

$$x_1 \leq \frac{140}{5} = 28$$

이어야 한다. 이 두 개의 조건으로부터 x_1을 늘릴 때 이들 값의 작은 쪽의 값으로서

$$x_1 = 28$$

까지 늘릴 수 있다. 그런데

$$x_1 = 28 = \frac{140}{5}$$

으로 했을 때

$$y_2 = 140 - 5x_1 = 140 - 5 \times \frac{140}{5} = 0$$

으로 된다. 이것은 처음에 $x_1 = 0$일 때에는 $y_1 = 140$이였던 것이 $x_1 = 28$로 했기 때문에 $y_2 = 0$으로 된 것이고 y_2가 기저에서 비기저로 옮기는 것을 나타내고 있다. 이렇게 하여 x_1과 y_2사이에 기저와 비기저의 교환이 행해진다. 그것이 이웃하는 단점으로 옮기는 것이 된다.

그런데 심플렉스표의 제 1 표에서는 모든 대체단위가 플러스의 값이었지만 가공의 생산과정도 생각하고 있으므로 도중의 단계에서 대체단위에 마이너스의 값이 생기는 일도 있

다. 이번 경우에 x_1의 y_1에 의한 대체단위가 6이 아니고 만약 -6이었다고 하면 제한조건으로부터

$$-6x_1 + y_1 = 180$$

으로 되고

$$y_1 = 180 + 6x_1$$

에서 $y_1 \geq 0$의 조건은 x_1을 아무리 늘려도 만족된다. 따라서 대체단위에 마이너스의 것이 있으면 그것은 조사하지 않아도 좋은 것으로 된다. 대체단위가 0인 경우도 같은 내용이다. 거기서 기저로 들어 온 변수를 어디까지 늘릴 수 있는가를 조사할 때에는 그 열의 대체단위에서 플러스인 것만에 대해서 보면 된다. 만약, 기저로 들어온 변수열의 대체단위에 플러스 값인 것이 없으면 그 변수는 얼마든지 늘릴 수 있게 되어 그 때에는 유계가 아닌 해가 얻어진다. 유계가 아닌 해가 얻어지는 경우에는 이와 같은 상태가 일어나고 거기에서 계산을 중지하면 된다.

이와 같이 기저와 비기저의 교환에서 최대화의 문제는 우선 $Z-C<0$인 것에서 절대값이 최대인 비기저를 선택하고 (최소화문제에서는 $Z-C>0$인 것을 선택한다) 그 변수가 기저로 들어온다. 다음에 그 변수열의 대체단위에서 플러스 값인 것만에 대하여 그 대체단위에 대응하는 기저의 값을 나누어 그 최소인 것을 찾는다. 그 행의 기저가 비기저로 옮긴다. 앞의 경우에서는 $Z-C<0$의 절대값의 최대의 것이 -90으로 그 비기저는 x_1이다. 그 열의 대체단위는 모두 플러스이므로 대응하는 기저의 값을 나누어

$$\frac{180}{6}, \frac{140}{5}$$

이 얻어진다. 그 가운데 최소인 것이 $\frac{140}{5}$이고 그 행의 기저는 y_2이다. 따라서 x_1과 y_2를 교환하는 것으로 된다. 그 때 x_1열과 y_2행의 교차점의 값은 5인데 그것이 **변환의 축** (pivot)으로 된다. 축인 경우를 *로 나타낸다. 이 변환의 상태를 심플렉스표에 표시하면 편리하다. 그것을 표 2-16과 같이 나타낸다. 화살표가 있는 변수가 각각 기저와 비기저에서 추방되는 변수이고 *표한 곳이 변환의 축이다. 여기까지가 정확하게 심플렉스표의 제 1 표이다.

표 2-16

	C			90 ⇑	70	60
				x_1	x_2	x_3
	0	y_1	180	6	5	4
⇐	0	y_2	140	5^*	4	3
		Z	0	0	0	0
		$Z-C$		-90	-70	-60

일반해법의 다음 단계로서 이웃하는 단점(기저)으로 옮기는 방법을 생각하지 않으면 안 된다. 기저와 비기저에서 변환하는 변수를 찾는 방법은 이미 알았지만 그 변환된 새로운 기저와 비기저에 대한 대체관계 등을 부여하는 계산공식이 필요하다. 우선, 새로운 기저의 값을 구하는 방법부터 생각하자. 새로운 기저로 들어온 변수 x_1의 값은

$$x_1 = \frac{140}{5} = 28$$

까지 늘릴 수 있었다. 이 값은 기저에서 추방하는 변수를 결정하기 위하여 비교한 최소의 값 그것이다. 다음으로 새로운 단계에서도 당연히 기저로 머물러 있는 변수에 대하여 새로운 기저로서의 값을 구하는 방법을 조사하자. 지금의 예에서는 그와 같은 변수는 y_1뿐이다. 이 때 y_1에 관한 식은

$$y_1 = 180 - 6x_1$$

이다. 따라서 새로운 y_1의 값은

$$y_1 = 180 - 6 \times \frac{140}{5} = 12$$

로 된다. 이 계산은 표 2-16의 y_1의 경우만을 써 보면

		x_1 ⇑
y_1	180	6

로 되어 있으므로 본래의 값 180에서 그 행의 추방하는 열의 대체단위 6에 새로 들어온 x_1의 기저의 값 $\frac{140}{5}$을 곱한 것을 뺀 형태

$$180-6\times\frac{140}{5}$$

으로 계산된다. 이 계산법은 기저가 몇 개 있어도 같다.

다음으로 새로운 비기저의 새로운 기저에 의한 대체단위를 구하는 방법을 조사하자. 최초의 제한조건

$$\begin{aligned} 6x_1 + 5x_2 + 4x_3 + y_1 &= 180 \\ 5x_1 + 4x_2 + 3x_3 + y_2 &= 140 \end{aligned}$$

에 있어서 y_1과 y_2가 기저이고 x_1, x_2, x_3가 비기저였다. 그 때 x_1, x_2, x_3의 계수가 그대로 대체단위로 되었었다. 그 이유는 y_1과 y_2에 대응하는 생산과정을 특징짓는 벡터 $\boldsymbol{Q}_1$과 $\boldsymbol{Q}_2$가

$$\boldsymbol{Q}_1=\begin{pmatrix}1\\0\end{pmatrix}$$

$$\boldsymbol{Q}_2=\begin{pmatrix}0\\1\end{pmatrix}$$

로 되어 있었기 때문이다. 이와 같이 하나의 요소만이 1이고 다른 것은 모두 0인 벡터를 단위벡터라 한다. $\boldsymbol{Q}_1$, $\boldsymbol{Q}_2$가 단위벡터라는 것은 기저의 변수는 어느 것인가 하나의 제한조건에만 나타나고 다른 제한조건에는 나타나지 않으며 그것이 나타날 때의 계수가 1이라는 것을 나타내고 있다. 그러므로 어느 제한조건에서도 하나만이 기저의 변수이고 다른 것은 모두 비기저의 변수이다. 이것을 생각하여 이번은 새로운 기저 y_1, x_1과 새로운 비기저 y_2, x_2, x_3에 대해 이와 같은 조건을 만족시키도록 제한조건을 고쳐 쓰면 그 때의 비기저의 계수가 곧바로 대체단위로 된다.

우선 제한조건

$$5x_1 + 4x_2 + 3x_3 + y_2 = 140$$

에 대하여 보면 새로운 단계에서 x_1이 기저이고 y_2, x_2, x_3는 비기저이므로 하나만이 기저이고 다른 것은 비기저라는 조건을 만족시키고 있다. 그래서 기저 x_1의 계수를 1로 하면 된다. 그러면

$$x_1 + \frac{4}{5}x_2 + \frac{3}{5}x_3 + \frac{1}{5}y_2 = \frac{140}{5}$$

으로 된다. x_2, x_3, y_2는 비기저이므로 실제로는 0으로 놓은 것으로 되고 그 때

$$x_1 = \frac{140}{5}$$

으로 기저의 값으로 된다. 이것에 의해서 새로 기저로 들어온 x_1의 행의 대체단위를 알 수 있다. 결국

		⇓ y_2	x_2	x_3
⇒ x_1	$\frac{140}{5}$	$\frac{1}{5}^*$	$\frac{4}{5}$	$\frac{3}{5}$

로 된다. 이것은 변환의 행의 대체단위이다. 그 계산방법은 변환의 축에 대해서는 본래의 값 5의 역수 $\frac{1}{5}$로 하고 그것 이외의 경우는 본래의 값을 축의 값으로 나눈 것 $\frac{4}{5}$, $\frac{3}{5}$으로 한다. 이와 같이 변환의 행에 대한 대체단위는 간단히 구한다.

다음으로 변환에 관계없는 행의 대체단위에 대하여 조사해 보자. 그를 위해 또 하나의 제한조건

$$6x_1 + 5x_2 + 4x_3 + y_1 = 180$$

을 생각한다. 이 식에는 새로운 기저가 y_1과 x_1 두 개 들어 있다. 여기에서 생각하려고 하는 행은 기저 y_1의 행이다. 따라서 이 식을 y_1 이외에는 비기저로 나타내지 않으면 안 된다. 거기에서는 기저 x_1을 비기저로 표시해 놓으면 된다. 그것은

$$x_1 + \frac{4}{5}x_2 + \frac{3}{5}x_3 + \frac{1}{5}y_2 = \frac{140}{5}$$

의 식에서

$$x_1 = \frac{140}{5} - \frac{4}{5}x_2 - \frac{3}{5}x_3 - \frac{1}{5}y_2$$

로 주어진다. 이 x_1을

$$6x_1 + 5x_2 + 4x_3 + y_1 = 180$$

에 대입하면 된다. 그러면

$$6 \times \frac{140}{5} - \frac{6 \times 4}{5} x_2 - \frac{6 \times 3}{5} x_3 - \frac{6}{5} y_2 + 5x_2 + 4x_3 + y_1 = 180$$

으로 된다. 이것을 정돈하여

$$y_1 - \frac{6}{5} y_2 + (5 - \frac{6 \times 4}{5}) x_2 + (4 - \frac{6 \times 3}{5}) x_3 = 180 - 6 \times \frac{140}{5}$$

을 얻는다. 여기서 y_2, x_2, x_3은 비기저이므로 실제로는 0으로 놓고 그 때

$$y_1 = 180 - 6 \times \frac{140}{5}$$

이 새로운 기저의 값으로 되어 있는 것을 알 수 있다. 이 식에서 알 수 있는 것과 같이 기저 y_1의 행은 다음과 같이 된다.

⇓ (above y_2)

		y_2	x_2	x_3
y_1	$180 - 6 \times \frac{140}{5}$	$-\frac{6}{5}$	$5 - \frac{6 \times 4}{5}$	$4 - \frac{6 \times 3}{5}$

이 대체단위의 계산은 다음과 같이 하면 된다. 우선, 변환의 열에 대해서는 본래의 값 6을 축의 값 5로 나누어 마이너스로 하면 된다. 이와 같이 변환의 행과 열에 대한 대체단위는 간단하다. 변환의 행과 열은 심플렉스표의 제 1 표에서는

⇑ (above x_1)

		x_1	x_2	x_3
	y_1	6		
⇐	y_2	5^*	4	3

이었던 것이 새로운 단계에서는

⇓ (above y_2)

		y_2	x_2	x_3
	y_1	$-\frac{6}{5}$		
⇒	x_1	$\frac{1}{5}$	$\frac{4}{5}$	$\frac{3}{5}$

로 된다. 결국, 변환의 축인 경우는 본래의 값의 역수, 그 이외의 변환의 행은 본래의 값을 축의 값으로 나눈 것으로 한다. 변환의 열에서 축 이외의 경우는 본래의 값을 축의 값으로 나누어 마이너스로 하면 된다.

나머지의 경우는 변환에 무관계한 경우, 결국 당연히 기저와 비기저로 그대로 머물러 있는 변수에 관한 경우의 대체단위의 계산이다. 그것은 좀 귀찮은 것이다. y_1의 행에 x_2의 열의 대체단위는

$$5-\frac{6\times4}{5}$$

로 되었지만 그 계산은 다음과 같이 된다. 최초의 표에서 변환의 행과 열로 x_2인 경우의 y_1의 행의 값을 쓰면

	x_1	x_2	x_3
y_1	6	⑤	
y_2	5*	4	3

이지만 그 때, 이 y_1의 행과 변환의 열의 교차점의 요소 6과, x_2의 열과 변환의 행의 교차점의 요소 4를 곱한 것을 축의 값으로 나누고 그것을 본래의 값 5에서 빼어

$$5-\frac{6\times4}{5}$$

가 얻어진다. y_1의 행의 x_3의 경우의 값에 대해서도 같은 방법으로 원래의 표가

	x_1	x_2	x_3
y_1	6		④
y_2	5*	4	3

이므로 이 행과 변환의 열과의 교차점의 값 6과, 이 열과 변환의 행의 교차점의 값 3을 곱하여 그것을 축의 값 5로 나누고 그것을 본래의 값 4에서 빼어

$$4-\frac{6\times 3}{5}$$

이 얻어진다.

이 문제는 소규모인 문제이므로 변환에 무관계한 경우는 두 곳밖에 없었지만 일반적인 LP문제에는 그와 같은 경우가 매우 많기 때문에 귀찮은 일이다. 그것은 컴퓨터에 맡기면 된다. 그 곳의 계산은 일반적으로 본래의 값을 a, 그 행과 변환의 열과의 교차점의 요소를 b, 그 열과 변환의 행과의 교차점의 요소를 c, 축의 값을 d로 했을 때 다음과 같다.

$$a-\frac{b\times c}{d}$$

그림 2-14

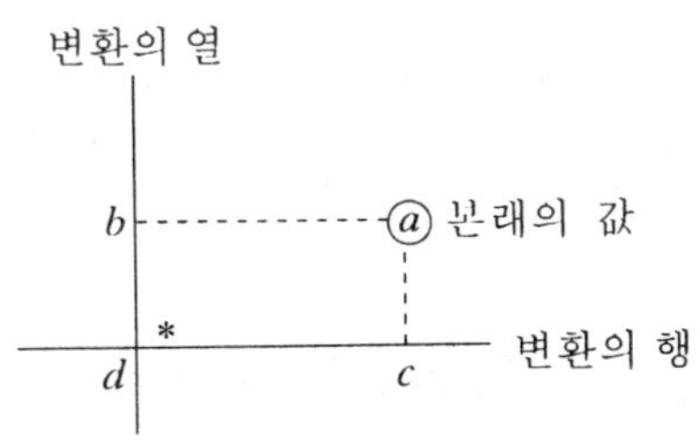

이것으로부터 변환의 행의 요소가 0인 열에 대해서는 새로운 단계에서도 그 열은 본래 그대로라는 것을 알 수 있다. 같은 방법으로 변환의 열에서 0인 요소의 행에 대해서도 본래대로 전혀 변하지 않는다. 대규모인 문제에서는 어느 제한조건에도 모든 변수가 나타나는 것은 거의 없으므로 이와 같은 상태가 자주 일어날 수 있다.

이상으로 단체법의 공식은 모두 끝났다. 이후는 몇 단계 계속해도 이 계산순서를 반복할 뿐이다. 그 컴퓨터 프로그램도 완비되어 있다. 앞의 문제로 되돌아가서 그 결과로부터 심플렉스표의 제 2 표를 만든다. 계산방식을 알기 쉽게 하기 위하여 완전하게 계산하지 않은 형태로 써 놓는다.

이것이 새로운 단계에서의 기저의 값과 대체단위를 부여하고 있다. 단위당이윤은 기저나 비기저의 변수가 이동하면 그것에 따라 그대로 이동하는 것은 당연하다. 이 표의 값을 계산하고 다시 대체이윤 등을 구하면 표 2-18로 된다.

표 2-17

C			0	70	60
			y_2	x_2	x_3
0	y_1	$180-6\times\frac{140}{5}$	$-\frac{6}{5}$	$5-\frac{6\times4}{5}$	$4-\frac{6\times3}{5}$
90	x_1	$\frac{140}{5}$	$\frac{1}{5}$	$\frac{4}{5}$	$\frac{3}{5}$

표 2-18

	C			0	70	60 ⇑
				y_2	x_2	x_3
⇐	0	y_1	12	$-\frac{6}{5}$	$\frac{1}{5}$	$\frac{2}{5}$ *
	90	x_1	28	$\frac{1}{5}$	$\frac{4}{5}$	$\frac{3}{5}$
		Z	2520	18	72	54
		$Z-C$		18	2	-6

이 단계에서의 총이윤은 2520으로 최초는 0이었던 것이 상당히 증가되었다. 이 단계에서도 아직 $Z-C<0$인 것이 있으므로 최적은 아니다. 여기에서는 $Z-C<0$인 것은 x_3 밖에 없으므로 x_3을 비기저에서 기저로 들어오는 것으로 한다. 처음 기저로 들어온 것은 x_1이고 단위당이윤은 90으로 최대였다. 그러나 이제 그 다음으로 큰 것으로는 단위당이윤이 70인 x_2이지만 그것이 아닌 x_3을 가지고 들어오는 것이 된다. 이와 같이 반드시 단위당이윤이 큰 순서로 생산하는 것이 유리하다고는 할 수 없다. 그 이유는 제한조건이 있기 때문에 본래 단위당으로 고쳐서 비교하지 않으면 안 되기 때문이다. 그것은 좀처럼 알 수 없지만 심플렉스법에서는 자동적으로 판정할 수 있다. 그래서 x_3의 열의 대체단위를 보면 모두 플러스이므로 그것에 대응하는 기저의 값을 나누어

$$12/\frac{2}{5}\ ,\ 28/\frac{3}{5}$$

의 최소를 찾는다. 그것은

$$12/\frac{2}{5} = 30$$

이다. 따라서 기저에서 y_1을 추방한다. 그러면 표에서 화살표의 y_1과 x_3을 교환하는 것으로 되고 *표가 교환의 축으로 된다.

다시 일반해법을 사용하여 다음 단계의 심플렉스표가 얻어진다. 새로 기저로 들어온 x_3의 값은 지금 비교했던 최소치

$$12/\frac{2}{5} = 30$$

이고 기저로 머물고 있는 변수 x_1의 새로운 기저로서의 값은

$$28 - \frac{3}{5} \times 30 = 10$$

이다. 새로운 비기저의 새로운 기저에 의한 대체단위의 계산은 앞과 같은 방법이다. 이렇게 하여 표 2-19가 얻어진다.

표 2-19

C			0	70	0
			y_2	x_2	y_1
60	x_3	30	-3	$\frac{1}{2}$	$\frac{5}{2}$
90	x_1	10	2	$\frac{1}{2}$	$-\frac{3}{2}$
	Z	2700	0	75	15
	$Z-C$		0	5	15

여기서 y_2의 x_1에 의한 대체단위는

$$\frac{1}{5} - \frac{3}{5} \times \left(-\frac{6}{5}\right)/\frac{2}{5} = 2$$

이고 x_2의 x_1에 의한 대체단위는

$$\frac{4}{5} - \frac{3}{5} \times \frac{1}{5}/\frac{2}{5} = \frac{1}{2}$$

이다.

이 표에서는 이제 $Z-C < 0$인 것이 없다. 따라서 최적해가 얻어진다. 그 해는

$$x_1 = 10, \ x_3 = 30$$

으로 제품 A를 10단위, 제품 C를 30단위 생산하는 것이 최적이다. 미지수 x_2는 비기저이므로 $x_2 = 0$으로 제품 B는 생산하지 않는다. 또 여유변수 y_1과 y_2는 모두 비기저이므로 여유분은 0이고 기계도 인원도 제한량까지 사용하는 것이 최적이다. 이 때의 단위시간당 최대이윤은 2700이다. 이와 같이 최종단계의 심플렉스표에는 필요한 정보가 모두 포함되어 있다. 더구나, 이 문제에서는 3종류의 제품생산을 생각했지만 그 가운데 2품종밖에 생산하지 않는 것을 처음부터 알 수 있다. 그것은 제한조건이 2개로써 기저는 2개밖에 없기 때문이다. 최종단계의 기저로 여유변수가 들어 올 가능성도 있으므로 많아야 2품종이다. 꼭 3종류의 제품을 생산하지 않으면 안 되는 문제이면 처음부터 제한조건이 적어도 3개가 되지 않으면 안 된다.

그런데 LP의 최적해는 꼭 하나라고는 할 수 없다. 최적조건을 만족시키는 최종단계의 심플렉스표에서 $Z-C$가 모두 플러스이면 최적해는 그 표에 주어진 것 단 1개이다. 그러나 $Z-C=0$인 것이 있으면 다른 최적해가 있다. 그것은 $Z=C$인 비기저에 대해서는 대체해 놓고 그것을 사용해도 똑같기 때문이다. 물론 최대이윤은 변하지 않는다. 지금의 예에서는 비기저 y_2의 $Z-C$가 0이었으므로 다른 최적해가 있다. 그것을 구하는 데에는 y_2를 비기저에서 추방하고 일반해법을 그대로 적용하면 된다. y_2의 열의 대체단위에서 플러스의 것은 2개뿐이고 그 행의 기저는 x_1이므로 y_2와 x_1을 교환하면 된다. 그 결과는 표 2 -20과 같다.

표 2-20

C			90	70	0
			x_1	x_2	y_1
60	x_3	45	$\frac{3}{2}$	$\frac{5}{4}$	$\frac{1}{4}$
0	y_2	5	$\frac{1}{2}$	$\frac{1}{4}$	$-\frac{3}{4}$
	Z	2700	90	75	15
	$Z-C$		0	5	15

여기에서는 제품 C만을 45단위 생산하고 인원을 5명 남겨 놓는 것이 최적으로 된다. 최대이윤은 역시 2700이다. 이 때 x_1의 $Z-C$는 0이지만 이것으로 교환해도 앞의 해로 되돌아갈 뿐이다.

일반적으로 LP의 최적해가 2개이면 그것의 凸일차결합, 결국 그 두점을 맺는 직선상의 점은 또 최적이라는 것을 나타낸다. 따라서 최적해는 단 1개이거나 무수히 많거나의 어느 쪽이다. 단체법은 최적해 가운데에서 단점만을 부여한다.

결국, 여기에 주어진 예는 제한조건의 형태가 모두 제한량보다 크지 않다고 하는 형태로 가장 간단한 것이었다. 그러나 그렇지 않은 경우에도 목적함수에 벌금 M을 부과하는 등의 귀찮은 점은 있지만 단체법의 계산은 똑같은 방법이다. 끝으로 최적조건을 만족시키는 것과 관계없이 기저에 인위변수가 남아 있을 때는 **제한조건의 모순**이고 해는 없다.

연습문제 2.6

1. 다음 선형계획문제를 단체법으로 풀어라.

1) $\begin{cases} 5x_1 + 2x_2 + 3x_3 \le 50 \\ x_1 + 2x_2 + 4x_3 \le 20 \\ x_1,\ x_2,\ x_3 \ge 0 \end{cases}$ 인 조건에서 $Z = 3x_1 + 2x_2 + x_3 \to \max$

2) $\begin{cases} 2x_1 + 3x_2 \le 12 \\ x_1 + x_2 \le 5 \\ x_1,\ x_2 \ge 0 \end{cases}$ 인 조건에서 $Z = x_1 + 2x_2 \to \max$

§2.7 쌍대문제

앞 절에서 사용한 예는 제한조건

$$6x_1 + 5x_2 + 4x_3 \le 180$$
$$5x_1 + 4x_2 + 3x_3 \le 140$$

에서 목적함수

$$90x_1 + 70x_2 + 60x_3$$

을 최대로 하는 문제였다. 이것을 **원문제**(primal problem)라고 했을 때 다음과 같은 문제를 원문제의 **쌍대문제**(dual problem)라고 한다. 그것은 제한조건

$$6w_1 + 5w_2 \ge 90$$
$$5w_1 + 4w_2 \ge 70$$
$$4w_1 + 3w_2 \ge 60$$

에서 목적함수

$$180w_1 + 140w_2$$

를 최소로 하는 문제이다.

원문제는 최대화의 문제이고 쌍대문제는 최소화의 문제이다. 또 원문제의 목적함수의 계수가 쌍대문제의 제한량으로 되어 있고 원문제의 제한량이 쌍대문제의 목적함수의 계수로 되어 있다. 더욱이 원문제는 변수가 x_1, x_2, x_3 3개이고 제한조건은 2개이지만 쌍대문제는 변수가 w_1, w_2 2개이고 제한조건은 3개이다. 결국 원문제의 미지수의 개수가 쌍대문제의 제한조건의 개수로 되고 원문제의 제한조건의 개수가 쌍대문제의 미지수의 개수로 된다. 또 원문제의 제한조건의 계수를 가지고 만든 행렬

$$\begin{pmatrix} 6 & 5 & 4 \\ 5 & 4 & 3 \end{pmatrix}$$

의 행과 열을 바꾼

$$\begin{pmatrix} 6 & 5 \\ 5 & 4 \\ 4 & 3 \end{pmatrix}$$

이 쌍대문제의 제한조건의 계수를 가지고 만든 행렬로 되어 있다. 이와 같이 원문제와 쌍대문제는 모두가 거꾸로 되어 있다.

그림 2-15

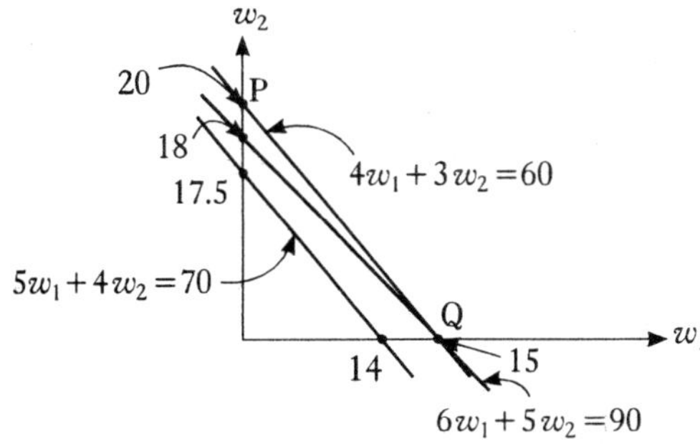

이 쌍대문제는 미지수의 개수가 2개이므로 도식해법으로 풀 수 있다. 그것은 그림 2-15와 같다. 위 그림에서 알 수 있듯이 목적함수가 실행가능역에서 최소로 될 수 있는 단점은

$$P:(0,\ 20),\quad Q:(15,\ 0)$$

이다. 그 단점에서의 목적함수의 값은 P에서는 2800, Q에서는 2700이므로 Q에서 최소로 된다. 그 때

$$w_1=15,\quad w_2=0$$

이다. 쌍대문제에서의 이 최소값 2700은 원문제에서의 최적해의 최대값 2700과 일치한다. 일반적으로 원문제와 쌍대문제의 어느 한 쪽이 유한한 최적해를 가지면 다른 쪽도 또 최적해를 가지며 그 때 한 쪽의 최대값과 다른 쪽의 최소값은 일치한다. 이것을 **쌍대정리**라고 한다.

지금 쌍대문제에 여유변수 z_1, z_2, z_3을 사용하여 등식으로 만들었을 때

$$6w_1+5w_2-z_1=90$$
$$5w_1+4w_2-z_2=70$$
$$4w_1+3w_2-z_3=60$$

으로 된다. 여기에

$$w_1=15,\ w_2=0$$

을 넣으면

$$z_1 = 0, \ z_2 = 5, \ z_3 = 0$$

으로 된다. 원문제의 최적해는

$$x_1 = 10, \ x_3 = 30, \ y_1 = y_2 = x_2 = 0$$

이었다. 또 비기저 y_1, y_2, x_2의 $Z-C$의 값은

	y_2	x_2	y_1
$Z-C$	0	5	15

이었다. 이것을 쌍대문제에서

	w_2	z_2	w_1
	0	5	15

와 비교하면 똑같은 값이다. 따라서 쌍대문제의 (w_1, w_2)가 원문제의 (y_1, y_2)에 대응하고 있는 것을 알 수 있다. 또 z_2에는 x_2가 대응하고 있다. 그래서 (z_1, z_2, z_3)을 (x_1, x_2, x_3)에 대응시키면 원문제의 최적해의 기저와 비기저가

기저 \ 비기저	y_2	x_2	y_1
x_3			
x_1			

이었던 것에 대하여 쌍대문제의 최적해에서는

기저 \ 비기저	z_3	z_1
w_2		
z_2		
w_1		

으로 되어 있다. 결국 다음과 같은 대응관계에 의해 원문제와 쌍대문제에서는 기저와 비기저가 교체하고 있는 것으로 된다.

$$(x_1, x_2, x_3) \Rightarrow (z_1, z_2, z_3)$$

$$(y_1, y_2) \Rightarrow (w_1, w_2)$$

그래서 쌍대문제의 최적해를 심플렉스표의 형태로 나타내 보자. 여기에서는 비기저 z_3, z_1의 기저 w_2, z_2, w_1에 의한 대체단위를 구하면 된다. 그것을 구하기 위하여 제한조건

$$6w_1 + 5w_2 - z_1 = 90$$

$$5w_1 + 4w_2 - z_2 = 70$$

$$4w_1 + 3w_2 - z_3 = 60$$

의 제 1 식과 제 3 식으로부터

$$w_1 = 15 - \frac{5}{6} w_2 + \frac{1}{6} z_1$$

$$w_2 = 20 - \frac{4}{3} w_1 + \frac{1}{3} z_3$$

로 되고 이것으로부터

$$w_1 - \frac{5}{2} z_3 + \frac{3}{2} z_1 = 15$$

$$w_2 + 3 z_3 - 2 z_1 = 0$$

으로 된다. 이 w_1과 w_2를 제 2 식에 넣으면

$$z_2 - \frac{1}{2} z_3 - \frac{1}{2} z_1 = 5$$

로 된다. 이러한 식의 z_3과 z_1의 계수가 대체단위로 되어 있다. 그것을 표로 나타내면

	z_3	z_1
w_2	3	-2
z_2	$-\frac{1}{2}$	$-\frac{1}{2}$
w_1	$-\frac{5}{2}$	$\frac{3}{2}$

으로 된다. 원문제의 최적해에서의 대체단위는

	y_2	x_2	y_1
x_3	-3	$\frac{1}{2}$	$\frac{5}{2}$
x_1	2	$\frac{1}{2}$	$-\frac{3}{2}$

이었다. 이 대체단위로 만든 행렬

$$\begin{pmatrix} -3 & \frac{1}{2} & \frac{5}{2} \\ 2 & \frac{1}{2} & -\frac{3}{2} \end{pmatrix}$$

에서 행과 열을 교체하여

$$\begin{pmatrix} -3 & 2 \\ \frac{1}{2} & \frac{1}{2} \\ \frac{5}{2} & -\frac{3}{2} \end{pmatrix}$$

으로 한 것에 대해서 전체에 마이너스를 붙이면

$$\begin{pmatrix} 3 & -2 \\ -\frac{1}{2} & -\frac{1}{2} \\ -\frac{5}{2} & \frac{3}{2} \end{pmatrix}$$

으로 되어 쌍대문제에서의 대체단위로 만든 행렬이 얻어진다. 결국 원문제의 대체단위의 행렬의 행과 열을 교체하고(그것을 전치행렬이라 한다) 그것의 부호를 바꾼 것이 쌍대문제의 대체단위의 행렬로 된다.

쌍대문제에서의 기저와 비기저, 기저의 값, 대체단위를 모두 알았기 때문에 쌍대문제의 최적해를 주는 심플렉스표를 만드는 것은 용이하다. 그것은 표 2-21과 같다.

표 2-21

C			0	0
			z_3	z_1
140	w_2	0	3	-2
0	z_2	5	$-\frac{1}{2}$	$-\frac{1}{2}$
180	w_1	15	$-\frac{5}{2}$	$\frac{3}{2}$
	Z	2700	-30	-10
	$Z-C$		-30	-10

이 표와 비교하기 위하여 원문제의 최적해를 주는 심플렉스표(표 2-19)를 다시 한번 여기에 나타내 보자.

C			0	70	0
			y_2	x_2	y_1
60	x_3	30	-3	$\frac{1}{2}$	$\frac{5}{2}$
90	x_1	10	2	$\frac{1}{2}$	$-\frac{3}{2}$
	Z	2700	0	75	15
	$Z-C$		0	5	15

이 두 개의 표를 비교하여 새롭게 알 수 있는 것은 쌍대문제에서의 $Z-C$의 값은 원문제의 기저의 값의 부호를 바꾼 것으로 되어 있다는 것이다. 원문제의 $Z-C$의 값이 쌍대문제의 기저의 값으로 되는 것은 이미 알았던 사실이다.

기저의 값이 마이너스로 되지 않는 것을 **실행가능성**이라 하는데 원문제와 쌍대문제에서 최적성과 실행가능성이 대응하고 있다. 원문제는 최대화의 문제였으므로 모든 $Z-C$가 비음으로 되면 최적이고 그 $Z-C$의 값이 쌍대문제의 기저의 값이므로 원문제의 최적성이 쌍대문제의 실행가능성으로 된다. 역으로 쌍대문제는 최소화의 문제이므로 모든 $Z-C$가 플러스가 아니면(0이나 마이너스이면) 쌍대문제는 최적으로 된다. 그 $Z-C$의 부호를 바꾼 것이 원문제의 기저의 값이므로 쌍대문제의 최적성이 원문제의 실행가능성으로 된다.

이와 같은 관계를 이용하여 단체법에 대해서 **쌍대단체법**이 생각되고 있다. 위에서는 원문제와 쌍대문제에 대한 심플렉스표를 최적의 단계에서 비교했지만 이 대응은 어느 단계에서나 성립한다. 그런데 원문제에서의 최적의 하나 앞의 단계의 심플렉스표(표 2-18)는 다음과 같았다.

C			0	70	60
			y_2	x_2	x_3
0	y_1	12	$-\frac{6}{5}$	$\frac{1}{5}$	$\frac{2}{5}$
90	x_1	28	$\frac{1}{5}$	$\frac{4}{5}$	$\frac{3}{5}$
	Z	2520	18	72	54
	$Z-C$		18	2	-6

여기서 앞과 같이 원문제와 쌍대문제 사이의 변수의 대응을

$$(x_1,\ x_2,\ x_3) \Rightarrow (z_1,\ z_2,\ z_3)$$

$$(y_1,\ y_2) \Rightarrow (w_1,\ w_2)$$

로 하여 기저의 값과 $Z-C$와의 대응관계, 더욱이 대체단위의 행렬의 관계를 이용하면 원문제에서의 이 단계에 대응하는 쌍대문제의 심플렉스표를 만들 수 있다. 그것은 표 2-22와 같게 된다. 이 표의 화살표에 대해서는 나중에 설명한다.

표 2-22

				⇑	
	C			180	0
				w_1	z_1
	140	w_2	18	$\frac{6}{5}$	$-\frac{1}{5}$
	0	z_2	2	$-\frac{1}{5}$	$-\frac{4}{5}$
⇐	0	z_3	-6	$-\frac{2}{5}^{*}$	$-\frac{3}{5}$
		Z	2520	168	-28
		$Z-C$		-12	-28

이 표를 보면 모든 비기저에 대하여

$$Z-C < 0$$

으로 되어 최적조건을 만족시키고 있다. 그렇지만 기저의 값에 마이너스인 것이 있어 실행가능은 아니다. 이것은 원문제가 실행가능이고 최적이 아닌 것에 대응하고 있다. 이와 같은 표가 주어졌을 때 결국 최적조건을 만족시키는 것에 관계없이 실행가능이 아닐 때 쌍대단체법이 사용된다.

통상의 단체법은 항상 실행가능성을 유지하면서 실행가능역의 단점을 차례대로 진행하여 최적조건을 만족시키는 곳에서 중지한다. 그것에 대하여 쌍대단체법은 항상 최적조건을 유지하면서 실행불가능한 곳에서 출발하여 실행가능으로 된 곳에서 중지하는 방법이다.

쌍대단체법은 실행가능이 아닌 곳에서 출발하는 것이므로 반드시 기저의 값에 마이너스인 것이 있고 그 가운데에서 절대값이 최대인 것을 선택한다. 이 경우에 z_3을 선택하

는 것이 된다. 이것은 단체법에서 $Z-C$의 마이너스인 것에서 절대값이 최대인 것을 선택하는 것에 해당한다. 다음으로 지금 선택한 항의 대체단위에서 마이너스인 것에 대하여 조사한다. 이 예에서는 z_3의 행에서 $-\frac{2}{5}$와 $-\frac{3}{5}$이다. 이것은 단체법에서 선택해 낸 열의 대체단위에서 마이너스인 것을 선택하는 것에 해당한다. 그것은 대체단위의 행렬을 전치하여 부호를 바꾼 것에 해당하므로 분명할 것이다. 이제 그 마이너스인 대체단위에 대응하는 $Z-C$의 값을 나눈다. 이 경우에는

$$-12/(-\frac{2}{5}) = 30$$

$$-28/(-\frac{3}{5}) = \frac{140}{3}$$

이다. 이것은 단체법에서 선택해 낸 열의 대체단위의 플러스인 것에 대하여 대응하는 기저의 값을 나누는 것에 해당한다. 그리고 이 나눈 값에 대한 최소를 찾으면 그 열의 비기저를 추방하는 것으로 된다. 여기서 그것은 w_1이다. 단체법에서는 먼저 비기저에서 추방하는 것을 정하고 다음에 기저에서 추방하는 것을 결정했다. 쌍대단체법에서는 먼저 기저에서 추방하는 것을 찾고 다음에 비기저에서 추방하는 것을 정한다. 그것 이후의 새로운 기저의 값 계산이나 대체단위의 계산방법은 단체법과 같다. 새로 기저로 들어온 w_1의 값은 본래의 z_3의 값 -6을 변환의 축의 값 $-\frac{2}{5}$로 나누어

$$-6/(-\frac{2}{5}) = 15$$

로 된다. w_2, z_2의 새로운 기저의 값은

$$w_2 = 18 - \frac{6}{5} \times 15 = 0$$

$$z_2 = 2 - (-\frac{1}{5}) \times 15 = 5$$

로 된다. 대체단위에 대해서도 단체법과 똑같은 방법으로 하면 된다. 그 결과 앞에서 소개한 쌍대문제의 최적해를 주는 심플렉스표(표 2-21)가 얻어진다.

쌍대단체법은 LP의 감도분석의 경우나 정수계획법에서 필수인 것이다. 선형계획법과 2인 영합게임의 동등성으로부터 LP의 쌍대문제가 생기고 그것이 기초가 되어 쌍대단체법이 개발되었다.

연습문제 2.7

1. 다음 선형계획문제에 대한 쌍대문제를 구하고 해의 상호관계를 구하라.

$$\begin{cases} 3x_1 + 2x_2 \le 12 \\ 2x_1 + x_2 \le 8 \\ x_1,\ x_2 \ge 0 \end{cases} \text{ 일 때 } Z = 4x_1 + 3x_2 \to \max$$

2. 다음 선형계획문제에 대한 쌍대문제를 구하라.

1) $$\begin{cases} 3x_1 + 4x_2 + x_3 \le 2 \\ x_1 + 3x_2 + 2x_3 \le 1 \\ x_1,\ x_2,\ x_3 \ge 0 \end{cases} \text{ 인 조건에서 } Z = 3x_1 + 6x_2 + 2x_3 \to \max$$

2) $$\begin{cases} 3y_1 + 5y_2 - y_3 \ge 10 \\ y_1 - 2y_2 + y_3 = 15 \\ 2y_1 + y_2 + y_3 \ge 0 \\ y_1,\ y_2,\ y_3 \ge 0 \end{cases} \text{ 인 조건에서 } W = y_1 + 2y_2 + 3y_3 \to \min$$

3. $$\begin{cases} 4x_1 - 5x_2 + 7x_3 \le 8 \\ 2x_1 - 4x_2 + 2x_3 \ge 2 \\ x_1 - 3x_2 + 2x_3 \le 2 \\ x_1,\ x_2,\ x_3 \ge 0 \end{cases} \text{ 의 조건에서 목적함수 } Z = x_1 + 3x_2 + 2x_3 \to \min \text{ 을}$$

쌍대문제로 바꾸고 원문제의 해를 구하라.

§2.8 감도분석

선형계획법의 최적해는 실행가능역의 단점의 어딘가 에서 얻어진다. 따라서 LP문제의 계수가 여러 가지로 변화할 때 최적해는 불연속으로 변화한다. 그것은 계수가 약간 변화해도 최적해는 변하지 않는데 좀 더 변화한 후에는 전혀 다른 것으로 되는 것을 의미한다.

그래서 LP문제에서 여러 종류의 계수가 변화했을 때 최적해에 어떤 영향을 미치는가가 문제로 된다. 그것이 **감도분석**이다. LP문제에서 변화하는 양으로는 다음의 3가지 것을 생각한다.

① 목적함수의 계수 ② 제한량 ③ 제한조건식의 계수

목적함수의 계수는 단위당이윤이나 비용으로 상황의 변동에 따라 끊임없이 변화한다. 제한량의 변화는 지금까지 사용했던 기계를 사용할 수 없게 되거나 새로운 노동력을 사용하게 되었을 때 일어난다. 제한조건식의 계수의 변화는 생산방식이 변해서 능률이 오른다고 하는 구조적인 변화다. 이러한 변화 가운데 ③의 제한조건식의 계수의 변화에 대한 취급은 상당히 까다로워 처음부터 고쳐 푸는 것으로도 그다지 변하지 않는 정도의 수고를 요한다. 그것에 대해 목적함수의 계수나 제한량의 변화는 실제로도 자주 일어나고 또 간단히 취급된다. 여기서는 이 두 가지 경우에 한해서 생각하기로 하자.

이러한 값이 변화했을 때 처음부터 고쳐 풀면 된다는 것은 말할 것도 없지만 복잡한 대규모의 문제에서는 약간 바꾸는 것이라고 해도 처음부터 고쳐 푸는 것은 어리석게 보인다. 그래서 처음에 구한 최적해의 단계의 심플렉스표를 이용하고 거기서부터 새로운 값에 대한 최적해로 수정하는 것을 연구하면 된다. 이러한 값이 어느 정도로 변화의 범위안에 있으면 최적해를 수정하지 안해도 되는가? 또 그 범위 밖이 되었을 때 최적해를 어떻게 수정하면 되는가를 생각한다.

구체적인 예를 사용하여 생각하기로 하자. 2개의 부품 A, B의 생산에 2종류의 기계가 사용된다고 한다. 각 기계의 사용제한시간, 각 부품 하나의 생산에 필요한 시간, 각 기계로 각 부품을 생산할 때의 부품 하나의 이윤이 표 2-23과 같다고 한다.

표 2-23

	사용제한시간	생산시간		이 윤	
		A	B	A	B
기계 I	240	0.2	0.6	10	20
기계 II	180	0.25	1.0	8	16

다른 조건으로서 나중에 제품의 조립 필요상, 부품 A는 부품 B의 2배를 생산해야 한다. 또 기계 I은 아직 새것이기 때문에 제한시간 한도까지 사용하지 않고 놀렸을 때 1시간당 10의 손실을 입는다고 한다. 기계 II의 쪽은 놀려도 관계없다. 이 때 각 기계로 각 부품을 얼마만큼씩 생산하면 이윤이 최대로 될까? 그래서 각 기계의 부품 A와 B의 생산량을 미지수로 하여 다음과 같이 놓는다.

	부품 A	부품 B
기계 I	x_1	x_2
기계 II	x_3	x_4

이 때 기계의 사용시간에 관한 제한조건은 기계 I에 대하여는 부품 A를 하나 생산하는데에 0.2, 부품 B를 하나 생산하는 데에 0.6걸리므로 부품 A를 x_1개, B를 x_2개 생산할 때에는 전체로

$$0.2x_1 + 0.6x_2$$

걸린다. 같은 방법으로 기계 II는

$$0.25x_3 + x_4$$

라는 시간이 걸린다. 이것이 각 기계의 사용제한시간을 넘어서는 안 된다는 조건은

$$0.2x_1 + 0.6x_2 \le 240$$

$$0.25x_3 + x_4 \le 180$$

으로 된다. 또 부품 A는 부품 B의 2배를 생산해야 하므로

$$x_1 + x_3 = 2(x_2 + x_4)$$

로 된다. 이 3개의 제한조건

$$0.2x_1 + 0.6x_2 \le 240$$

$$0.25x_3 + x_4 \le 180$$

$$x_1 - 2x_2 + x_3 - 2x_4 = 0$$

을 생각하면 된다. 그리고 기계 I 과 기계 II의 여유시간을 나타내는 여유변수를 y_1과 y_2로하고 또 제한조건의 제 3 식이 등식이므로 인위변수 y_3을 사용하여 고쳐쓰면 다음과 같은 형태로 표현된다.

$$0.2x_1 + 0.6x_2 + y_1 = 240$$

$$0.25x_3 + x_4 + y_2 = 180$$

$$x_1 - 2x_2 + x_3 - 2x_4 + y_3 = 0$$

그런데 y_1은 여유변수이지만 문제에 주어진 것과 같이 기계 I 에 대해서는 단위시간 놀릴 때에 10의 손실을 입으므로 목적함수에 이 손실을 집어넣지 않으면 안 된다. 이와 같이 여유변수라도 목적함수에 들어오는 일도 있다. 또 y_3은 인위변수이므로 당연히 목적함수에 벌금을 부과해야 한다. 따라서 목적함수는 총이윤으로서

$$10x_1 + 20x_2 + 8x_3 + 16x_4 - 10y_1 - My_3$$

으로 되고 이것을 최대로 하는 것이 목적으로 된다. 여기서 출발점으로서의 기저는 여유변수 y_1, y_2와 인위변수 y_3로 되고 비기저변수는 x_1, x_2, x_3, x_4로 된다. 다만 제한조건의 우변에 0인 것이 있으므로 기저의 값에 0이 나타난다. 심플렉스표의 제 1 표는 표 2-24와 같이 된다. 표 2-24에서는 총이윤이 -2400으로 손실로 되어 있다. 이것은 기계 I 을 완전히 놀리는 것으로 되어 있기 때문이다. 비기저에 대하여

$$Z - C < 0$$

인 것은 2개이고 그 절대값이 최대인 것은 x_1이다. x_1열의 대체단위에서 플러스인 것으로 대응하는 기저의 값을 나누었을 때에 최소를 주는 것은 y_3이다. 따라서 x_1과 y_3을 교환하는 것으로 한다. 이 때 변환의 축의 값은 1이므로 다음의 대체단위의 계산은 매우 간단하게 된다.

표 2-24

				⇑			
	C			10	20	8	16
				x_1	x_2	x_3	x_4
	-10	y_1	240	0.2	0.6	0	0
	0	y_2	180	0	0	0.25	1
⇐	$-M$	y_3	0	1^*	-2	1	-2
		Z	-2400	$-M-2$	$2M-6$	$-M$	$2M$
		$Z-C$		$-M-12$	$2M-26$	$-M-8$	$2M-16$

이하, 단체법에 의해서 다음으로 변화된 표를 만들면 표 2-25와 같게 된다.

표 2-25

					⇑		
	C			$-M$	20	8	16
				y_3	x_2	x_3	x_4
⇐	-10	y_1	240	-0.2	1^*	-0.2	0.4
	0	y_2	180	0	0	0.25	1
	10	x_1	0	1	-2	1	-2
		Z	-2400	12	-30	12	-24
		$Z-C$		$12+M$	-50	4	-40

이번에는 x_2와 y_1을 교환한다. 여기에서도 축의 값은 1이다.

표 2-26

							⇑
	C			$-M$	-10	8	16
				y_3	y_1	x_3	x_4
	20	x_2	240	-0.2	1	-0.2	0.4
⇐	0	y_2	180	0	0	0.25	1^*
	10	x_1	480	0.6	2	0.6	-1.2
		Z	9600	2	40	2	-4
		$Z-C$		$2+M$	50	-6	-20

여기에서 총이윤은 단번에 9600으로 늘어난다. 그리고 x_4와 y_2를 교환하는데 변환의 축은 역시 1이다.

표 2-27

						⇑	
	C			$-M$	-10	8	0
				y_3	y_1	x_3	y_2
	20	x_2	168	−0.2	1	−0.3	−0.4
⇐	16	x_4	180	0	0	0.25*	1
	10	x_1	696	0.6	2	0.9	1.2
		Z	13200	2	40	7	20
		$Z-C$		$2+M$	50	−1	20

이윤은 거듭 증가해서 13200으로 된다. 거듭 x_3과 x_4를 교환한다.

표 2-28

C			$-M$	-10	16	0
			y_3	y_1	x_4	y_2
20	x_2	384	−0.2	1	1.2	0.8
8	x_3	720	0	0	4	4
10	x_1	48	0.6	2	−3.6	−2.4
	Z	13920	2	40	20	24
	$Z-C$		$2+M$	50	4	24

표 2-28에 이르러서 최적조건이 충족되고 최적해를 얻는다. 이것으로 알 수 있듯이 최적의 생산계획은 표 2-29와 같다.

표 2-29

	부품 A	부품 B
기계 I	48	384
기계 II	720	0
합 계	768	384

이 표의 합계란에서 알 수 있듯이 부품 A는 부품 B의 꼭 2배가 생산되고 있다. 여유 변수 y_1과 y_2는 표 2-28에서 비기저이므로 기계 Ⅰ과 Ⅱ는 모두 제한시간 한도까지 사용하고 있다. 그것은 단위당 생산시간과 생산량을 곱해서 조사하면

$$0.2 \times 48 + 0.6 \times 384 = 240$$

$$0.25 \times 720 = 180$$

으로 되는 것에 의해서도 확인된다. 역시, 이 생산계획에서의 최대이윤은 13920이다.

그래서 우선, 목적함수의 계수(각 생산과정의 단위당이윤)의 변화가 최적해에 어떤 영향을 미치는가에 대하여 조사해 보자. 단체법의 공식에서 알 수 있듯이 목적함수의 계수가 변화해도 기저의 값이나 대체단위에는 전혀 관계가 없다. 이러한 계산에는 목적함수의 계수는 관계하지 않는다.

따라서 최적해에 영향을 주는 경우는 대체이윤의 경우이다. 다만 그것은 기저로 있는 변수의 목적함수의 계수가 변화한 경우이고 비기저로 있는 것에 대해서는 그 곳에 전혀 영향을 주지 않는다. 그 때 $Z-C$에는 영향을 준다. 그래서 목적함수의 계수의 변화는 대체이윤과 본래의 이윤의 차 $Z-C$에는 반드시 변화를 준다. 그것은 최적조건에 영향을 주는 것을 의미한다. 그러므로 최적조건이 무너지지 않는 정도의 변화이면 최적해는 전혀 변하지 않는다. 만약, 최적조건이 만족되지 않으면 거기에서 출발하여 다시 단체법을 사용하면 새로운 계수에 대한 최적해가 얻어진다. 그리고 목적함수의 계수가 변화했을 때에는 최초에 구했던 최적해를 주는 최종단계의 심플렉스표에서 변화한 계수에 관해서 최적조건이 만족되고 있는가 어떤가를 조사하는 것만으로 충분하다. 처음부터 계산할 필요는 전혀 없다.

표 2-30

C			$-M$	-10	16	0
			y_3	y_1	x_4	y_2
20	x_2	384	-0.2	1	1.2	0.8
8	x_3	720	0	0	4	4
C_1	x_1	48	0.6	2	-3.6	-2.4
	Z	$13440+48C_1$	$0.6C_1-4$	$2C_1+20$	$56-3.6C_1$	$48-2.4C_1$
	$Z-C$		$0.6C_1-4+M$	$2C_1+30$	$40-3.6C_1$	$48-2.4C_1$

이제, 기계 I의 부품 A의 생산량을 나타내는 변수 x_1의 계수가 변화한 경우를 조사해 보자. 그 단위당이윤은 처음은 10이었지만 그것을 일반적으로 C_1이라 하자. 다만, 다른 변수의 목적함수의 계수는 전부 본래대로 한다. 그 때 표 2-28의 기저의 값과 대체단위는 그대로 사용한다. 심플렉스표의 형태로 나타내면 표 2-30과 같다.

이 $Z-C$에 대한 최적조건은

$$0.6C_1 - 4 + M \geq 0$$

$$2C_1 + 30 \geq 0$$

$$40 - 3.6C_1 \geq 0$$

$$48 - 2.4C_1 \geq 0$$

이다. 이것을 만족하는 C_1의 범위는

$$-15 \leq C_1 \leq 11\frac{1}{9}$$

이다. 단위당이윤이므로 $C_1 \geq 0$으로 생각하면

$$0 \leq C_1 \leq 11\frac{1}{9}$$

로 된다. 이 범위에 있는 한 최적해는 전혀 변하지 않는다. 다만 총이윤의 값은 그 때의 C_1의 값을 사용하여 계산하여야 한다.

지금은 x_1의 단위당이윤을 변화시켰는데 x_2의 단위당이윤을 C_2로 하고 다른 것을 본래대로 했을 때에 $Z-C$의 값이 비음이라는 조건은

$$6 - 0.2C_2 + M \geq 0$$

$$C_2 + 30 \geq 0$$

$$1.2C_2 - 20 \geq 0$$

$$0.8C_2 + 8 \geq 0$$

이고 이것을 공통으로 만족하는 C_2의 범위는

$$C_2 \geq 16\frac{2}{3}$$

이다. 이 범위의 C_2의 값에 대해서 최적해는 변하지 않는다. x_3의 단위당이윤을 C_3로 했을 때에도 같은 방법으로 하여

$$C_3 \geq 17$$

인 한 최적해는 변하지 않는다.

지금은 기저변수의 단위당이윤이 하나씩만 변하고 다른 것은 본래 그대로인 경우를 조사했는데 이제는 x_1과 x_2의 계수가 동시에 변하는 경우를 생각하자. 여기서 x_1과 x_2의 계수를 C_1, C_2로 하면 표 2-31과 같다.

표 2-31

C			$-M$	-10	16	0
			y_3	y_1	x_4	y_2
C_2	x_2	384	-0.2	1	1.2	0.8
8	x_3	720	0	0	4	4
C_1	x_1	48	0.6	2	-3.6	-2.4
	Z	$5760+48C_1+384C_2$	$0.6C_1-0.62C_2$	$2C_1+C_2$	$32-3.6C_1+1.2C_2$	$32-2.4C_1+0.8C_2$
	$Z-C$		$0.6C_1-0.2C_2+M$	$2C_1+C_2+10$	$16-3.6C_1+1.2C_2$	$32-2.4C_1+0.8C_2$

이 표로부터 최적조건은

$$0.6C_1 - 0.2C_2 + M \geq 0$$
$$2C_1 + C_2 + 10 \geq 0$$
$$16 - 3.6C_1 + 1.2C_2 \geq 0$$
$$32 - 2.4C_1 + 0.8C_2 \geq 0$$

으로 된다. 이것으로부터

$$-\frac{1}{2}C_2 - 5 \leq C_1 \leq \frac{1}{3}C_2 + 4\frac{4}{9}$$

를 얻는다. C_1과 C_2가 동시에 변해도 이 관계를 만족하는 한 최적해는 전혀 변하지 않는다. 이것을 만족하는 C_1과 C_2의 범위는 평면상에 도시할 수 있다. 그것은 C_1과 C_2가 단독으로 변했을 때의 범위와 상당히 다르다. 그 범위는 그림 2 -16과 같다. 빗금친 부분이 (C_1, C_2)평면상에서 최적해에 영향을 주지 않는 (C_1, C_2)의 범위이다.

다음으로 최적해를 주는 심플렉스표에서 비기저인 변수의 단위당이윤이 변화하면 어떻게 될까? 그 때 영향을 주는 경우는 그 비기저 열의 $Z-C$의 값뿐이다. 다른 것은 모두 본래 그대로이다. 따라서 그 경우의 $Z-C$의 값 하나만을 계산하여 최적조건을 만족하고 있는지 어떤지를 체크하면 된다. 표 2-28에서 비기저인 변수 x_4의 단위당이윤을 16에서 C_4로 했을 때 그 열의 $Z-C$의 값이

그림 2-16

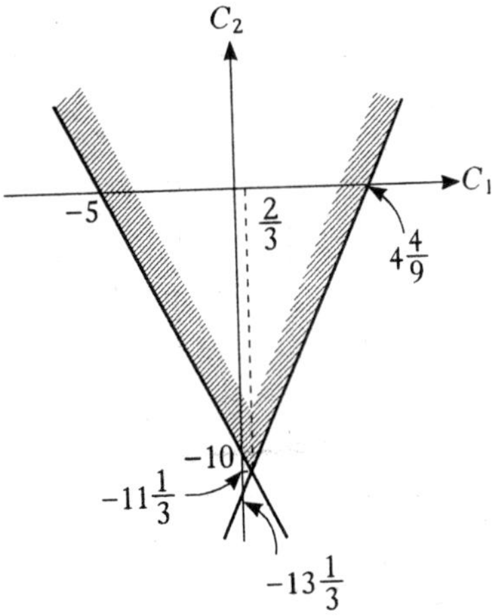

$$20-C_4$$

로 된다. 그래서 최적조건은

$$20-C_4 \geq 0$$

이고

$$C_4 \leq 20$$

인 한 최적해는 변하지 않는다.

이상에서는 목적함수의 계수가 변화해도 최적해에 영향을 주지 않는 범위를 조사했다. 그러므로 이 범위를 제외하면 당연히 최적해는 변화한다. 지금, x_1의 계수에 대하여

$$-15 \leq C_1 \leq 11\frac{1}{9}$$

이면 최적해는 변하지 않겠지만 만약,

$$C_1=12$$

로 되었을 때는 어떻게 될까? 이것은 극히 얼마 안 되는 변화이지만 위의 범위 밖으로 되어 있기 때문에 최적해는 다른 것으로 된다. 이 때 표 2-28에 해당하는 것은 표 2-32와 같이 된다.

표 2-32의 $Z-C$로부터 알 수 있듯이 이것은 이미 최적은 아니다. 그래서 여기서부터 출발하여 단체법을 사용하면 표 2-33이 얻어진다.

표 2-32

	C			$-M$	-10	16 ⇑	0
				y_3	y_1	x_4	y_2
	20	x_2	384	-0.2	1	1.2	0.8
⇐	8	x_3	720	0	0	4^*	4
	12	x_1	48	0.6	2	-3.6	-2.4
		Z	14016	3.2	44	12.8	19.2
		$Z-C$		$3.2+M$	54	-3.2	19.2

표 2-33

C			$-M$	-10	8	0
			y_3	y_1	x_3	y_2
20	x_2	168	-0.2	1	-0.3	-0.4
16	x_4	180	0	0	0.25	1
12	x_1	696	0.6	2	0.9	1.2
	Z	14592	3.2	44	8.8	22.4
	$Z-C$		$3.2+M$	54	0.8	22.4

여기서 이미 최적으로 되어 있다. 이와 같이 최초의 최적해를 이용하면 목적함수의 계수가 조금 변해도 불과 1단계에서 최적이 얻어지고 있다. 이 표는 처음의 표 2-27과 거의 같다. 다만, 총이윤의 값과 대체이윤의 곳이 다를 뿐이다. 이 때의 최적생산계획은 표 2-34와 같다.

표 2-34

	부품 A	부품 B
기계 I	696	168
기계 II	0	180
합 계	696	348

다음으로 제한량의 변화가 최적해에 어떤 영향을 주는가를 조사해 보자. 단체법의 공식에서 알 수 있듯이 대체단위의 계산이나 대체이윤의 계산에는 제한량은 전혀 영향을 주지 않는다. 그러나 최초의 단계에서 기저의 값은 제한량 그것이고. 그것을 기초로 하여 차례로 아래의 단계에서의 기저의 값이 구해진다. 그러므로 제한량이 영향을 주는 것은

기저의 값뿐이다. 그래서 제한량의 변화는 최적조건에는 전혀 관계하지 않는다. 그렇지만 기저의 값이 변해도 그러한 것이 마이너스의 값으로 되지 않는 한 실행가능이다. 최적조건을 만족하고 실행가능이면 그것은 최적해이다. 따라서 제한량의 변화에 대하여 기저의 값이 변했을 때 기저의 값에 마이너스인 것이 나타나면 실행불가능으로 된다. 그 때에는 최적조건을 만족하고 실행불가능한 상태로 되므로 앞 절에서 서술한 것같이 쌍대단체법을 사용하면 새로운 최적해가 얻어진다.

목적함수의 계수의 변화와 제한량의 변화가 영향을 주는 경우를 비교하면 다음과 같이 된다.

	최적성	실행가능성
목적함수의 계수의 변화	?	영향 없음
제한량의 변화	영향 없음	?

이와 같이 영향의 방식은 정확히 반대로 되어 있다. 이것은 원문제와 쌍대문제의 관계에서 밝혀질 것이다. 이 때 목적함수의 계수의 변화에 의해 최적성이 무너지면 단체법에 의해 새로운 최적해가 얻어지고 제한량의 변화에 의해 실행가능성이 깨졌을 때는 쌍대단체법을 사용하면 된다.

제한량의 변화가 기저의 값에 영향을 주는 것은 알 수 있는데 어떠한 형태로 관계하는 것일까? 최적해를 주는 단계의 심플렉스표에는 목적함수의 계수와 다르게 제한량은 표면적으로는 아무 데도 나타나지 않는다. 그 관계의 방식은 쌍대관계에 대해 조사해 보면 바로 알 수 있다. 앞 절에서 취급한 원문제의 최적해의 심플렉스표(표 2-19)는 다음과 같았다.

C			0	70	0
			y_2	x_2	y_1
60	x_3	30	-3	$\frac{1}{2}$	$\frac{5}{2}$
90	x_1	10	2	$\frac{1}{2}$	$-\frac{3}{2}$
	Z	2700	0	75	15
	$Z-C$		0	5	15

이것에 대하여 쌍대문제의 최적해를 주는 심플렉스표(표 2-21)는 다음과 같이 되어 있다.

C			0	0
			z_3	z_1
140	w_2	0	3	-2
0	z_2	5	$-\frac{1}{2}$	$-\frac{1}{2}$
180	w_1	15	$-\frac{5}{2}$	$\frac{3}{2}$
	Z	2700	-30	-10
	$Z-C$		-30	-10

이 표에는 원문제의 제한량이 기저의 목적함수의 계수로서 나타나 있다. 그리고 비기저의 $Z-C$의 값의 계산에 그것이 관계하고 있다. 예를 들면 z_3의 열에 대하여는

$$180 \times \left(-\frac{5}{2}\right) + 140 \times 3 = -30$$

으로서 $Z-C$의 값이 얻어진다. 이 $Z-C$의 값의 부호를 바꾼 것이 원문제에서의 기저 x_3의 값이다. 또 이 때의 대체단위 $-\frac{5}{2}$, 3의 부호를 바꾼 것이 원문제의 대체단위 -3, $\frac{5}{2}$로 되어 있다. 여기서 w_1, w_2에 대응하는 변수는 y_1, y_2이다. 따라서 원문제에서 이 계산에 대응하는 것으로서는 비기저로 있는 여유변수 y_1, y_2에 대해 그 여유변수에 대응하는 제한량 180, 140에 그 여유변수인 경우의 대체단위 $\frac{5}{2}$, -3을 곱해서 더하면

$$180 \times \frac{5}{2} + 140 \times (-3) = 30$$

으로서 기저 x_3의 값이 얻어진다. 기저 x_1의 값에 대해서도 같은 방법으로

$$180 \times \left(-\frac{3}{2}\right) + 140 \times 2 = 10$$

으로 얻어진다. 이와 같은 관계는 최적해의 단계가 아니라도 어느 단계에 대해서도 말할 수 있다.

이 절의 문제로 되돌아가서 다시 최적해를 주는 표 2-28을 언급해 놓자.

C			$-M$	-10	16	0
			y_3	y_1	x_4	y_2
20	x_2	384	-0.2	1	1.2	0.8
8	x_3	720	0	0	4	4
10	x_1	48	0.6	2	-3.6	-2.4
	Z	13920	2	40	20	24
	$Z-C$		$2+M$	50	4	24

이 표에서 비기저로 있는 여유변수는 y_1과 y_2이고 이들에 대응하는 제한량은 각각 240과 180이다. 따라서 이러한 제한량과 대응하는 대체단위를 곱해서 더하면

$$240 \times 1 + 180 \times 0.8 = 384$$

$$240 \times 0 + 180 \times 4 = 720$$

$$240 \times 2 + 180 \times (-2.4) = 48$$

로서 각 기저의 값이 얻어진다. 여기서 제한량의 값이 변화하면 이러한 식의 240이나 180인 곳을 바꾸어서 계산하면 된다.

이제 기계 I의 사용제한시간을 b_1으로 했을 때 b_1이 어느 범위 안에 있으면 실행가능, 결국 기저의 값이 마이너스로 되지 않을까? 실행가능성의 조건은

$$b_1 + 0.8 \times 180 \geq 0$$

$$2b_1 - 2.4 \times 180 \geq 0$$

이다. 이 조건으로부터

$$b_1 \geq 216$$

으로 된다. 이 범위의 b_1에 대해서는 최적해로서의 기저의 짝과 비기저의 짝은 변하지 않는다. 그러나 기저의 값은 변한다. 예를 들면

$$b_1 = 220$$

으로 되면 기저의 값은

$$x_2 = 220 \times 1 + 180 \times 0.8 = 364$$

$$x_3 = 220 \times 0 + 180 \times 4 = 720$$

$$x_1 = 220 \times 2 + 180 \times (-2.4) = 8$$

로 된다. 그렇지만 $b_1 < 216$으로 되면 기저변수의 짝도 변한다.

같은 방법으로 기계 Ⅱ의 사용제한시간을 b_2로 하여 변화시켰을 때에는 실행가능성의 조건은

$$240 + 0.8b_2 \geq 0$$
$$4b_2 \geq 0$$
$$480 - 2.4b_2 \geq 0$$

으로 되고 이것으로부터

$$0 \leq b_2 \leq 200$$

을 얻는다. 이 범위의 b_2에 대해서는 최적해로서의 기저의 짝은 불변이다.

만약, b_1과 b_2를 동시에 바꾸었을 때에 실행가능성의 조건은

$$b_1 + 0.8b_2 \geq 0$$
$$4b_2 \geq 0$$
$$2b_1 - 2.4b_2 \geq 0$$

으로 된다. 이것으로부터

$$0 \leq b_2 \leq \frac{5}{6} b_1$$

이라는 범위가 얻어진다. 각각을 단독으로 바꾸었을 때와 양쪽을 동시에 바꾸었을 때의 범위를 도시하면 그림 2-17과 같이 된다. 여기서 b_1, b_2는 제한시간이므로 마이너스가 아니라고 생각하는 것은 당연할 것이다.

그림 2-17

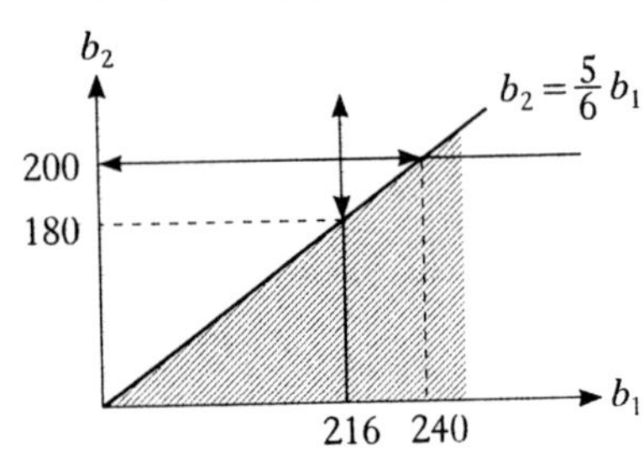

지금 기계 Ⅰ과 Ⅱ의 사용제한시간이

$$b_1 = 210$$
$$b_2 = 190$$

으로 되었다고 하자. 이것은 위의 범위에 들어 있지 않으므로 실행불가능으로 된다. 기저의 값을 고쳐 계산하여 심플렉스표를 만들면 표 2-35와 같이 된다.

표 2-35

	C			$-M$	-10	16 ⇑	0
				y_3	y_1	x_4	y_2
	20	x_2	362	-0.2	1	1.2	0.8
	8	x_3	760	0	0	4	4
⇐	10	x_1	-36	0.6	2	-3.6^*	-2.4
		Z	12960	2	40	20	24
		$Z-C$		$2+M$	50	4	24

이것은 최적조건을 만족하고 있지만 기저에 마이너스 값이 있으므로 실행불가능이다. 그래서 쌍대단체법을 사용한다. 우선 기저의 값이 마이너스인 변수 x_1을 기저에서 추방한다. 이때 그 행의 대체단위에서 마이너스인 것은 -3.6과 -2.4이다. 이들 값으로 대응하는 $Z-C$의 값을 나누면

$$4/(-3.6) = -\frac{10}{9}$$

$$24/(-2.4) = -10$$

으로 되는데 여기서 절대값의 최소를 찾는다. 그에 해당하는 열은 x_4이므로 x_4를 비기저에서 추방한다.

이하의 계산은 단체법과 같은 방법으로 하여 표 2-36이 얻어진다.

표 2-36

C			$-M$	-10	10	0
			y_3	y_1	x_1	y_2
20	x_2	350	0	$\frac{5}{3}$	$\frac{1}{3}$	0
8	x_3	720	$\frac{2}{3}$	$\frac{20}{9}$	$\frac{10}{9}$	$\frac{4}{3}$
16	x_4	10	$-\frac{1}{6}$	$-\frac{5}{9}$	$-\frac{5}{18}$	$\frac{2}{3}$
	Z	12920	$\frac{8}{3}$	$\frac{380}{9}$	$\frac{100}{9}$	$\frac{64}{3}$
	$Z-C$		$\frac{8}{3}+M$	$\frac{470}{9}$	$\frac{10}{9}$	$\frac{64}{3}$

여기서 이미 최적인 동시에 실행가능이므로 최적해가 얻어지게 된다. 이 최적생산계획은 표 2-37과 같이 된다.

표 2-37

	부품 A	부품 B
기계 I	0	350
기계 II	720	10
합 계	720	360

연습문제 2.8

1. $$\begin{cases} x_1 + x_2 - x_3 + x_4 \le 15 \\ 3x_1 - 5x_2 + 10x_3 + 15x_4 \le 105 \\ 7x_1 + 5x_2 + 3y_3 + 2x_4 \le 120 \\ x_1,\ x_2,\ x_3,\ x_4 \ge 0 \end{cases}$$ 인 조건에서

$Z = 40x_1 + 50x_2 + 80x_3 + 110x_4 \rightarrow \max$를 변수 x_2에 대한 목적함수의 계수 C_2를 감도분석하려고 한다. 현재의 해를 최적으로 유지하고 싶을 때 C_2를 구하라.

2. 위 1번의 문제에서 제약조건식의 첫째 식의 우변상수 b_1을 감도분석하려고 한다. 현재의 해를 최적으로 유지하고 싶을 때 b_1의 범위를 구하라.

§2.9 매개변수계획법 (Parametric Programming)

선형계획법의 계수에 파라미터를 포함한 것을 **매개변수 선형계획법**(parametric linear programming)이라 한다. 일반적으로 Parametric Programming은 선형(linear)일 필요는 없지만 여기에서는 선형계획법인 경우로 한정하여 생각하기로 한다. 감도분석에서는 계수의 변화가 최적해에 어떠한 영향을 주는가를 조사하고 최적해가 변화할 때 구하는 방식을 생각하였다. Parametric Programming은 파라미터의 모든 값에 대하여 최적해를 구하도록 한다. 결국 최적해를 파라미터의 함수로서 구하는 것이다. 그러나 최적해는 연속적으로 변하지 않고 파라미터의 몇 개의 범위에 대해서 불연속적으로 변화한다.

Parametric Programming은 문제의 구조로부터 계수에 파라미터가 들어 있는 것도 있지만 계수의 정확한 값을 모르고 범위만을 알고 있을 때에는 그 범위를 바꾸는 파라미터로 할 수도 있다. LP문제에서 파라미터가 들어 있는 경우로서는 감도분석의 경우와 마찬가지로 다음의 세 가지가 있다.

① 목적함수의 계수 ② 제한량 ③ 제한조건식의 계수

또 파라미터도 한 종류의 파라미터가 아니고 몇 종류의 파라미터가 들어 있는 것도 생각할 수 있다. 일반적으로 제한조건의 파라미터와 목적함수에 들어 있는 파라미터는 다른 성질인 것이 많다. 그래서 일반적으로 제한조건

$$\sum_{i=1}^{n} a_{ij}(t)x_i \leq b_j(t) \quad (j=1,\ 2,\ \cdots,\ m)$$

에서 목적함수

$$\sum_{i=1}^{n} c_i(s)x_i$$

를 최대로 하려고 하는 형태로 된다. 여기에서는 파라미터 $(t,\ s)$의 평면이고 여러 가지 영역에 대하여 최적해가 변화한다.

또 파라미터가 포함된 형태로서도 여러 가지 함수형이 생각되지만 너무 복잡한 형태는 일반적으로 풀 수 없다. 파라미터가 1차 다항식 형태로 들어 있을 때에는 최적해의 계산은 그다지 까다롭지 않고 또 일반성질도 여러 가지로 연구되고 있다.

위와 같이 LP의 모든 계수에 파라미터가 들어 있을 때에는 그 들어 있는 형태가 선형인 가장 간단한 경우에도 최적해를 구하는 것은 꽤 복잡하다. 구할 수 없는 것은 아니지만 컴퓨터 계산에도 맞지 않고 도중에 파라미터가 유리함수의 형태로 나타나기도 해서 귀찮다. 또 현실의 문제로서도 모든 계수에 파라미터가 들어 있는 일은 거의 일어나지 않는다. 실제로는 감도분석의 경우와 마찬가지로 목적함수나 제한량에만 파라미터가 들어 있는 경우가 대부분일 것이다.

실제에 자주 일어나는 경우로서 목적함수의 계수에만 파라미터가 들어 있는 경우를 생각하자. 구체적인 예를 사용하여 설명하기로 한다. §2.2의 (예 2)에서 파라미터를 포함한 문제를 생각하자. 3종류의 제품 A, B, C의 생산문제에서 각 제품 단위당생산에 필요한 기계대수와 인원수, 각제품 단위당이윤(여기에 파라미터를 넣는다), 단위시간당 기계와 인원의 사용제한량이 표 2-38과 같이 주어졌다고 한다. 단, 제품 A, B, C의 생산량을 미지수 x_1, x_2, x_3으로 놓는다.

표 2-38

제 품	기 계	인 원	이 윤	생산량
A	6	5	$90+t$	x_1
B	5	4	$70+2t$	x_2
C	4	3	$60+3t$	x_3
사용제한량	180	140		

이 문제의 제한조건은

$$6x_1 + 5x_2 + 4x_3 \leq 180$$

$$5x_1 + 4x_2 + 3x_3 \leq 140$$

이고 목적함수는 총이윤

$$(90 + t)x_1 + (70 + 2t)x_2 + (60 + 3t)x_3$$

으로 이것을 최대로 하는 것이 목적이다. 여기서 t는 파라미터이고 시간이나 생산할 때의

환경조건에 관계하는 것이다. 파라미터 t의 범위로서는 일단 모든 값을 생각하여

$$-\infty < t < \infty$$

로 놓자. 이 때 기계와 인원에 관한 여유변수 y_1과 y_2를 사용하여 제한조건을

$$6x_1 + 5x_2 + 4x_3 + y_1 = 180$$
$$5x_1 + 4x_2 + 3x_3 + y_2 = 140$$

으로 하면 단체법에서 출발점의 기저는 y_1과 y_2, 비기저는 x_1, x_2, x_3으로 하면 된다. 그 심플렉스표는 표 2-39와 같게 된다.

표 2-39

C			$90+t$	$70+2t$	$60+3t$
			x_1	x_2	x_3
0	y_1	180	6	5	4
0	y_2	140	5	4	3
	Z	0	0	0	0
	$Z-C$		$-90-t$	$-70-2t$	$-60-3t$

여기서 최적조건의 판정에 사용하는 $Z-C$에 파라미터 t가 포함되어 있다. 따라서 모든 $Z-C$가 마이너스가 아닌 파라미터 t의 범위에 대하여는 이 표가 최적해를 준다. 이것은

$$-90 - t \geq 0$$
$$-70 - 2t \geq 0$$
$$-60 - 3t \geq 0$$

를 만족하는 t의 범위이고

$$t \leq -90$$

으로 된다. 이 범위의 t에 대하여는 표 2-39가 최적으로 된다. 결국 아무것도 생산하지 않는 것이 최적이다. 이것은

$$t \leq -90$$

일 때에는 어느 제품의 생산도 손실로 되는 것이므로 아무것도 생산하지 않는 것은 당연

할 것이다. 그래서 파라미터 t를 다음의 범위로 옮기는 것이지만 이것을 위하여 이 범위의 한계값

$$t = -90$$

을 취했을 때에 앞의 $Z-C$가 0으로 되는 것을 발견한다. 그것은

$$-90-t$$

이고 그곳의 비기저 변수는 x_1이다. 그래서 x_1을 비기저에서 추방한다. 다음 계산은 단체법 그대로이다. 목적함수의 계수에만 파라미터가 포함되어 있으므로 기저의 값이나 대체단위에는 파라미터가 들어오지 않는다. 다음 단계의 심플렉스표는 표 2-40이다.

표 2-40

C			0	$70+2t$	$60+3t$
			y_2	x_2	x_3
0	y_1	12	$-\frac{6}{5}$	$\frac{1}{5}$	$\frac{2}{5}$
$90+t$	x_1	28	$\frac{1}{5}$	$\frac{4}{5}$	$\frac{3}{5}$
	Z	$2520+28t$	$18+\frac{1}{5}t$	$72+\frac{4}{5}t$	$54+\frac{3}{5}t$
	$Z-C$		$18+\frac{1}{5}t$	$2-\frac{6}{5}t$	$-6-\frac{12}{5}t$

이것이 최적으로 되는 파라미터 t의 범위는 모든 비기저에 대하여

$$Z-C \geq 0$$

의 범위이고

$$18+\frac{1}{5}t \geq 0$$

$$2-\frac{6}{5}t \geq 0$$

$$-6-\frac{12}{5}t \geq 0$$

으로 주어진다. 이것을 만족하는 t의 범위는

$$-90 \leq t \leq -\frac{5}{2}$$

이다. 따라서 이 t의 범위에서는 표 2-40이 최적으로 된다. 표 2-39에서 최적을 주는 t의 범위

$$t \leq -90$$

과 서로 이웃하고 있다. 이 때

$$t = -90$$

은 어느 쪽에도 포함되므로 이 한계의 t의 값에 대해서는 표 2-39도 표 2-40도 모두 최적으로 되어 있다. 표 2-40에서 최적해의 기저의 값에는 파라미터 t는 관계없지만 이윤의 식에는

$$2520 + 28t$$

로 파라미터가 들어 있다. 그러므로 이윤은 연속적으로 변화한다. 이윤이 변하는 범위는 이 식에 t의 한계의 값

$$t = -90$$

$$t = -\frac{5}{2}$$

를 넣어서

$$[0,\ 2450]$$

으로 된다.

여기서 다음 단계로 나가기 위하여 다시 파라미터 t의 한계값

$$t = -\frac{5}{2}$$

를 넣어 0으로 되는 $Z-C$는

$$-6 - \frac{12}{5}t$$

이고 이것에 대응하는 표 2-40에서의 비기저 변수는 x_3이므로 x_3을 기저로 가지고 온다. 다음의 단계는 표 2-41로 주어진다.

표 2-41

C			0	$70+2t$	0
			y_2	x_2	y_1
$60+3t$	x_3	30	-3	$\frac{1}{2}$	$\frac{5}{2}$
$90+t$	x_1	10	2	$\frac{1}{2}$	$-\frac{3}{2}$
	Z	$2700+100t$	$-7t$	$75+2t$	$15+6t$
	$Z-C$		$-7t$	5	$15+6t$

이 단계에서 최적으로 되는 t의 범위는

$$Z-C \geq 0$$

으로

$$-7t \geq 0$$

$$15+6t \geq 0$$

이고 이것에서

$$-\frac{5}{2} \leq t \leq 0$$

을 얻는다. 단, 표 2-40, 표 2-41에서의 기저의 값과 대체단위는 모두 §2.6의 심플렉스표와 똑같다. 총이윤과 대체이윤에만 파라미터가 관계하고 있다.

이어서 다음 t의 범위로 진행하기 위하여 t의 한계값

$$t=0$$

을 넣었을 때

$$Z-C=0$$

으로 되는 비기저는 y_2이므로 y_2를 비기저에서 추방한다. 이것을 기저 x_1과 교환한다. 그 때 표 2-42의 심플렉스표가 얻어진다.

표 2-42

C			$90+t$	$70+2t$	0
			x_1	x_2	y_1
$60+3t$	x_3	45	$\frac{3}{2}$	$\frac{5}{4}$	$\frac{1}{4}$
0	y_2	5	$\frac{1}{2}$	$\frac{1}{4}$	$-\frac{3}{4}$
	Z	$2700+135t$	$90+\frac{9}{2}t$	$75+\frac{15}{4}t$	$15+\frac{3}{4}t$
	$Z-C$		$\frac{7}{2}t$	$5+\frac{7}{4}t$	$15+\frac{3}{4}t$

이것이 최적으로 되는 것은

$$\frac{7}{2}t\geq 0$$

$$5+\frac{7}{4}t\geq 0$$

$$15+\frac{3}{4}t\geq 0$$

이다. 이것을 공통으로 만족하는 t의 범위는

$$t\geq 0$$

이다. 따라서 t의 플러스인 모든 값에 대해서 표 2-42가 최적으로 된다. 총이윤은

$$2700+135t$$

이고 $t=0$일 때 2700으로 t가 증가함에 따라 직선적으로 얼마든지 증가한다.

표 2-43

파라미터 t의 범위	x_1	x_2	x_3	y_1	y_2	총이윤
$t\leq -90$	0	0	0	180	140	0
$-90\leq t\leq -\frac{5}{2}$	28	0	0	12	0	$2520+28t$
$-\frac{5}{2}\leq t\leq 0$	10	0	30	0	0	$2700+100t$
$t\geq 0$	0	0	45	0	5	$2700+135t$

이상으로 파라미터 t의 모든 값에 대한 최적해가 구해졌다. 이러한 최적해를 표로 나타내면 표 2-43과 같다.

이 표에서 알 수 있듯이 최적해는 파라미터 값의 4단계에 대응하여 정해진다. 그 경계선인 곳에서는 최적해가 두 개 있다. §2.6에서 구했던 최적해는 $t=0$에 대응하는 것이고 그것을 특별한 경우로서 포함한 일반적인 해로 되어 있다. 총이윤에 대한 각 단계의 최소값과 최대값은 표 2-44와 같다.

표 2-44

t 의 범위	총이윤	최소값	최대값
$t \leq -90$	0	0	0
$-90 \leq t \leq -\frac{5}{2}$	$2520+28t$	0	2450
$-\frac{5}{2} \leq t \leq 0$	$2700+100t$	2450	2700
$t \geq 0$	$2700+135t$	2700	∞

이 표에서 각 단계의 최소값은 바로 앞 단계의 최대값과 일치한다. 이것은 총이윤이 연속적으로 변하는 것을 나타내고 있다. 최적해는 불연속적으로 변하지만 이윤은 꺾은선 형태로 연속적으로 변한다. 그림으로 나타내면 그림 2-18과 같게 된다. 이윤을 나타내는 꺾은선의 기울기는 t가 증가함에 따라 급하게 되어 있다. 이와 같은 형태를 **볼록함수**라고 한다. 일반적으로 목적함수에 파라미터가 1차의 형태로 들어 있는 경우에는 목적함수의 값도 파라미터의 1차식으로 되고 파라미터의 전 범위에서 볼록함수로 된다.

그림 2-18

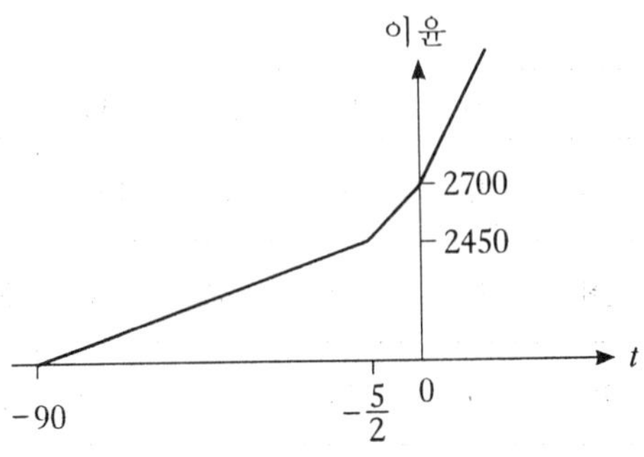

다음으로 제한량에 파라미터가 들어 있는 경우를 생각하자. 그것을

$$\text{기계} : 180 - t$$
$$\text{인원} : 140 - 2t$$

로 놓는다. 그러면 표 2-41에서 $t = 0$으로 한 표(표 2-45)는 이 제한량에서 $t = 0$으로 한 하나의 최적해를 준다.

표 2-45

C			0	70	0
			y_2	x_2	y_1
60	x_3	30	-3	$\frac{1}{2}$	$\frac{5}{2}$
90	x_1	10	2	$\frac{1}{2}$	$-\frac{3}{2}$
	Z	2700	0	75	15
	$Z-C$		0	5	15

이 때 감도분석의 경우에서 서술한 것과 같이 이 기저의 값은 비기저로 있는 여유변수 y_1과 y_2에 대하여 그들에 대응하는 제한량 180과 140에 각각 대체단위를 곱해서

$$180 \times \frac{5}{2} + 140 \times (-3) = 30$$

$$180 \times (-\frac{3}{2}) + 140 \times 2 = 10$$

이 얻어졌다. 따라서 제한량이

$$180 - t,\ 140 - 2t$$

로 되었을 때의 기저의 값은

$$(180 - t) \times \frac{5}{2} + (140 - 2t) \times (-3) = 30 + \frac{7}{2}t$$

$$(180 - t) \times (-\frac{3}{2}) + (140 - 2t) \times 2 = 10 - \frac{5}{2}t$$

로 된다. 이 때의 심플렉스표는 표 2-46과 같게 된다.

표 2-46

C			0	70	0
			y_2	x_2	y_1
60	x_3	$30+\frac{7}{2}t$	-3	$\frac{1}{2}$	$\frac{5}{2}$
90	x_1	$10-\frac{5}{2}t$	2	$\frac{1}{2}$	$-\frac{3}{2}$
	Z	$2700-15t$	0	75	15
	$Z-C$		0	5	15

이 표는 최적조건을 만족하고 있지만 기저의 값에 파라미터가 들어 있기 때문에 실행가능인지 아닌지는 모른다. 실행가능으로 되는 파라미터 t의 범위는

$$30+\frac{7}{2}t \geq 0$$

$$10-\frac{5}{2}t \geq 0$$

이고 이것은

$$-8\frac{4}{7} \leq t \leq 4$$

이다. 따라서 이 범위의 t에 대해서는 표 2-46이 최적해를 준다. 이 범위 밖의 파라미터에서 최적해로 나가는 데는 쌍대단체법을 이용하면 된다. 우선

$$t=4$$

로 놓았을 때 기저의 값이 0으로 되는 것은

$$10-\frac{5}{2}t$$

이고 이것에 대응하는 기저는 x_1이므로 x_1을 기저에서 추방한다. 이 행에서 대체단위가 마이너스인 것은 $-\frac{3}{2}$뿐이므로 이 열의 비기저 y_1과 교환한다. 이하의 계산은 쌍대단체법과 단체법이 똑같다.

표 2-47

C			0	70	90
			y_2	x_2	x_1
60	x_3	$\frac{140}{3}-\frac{2}{3}t$	$\frac{1}{3}$	$\frac{4}{3}$	$\frac{5}{3}$
0	y_1	$-\frac{20}{3}+\frac{5}{3}t$	$-\frac{4}{3}$	$-\frac{1}{3}$	$-\frac{2}{3}$
	Z	$2800-40t$	20	80	100
	$Z-C$		20	10	10

그 결과 표 2-47의 심플렉스표가 얻어 진다. 여기에서도 최적조건을 만족하고 있으므로 실행가능성만을 조사하면 된다. 그것은

$$140-\frac{2}{3}t\geq 0$$

$$-\frac{20}{3}+\frac{5}{3}t\geq 0$$

이고 여기서

$$4\leq t\leq 70$$

으로 된다. 그런데 제한량은 마이너스로 되어서는 안 되기 때문에

$$180-\ \ t\geq 0$$

$$140-2t\geq 0$$

이다. 여기서

$$t\leq 70$$

을 얻는다. 따라서 이 표가 최적으로 되는 파라미터 t의 범위로서는

$$4\leq t\leq 70$$

이다. 한편 표 2-46이 최적으로 되는 t의 범위

$$-8\frac{4}{7}\leq t\leq 4$$

에서 이제 한쪽 방향의 범위로 나가기 위하여

$$t = -8\frac{4}{7}$$

로 했을 때 표 2-46의 기저의 값이 0으로 되는 것은

$$30 + \frac{7}{2}t$$

이므로 이 행의 기저 x_3을 추방한다.

이 행의 대체단위에서 마이너스인 것은 −3뿐이므로 이 열의 비기저 y_2와 교환하면 된다. 그 결과 표 2-48의 심플렉스표가 얻어 진다.

표 2-48

C			60	70	0
			x_3	x_2	y_1
0	y_2	$-10-\frac{7}{6}t$	$-\frac{1}{3}$	$-\frac{1}{6}$	$-\frac{5}{6}$
90	x_1	$30-\frac{1}{6}t$	$\frac{2}{3}$	$\frac{5}{6}$	$\frac{1}{6}$
	Z	$2700-15t$	60	75	15
	$Z-C$		0	5	15

이상에서 파라미터 t의 모든 범위에 대한 최적해가 구해졌다. 다만, 제한량이 마이너스로 되지 않는다는 조건으로부터 $t > 70$에 대해서는 해가 없다. 최적해를 표로 나타내면 표 2-49와 같게 된다.

표 2-49

피라미터 t의 범위	x_1	x_2	x_3	y_1	y_2
$t \le -8\frac{4}{7}$	$30-\frac{1}{6}t$	0	0	0	$-10-\frac{7}{6}t$
$-8\frac{4}{7} \le t \le 4$	$10-\frac{5}{2}t$	0	$30+\frac{7}{2}t$	0	0
$4 \le t \le 70$	0	0	$\frac{140}{3}-\frac{2}{3}t$	$-\frac{20}{3}+\frac{5}{3}t$	0

더욱, 총이윤에 대해서는 표 2-50과 같게 된다. 여기에서도 이윤은 연속으로 변한다. 파라미터 t가 제한량에 마이너스 형태로 들어 있으므로 t가 증가함에 따라 이윤이 감소하고 있다.

여기에서는 표 2-46에서 출발했는데 일반적으로 제한량에 파라미터가 들어 있을 때에는 그 파라미터에 임의의 적당한 값을 넣어 보통 단체법으로 최적해를 구한 다음에 파라미터를 넣어 출발하면 된다. 여기에서는 $t=0$으로하여 당연히 풀어지므로 출발한 것으로 되어 있다.

표 2-50

t의 범위	총이윤	최소값	최대값
$t \leq -8\frac{4}{7}$	$2700-15t$	$2828\frac{4}{7}$	∞
$-8\frac{4}{7} \leq t \leq 4$	$2700-15t$	2640	$2828\frac{4}{7}$
$4 \leq t \leq 70$	$2800-40t$	0	2640

연습문제 2.9

1. $\begin{cases} x_1+2x_2 \leq 10 \\ 2x_1+\ x_2 \leq 10 \\ x_1,\ x_2 \geq 0 \end{cases}$ 인 조건에서 $Z=(8+\theta)x_1+(24-2\theta)x_2 \to \max$을 parametric programming 방법에 의하여 최적해를 구하라(단, $0 \leq \theta \leq 10$).

2. $\begin{cases} x_1 \leq 10+2\theta \\ x_1+x_2 \leq 25-\theta \\ \quad x_2 \leq 10+2\theta \\ x_1,\ x_2 \geq 0 \end{cases}$ 인 조건에서 $Z=2x_1+x_2 \to \max$을 parametric programming 방법에 의하여 최적해를 구하라(단, $0 \leq \theta \leq 25$).

§2.10 정수계획법 (Integer Programming)

선형계획법의 일반해법인 단체법에 의해서 최적해를 구했을 때 그 최적해가 반드시 정수라고는 말할 수 없다. 그렇지만 문제에 따라서 정수해가 아니면 곤란한 것도 있다. 로트(lot)단위의 생산이나 화차단위의 수송 등에서는 정수해가 아니면 실행불가능이다. LP 문제에서 정수해를 필요로 하는 것을 **정수계획법**(integer programming ; 약해서 **IP**)이라 한다. 또 여러 가지 복잡한 문제가 정수계획법의 형태로 모델화된 것도 많다.

순회세일즈맨문제를 생각해 보자. n개의 도시가 있을 때 어느 도시에서 출발하여 모든 도시를 한번씩 돌아서 처음의 도시로 되돌아와야만 한다. 도시 i에서 도시 j까지의 거리를 d_{ij}로 한다. 지금 변수 x_{ijk}는 제 k번째에 i번째 도시에서 j번째 도시로 갈 때는 1로 하고 그렇지 않을 때는 0으로 한다. 여기서 i, j, k는 1부터 n까지 변한다. 이 때 x_{ijk}에 대하여 여러 가지 제한조건이 붙는다. 우선 k를 고정했을 때 제 k번째에는 어느 도시에서 어느 도시로 가지 않으면 안 되므로 x_{ijk}는 일정한 k에 대하여 하나만 1이고 다른 것은 0이다. 따라서

$$\sum_{i=1}^{n}\sum_{j=1}^{n} x_{ijk} = 1, \quad (k = 1, 2, \cdots, n)$$

이라는 조건이 부과된다. 다음에 어떤 도시 i를 생각할 때 여기서 몇 번째인가에 어느 도시인가로 가지 않으면 안 되므로

$$\sum_{j=1}^{n}\sum_{k=1}^{n} x_{ijk} = 1, \quad (i = 1, 2, \cdots, n)$$

이라는 조건도 붙는다. 더욱이 어떤 도시 j를 고정했을 때 몇 번째인가에 어느 도시에서 다시 그 도시로 오지 않으면 안 되므로

$$\sum_{i=1}^{n}\sum_{k=1}^{n} x_{ijk} = 1, \quad (j = 1, 2, \cdots, n)$$

로 된다. 또 k번째에 어떤 도시에 도착했을 때 $(k+1)$번째에는 그 도시에서 나오지 않으면 안 된다. 그래서

$$\sum_{i=1}^{n} x_{ijk} = \sum_{l=1}^{n} x_{jl,k+1}, \quad (j = 1, 2, \cdots, n \,;\; k = 1, 2, \cdots, n-1)$$

이다. 이들 4개의 제한조건 아래에서 전체로서의 순회거리

$$\sum_{i=1}^{n}\sum_{j=1}^{n}\sum_{k=1}^{n} d_{ij}x_{ijk}$$

를 최소로 하는 변수 x_{ijk}가 0이나 1만을 취하는 것을 발견하면 된다. 이것은 정수 중에서도 0이나 1만을 취하는 IP문제이다. 순회세일즈맨문제는 이와 같이 IP문제로 모델화할 수 있는데 IP로 풀면 변수나 제한조건의 수가 너무 많아서 풀기 어렵기 때문에 보통은 분기한정법으로 푸는 일이 많다.

또 생산문제에서는 실제로 생산할 때 변동비와는 별도로 고정비가 드는 것이 보통이다. 전혀 생산하지 않을 때에는 고정비도 들지 않는다. 그래서 i번째 생산과정의 단위당변동비를 C_i, 고정비를 S_i로 하고

$$\alpha(x_i) = \begin{cases} 1, & x_i > 0 \text{일 때} \\ 0, & x_i = 0 \text{일 때} \end{cases}$$

로 하면 목적함수를 다음과 같이 놓으면 된다.

$$\sum_i C_i x_i + \sum_i S_i \cdot \alpha(x_i)$$

모든 생산과정에 대해서 고정비가 모두 같을 때에는 다음과 같은 보통의 목적함수로 된다.

$$\sum_i C_i x_i$$

이들은 정수치를 취하는 변수라고 해도 0이나 1밖에 취하지 않는 것이지만 그것을 기초로 하여 일반의 정수변수를 나타낼 수 있다. 변수 y가 a_1, a_2, $\cdots$, a_k의 어느 것인가의 값만 취하는 이산적인 변수라고 하면

$$y = a_1x_1 + a_2x_2 + \cdots + a_kx_k$$

로 놓고 x_1, x_2, $\cdots$, x_k는 0이나 1만 취하고 또 그들 중 어느 하나만 1이고 다른 것은 0이라는 조건

$$x_1 + x_2 + \cdots + x_k = 1$$

을 붙여 놓으면 된다. 이것은 명제연산에서의 특성함수의 사고방식이다.

그밖에 위상수학에서의 4색문제나 텔레비전방송국에 주파수를 배당하는 문제 등 IP모델로 표현되는 문제가 많다.

그러면 정수계획법의 일반해법은 어떻게 하면 좋을까? LP로 풀은 최적해가 마침 정수로 되어 있으면 그것은 동시에 IP로서의 최적해이다. 그것이 정수가 아닐 때에는 거기서

부터 출발하여 IP의 해법을 생각하면 된다. LP의 최적해는 실행가능역의 단점의 어딘가에 주어지는 것을 이미 알고 있다. 그것이 IP로서의 최적해가 아니라는 것은 그 단점이 정수점으로 되어 있지 않다는 것이다. 그 때 LP의 제한조건으로 규제된 실행가능역을 조금 좁히는 것을 생각한다. 그를 위하여 실행가능역의 내부에 있는 정수점은 모두 그대로 놓고 실행가능역을 좁히도록 한다. 그림으로 나타내면 그림 2-19와 같이 된다.

그림 2-19

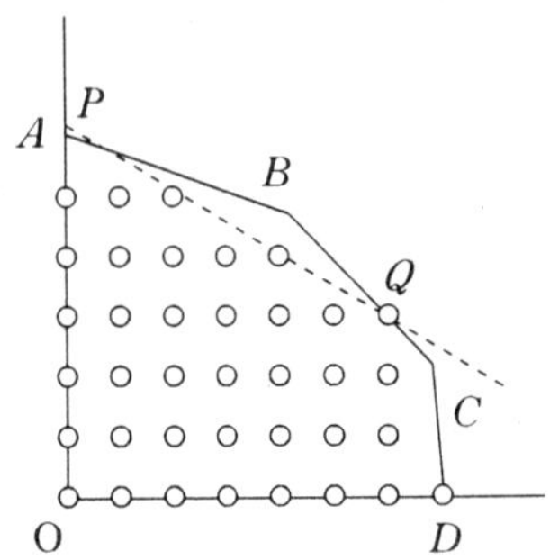

LP의 실행가능역은 그림의 $OABCD$이다. 그래서 그 내부의 정수점을 ○로 표시하고 있다. 이 때 직선 PQ를 그어서 실행가능역을 잘라 낸다. 그와 같이 해도 내부의 정수점은 줄지 않는다. 결국, IP의 실행가능역으로서는 선분 PQ를 덧붙여도 변하지 않는다. 그 실행가능역은 역시 볼록 다면체이고 최적해는 단점의 어딘가에 주어진다. 이와 같이 여분으로 직선을 그려서 실행가능역을 좁히는 것은 여분이 제한조건을 첨가하는 것에 해당한다. 결국, IP의 해법은 제한조건을 첨가해서 실행가능역을 **삭제**(cut)한다는 사고방식에 근거하고 있다.

표 2-51

C			0	70	0
			y_2	x_2	y_1
60	x_3	$40\frac{1}{2}$	-3	$\frac{1}{2}$	$\frac{5}{2}$
90	x_1	$2\frac{1}{2}$	2	$\frac{1}{2}$	$-\frac{3}{2}$
	Z	2655	0	75	15
	$Z-C$		0	5	15

지금, 앞 절의 표 2-46에서 $t=3$으로 놓은 경우를 생각하면 그 표는 표 2-51과 같다. 여기에서 기저의 값은 정수가 아니다. 따라서 이것은 LP의 최적해이지만 IP의 최적해로는 되어 있지 않다. 그런데 x_3행에 대해서 말하면 대체단위의 관계로부터

$$x_3 - 3y_2 + \frac{1}{2}x_2 + \frac{5}{2}y_1 = 40\frac{1}{2}$$

로 되어 있다. 여기서 변수는 모두 정수치를 취한다고 생각하므로 이 식을 정수부분과 소수부분으로 나누면

$$x_3 - 3y_2 + 2y_1 - 40 = \frac{1}{2} - \frac{1}{2}x_2 - \frac{1}{2}y_1$$

으로 된다. 이 식의 좌변은 정수이므로 우변도 정수이어야 한다. 그렇지만 우변은 플러스의 정수로는 될 수 없다. 따라서

$$\frac{1}{2} - \frac{1}{2}x_2 - \frac{1}{2}y_1 \leq 0$$

이다. 그래서 여유변수 z_1을 사용하여

$$\frac{1}{2} - \frac{1}{2}x_2 - \frac{1}{2}y_1 + z_1 = 0$$

으로 만든다. 이것이 새롭게 가해진 제한조건이고 이것에 의해서 실행가능역의 삭제가 행해진다.

표 2-52

C			0	70	0
			y_2	x_2	y_1
60	x_3	$40\frac{1}{2}$	-3	$\frac{1}{2}$	$\frac{5}{2}$
90	x_1	$2\frac{1}{2}$	2	$\frac{1}{2}$	$-\frac{3}{2}$
0	z_1	$-\frac{1}{2}$	0	$-\frac{1}{2}$	$-\frac{1}{2}$
	Z	2655	0	75	15
	$Z-C$		0	5	15

그래서 z_1을 기저로 들이고 행을 여분으로 하나 만들면 표 2-52의 형태의 심플렉스표가 된다. 이 때 z_1행을 덧붙여도 이것은 여유변수이고 목적함수의 계수는 0이므로 대체이윤에는 전혀 영향이 없다. 그래서 최적조건은 당연히 만족된다. 그러나 기저의 값에 마이너스가 생겼기 때문에 실행가능은 아니다. 여기서 쌍대단체법을 사용하면 된다. 이 때 새롭게 기저로 들어온 z_1행은

		y_2	x_2	y_1
z_1	$-\frac{1}{2}$	0	$-\frac{1}{2}$	$-\frac{1}{2}$

이지만 x_3행에서 기저의 값과 대체단위를 정수부분과 소수부분(0과 1사이)으로 나눈 것을 보면 다음과 같이 되어 있다.

		y_2	x_2	y_1
x_3	$40+\frac{1}{2}$	-3	$\frac{1}{2}$	$2+\frac{1}{2}$

그래서 이 기저의 값과 대체단위의 소수부분을 마이너스로 한 것이 z_1행에 와 있는 것을 알 수 있다.

일반적으로 어떤 기저의 값이 정수가 아닐 때 그 행에 대하여 기저의 값과 대체단위를 정수부분과 소수부분으로 나눈다. 지금, 어떤 기저에 대하여 기저의 값과 대체단위가

a_0	a_1 a_2 ⋯⋯ a_n

일 때 이것을 정수부분과 소수부분으로 나누어

N_0+f_0	N_1+f_1 N_2+f_2 ⋯⋯ N_n+f_n

으로 한다. 여기서 N_0, N_1, N_2, ⋯, N_n은 정수이고

$$0 < f_0 < 1$$

$$0 \le f_i < 1, \ (i=1, 2, \cdots, n)$$

은 소수이다. f_0는 틀림없이 소수이지만 f_1, f_2, ⋯, f_n은 소수가 아닌 것도 있다. 그 때

z	$-f_0$	$-f_1 \quad -f_2 \quad \cdots\cdots \quad -f_n$

이라는 행을 여분으로 덧붙이면 된다.

이렇게 해서 만들어진 심플렉스표에 대하여 쌍대단체법을 사용하여 푼다. 그 해가 정수로 되면 거기에서 끝내지만 역시 정수가 아니면 다시 정수가 아닌 기저에 대하여 지금과 똑같이 여분으로 제한조건을 덧붙여서 쌍대단체법을 사용한다. 이것을 반복하면 어딘가에서 반드시 정수로서의 최적해가 얻어진다.

여기서 §2.2의 LP모델로 소개한 (예 3)의 강철봉 절단계획을 생각하자. 거기서는 $10m$ 단위의 봉을 생산하고 있는데 $5m$, $4m$, $3m$의 봉이 각각 25개, 20개, 15개 주문되어 있다. 그 때 절단방법을

$5m$	0	0	0	1	1	2
$4m$	0	1	2	0	1	0
$3m$	3	2	0	1	0	0
나머지(m)	1	0	2	2	1	0

과 같은 6가지 방법이 있다. 각각의 방법에서의 절단개수를 미지수 x_1, x_2, x_3, x_4, x_5, x_6으로 하면 주문량에 관한 제한조건은

$$
\begin{aligned}
x_4 + \ x_5 + 2x_6 &= 25 \\
x_2 + 2x_3 + \ x_5 &= 20 \\
3x_1 + 2x_2 + \ x_4 &= 15
\end{aligned}
$$

로 된다. 목적함수는 절단할 때의 나머지로

$$x_1 + 2x_3 + 2x_4 + x_5$$

를 최소로 하면 된다. 이 때 LP의 단체법으로 풀기 위하여 제한조건에 인위변수 y_1, y_2, y_3을 사용하여

$$
\begin{aligned}
x_4 + \ x_5 + 2x_6 + \ y_1 &= 25 \\
x_2 + 2x_3 + \ x_5 + \ y_2 &= 20 \\
3x_1 + 2x_2 + \ x_4 + \ y_3 &= 15
\end{aligned}
$$

로 놓고 목적함수에는 인위변수에 대한 벌금을 부과하여

$$x_1 + 2x_3 + 2x_4 + x_5 + My_1 + My_2 + My_3$$

로 해 놓는다. 그리고 인위변수 y_1, y_2, y_3을 출발점의 기저로 하고 x_1, x_2, x_3, x_4, x_5, x_6을 비기저로 잡는다. 이 때 단체법으로 차례차례 계산하면 표 2-53의 제 1 단계에서 제 4 단계까지의 각 단계로 된다.

표 2-53

(제 1 단계)

	C			1	0 ⇑	2	2	1	0
				x_1	x_2	x_3	x_4	x_5	x_6
	M	y_1	25	0	0	0	1	1	2
	M	y_2	20	0	1	2	0	1	0
⇐	M	y_3	15	3	2^*	0	1	0	0
		Z	$60M$	$3M$	$3M$	$2M$	$2M$	$2M$	$2M$
		$Z-C$		$3M-1$	$3M$	$2M-2$	$2M-2$	$2M-1$	$2M$

(제 2 단계)

	C			1	M	2	2	1	0 ⇑
				x_1	y_3	x_3	x_4	x_5	x_6
⇐	M	y_1	25	0	0	0	1	1	2^*
	M	y_2	$12\frac{1}{2}$	$-\frac{3}{2}$	$-\frac{1}{2}$	2	$-\frac{1}{2}$	1	0
	0	x_2	$7\frac{1}{2}$	$\frac{3}{2}$	$\frac{1}{2}$	0	$\frac{1}{2}$	0	0
		Z	$37\frac{1}{2}M$	$-\frac{3}{2}M$	$-\frac{1}{2}M$	$2M$	$\frac{1}{2}M$	$2M$	$2M$
		$Z-C$		$-\frac{3}{2}M-1$	$-\frac{3}{2}M$	$2M-2$	$\frac{1}{2}M-2$	$2M-1$	$2M$

(제 3 단계)

	C			1	M	2 ⇑	2	1	M
				x_1	y_3	x_3	x_4	x_5	y_1
	0	x_6	$12\frac{1}{2}$	0	0	0	$\frac{1}{2}$	$\frac{1}{2}$	$\frac{1}{2}$
⇐	M	y_2	$12\frac{1}{2}$	$-\frac{3}{2}$	$-\frac{1}{2}$	2^*	$-\frac{1}{2}$	1	0
	0	x_2	$7\frac{1}{2}$	$\frac{3}{2}$	$\frac{1}{2}$	0	$\frac{1}{2}$	0	0
		Z	$12\frac{1}{2}M$	$-\frac{3}{2}M$	$-\frac{1}{2}M$	$2M$	$-\frac{1}{2}M$	M	0
		$Z-C$		$-\frac{3}{2}M-1$	$-\frac{3}{2}M$	$2M-2$	$-\frac{1}{2}M-2$	$M-1$	$-M$

(제 4 단계)

C			1	M	M	2	1	M
			x_1	y_3	y_2	x_4	x_5	y_1
0	x_6	$12\frac{1}{2}$	0	0	0	$\frac{1}{2}$	$\frac{1}{2}$	$\frac{1}{2}$
2	x_3	$6\frac{1}{4}$	$-\frac{3}{4}$	$-\frac{1}{4}$	$\frac{1}{2}$	$-\frac{1}{4}$	$\frac{1}{2}$	0
0	x_2	$7\frac{1}{2}$	$\frac{3}{2}$	$\frac{1}{2}$	0	$\frac{1}{2}$	0	0
	Z	$12\frac{1}{2}$	$-\frac{3}{2}$	$-\frac{1}{2}$	1	$-\frac{1}{2}$	1	0
	$Z-C$		$-\frac{5}{2}$	$-\frac{1}{2}-M$	$1-M$	$-\frac{5}{2}$	0	$-M$

제 4 단계에서 LP의 최적해가 구해졌다. 그러나 기저의 값은 정수값이 아니므로 이것은 IP의 최적해는 아니다. 실제로 절단개수가 소수로서는 실행할 수 없다. 그래서 IP의 일반해법을 사용하여 진행해 간다. 우선, x_6의 행에 대하여 여분의 제한조건을 생각하자. 그때 심플렉스표는 제5 단계의 표와 같다.

(제 5 단계)

C			1	M	M	2	1 ⇑	M
			x_1	y_3	y_2	x_4	x_5	y_1
0	x_6	$12\frac{1}{2}$	0	0	0	$\frac{1}{2}$	$\frac{1}{2}$	$\frac{1}{2}$
2	x_3	$6\frac{1}{4}$	$-\frac{3}{4}$	$-\frac{1}{4}$	$\frac{1}{2}$	$-\frac{1}{4}$	$\frac{1}{2}$	0
0	x_2	$7\frac{1}{2}$	$\frac{3}{2}$	$\frac{1}{2}$	0	$\frac{1}{2}$	0	0
⇐ 0	z_1	$-\frac{1}{2}$	0	0	0	$-\frac{1}{2}$	$-\frac{1}{2}$*	$-\frac{1}{2}$
	Z	$12\frac{1}{2}$	$-\frac{3}{2}$	$-\frac{1}{2}$	1	$-\frac{1}{2}$	1	0
	$Z-C$		$-\frac{5}{2}$	$-\frac{1}{2}-M$	$1-M$	$-\frac{5}{2}$	0	$-M$

여기서 쌍대단체법에 의해 x_5와 z_1을 교환한다. 그 결과 제 6 단계의 표가 얻어진다.

(제 6 단계)

C			1	M	M	2	0	M
			x_1	y_3	y_2	x_4	z_1	y_1
0	x_6	12	0	0	0	0	1	0
2	x_3	$5\frac{3}{4}$	$-\frac{3}{4}$	$-\frac{1}{4}$	$\frac{1}{2}$	$-\frac{3}{4}$	1	$-\frac{1}{2}$
0	x_2	$7\frac{1}{2}$	$\frac{3}{2}$	$\frac{1}{2}$	0	$\frac{1}{2}$	0	0
1	x_5	1	0	0	0	1	-2	1
	Z	$12\frac{1}{2}$	$-\frac{3}{2}$	$-\frac{1}{2}$	1	$-\frac{1}{2}$	0	0
	$Z-C$		$-\frac{5}{2}$	$-\frac{1}{2}-M$	$1-M$	$-\frac{5}{2}$	0	$-M$

이것에도 아직 기저에 정수가 아닌 값이 남아 있다. 여기서 계속 x_3의 행을 생각하고 제한조건을 덧붙여서 제 7 단계의 표를 만든다.

(제 7 단계)

C			⇑ 1	M	M	2	0	M
			x_1	y_3	y_2	x_4	z_1	y_1
0	x_6	12	0	0	0	0	1	0
2	x_3	$5\frac{3}{4}$	$-\frac{3}{4}$	$-\frac{1}{4}$	$\frac{1}{2}$	$-\frac{3}{4}$	1	$-\frac{1}{2}$
0	x_2	$7\frac{1}{2}$	$\frac{3}{2}$	$\frac{1}{2}$	0	$\frac{1}{2}$	0	0
1	x_5	1	0	0	0	1	-2	1
⇐ 0	z_2	$-\frac{3}{4}$	$-\frac{1}{4}$*	$-\frac{3}{4}$	$-\frac{1}{2}$	$-\frac{1}{4}$	0	$-\frac{1}{2}$
	Z	$12\frac{1}{2}$	$-\frac{3}{2}$	$-\frac{1}{2}$	1	$-\frac{1}{2}$	0	0
	$Z-C$		$-\frac{5}{2}$	$-\frac{1}{2}-M$	$1-M$	$-\frac{5}{2}$	0	$-M$

거듭 쌍대단체법에 의해 z_2와 x_1을 교환하여 제 8 단계의 표를 얻는다.

(제 8 단계)

C			0	M	M	2	0	M
			z_2	y_3	y_2	x_4	z_1	y_1
0	x_6	12	0	0	0	0	1	0
2	x_3	8	-3	2	2	0	1	1
0	x_2	3	6	-4	-3	-1	0	-3
1	x_5	1	0	0	0	1	-2	1
1	x_1	3	-4	3	2	1	0	2
	Z	20	-10	7	6	2	0	5
	$Z-C$		-10	$7-M$	$6-M$	0	0	$5-M$

이제 기저의 값은 모두 정수로 되어 정수계획법의 최적해가 얻어졌다. 그 해는 표 2-54와 같게 된다. 이 표에서 알 수 있듯이 합계 27개의 $10m$봉을 이 표의 절단방법으로 자르면 최적으로 된다.

표 2-54

	x_1	x_2	x_3	x_4	x_5	x_6	합계
절단 개수	3	3	8	0	1	12	27
$5m$	0	0	0	2	1	2	25
$4m$	0	1	2	0	1	0	20
$3m$	3	2	0	0	0	0	15
나머지(m)	3	0	16	0	1	0	20

이 때 전체의 나머지는 $20m$이다. LP의 최적해일 때의 목적함수의 값은 $12\frac{1}{2}$이였기 때문에 그것보다 많지만 정수해이므로 그것은 어쩔 수 없다. LP의 최적해와 IP의 최적해를 비교하면 표 2-55와 같다.

표 2-55

	x_1	x_2	x_3	x_4	x_5	x_6
LP의 최적해	0	$7\frac{1}{2}$	$6\frac{1}{4}$	0	0	$12\frac{1}{2}$
IP의 최적해	3	3	8	0	1	12

이 표에서 알 수 있듯이 LP의 최적해의 소수를 적당히 마무리하는 것이 IP의 최적해로는 되지 않는다. IP의 해법이 필요하다. 더구나 IP의 최적해를 주는 제 8 단계의 심플렉스표에서 $Z-C$의 곳에 0이 있으므로 최적해는 다른 것도 있다. $Z-C$가 0인 곳을 거듭 변환하면 모든 최적해를 구할 수 있다.

연습문제 2.10

1. 다음 정수계획을 절제평면법으로 풀어라.

1) $\begin{cases} 2x_1 + \ \ x_2 \le 5 \\ -4x_1 + 4x_2 \le 5 \\ \quad x_1,\ x_2 \ge 0 \end{cases}$ 인 정수에서 $Z = -x_1 + 2x_2 \to \max$

2) $\begin{cases} 3x_1 + x_2 \geq 2 \\ x_1 + 4x_2 \geq 5 \\ 3x_1 + 2x_2 \geq 7 \\ x_1,\ x_2 \geq 0 \end{cases}$ 인 정수에서 $Z = 4x_1 + 5x_2 \rightarrow \min$

2. $\begin{cases} 2x_1 + x_2 \leq 6 \\ 4x_1 + 5x_2 \leq 20 \\ x_1,\ x_2 \geq 0 \end{cases}$ 인 정수에서 $Z = x_1 + x_2 \rightarrow \max$ 를 simplex법으로 풀어라.

§2.11 수송형문제

수송형문제는 선형계획법의 특별한 경우이므로 물론 단체법으로 풀 수 있다. 그러나 문제의 형태가 특수하기 때문에 그 특수성을 이용한 간편해법을 발견할 수 있으면 편리하다. 수송형문제에서의 제한조건은 보내는 양의 합계와 받는 양의 합계가 각각 생산량과 수요량에 일치 하는 형태이다. 따라서 단체법으로 진행하려고 하면 모든 제한조건에 인위변수를 도입하고 최초는 인위변수만의 기저에서 출발하지 않으면 안 된다. 그렇지만 문제의 특수성을 이용하는 것에 의해 본래 필요한 변수만으로 출발점의 기저를 만들 수 있다. 결국, 최적해에 상당히 가까운 곳에서부터 출발할 수 있다. 그것이 간편해법으로 불리는 이유이다.

§2.2에서 LP모델로 소개한 (예 4)의 수송계획에 대하여 생각해 보자. 4개의 공장과 5개의 수요지가 있고 각 공장에서의 생산량, 각 수요지에서의 수요량, 각 공장에서 각 수요지로의 수송단가는 표 2-5와 같았다.

표 2-5

공장 \ 수요지	B_1	B_2	B_3	B_4	B_5	생산량
A_1	95	33	95	22	18	13
A_2	90	84	60	79	24	19
A_3	46	40	62	98	54	16
A_4	20	31	89	43	38	10
수요량	7	14	21	8	8	58

수송량을 미지수로 나타내면 표 2-6과 같이 된다.

제한조건은 미지수를 행에 대하여 더하는 것이 그 행의 오른쪽의 생산량으로 되고 미지수를 열에 대하여 더한 것이 그 열의 아래의 수요량으로 되는 것이다. 그래서 제한조건은 다음과 같다.

$$4 + 5 = 9$$

그러나 생산량 전체의 합계와 전수요량이 같으므로 정말로 필요한 제한조건은 이것보다 1개 적은 전부 8개로 된다. 따라서 기저의 변수는 8개이다.

표 2-6

공장 \ 수요지	B_1	B_2	B_3	B_4	B_5	생산량
A_1	x_{11}	x_{12}	x_{13}	x_{14}	x_{15}	13
A_2	x_{21}	x_{22}	x_{23}	x_{24}	x_{25}	19
A_3	x_{31}	x_{32}	x_{33}	x_{34}	x_{35}	16
A_4	x_{41}	x_{42}	x_{43}	x_{44}	x_{45}	10
수요량	7	14	21	8	8	58

우선, 출발점의 기저를 간단히 만드는 방법에 대하여 생각하자. 이를 위하여 최초는 왼쪽 위의 A_1에서 B_1으로 보내는 양 x_{11}에 대하여 이곳에 가능한 큰 수를 넣어 본다. A_1에서는 13보내는 것이 가능하고 B_1에서 필요한 양은 7이다. 그러므로 그 작은 쪽을 취해

$$x_{11} = 7$$

로 놓는다. 그러면 B_1에는 이제 보내지 않아도 되므로 제 1 열의 나머지는 0으로 된다. 다음에 A_1에서는 아직도

$$13 - 7 = 6$$

만큼 보낼 수 있으므로 오른쪽으로 나아가 A_1에서 B_2로 보내는 양 x_{12}로 옮긴다. A_1에서는 나머지 6을 보낼 수 있고 B_2에 필요한 양은 14이므로

$$x_{12} = 6$$

으로 한다. 그러면

$$x_{11} + x_{12} = 7 + 6 = 13$$

으로 되어 A_1에서는 이제 보낼 수 없다. 그래서 제 1 행의 나머지는 0으로 된다. 그리고 다음으로 아래로 나아가 A_2에서 B_2로 보내는 양 x_{22}로 옮긴다. 이와 같이 하여 지그재그로 나가면 마지막에 오른쪽 아래의 x_{45}까지 간다. 그 때 하나의 값을 넣을 때마다 하나의 행이나 하나의 열의 나머지가 0으로 된다. 이와 같이 하여 표 2-56의 기저가 만들어진다.

표 2-56

공장 \ 수요지	B_1	B_2	B_3	B_4	B_5	생산량
A_1	7	6	0	0	0	13
A_2	0	8	11	0	0	19
A_3	0	0	10	6	0	16
A_4	0	0	0	2	8	10
수요량	7	14	21	8	8	58

이 표에서 알 수 있듯이 수송량이 플러스인 곳이 8군데이므로 결국 기저의 변수가 8개이다. 이와 같이 하면 인위변수를 사용하지 않아도 본래 필요한 변수만으로 간단히 기저가 만들어진다. 이 방법은 왼쪽 위의 구석에서 출발하여 오른쪽 아래의 방향으로 지그재그 코스로 나가는 것인데 왼쪽 위는 지도에서 북서쪽에 해당하므로 이 방법을 **북서코너의 방법**(north-west corner rule)이라 한다.

그런데 이 기저는 그다지 최적에 가깝다고 할 수 없는데 그것은 수송단가를 고려하지 않고 만들었기 때문이다. 총수송비를 최소로 하는 것이 목적이므로 수송비가 싼 곳으로 가능한 많이 보내는 것이 바람직하다. 그래서 수송단가의 표에서 수송비가 싼 순서로 수송비의 **순위표**를 만들자. 그것은 표 2-57과 같게 된다.

표 2-57

	B_1	B_2	B_3	B_4	B_5
A_1	18	6	18	3	1
A_2	17	15	12	14	4
A_3	10	8	13	20	11
A_4	2	5	16	9	7

이제는 이 순위표에 근거하여 순위가 빠른 순서에 우선적으로 채운다. 우선 제 1 위인 곳은 A_1에서 B_5로 보내는 경우이므로 그곳에 가능한 많이 보내기로 하면

$$x_{15} = 8$$

로 하면 된다. 그 때 제 5 열의 나머지는 0으로 된다. 다음으로 순위가 제 2 위인 곳은 A_4

에서 B_1로 보내는 경우이고 이 때

$$x_{41} = 7$$

로 한다. 이와 같이 하여 차례로 나아간다. 순위가 위라도 이미 채워진 곳은 빼놓고 가면 된다. 그 결과 표 2-58의 기저가 구해진다. 여기서도 기저의 변수는 꼭 8개이다. 이 기저를 사용했을 때의 총수송비는 수송량에 수송단가를 곱해서 더하면 된다.

$$5\times 22+8\times 18+19\times 60+11\times 40+2\times 62+3\times 98+7\times 20+3\times 31=2485$$

로 된다. 앞에서 구했던 북서코너의 방법에 의한 기저에 대해서는

$$7\times 95+6\times 33+8\times 84+11\times 60+10\times 62+6\times 98+2\times 43+8\times 38=3793$$

표 2-58

공장 \ 수요지	B_1	B_2	B_3	B_4	B_5	생산량
A_1	0	0	0	5	8	13
A_2	0	0	19	0	0	19
A_3	0	11	2	3	0	16
A_4	7	3	0	0	0	10
수요량	7	14	21	8	8	58

이므로 순위표를 고려한 기저의 쪽이 훨씬 싸게 되어 있다.

표 2-59

	B_1	B_2	B_3	B_4	B_5	생산량	벌 금
A_1	95	33	95	22	18	13	4
A_2	90	84	60	79	24	19	36*
A_3	46	40	62	98	54	16	6
A_4	20	31	89	43	38	10	11
수요량	7	14	21	8	8		
벌 금	26	2	2	21	6		

순위표에 근거하여 기저를 만드는 방법이 최적에 상당히 가까운 기저가 만들어지는 것도 많지만 지금 만드는 방법으로 보아 순위가 위라도 이미 채워져 있으면 사용할 수 없다. 그래서 각 행, 각 열에서 가장 싼 것을 사용하지 않은 것에 대하여 어느 정도 손해인가를 조사하고 그 손해가 가장 많은 곳부터 우선적으로 채워가는 방법을 생각할 수 있다. 이것을 **벌금법**이라 한다. 우선 전체의 수송단가의 표를 기초로 하여 각 행, 각 열의 벌금을 계산한다. 그것은 각 행, 각 열의 최소값과 그 다음의 값과의 차이다(표 2-59).

이 표에서 알 수 있듯이 벌금이 최대인 것은 *표를 한 제 2 행이므로 우선 제 2 행에서 가장 싼곳, 결국 A_2에서 B_5로 가능한 많이 보낸다. 이것을

$$x_{25} = 8$$

로 한다. 그 때 제 5 열의 나머지는 0으로 되고 A_2에서 보낼 수 있는 양은

$$19 - 8 = 11$$

로 된다. 다음에 제 5 열을 제외하고 벌금을 계산하여 고친다(표 2-60). 단, 생산량은 제 5 열을 제외할 때의 수정한 값으로 한다.

표 2-60

	B_1	B_2	B_3	B_4	생산량	벌 금
A_1	95	33	95	22	13	11
A_2	90	84	60	79	11	19
A_3	46	40	62	98	16	6
A_4	20	31	89	43	10	11
수요량	7	14	21	8		
벌 금	26*	2	2	21		

이 표에서 벌금이 최대인 것은 제 1 열로 그 열에서 수송비가 최소인 곳은 A_4에서 B_1로 보내는 것이다. 이것을

$$x_{41} = 7$$

로 하면 제 1 열의 나머지는 0으로 되고 A_4에서 보낼 수 있는 양은

$$10 - 7 = 3$$

으로 된다. 여기서 또 제1열을 제외하고 벌금을 계산하여 고치면 표 2-61과 같게 된다.
이 표에서 A_3에서 B_2로 보내는 양을

$$x_{32} = 14$$

로 한다. 그 때 제2열은 0으로 되고 표 2-62를 얻는다. 이 표에서

$$x_{14} = 8$$

로 한다.

표 2-61

	B_2	B_3	B_4	생산량	벌 금
A_1	33	95	22	13	11
A_2	84	60	79	11	19
A_3	40	62	98	16	22*
A_4	31	89	43	3	12
수요량	14	21	8		
벌 금	2	2	21		

표 2-62

	B_3	B_4	생산량	벌 금
A_1	95	22	13	73*
A_2	60	79	11	19
A_3	62	98	2	36
A_4	89	43	3	46
수요량	21	8		
벌 금	2	21		

그러면 나머지는 제3열뿐이어서

$$x_{13} = 5,\ x_{23} = 11,\ x_{33} = 2,\ x_{43} = 3$$

으로 할 수밖에 없다. 이상의 결과로 된 기저는 표 2-63과 같다. 이 때의 총수송비는

$$5\times95+8\times22+11\times60+8\times24+14\times40+2\times62+7\times20+3\times89=2594$$

로 된다. 이 예에서는 벌금법보다도 순위표에 의한 쪽이 싸게 들었지만 보통은 순위표를 만드는 것보다 벌금법에 의한 쪽이 싸게 되는 것이 많다. 이와 같이 하여 출발점의 기저를 상당히 최적에 가까운 곳에서 만들 수 있다.

표 2-63

공장 \ 수요지	B_1	B_2	B_3	B_4	B_5	생산량
A_1	0	0	5	8	0	13
A_2	0	0	11	0	8	19
A_3	0	14	2	0	0	16
A_4	7	0	3	0	0	10
수요량	7	14	21	8	8	58

다음으로 수송형 문제에서 최적성의 판정법을 생각하자. 이를 위하여 기저로 뽑힌 변수에 대한 수송단가 C_{ij}를 편의상, 보내는 비용 u_i와 받는 비용 v_j로 나누어 생각한다. 실제로는 이와 같은 비용이 있을 수는 없지만 계산을 위한 수단으로 나누는 것이다. 이제 벌금법으로 구한 기저에 대하여 조사하자. 기저의 값의 아래 괄호 안에 수송단가를 써 놓는다. 또 공란은 비기저이고 값은 0이다. 기저는 어느 행 어느 열에도 적어도 하나이므로 모든 u_i와 v_j에 대한 식을 얻을 수 있게 되어 있다(표 2-64).

표 2-64

	B_1	B_2	B_3	B_4	B_5
A_1			5 (95)	8 (22)	
A_2			11 (60)		8 (24)
A_3		14 (40)	2 (62)		
A_4	7 (20)		3 (89)		

이 표에서 기저의 수송단가를 u_i와 v_i로 나누었을 때

$$u_1 + v_3 = 95$$
$$u_1 + v_4 = 22$$
$$u_2 + v_3 = 60$$
$$u_2 + v_5 = 24$$
$$u_3 + v_2 = 40$$
$$u_3 + v_3 = 62$$
$$u_4 + v_1 = 20$$
$$u_4 + v_3 = 89$$

로 된다. 그렇지만 이 연립 1차 방정식에 있어서는 방정식의 개수는 기저의 개수로 8개인데 미지수는 u_1, u_2, u_3, u_4, v_1, v_2, v_3, v_4, v_5의 9개이다. 따라서 미지수 중에서 어느 것인가에 하나의 값을 주지 않으면 풀 수 없다. 예를 들어 $u_1=0$으로 놓으면 모든 u와 v가 얻어진다. 위의 연립 1차 방정식에서 차례로 구하면

$$v_3 = 95, \quad v_4 = 22$$
$$u_2 = -35, \quad v_5 = 59$$
$$u_3 = -33, \quad v_2 = 73$$
$$u_4 = -6, \quad v_1 = 26$$

으로 된다. 여기서 마이너스값이 나와 있는데 이것은 $u_1=0$으로 놓았기 때문이고 이러한 것은 가공의 비용이므로 전혀 지장은 없다. 실제의 계산은 이러한 연립 1차 방정식을 전혀 쓰지 않아도 앞의 표에서 행 u_i와 열 v_j를 더한 것이 그 교차점 C_{ij}가 되도록 순번을 정하면 된다. 그것을 표 2-65와 같이 정리할 수 있다.

표 2-65

	B_1	B_2	B_3	B_4	B_5	u_i
A_1			(95)	(22)		0
A_2			(60)		(24)	−35
A_3		(40)	(62)			−33
A_4	(20)		(89)			−6
v_j	26	73	95	22	59	

그리고 비기저를 기저로 대체한 것이 득인지 어떤지를 조사해야만 한다. 그 때의 대체비용은 기저에 대해 구한 u_i와 v_j를 사용하여 비기저의 위치에 대해서

$$Z_{ij}=u_i+v_j$$

를 구하면 된다. 그 때 대체비용과 본래의 비용과의 차

$$Z_{ij}-C_{ij}$$

를 계산한다. 모든 비기저에 대하여

$$Z_{ij}-C_{ij}\leq 0$$

으로 되어 있으면 최적이다. 하나라도

$$Z_{ij}-C_{ij}>0$$

인 것이 있으면 최적이 아니다. 이 대체비용과 본래의 비용과의 차도 u_i와 v_j를 구한 표에 같이 나타내면 된다. 표에는 처음 기저의 값을 구할 때 비기저의 란에 0으로 쓰지 않고 그곳을 공란으로 하여 그 비기저에 대한

$$Z_{ij}-C_{ij}$$

를 써넣으면 된다. 그러나 그렇게 하면 기저의 값과 구별이 어렵기 때문에 기저의 값을 ◯로 둘러 싸 놓으면 편리하다. 앞의 벌금법으로 구한 기저에 대하여 이 표를 만들어 보자. 기저의 값을 구하는 것도 u_i와 v_j의 계산도 비기저에 관한

$$Z_{ij}-C_{ij}$$

의 계산도 모두 하나의 표(표 2-66)로 끝낼 수 있다.

이 표에서 알 수 있듯이

$$Z_{ij}-C_{ij}>0$$

인 것이 있으므로 이것은 최적이 아니다. 그러므로 비기저에서 기저로 들어오는 것을 찾는다. 그 때

$$Z_{ij}-C_{ij}>0$$

인 것에서 최대인 것을 발견하면 된다.

표 2-66

	B_1	B_2	B_3	B_4	B_5	생산량	u_i
A_1	−69	40	⑤ (95)	⑧ (22)	41*	13	0
A_2	−99	−46	⑪ (60)	−92	⑧ (24)	19	−35
A_3	−53	⑭ (40)	② (62)	−109	−28	16	−33
A_4	⑦ (20)	36	③ (89)	−27	15	10	−6
수요량	7	14	21	8	8	58	
v_j	26	73	95	22	59		

그것은 A_1에서 B_5로 보내는 경우이고 표에 *표를 붙인다. 지금까지 $x_{15}=0$이었던 것을 $x_{15}>0$으로 하는 것인데 이를 위하여 제 1 행의 어딘가의 기저나 제 5 열의 어딘가의 기저에서 그곳으로 가지고 오지 않으면 안 되고 그곳에 가지고 왔기 때문에 그 행 또는 열의 다른 기저를 줄이지 않으면 안 된다. 그곳에 가지고 오는 데에는 x_{15}인 곳의 수송단가보다 높은 것으로 최대인 곳에서 가지고 오면 된다. 따라서

$$x_{13}=5$$

를 x_{15}에 가지고 오면 된다. 그 때 처음은

	B_3	B_5
A_1	⑤ (95)	
A_2	⑪ (60)	⑧ (24)

로 되어 있던 것이

	B_3	B_5
A_1		⑤ (18)
A_2	⑯ (60)	③ (24)

로 된다. 이와 같이 5단위씩을 증감하면 행의 합계와 열의 합계는 변하지 않는다. 여기서 기저와 비기저가 x_{13}과 x_{15}의 사이에 교환되는 것으로 된다. 이 때 수송량의 변화는

$$5 \times (60 + 18) = 390$$

만큼 증가하고

$$5 \times (95 + 24) = 595$$

만큼 감소하므로 전체로서

$$595 - 390 = 205$$

만큼 감소했다. 처음의 수송비는 2594였으므로 이 단계에서는

$$2594 - 205 = 2389$$

로 된다. 이것은 순위표에 의한 기저의 수송비보다도 싸게 되어 있다. 이와 같이 각 단계의 수송비는 최초에 구한 수송비에서 변화한 양만을 빼면 간단히 구해진다.

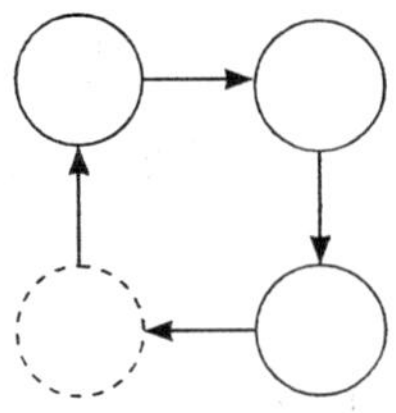

그런데 기저와 비기저의 변환은 위와 같이 언제나 4개의 사이에서 잘 된다고는 할 수 없다. 경우에 따라서는 6개의 사이에서 행하지 않으면 안 되는 일도 생긴다.

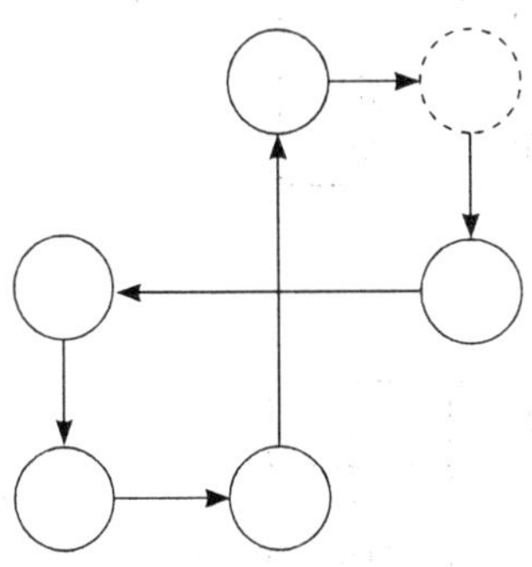

수송형 문제의 최적성의 판정은 앞에서 서술한 것으로 충분하고 이것을 반복해서 최적조건이 만족될 때까지 계속하면 된다. 앞에서 구한 변환을 표로 하여 최적조건을 조사하면 표 2-67과 같다.

표 2-67

	B_1	B_2	B_3	B_4	B_5	생산량	u_i
A_1	−110	−1	−41	⑧ (22)	⑤ (18)	13	0
A_2	−99	−46	⑯ (60)	−51	③ (24)	19	6
A_3	−53	⑭ (40)	② (62)	−68	−28	16	8
A_4	⑦ (20)	36*	③ (89)	14	15	10	35
수요량	7	14	21	8	8	58	
v_j	−15	32	54	22	18		

이 표에서는 아직도 최적으로는 되어 있지 않다. 위 표에서는

$$x_{42} > 0$$

으로 하면 된다. 이를 위하여는

	B_2	B_3
A_3	⑭ (40)	② (62)
A_4	(31)	③ (89)

인 경우를

	B_2	B_3
A_3	⑪ (40)	⑤ (62)
A_4	③ (31)	(89)

로 하면 된다. 결국 기저를 x_{43}에서 x_{42}로 변환한다. 그 때의 비용의 변화는

$$3 \times (31 + 62 - 40 - 89) = -108$$

이다. 따라서 이 때의 총비용은

$$2389 - 108 = 2281$$

로 된다. 이 새로운 기저에 대하여 다시 최적조건을 판정하면 표 2-68과 같게 된다. 여기서 모든 비기저에 대하여

$$Z_{ij} - C_{ij} < 0$$

으로 되고 최적조건이 만족되고 있다. 그래서 수송문제의 최적해는 표 2-69와 같게 된다.

표 2-68

	B_1	B_2	B_3	B_4	B_5	생산량	u_i
A_1	−74	−1	−41	⑧ (22)	⑤ (18)	13	0
A_2	−63	−46	⑯ (60)	−51	③ (24)	19	6
A_3	−17	⑪ (40)	⑤ (62)	−68	−28	16	8
A_4	⑦ (20)	③ (31)	−36	−22	−21	10	−1
수요량	7	14	21	8	8	58	
v_j	21	32	54	22	18		

표 2-69

공장 \ 수요지	B_1	B_2	B_3	B_4	B_5	생산량
A_1				8	5	13
A_2			16		3	19
A_3		11	5			16
A_4	7	3				10
수요량	7	14	21	8	8	58

이와 같이 수송문제의 해법은 일반단체법의 사고방식과 같지만 출발점의 기저를 만드는 방법과 대체비용의 계산방법 등에 문제의 특수성을 이용한 간편한 방법이 사용된다.

더구나 위의 예에서는 전체의 생산량과 수요량이 일치하여 **균형잡힌 수송문제**로 되어 있지만 **균형잡히지 않은 수송문제**에서는 **가상**(dummy)의 공장이나 수요지를 설정하여 균형잡힌 문제로 고쳐 풀 수 있다.

연습문제 2.11

1. 다음 수송문제에 대하여 초기실행가능해를 북서코너규칙에 의하여 구하라.

공급 \ 수요	B_1	B_2	B_3	공급량
A_1	4	6	2	130
A_2	2	5	4	100
수요량	80	90	60	230

2. 다음 수송문제에 대하여 초기실행가능해를 벌금법으로 구하라.

공급 \ 수요	B_1	B_2	B_3	공급량
A_1	8	4	6	200
A_2	6	5	5	300
수요량	150	150	200	500

3. 3개소의 공급지 A_1, A_2, A_3에서 4개의 수요지 B_1, B_2, B_3, B_4에의 단위당 수송비 및 각 공급지의 공급량 및 각 수요지의 수요량이 다음 표로 주어진다. 최적수송계획을 구하라 (단위:만원).

수요지 공급지	B_1	B_2	B_3	B_4	공급량
A_1	19	30	50	10	7
A_2	70	30	40	60	9
A_3	40	8	70	20	18
수요량	5	8	7	14	34

§2.12 할당문제

몇 사람과 그 사람 수와 같은 수의 일이 있고 각 사람에게 각각의 일을 맡길 때의 시간을 알고 있을 때 전체의 시간을 최소로 하는 데에는 어떤 사람에게 어떤 일을 맡기면 좋은가 하는 형태의 문제를 **할당문제**라 한다. 할당문제는 수송형문제의 특별한 경우이다. 할당문제는 사람 수와 일의 수가 일치하지 않으면 안 되므로 수송문제에서 공장의 수와 수요지의 수가 같은 경우로 된다. 그리고 할당했을 때에는 1로 할당하지 않았을 때에는 0으로 하면 각 공장의 생산량이 1이고 각 수요지의 수요량이 1인 형태의 수송문제이다. 따라서 할당문제는 수송문제의 해법으로 풀 수 있다고 생각되지만 조금 복잡한 사정이 일어난다. 그것은 할당문제는 어떤 사람에게도 하나의 일밖에 할당되지 않고 어떤 일도 누군가 한사람에게만 할당된다. 그래서 할당문제의 기저는 어느 행 어느 열에도 꼭 하나씩밖에 나타나지 않는다. n행 n열의 수송문제는 기저의 수가

$$n + n - 1 = 2n - 1$$

이지만 할당문제는 기저의 수가 n이다. 일반적으로 기저의 개수가 제한조건의 개수보다 적을 때 **퇴화**(degeneracy)가 일어난다고 한다. 퇴화가 일어나는 때에는 적은 양을 변화해서 조사하는 섭동법을 써서 퇴화를 피할 수 있다. 퇴화하는 개수가 하나나 둘일 때에는 섭동법으로 잘되지만 그 개수가 많으면 매우 복잡하다. 할당문제는

$$2n - 1 - n = n - 1(\text{개})$$

의 기저가 반드시 퇴화하고 있으므로 섭동법을 사용할 수 없다. 그래서 할당문제 자신의 해법이 필요하게 된다.

예를 들면, 5사람과 5개의 일이 있고 각 사람이 각각의 일을 하는데 필요한 시간이 표 2-70에 주어졌다고 하자.

가능한 짧은 시간에 일을 마치는 사람에게 할당하는 것이 좋은 것은 당연하다. 그 때 상대적인 차가 문제이기 때문에 어느 행 또는 어느 열에서 일정한 수를 빼도 할당방법에는 영향이 없다.

표 2-70

사람＼일	1	2	3	4	5
1	17.5	15	9	5.5	12
2	16	16.5	10.5	5	10.5
3	12	15.5	14.5	11	5.5
4	4.5	8	14	17.5	13
5	13	9.5	8.5	12	17.5

그래서 각 열에서 그 열의 최소치를 빼면 표 2-71과 같게 된다.

표 2-71

사람＼일	1	2	3	4	5
1	13	7	0.5	0.5	6.5
2	11.5	8.5	2	0	5
3	7.5	7.5	6	6	0
4	0	0	5.5	12.5	7.5
5	8.5	1.5	0	7	12

이와 같이 하면 어느 열이나 적어도 하나의 0이 생긴다. 이 때 어느 행이나 적어도 하나의 0이 있으면 그 이상 뺄 수 없지만 그렇지 않으면 다시 각 행에서 그 행의 최소의 요소를 뺀다. 이 경우에는 제 1 행에서 계속 뺄 수 있고 다음과 같이 된다.

표 2-72

사람＼일	1	2	3	4	5
1	12.5	6.5	0	0	6
2	11.5	8.5	2	0	5
3	7.5	7.5	6	6	0
4	0	0	5.5	12.5	7.5
5	8.5	1.5	0	7	12

이 때 표 2-72의 0인 곳에 할당하는 것이 좋다고 생각된다. 제 1 열에는 0이 하나밖에 없으므로 일 1은 사람 4에 할당할 수밖에 없다. 제 2 행, 제 3 행에도 0은 하나밖에 없으므로 사람 2에게는 일 4를, 사람 3에게는 일 5를 할당할 수 있다. 제 5 행에도 0은 하나밖에 없으므로 사람 5에게는 일 3을 할당한다. 할당된 곳을 동그라미로 싸면 표 2-73과 같다.

표 2-73

사람 \ 일	1	2	3	4	5
1	12.5	6.5	0	0	6
2	11.5	8.5	2	⓪	5
3	7.5	7.5	6	6	⓪
4	⓪	0	5.5	12.5	7.5
5	8.5	1.5	⓪	7	12

이렇게 하면 남은 사람은 사람 1인데 제 1 행에서 0인 곳의 일은 이미 할당되어 있다. 또 일 2가 남아 있지만 제 2 열에서 0인 곳의 사람도 이미 할당되어 있다.

표 2-74

사람 \ 일	1	2	3	4	5	뺀 수
1						0.5
2						0
3						0
4						0
5						0
뺀 수	4.5	8	8.5	5	5.5	

따라서 0인 곳에 할당하는 것을 할 수 없다. 억지로 할당하면 일 2를 사람 1에 할당하는 것으로 되고 6.5의 값으로 된다. 전체의 시간을 계산하는 데에는 각 행 각 열에서 뺀 수를 더하지 않으면 안 된다. 뺀 수는 표 2-74와 같다. 그 합은

$$0.5 + 4.5 + 8 + 8.5 + 5 + 5.5 = 32$$

이다. 그러므로 이 할당에서의 전체의 시간은 다음과 같다.

$$32 + 6.5 = 38.5$$

더욱이 위에 만든 표에서 0인 곳에만 할당할 수 있으면 그것이 최적할당으로 되는 것은 당연하다. 그 때 0의 수가 많은 만큼 좋고 그 0이 가능한 행이나 열에 겹치지 않고 흩어져 있는 쪽이 좋다. 그리고 그것으로부터 0가운데 할당할 수 있는지 어떤지를 판정하는 방법을 생각할 수 있다. 앞의 만든 표에서 가로선과 세로선을 그어 0을 지워 본다. 그 때 최소의 개수로 0을 지우도록 한다. 그 개수가 어떻게 해도 5개이면 0가운데 할당할 수 있다. 만약, 4개 이하로 지워지면 0가운데에서는 할당할 수 없다. 이 경우에는 0을 지우면 표 2-75와 같다.

표 2-75

사람＼일	1	2	3	4	5
1	12.5	6.5	0	0	6
2	11.5	8.5	2	0	5
3	7.5	7.5	6	6	0
4	0	0	5.5	12.5	7.5
5	8.5	1.5	0	7	12

이 표에서 알 수 있듯이 모든 0을 4개의 선으로 지울 수 있다. 따라서 이 때에는 0가운데에서 할당할 수 없다.

그래프이론의 입장에서 할당문제는 사람을 나타내는 점과 일을 나타내는 점이 대응된다. 2조의 점으로 만든 그래프를 **2조그래프**(bipartite graph)라 하고 그 사이의 대응을 **짝짓기**(matching)라 한다. 0의 요소 사이에 대응이 가능한가 어떤가를 그래프로 조사하는 데에는 0의 요소가 있는 곳의 사람과 일 사이에 화살표를 그린 그래프를 만들어 본다. 그 2조그래프는 앞의 예에서는 그림 2-20과 같다.

여기서 2조그래프의 support라고 하는 생각을 도입하자. 그것은 모든 실선의 기점과 종점의 적어도 한 쪽을 포함하는 점의 집합이다. 예를 들면 1→3이라는 실선에 대해서는 기점의 1이나 종점의 3에서 어느 쪽인가는 support에 들어 있지 않으면 안 된다. 그래서 개수가 최소인 최소의 support를 만든다. 이 예에서는 사람 3과 4, 일 3과 4를 잡으면 최소인 support가 된다. 결국, 최소의 support를 만드는 데에는 많은 실선의 기점이나 종점을 가능한 중복되지 않도록 잡으면 된다. 따라서 이 2조그래프에서 최소의 support의 개수는 4이다. 이것이 표 2-75에서 0을 지우는 선의 최소의 개수가 4인 것에 해당한다. 그러므로 2조그래프에서 최소의 support의 개수가 5이면 완전하게 짝짓기 할 수 있다. 그것은 앞의 표에서 0을 지우는 선이 어떻게 해도 5개일 때 할당할 수 있는 것에 해당한다.

그림 2-20

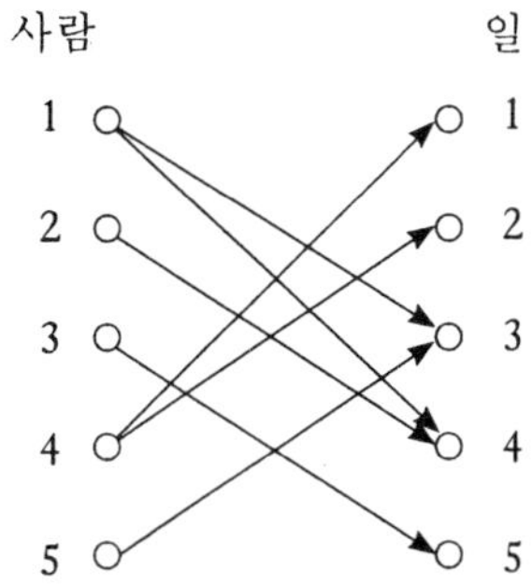

그렇지만 이 예에서는 0가운데 할당할 수 없었다. 이 때에는 어떻게 하면 좋을까? 최소의 개수의 선으로 0을 지운 표에서 선이 그려져 있지 않은 남은 요소의 최소치를 찾는다. 그리고 지워져 있지 않은 모든 요소에서 그 최소치를 뺀다. 지운 요소는 그대로 하지만 선의 교차점인 곳에는 그 최소치를 반대로 더한다. 그 이유는 지워져 있지 않은 모든 요소에서 최소치를 빼는 것이 문제를 바꾸지 않기 때문이다. 이것은 그 최소치를 모든 행에서 지워진 요소를 포함하여 모든항에서 그 최소치를 빼는 것으로 된다. 그 때 지워진 요소의 경우에는 지운 열 전체에 그 값을 더해 놓으면 지운 요소를 변경하지 않아도 된다. 그렇지만 이렇게 하는 것은 교차점의 요소에 최소치를 더하는 것이 된다. 이 예에서는 남은 요소의 최소치가 1.5이므로 지워져 있지 않은 모든 요소에서 1.5를 빼고 선의 교차점 요소에 1.5를 더하면 표 2-76과 같다.

표 2-76

	1	2	3	4	5
1	11	5	0	0	4.5
2	10	7	2	0	3.5
3	7.5	7.5	7.5	7.5	0
4	0	0	7	14	7.5
5	7	0	0	7	10.5

이 표의 0을 지우는 데에는 어떻게 해도 5개의 선이 필요하다. 그것은 이 표의 0가운데에서 할당할 수 있다는 것을 나타낸다. 그 할당은 그림 2-21과 같이하면 된다.

그림 2-21

사람 \ 일	1	2	3	4	5
1			○		
2				○	
3					○
4	○				
5		○			

2조그래프의 짝짓기로서는 그림 2-22와 같다.

그림 2-22

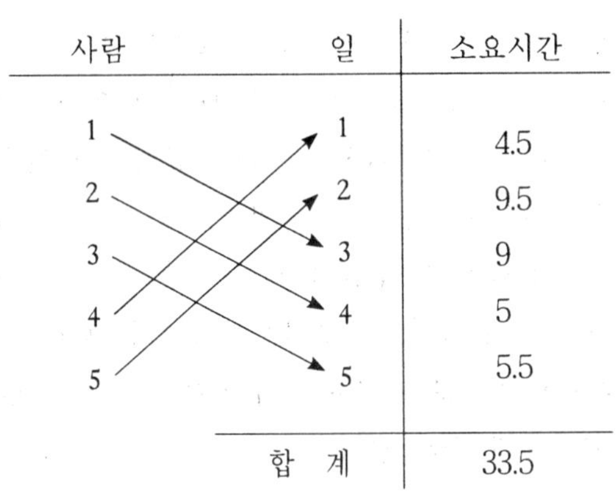

위 그림의 소요시간에서 알 수 있듯이 0가운데 할당할 수 없을 때에 무리하게 할당한 시간 38.5보다 상당히 짧아졌다. 이 예에서는 앞의 순서를 1단계만 실시하여 할당할 수 있지만 1회로 할당할 수 없을 때에는 이 순서를 몇 번이라도 반복하면 된다. 이 방법은 König를 비롯한 헝가리의 수학자에 의해서 개발된 것이므로 **헝가리안법**이라 부르고 있다.

한편, 총이익을 최대화하기 위한 문제는 이익행렬의 최대원소에서 모든 원소를 빼어 새로운 행렬로 만들고 최소화문제와 같은 방법으로 풀면 된다.

연습문제 2.12

1. 3종류의 제품 a, b, c를 3대의 가공기계 1, 2, 3으로 생산할 때에 드는 비용은 다음 비용행렬로 주어져 있다. 단, 하나의 제품은 한 대의 가공기계로 밖에 할당할 수 없다. 또 한 대의 가공기계는 한 종류의 제품 밖에 가공할 수 없다. 이 때 최적한 할당방법을 구하라.

$$\begin{array}{c} \\ a \\ b \\ c \end{array} \begin{array}{c} \begin{array}{ccc} 1 & 2 & 3 \end{array} \\ \begin{pmatrix} 5 & 10 & 8 \\ 6 & 12 & 15 \\ 4 & 9 & 7 \end{pmatrix} \end{array}$$

2. 위 문제의 비용행렬이 비용행렬이 아닌 이익행렬일 때 총이익을 최대로 하는 할당방법을 구하라.

3. 다음 비용행렬로 주어진 할당문제를 풀어라.

$$\begin{pmatrix} 10 & 30 & 42 & 16 & 30 & 17 \\ 25 & 24 & 28 & 22 & 28 & 29 \\ 18 & 11 & 36 & 21 & 15 & 40 \\ 6 & 31 & 45 & 19 & 24 & 22 \\ 21 & 16 & 29 & 10 & 26 & 10 \\ 40 & 8 & 29 & 11 & 16 & 24 \end{pmatrix}$$

4. 위 3번의 비용행렬을 이익행렬로 본 최대화문제를 풀어라.

5. 3사람의 공원 a, b, c가 3대의 기계 1, 2, 3의 어느 것인가 1대를 담당한다. 공원 각각이 각 기계를 담당했을 때의 작업시간은 다음 표와 같다. 총작업시간이 최소가 되도록 담당하는 방법을 구하라.

작업시간

기계 / 사람	1	2	3
a	100	80	100
b	80	90	110
c	120	60	90

§2.13 게임이론

경쟁적인 입장에 있는 두 사람 이상의 경쟁자가 각각의 이익을 되도록 크게하고 손실은 되도록 작게 하려는 행위를 게임(game)이라 한다. 그리고 게임에 참가한 경쟁자의 행동을 합리적으로 결정하는 이론을 **게임이론**(game theory)이라 한다.

게임이론에서 가장 단순한 게임이 영합2인게임이다. 게임이론에서는 상대가 어떤 행동을 취하는가를 알 수 없는 상태에서 자신의 행동을 결정하는 방법을 연구한다. 게임에서는 한 경쟁자가 이득을 얻으면 상대방은 그 만큼 손해를 보게 된다. 참가자가 둘이고 한 사람의 이득이 상대방의 손해와 같으면 이 게임을 **영합2인게임**이라 한다. 그런 게임에서 한 참가자의 이득의 결과를 표로 나타낸 것을 게임의 **이득표**라 한다.

그 이득을 $m \times n$행렬로 표시할 수 있으며 m과 n은 두 경쟁자가 취하는 유한개의 전략을 나타낸다. 경쟁자가 A, B 두 사람인 영합2인게임의 경우 경쟁자 A의 이득으로 게임의 결과를 표현한다. 예를 들면 A, B 두 사람이 동전던지기 게임을 한다고 하자. A, B 두 사람은 동전의 앞(H)과 뒤(T)를 선택해야 하는데 결과가 '앞, 앞 또는 뒤, 뒤'일 경우 A는 B로부터 100원을 받고 그 밖의 경우에는 B가 A로 부터 100원을 받는다. 이 게임은 경쟁자의 한 쪽의 얻는 이득이 다른 쪽의 손실과 같으므로 영합2인게임이다. 경쟁자 A, B는 2개의 **단순전략**(pure strategy) '앞 또는 뒤' 중 하나를 택하게 된다. 이것은 경쟁자 A의 이득으로 2×2 게임행렬로 표시 되는데 표 2-77과 같다.

표 2-77

A \ B	H	T
H	100	−100
T	−100	100

게임에서의 최적해는 각 경쟁자가 하나의 단순전략이나 몇 개의 단순전략을 혼합한 **혼합전략**(mixed strategy)을 취해야 한다.

일반적으로 게임은 2사람보다 n사람이 참여하게 되며 그에 따라 전략도 유한개에서 무한개로 확장되게 된다.

다음 표 2-78과 같은 영합2인게임행렬을 생각해 보자.

표 2-78

A \ B	b_1	b_2	b_3	b_4	행 최소값
a_1	−3	6	−2	2	−3
a_2	2	2	1	3	① ← maximin 값
a_3	3	−4	0	1	−4
열 최대값	3	6	① ↑ minimax 값	3	

여기서 A가 전략 $a_1 \sim a_3$ 각각의 전략을 취할 경우의 최소이익을 조사해 보자. A가 전략 a_1을 취하는 경우에 B가 전략 b_1을 취하면 A의 이익은 -3으로 최소가 된다. 마찬가지로 전략 a_2, a_3에서 최소값 1, −4를 얻게 된다. 각 행에서의 최소값은 A가 단순전략을 택할 때 A에게 보장된 최소값이다. 이 값은 위의 행렬에서 행 최소값으로 표시된다. 이와 같이 A가 전략 a_2를 택함으로써 그가 얻은 최소값을 최대화하는 것은 명백하다. 이런 이득은 최대$\{-3,\ 1,\ -4\}=1$로 표시된다.

참가자 A가 선택한 전략을 **maximin전략**이라 하고 그에 따른 이득을 게임의 **maximin값**(하한 $= \underline{v}$)이라고 한다.

한편 참가자 B는 그의 손실을 최소화하기를 원한다. B가 전략 b_1을 취하는 경우 A가 전략 a_3을 취하면 B는 최대로 3이상의 손실은 보지 않게 됨을 알 수 있다. 마찬가지로 전략 b_2, b_3, b_4에서 최대로 6, 1, 3의 손해를 얻게 된다. 그 결과는 열 최대값으로 위 행렬에 표시되어 있으며 그 때 참가자 B는 그의 최대손실을 최소화할 전략을 택하게 된다. 이런 손실은 최소$\{3,\ 6,\ 1,\ 3\}=1$로 표시된다.

참가자 B가 선택한 전략을 **minimax전략**이라 하고 그에 따른 손실을 게임의 **minimax값**(상한 $= \overline{v}$)이라고 한다.

각행의 최소값 가운데 최대값(여기서는 1)과 각열의 최대값 가운데 최소값(여기서는 1)이 일치하는 경우 그 값을 **게임의 값**(game value)이라 하고 이점을 안점(saddle point)이라 한다.

여기서 A가 전략 a_2를 취한다는 것을 B가 사전에 알고 있다고 하여도 B가 최악의 사태를 생각하여 그 안에서 최선의 전략을 취한다는 방침에 따른다면 B에 있어서의 최선의 전략은 역시 b_3이다. 또 B가 취하는 전략이 b_3임을 사전에 A가 알고 있다고 하여도 A가 최악의 사태를 생각하여 그 안에서 최선의 전략을 취한다는 방침에 따른다면 A에게는 최선의 전략이 역시 a_2이다. 이와 같은 전략 (a_2, b_3)가 안점이다. 안점이 있는 경우는 안점이 있는 행과 열의 순수전략(pure strategy)을 취한다.

minimax값 = maximin값이 성립할 경우 각자가 취하는 전략을 **최적전략**이라 하며 그 게임은 안점을 갖는 게임이라고 한다. 이 때 발생되는 이득을 게임의 최적값이라 한다. 일반적으로 게임의 값은 다음 부등식을 만족하여야 한다.

$$\text{maximin값(하한} = \underline{v}) \le \text{게임값}(v) \le \text{minimax값(상한} = \overline{v})$$

앞의 예에서 maximin값 = minimax값 = 1이다. 이것은 게임이 전략 (a_2, b_3)의 안점을 갖고 있음을 나타내며 게임의 값은 1이 되고 A는 전략 a_2, B는 전략 b_3를 택한다는 것을 의미한다.

결국 안점이 존재하면 반드시 최적단순전략이 있음을 알았다. 이제 안점이 존재하지 않는 경우로 다음과 같은 표 2-79의 영합게임을 살펴보도록 하자.

표 2-79

A \ B	b_1	b_2	b_3	b_4	행 최소값	
a_1	8	−10	9	0	−10	
a_2	7	6	8	2	2	← maximin값 = $\underline{v}$
a_3	1	5	7	3	1	
a_4	3	4	−2	4	−2	
열 최대값	8	6	9	④		
				↑ minimax 값 = $\overline{v}$		

maximin값 (=2) ≠ minimax값 (=4)이므로 안점이 없다. 따라서 A, B는 maximin − minimax(단순)전략을 각자의 최적전략으로 취할 수 없다. 그래서 최적해를 얻기 위하여 혼합전략을 사용하여야 한다.

경쟁자 A, B는 각자의 단순전략의 비율을 각각 $x_1, x_1, \cdots, x_m$과 $y_1, y_2, \cdots, y_n$으로 취하면

$$x_i \geq 0,\ y_j \geq 0\quad (i=1,\ 2,\ \cdots,\ m\ ;\ j=1,\ 2,\ \cdots,\ n)$$

$$\sum_{i=1}^{m} x_i = \sum_{j=1}^{n} y_j = 1$$

이다. 그리고 a_{ij}를 게임행렬의 $(i,\ j)$요소라 하면 비율 x_i와 y_j는 표 2-80과 같은 행렬로 나타나게 될 것이다.

표 2-80

A \ B	y_1	y_2	$\cdots$	y_n
x_1	a_{11}	a_{12}	$\cdots$	a_{1n}
$\vdots$	$\vdots$	$\vdots$	$\vdots$	$\vdots$
x_m	a_{m1}	a_{m2}	$\cdots$	a_{mn}

실제로 x_i와 y_j는 A, B가 $(i,\ j)$번째 단순전략을 택할 확률이다.

수학적으로 혼합전략의 경우 A는

$$x_i\,(x_i \geq 0,\ \sum_{i=1}^{m} x_i = 1)$$

를 택한다.

$$\underset{x_i}{\text{최대}} \left\{ \text{최소}\left(\sum_{i=1}^{m} a_{i1} x_i,\ \sum_{i=1}^{m} a_{i2} x_i,\ \cdots,\ \sum_{i=1}^{m} a_{in} x_i \right) \right\}$$

B는

$$y_j\,(y_j \geq 0,\ \sum_{j=1}^{n} y_j = 1)$$

를 택한다.

$$\underset{y_j}{\text{최소}} \left\{ \text{최대}\left(\sum_{j=1}^{n} a_{1j} y_j,\ \sum_{j=1}^{n} a_{2j} y_j,\ \cdots,\ \sum_{j=1}^{n} a_{mj} y_j \right) \right\}$$

이 값들을 maximin, minimax 평균(기대)이득으로 잡는다. 단순전략의 경우와 마찬가지로 다음 관계식이 성립한다.

minimax 평균이득 $\geq$ maximin 평균이득

x_i와 y_j가 최적해라면 위의 관계식은 등식으로 바뀐다. 결과적으로 평균값은 게임의 기대값과 같게된다. x_i^*와 y_j^*가 두 경쟁자의 최적해라고 하면 각각의 이득요소 a_{ij}는 확률 (x_i^*, y_j^*)에 관련이 있다. 그리고 v^*를 게임의 최적기대값이라면 다음과 같다.

$$v^* = \sum_{i=1}^{m} \sum_{j=1}^{n} a_{ij} x_i^* y_j^*$$

x_i와 y_j의 최적값을 얻기 위해 영합2인게임을 해결하는 방법에 대하여 알아 보자. $2 \times n$ 이나 $m \times 2$게임은 그래프에 의한 해법으로 해를 얻을 수 있으므로 표 2-81의 이득표를 갖는 2×2게임을 생각하자.

표 2-81

A \ B		y_1 / b_1	y_2 / b_2
x_1	a_1	2	-1
$x_2 = 1 - x_1$	a_2	-2	3

이 게임은 안점을 갖지 않는다. 그러므로 A의 최적전략은 B의 단순전략에 따른 A의 평균이득을 구하면 되는데 다음과 같이 된다.

B의 단순전략	A의 평균이득
b_1	$4x_1 - 2$
b_2	$-4x_1 + 3$

위의 두 직선은 x_1의 함수로서 그림 2-23과 같이 나타난다.

그림 2-23에서 maximin점은 $x_1^* = \frac{5}{8}$임을 알 수 있다. 이 점은 두 직선의 교점이다. 따라서 A의 최적전략은 ($x_1^* = \frac{5}{8}$, $x_2^* = \frac{3}{8}$)이고 게임의 값은 maximin점을 지나는 직선의 식에 대입하여 얻을 수 있다.

$$v^* = \begin{cases} 4 \times \frac{5}{8} - 2 = \frac{1}{2} \\ -4 \times \frac{5}{8} + 3 = \frac{1}{2} \end{cases}$$

즉 A는 전략 a_1과 a_2를 $\frac{5}{8} : \frac{3}{8} = 5 : 3$의 비율로 쓸 때 게임의 값은 $\frac{1}{2}$이고 A에게는 $\frac{1}{2}$의 이익이 있다.

그림 2-23

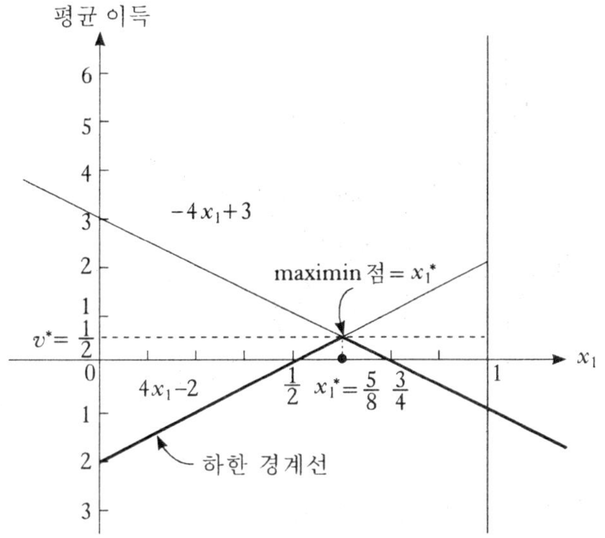

한편 B의 최적전략은 A의 단순전략에 따른 B의 평균이득을 구하면 되는데 다음과 같다.

A의 단순전략	B의 평균이득
a_1	$3y_1-1$
a_2	$-5y_1+3$

앞에서 설명했듯이 두 개의 평균이득을 공식화하여 y_1^*(minimax점)가 결정된다. 즉,

$$3y_1^* - 1 = -5y_1^* + 3$$

$$\therefore\ y_1^* = \frac{1}{2}$$

B의 평균이득으로부터 게임의 값 $\frac{1}{2}$을 구할 수 있다. 즉 B는 전략 b_1과 b_2를 $\frac{1}{2} : \frac{1}{2} = 1 : 1$의 비율로 쓸 때 게임의 값은 $\frac{1}{2}$로 B에게는 $\frac{1}{2}$의 손실이 있다.

이상을 그래프로 나타내면 그림 2-24와 같다.

그림 2-24

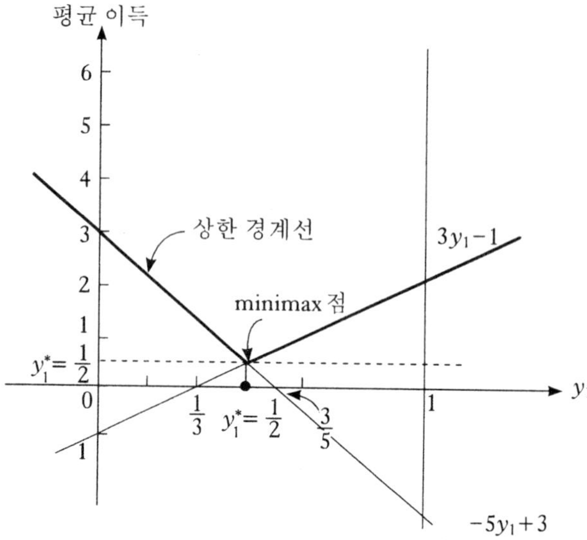

이제는 표 2-82와 같은 4×2게임을 살펴 보자.

표 2-82

A \ B	1	2
1	2	4
2	2	3
3	3	2
4	−2	6

이 게임은 안점을 갖지 않는다. 그러므로 A의 단순전략에 따르는 B의 평균이득을 나타내기 위하여 B의 혼합전략을 y_1과 $y_2(=1-y_1)$로 놓으면 오른쪽과 같은 관계를 갖는다.

A의 단순 전략	B의 평균이득
1	$-2y_1+4$
2	$-y_1+3$
3	y_1+2
4	$-8y_1+6$

이들 직선을 그래프로 나타내면 그림 2-25와 같다.

그림 2-25

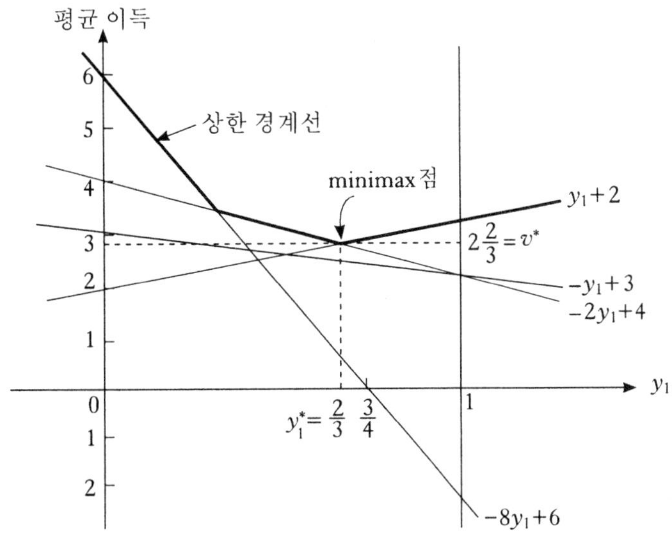

이 경우 minimax점은 상한 경계선의 최소점이 된다. 해 y_1^*는 직선 ①과 ③의 교점이 되며 그 값은 $y_1^*=\frac{2}{3}$와 $v^*=2\frac{2}{3}$이다.

minimax점에서 교차하는 직선은 A의 단순전략 1과 3이 된다. 이것은 $x_2^*= x_4^*=0$을 가리킨다. 그리고 $x_3=1-x_1$이고 B의 단순전략에 따른 A의 평균이득은 오른쪽과 같다.

B의 단순 전략	A의 평균이득
1	$-x_1+3$
3	$2x_1+2$

여기서 x_1^*를 maximin점으로 결정하기 위한 식은 다음과 같다.

$$-x_1^*+3 = 2x_1^*+2 \qquad \therefore\ x_1^*=\frac{1}{3}$$

그러므로 최적전략은 $x_1^*=\frac{1}{3}$, $x_2^*=0$, $x_3^*=\frac{2}{3}$, $x_4^*=0$이고 게임값 $v^*=2\frac{2}{3}$를 만족한다.

위에서 $2\times n$, $m\times 2$ 행렬의 게임은 그래프로 간단히 해결되었으나 $m\times n$ $(m>2,\ n>2)$ 행렬게임에서는 적용하기가 어렵다. 이 때 **우월성**(dominance property)이라는 개념을 이용하여 게임행렬을 축소시킬 수 있다. 이 경우 소거된 전략을 우월한 전략에 의해 지배를 받는다고 한다.

다음 표 2-83과 같은 3×3게임을 살펴보자.

표 2-83

A \ B	1	2	3
1	8	2	4
2	7	3	5
3	0	1	2

경쟁자 A의 전략 3이 전략 1과 2보다 못하므로 소거한다. 다시 말하면 셋째 전략이 첫째, 둘째 전략에 지배를 받는다고 말한다. 그러므로 새로운 이득행렬은 다음 표 2-84와 같다.

표 2-84

A \ B	1	2	3
1	8	2	4
2	7	3	5

이 게임행렬은 그래프에 의한 해법으로 풀 수 있다. 우월은 단지 단순전략의 우월성만 가지고는 성립되지 않는다. 주어진 전략이 지배를 받으려면(소거되려면) 다른 두 개 이상의 단순전략의 평균보다 못하여야 한다.

다음 표 2-85의 게임행렬을 살펴보자.

표 2-85

A \ B	1	2	3
1	5	0	2
2	−1	8	6
3	1	2	3

A의 단순전략 중 어느 것도 나머지 단순전략보다 열등하지 않다. 그래서 각각에 같은 조건을 주어 A의 첫째와 둘째 전략의 평균

$$\left\{\frac{1}{2}(5-1),\ \frac{1}{2}(0+8),\ \frac{1}{2}(2+6)\right\} = (2,\ 4,\ 4)$$

을 구한다. 이것은 A의 셋째 전략보다 우월하므로 이런 경우에는 셋째 전략을 행렬에서 소거한다. 이와 같이 우월성을 사용하여 게임의 크기를 줄여 계산을 간단하게 할 수 있다.

이번에는 혼합전략문제를 LP로 푸는 방법에 대하여 알아보자.

다음 표 2-86의 이득표에서 Ⅰ과 Ⅱ의 전략을 LP로 풀어보자.

표 2-86

A \ B		1	2	3
		y_1	y_2	y_3
1	x_1	4	0	5
2	x_2	3	7	1

경쟁자 Ⅰ은

$$\begin{cases} 4x_1 + 3x_2 \geq v \\ \qquad\quad 7x_2 \geq v \\ 5x_1 + \ \ x_2 \geq v \end{cases}$$

이고

$$x_1 + x_2 = 1 \quad (x_1,\ x_2 \geq 0)$$

이 되는 조건에서 v를 최대로 하는 x_1, x_2를 정하면 된다. 여기서 v는 경쟁자 Ⅰ의 maximin전략에 따른 maximin값이다. $v>0$임에 유의하여

$$\frac{x_i}{v} = X_i \quad (i = 1,\ 2,\ 3)$$

이라면 경쟁자 Ⅰ에게는

$$\begin{cases} 4X_1 + 3X_2 \geq 1 \\ \qquad\quad 7X_2 \geq 1 \\ 5X_1 + \ \ X_2 \geq 1 \\ \quad X_1,\ X_2 \geq 0 \end{cases}$$

인 조건에서

$$X_1 + X_2 = \frac{1}{v}$$

을 최소로 하는 X_1, X_2를 구하면 된다. 이것을 직접 푸는 것 보다는 이것의 쌍대문제를

푸는 쪽이 편리하다.

이 문제의 쌍대문제는 경쟁자 II의 minimax전략에 따른 minimax값을 구하는 것이다. 따라서 쌍대문제는

$$\begin{cases} 4w_1 + \quad\quad 5w_3 \leq 1 \\ 3w_1 + 7w_2 + w_3 \leq 1 \\ w_1,\ w_2,\ w_3 \geq 0 \end{cases}$$

인 조건에서

$$w_1 + w_2 + w_3 = \frac{1}{v} \rightarrow \max$$

을 구하는 문제이다. 이것을 simplex법으로(가우스·조르단 소거법) 풀면 표 2-87과 같고 $w_1 = 0$, $w_2 = \frac{4}{35}$, $w_3 = \frac{1}{5}$ 에서 $\frac{1}{v} = \frac{11}{35}$ 즉, $v = \frac{35}{11}$ 이다.

표 2-87

단 계	c_i ↓	c_j → 변수	0 s	1 w_1	1 w_2	1 w_3	0 λ_1	0 λ_2	한 계
1	0	λ_1	1	4	0	5	1	0	
	0	λ_2	1	3	7	1	0	1	$\frac{1}{7}$
		$z_j - c_j$	0	−1	−1	−1	0	0	
2	0	λ_1	1	4	0	5	1	0	$\frac{1}{5}$
	1	w_2	$\frac{1}{7}$	$\frac{3}{7}$	1	$\frac{1}{7}$	0	$\frac{1}{7}$	1
		$z_j - c_j$	$\frac{1}{7}$	$-\frac{4}{7}$	0	$-\frac{6}{7}$	0	$\frac{1}{7}$	
3	1	w_3	$\frac{1}{5}$	$\frac{4}{5}$	0	1	$\frac{1}{5}$	0	
	1	w_2	$\frac{4}{35}$	$\frac{11}{35}$	1	0	$-\frac{1}{35}$	$\frac{1}{7}$	
		$z_j - c_j$	$\frac{11}{35}$	$\frac{4}{35}$	0	0	$\frac{6}{35}$	$\frac{1}{7}$	

표 2-87의 3단계의 λ_1, λ_2에 대한 $z_j - c_j$의 값이 각각 원문제의 X_1, X_2의 값이므로

$$X_1 = \frac{6}{35}$$

$$X_2 = \frac{1}{7}$$

이다. 따라서 경쟁자 Ⅰ은

$$x_1 = vX_1 = \frac{35}{11} \times \frac{6}{35} = \frac{6}{11}$$

$$x_2 = vX_2 = \frac{35}{11} \times \frac{1}{7} = \frac{5}{11}$$

의 비율로 전략을 취해야 하고 이러한 혼합전략에서 평균이득은 $\frac{35}{11}$이다.

또 경쟁자 Ⅱ의 혼합전략을 (y_1, y_2, y_3)라 하면

$$y_1 = vw_1 = \frac{35}{11} \times 0 = 0$$

$$y_2 = vw_2 = \frac{35}{11} \times \frac{4}{35} = \frac{4}{11}$$

$$y_3 = vw_3 = \frac{35}{11} \times \frac{1}{5} = \frac{7}{11}$$

이고 평균손실은 $\frac{35}{11}$가 된다.

연습문제 2.13

1. 다음 이득표에서 경쟁자 Ⅰ, Ⅱ의 전략을 구하고 게임의 값을 구하라.

Ⅰ \ Ⅱ	b_1	b_2	b_3	b_4
a_1	8	2	9	5
a_2	6	5	7	8
a_3	7	3	−4	7

2. 다음 이득표를 가진 게임은 우월한 전략이 있는 게임이다. 이 게임의 이득행렬은 4×4행렬이다. 우월한 전략을 고려하여 이득표를 2×2행렬로 바꾸어라. 또한 경쟁자 Ⅰ, Ⅱ의 전략을 구하라.

Ⅰ \ Ⅱ	1	2	3	4
1	3	5	4	2
2	5	6	2	4
3	2	1	4	0
4	3	3	5	2

3. 다음 이득표에서 경쟁자 Ⅰ, Ⅱ의 전략을 구하고 게임의 값을 구하라.

1)

Ⅰ \ Ⅱ	1	2	3	4
1	2	2	3	−1
2	4	3	2	6

2)

Ⅰ \ Ⅱ	1	2	3
1	8	2	4
2	7	3	5
3	2	6	2

제 3 장

그래프이론의 응용

§3.1 그래프

몇 개의 점과 이들 점 사이를 적당히 연결한 선으로 된 도형을 일반적으로 **그래프**(graph)라 한다. 그러한 점을 **정점**(vertex) 또는 **결합점**(node)이라 하고 점을 연결한 선을 **호**(arc) 또는 **연결선**(link)이라 한다. 보통은 정점과 호, 결합점과 연결선을 짝으로 하여 사용하는 일이 많다. 호를 **변**(edge)이라고도 한다. 그림 3-1과 같은 그림은 모두 그래프이다.

그림 3-1

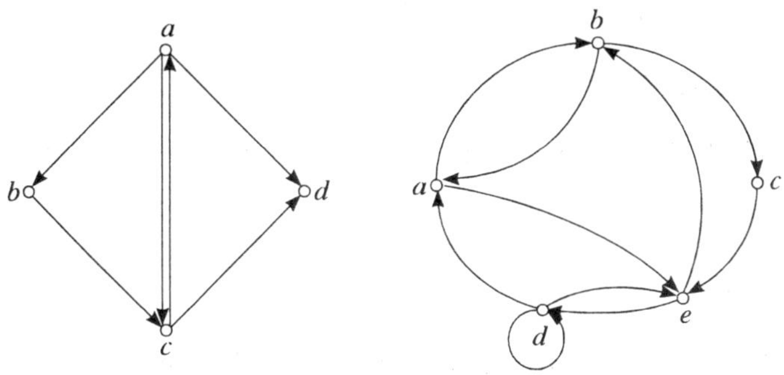

(a) (b)

그래프에 의해서 여러 가지 문제의 본질적인 구조를 직관적으로 알기 쉽게 표현할 수 있다. 그래프로 표현된 현상도 매우 많다. 도로망이나 수도관망, 전기회로 등의 **네트워크**(network)는 모두 그래프로 표현된다. 기업의 조직계통도, 정보시스템의 흐름 등도 그래프로 나타내면 알기 쉽다. 또 몇 단계에 걸친 게임도 나뭇가지의 그래프로 표현된다. 인간 집단에서의 심리적인 지배관계나 토너먼트의 순위부과 등도 그래프의 대상이 된다. 이와 같이 그래프의 표현은 사회학, 심리학, 생물학, 공학 등 여러 가지 부문에 사용되고 있다.

그래프는 그것을 구성하는 정점의 집합과 정점을 연결하는 호에 의해서 특징 지워진다. 호에는 화살표를 붙일 때와 붙이지 않을 때가 있지만 화살표를 붙였을 때에는 그 방향으로 밖에 연결할 수 없는 것을 나타내고 화살표가 붙어 있지 않을 때에는 어느 쪽에서나 서로 연결하고 있다고 간주한다. 화살표가 붙은 호는 그 기점의 정점을 그 호에 의해서 종점의 정점으로 사상하고 있다고 간주할 수 있다. 그래서 호 대신에 각 정점에 대한 사상관계로 그래프를 특징지을 수도 있다. 정점 x에서 화살표가 진행하는 호로 직접 연결할 수 있는 정점의 집합을 정점 x의 사상으로서

$$\Gamma(x)$$

로 나타낸다. 예를 들면 그림 3-1의 (b)의 그래프에서의 사상은

$$\Gamma(a) = \{b,\ e\}$$
$$\Gamma(b) = \{a,\ c\}$$
$$\Gamma(c) = \{e\}$$
$$\Gamma(d) = \{a,\ e,\ d\}$$
$$\Gamma(e) = \{b,\ d\}$$

로 된다. 그래서 그래프 G를 정점의 집합 X와 사상 Γ로써

$$G = (X,\ \Gamma)$$

로 나타낼 수 있다. 물론 사상 대신에 호의 집합 U를 사용하여

$$G = (X,\ U)$$

로 나타내는 일도 있다.

어떤 정점을 향하고 있는 호의 기점이 되는 정점을 그 본래의 정점의 역사상 Γ^{-1}로 나타낼 수 있다. 앞의 예에서는

$$\Gamma^{-1}(a) = \{b,\ d\}$$
$$\Gamma^{-1}(b) = \{a,\ e\}$$
$$\Gamma^{-1}(c) = \{b\}$$
$$\Gamma^{-1}(d) = \{d,\ e\}$$
$$\Gamma^{-1}(e) = \{a,\ c,\ d\}$$

이다. 그 정점을 향하고 있는 호가 없는 정점, 결국 역사상이 공집합 $\varnothing$

$$\Gamma^{-1}(x) = \varnothing$$

인 정점 x를 **그래프의 기점**(source)이라 하고 그 정점에서 나오는 호가 없는 점, 결국

$$\Gamma(x) = \varnothing$$

로 되는 정점 x를 **그래프의 종점**(sink)이라 한다. 앞의 그래프는 기점도 종점도 없는 그래

프이다.

그래프는 또 행렬로 나타낼 수도 있다. 모든 정점을 행과 열로 놓고 어떤 정점에서 어떤 정점으로의 호가 있을 때에는 행렬의 그곳의 요소를 1로 없으면 0으로 한다. 결국 제 i 행, 제 j 열의 요소 (x_i, x_j)에는 호가 있으면 1로 없으면 0으로 한다. 예를 들면 그림 3-2의 그래프에서는 다음과 같은 행렬로 나타낼 수 있다.

그림 3-2

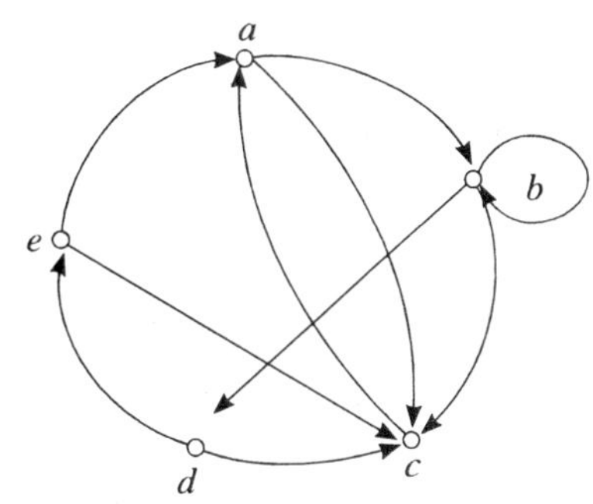

$$
\begin{array}{c} \\ a \\ b \\ c \\ d \\ e \end{array}
\begin{array}{c} \begin{array}{ccccc} a & b & c & d & e \end{array} \\
\begin{pmatrix} 0 & 1 & 1 & 0 & 0 \\ 0 & 1 & 1 & 1 & 0 \\ 1 & 0 & 0 & 0 & 0 \\ 0 & 0 & 1 & 0 & 1 \\ 1 & 0 & 1 & 0 & 0 \end{pmatrix} \end{array}
$$

이 행렬을 **그래프의 부수행렬**(associated matrix)이라 한다. 역으로 이와 같은 행렬을 그래프로 쉽게 나타낼 수 있다.

부수행렬에서는 행도 열도 정점인데 행에는 정점, 열에는 호를 놓고 그 호의 기점으로 되는 정점인 경우에 1, 그 호의 종점으로 되는 경우에 -1, 그밖에는 0으로 한 행렬로 그래프를 나타낼 수도 있다. 이와 같은 행렬을 **접속행렬**(incidence matrix)이라 한다. 이것은 모든 호를 열로 배치하기 때문에 호가 많은 그래프에서는 상당히 큰 것이 된다. 예를 들면 그림 3-3의 그래프를 생각하면 이 접속행렬은 다음과 같게 된다.

그림 3-3

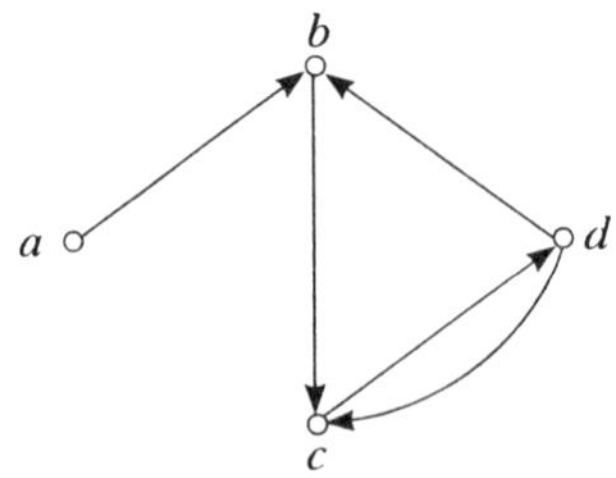

$$\begin{array}{c} \\ a \\ b \\ c \\ d \end{array}\begin{array}{c} \begin{array}{ccccc} (a,b) & (b,c) & (c,d) & (d,c) & (d,b) \end{array} \\ \begin{pmatrix} 1 & 0 & 0 & 0 & 0 \\ -1 & 1 & 0 & 0 & -1 \\ 0 & -1 & 1 & -1 & 0 \\ 0 & 0 & -1 & 1 & 1 \end{pmatrix} \end{array}$$

그래프에 있어서 몇 개의 정점을 차례로 연결하는 호가 같은 방향으로 계속되어 있을 때 그것을 **경로**(path)라 한다. 예를 들면 그림 3-4의 그래프에서는 (a, b, c), (a, b, f, e), (d, c, b, f) 등은 모두 경로이다.

그림 3-4

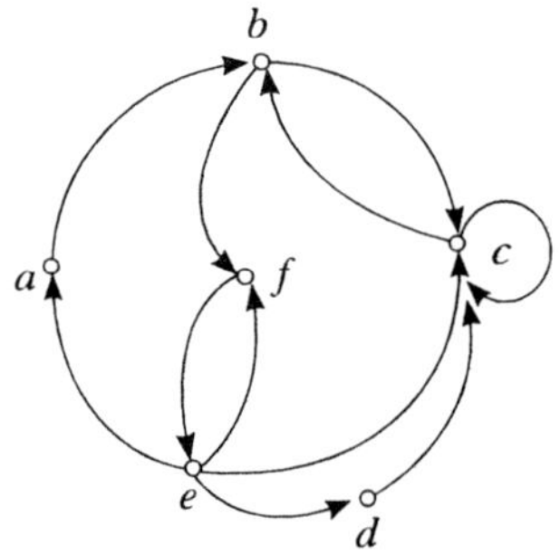

특히, 최초의 정점과 최후의 정점이 일치하는 경로를 **순환로**(circuit)라 한다. 위의 그래프에서는

$$(a, b, f, e, a), (b, f, e, c, b)$$

등은 순환로이다. 경로나 순환로에 포함된 호의 개수를 **경로의 길이** 또는 순환로의 길이라

한다. 길이 1인 순환로, 즉 어떤 정점에서 나와서 그 정점 자신으로 들어가는 호를 **루프**(loop)라 한다. 앞의 그래프에서는 정점 c에 루프가 있다. 경로나 순환로는 호의 화살표의 방향을 생각하고 있으므로 어떤 정점에서 다른 정점으로 몇 개의 호가 연결되어 있어도 도중에 화살표의 반대 방향의 호가 1개라도 있으면 그것은 경로라고 말할 수 없다. 화살표의 방향을 문제로 하지 않고 정점을 연결하는 호가 있는가 어떤가를 생각할 때에는 경로 대신에 **연쇄**(chain)라 한다. 앞의 그래프에서는

$$(a,\ b,\ c,\ d,\ e)$$

는 연쇄이지만 경로는 아니다. 닫힌 연쇄를 **사이클**(cycle)이라 한다. 이것은 순환로에 해당하는데 방향을 생각하지 않은 것이다.

그래프의 부수행렬을 사용하면 정점 x_i에서 정점 x_j로의 길이 2인 경로의 개수를 찾아낼 수 있다. 이것은 부수행렬을 자승하면 된다. 예를 들면 앞의 그래프(그림 3-4)의 부수행렬은 다음과 같다.

$$\begin{array}{c} \\ a \\ b \\ c \\ d \\ e \\ f \end{array} \begin{array}{c} \begin{array}{cccccc} a & b & c & d & e & f \end{array} \\ \begin{pmatrix} 0 & 1 & 0 & 0 & 0 & 0 \\ 0 & 0 & 1 & 0 & 0 & 1 \\ 0 & 1 & 1 & 0 & 0 & 0 \\ 0 & 0 & 1 & 0 & 0 & 0 \\ 1 & 0 & 1 & 1 & 0 & 1 \\ 0 & 0 & 0 & 0 & 1 & 0 \end{pmatrix} \end{array}$$

이것을 자승하면

$$\begin{array}{c} \\ a \\ b \\ c \\ d \\ e \\ f \end{array} \begin{array}{c} \begin{array}{cccccc} a & b & c & d & e & f \end{array} \\ \begin{pmatrix} 0 & 0 & 1 & 0 & 0 & 1 \\ 0 & 1 & 1 & 0 & 1 & 0 \\ 0 & 1 & 2 & 0 & 0 & 1 \\ 0 & 1 & 1 & 0 & 0 & 0 \\ 0 & 2 & 2 & 0 & 1 & 0 \\ 1 & 0 & 1 & 1 & 0 & 1 \end{pmatrix} \end{array}$$

로 된다. 이것이 길이 2인 경로의 개수를 나타내는 행렬로 되어 있다. 예를 들면 정점 e에서 정점 b로는 (e, a, b), (e, c, b) 라는 길이 2인 경로가 2개 있다. 정점 c에서 c 자신으로는 (c, b, c)로 되돌아오는 것과 c루프를 2회 도는 것으로서 길이 2인 경로가 2개 있다. 일반적으로 부수행렬을 k승하면 길이가 k인 경로의 개수를 나타내는 행렬을 얻을 수 있다.

좀더 그래프에 관한 기본적 개념을 첨가해 놓자. 정점 x와 정점 y사이에 호가 있을 때 그 호는 반드시 어느 쪽이든 화살표가 붙어 있어야 하는 그래프를 **대칭그래프**라 한다. 대칭그래프는 모두 임의의 두 정점 사이에 대칭인 호가 있는 것을 요구하는 것은 아니고 호가 있는 경우는 반드시 대칭이 아니면 안 되는 것이다. 그림 3-5와 같은 그래프는 대칭그래프이다.

그림 3-5

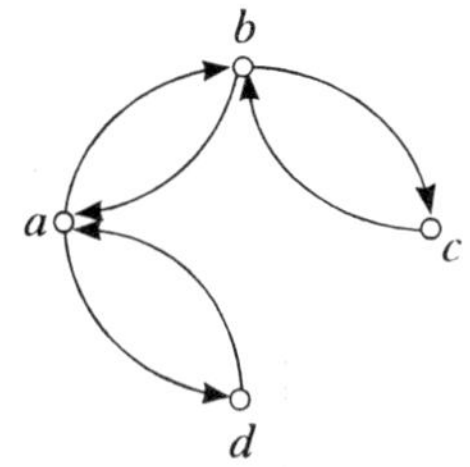

특히 중심에서 대칭으로 된 대칭 그래프를 **장미**(rose)라 한다.

그림 3-6

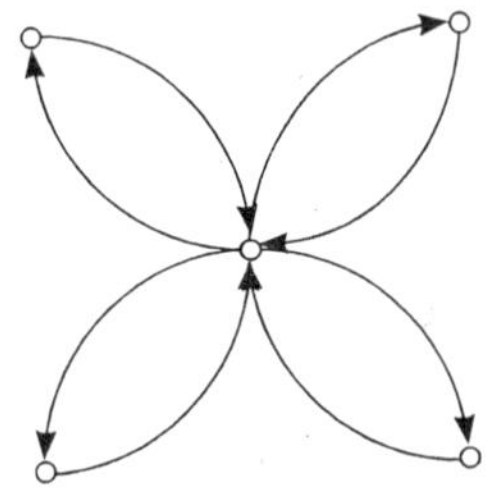

그래프의 임의의 두 정점 사이에 연쇄가 있을 때 **연결그래프**라 하고 연쇄가 아닌 경로일 때 **강연결그래프**라 한다. 부수행렬을 A라 했을 때 강연결그래프에서 임의의 두 점은 언젠

가는 연결되는 것이므로

$$A + A^2 + A^3 + \cdots$$

을 만들어 가면 어딘가에서 모든 요소가 0으로 되지 않는다. 그림 3-7의 그래프는 연결이지만 강연결은 아니다. 일반으로 그래프의 기점이나 종점이 있으면 강연결로는 될 수 없다. 그래프의 임의의 두 정점 사이에 방향을 생각하지 않고 반드시 호가 있을 때 **완전그래프**라 한다.

그림 3-7

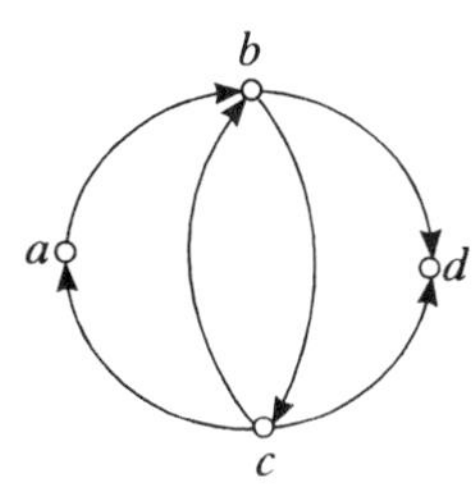

완전그래프에서는 임의의 두 정점이 연결되어 있지 않으면 안 되므로 정점이 늘어나면 많은 호가 필요하게 된다. 그림 3-8은 완전그래프이다.

그림 3-8

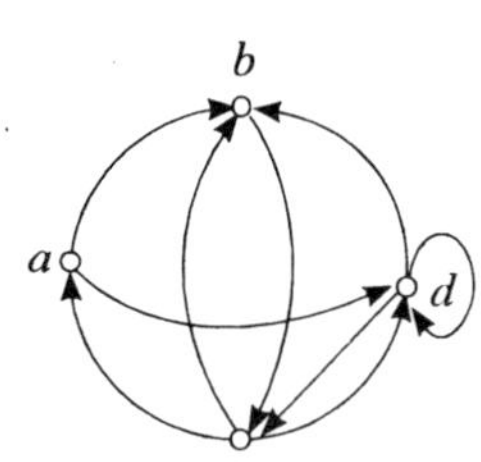

이제는 주어진 그래프를 조금 삭제하는 것을 생각하자. 본래의 그래프의 정점은 모두 남겨 놓고 몇 개의 호를 제외한 그래프를 본래 그래프의 **부분그래프**(partial graph)라 한다. 그것에 대하여 몇 개의 정점과 그 정점에 관계한 호를 제외한 그래프를 **서브그래프**(subgraph)라 한다. 정점을 제외하느냐 않느냐에 그 차이가 있다. 그림 3-9의 그래프가 있다고 하자. 이 때 그림 3-10의 그래프는 부분그래프이다.

그림 3-9

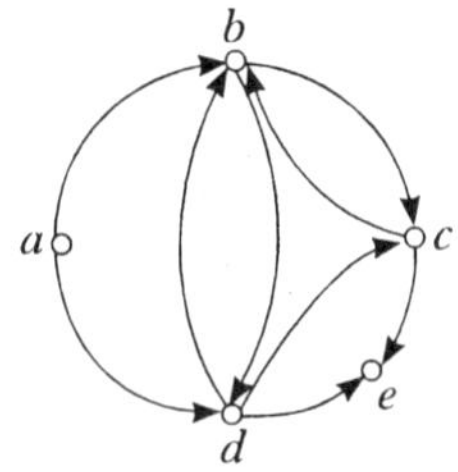

그림 3-10

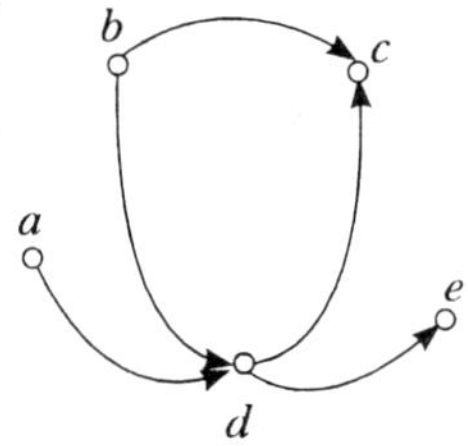

그러나 그림 3-11의 그래프는 서브그래프이다.

그림 3-11

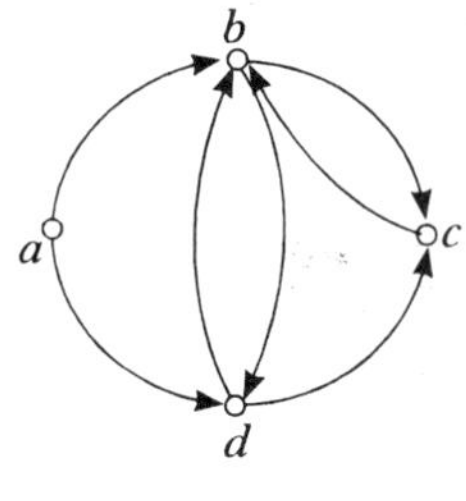

이제 그래프에 관하여 거리를 도입하자. 두 정점 사이에 몇 개의 경로가 있을 때 그 경로의 길이가 최소인 것을 그 두 점 사이의 거리라 하고 정점 x와 y의 **거리**를 $d(x, y)$로 나타낸다. 그러나 이 거리는 보통 거리와 달라서 대칭은 아니다.

그림 3-12

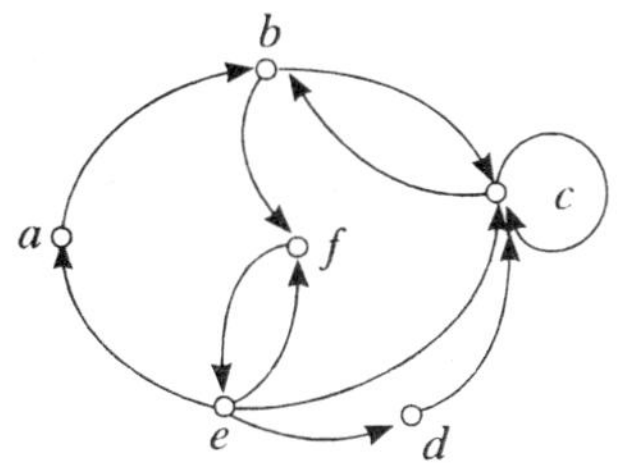

그림 3-12의 그래프에서는

$$d(a,\ c) = 2$$

인 데

$$d(c,\ a) = 4$$

이다. 또

$$d(a,\ e) = 3, \quad d(e,\ a) = 1$$

이다. 정점 x에서 정점 y로의 경로가 없을 때에는

$$d(x,\ y) = \infty$$

로 된다. 특히 대칭그래프에서는 이 거리는 대칭성을 갖고 보통의 거리로 된다. 여기서 어떤 정점에서의 거리의 최대는 그 정점에서 가장 멀리 떨어진 점까지의 거리를 나타내고 있다. 그것을

$$d(x) = \max_{y \in x} d(x,\ y)$$

로 나타내자. 그림 3-12의 그래프에서는

$$d(a,\ b) = 1, \quad d(a,\ c) = 2, \quad d(a,\ d) = 4$$
$$d(a,\ e) = 3, \quad d(a,\ f) = 2$$

이므로

$$d(a) = 4$$

이다. 같은 방법으로

$$d(b) = 3, \quad d(c) = 4, \quad d(d) = 5$$

$$d(e) = 2, \quad d(f) = 3$$

으로 된다. 모든 정점에 대하여 $d(x)$가 최소로 되는 것을 **그래프의 반경**이라 하고 반경을 주는 정점을 **그래프의 중심**이라 한다. 앞의 예에서는 반경은 2이고 e가 그래프의 중심이 된다. 역으로 $d(x)$가 최대로 되는 정점을 그래프의 **주변점**이라 한다. 앞의 예에서는 d가 주변점이다. **집단심리**의 연구에는 이러한 개념이 사용되고 있다. 중심으로 되는 사람은 집단의 보스이고 주변점인 사람은 집단에서 소원도(疎遠度)가 높다. 어떤 목적을 위하여 집단을 구성할 때에는 지도력(leadership)있는 사람을 중심에, 그다지 커뮤니케이션이 없는 기계적으로 일을 하면 좋은 사람을 주변점으로 배치한다고 하는 형태로 사회 심리적인 의미에서의 집단구성에 사용할 수도 있다.

앞으로는 OR에 관한 여러 가지 문제를 그래프로 나타내어 해결할 수 있는 문제에 대하여 생각해 보기로 하자.

연습문제 3.1

1. 다음 용어에 대하여 설명하여라.

• 경로	• 연쇄	• 강연결그래프
• 부분그래프	• 순환로	• 연결그래프
• 완전그래프	• 서브그래프	

2. 다음 그래프에서 길이가 2인 경로가 2개인 곳을 구하라.

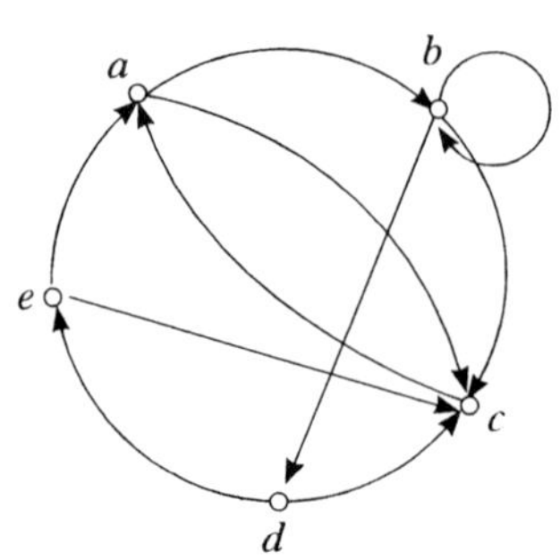

3. 위 2번 그래프에서 그래프의 중심과 주변점이 되는 정점을 구하라.

§3.2 일정계획(PERT, CPM)

건설공사 등의 여러 가지 프로젝트의 계획에서는 그 프로젝트를 구성하는 작업을 분해하여 각 작업간의 관계를 그래프에 화살표를 붙인 호로 나타내면 계획의 평가, 조정, 진도 관리 등이 매우 편리하다. 그 때 개개의 작업 사이에는 어떤 작업을 완료하지 않으면 다른 작업을 개시할 수 없다는 작업의 **선행관계**가 있다. 또 선행관계가 없이 동시에 행해질 수 있는 작업도 있다. 이러한 관계를 결합점(정점)과 화살표(호)를 사용하여 그래프로 나타낸 것이 프로젝트의 네트워크이다. 이 그래프에는 반드시 프로젝트의 출발점으로서 그래프의 기점과 프로젝트의 완료점으로서 그래프의 종점이 있다. 이와 같은 프로젝트의 순서계획을 그래프로 나타내어 관리하려고 하는 수법이 PERT(Project Evaluation and Review Technique)이다. 예를 들면 우리들이 집을 지으려고 할 때에도 다음과 같이 선행관계가 있는 많은 일로 나뉘어진다.

① 부지의 구입	② 건설 허가
③ 기초 공사	④ 골조 공사
⑤ 지붕 공사	⑥ 내장 공사
⑦ 외장 공사	

PERT네트워크를 그래프로 나타낼 때에는 각 작업을 호로 하여 화살표로 나타내고 작업을 연결하는 점을 결합점으로 나타낸다. 따라서 그래프의 기점과 종점을 제외하고 각 결합점은 그 앞의 작업의 종료와 다음 작업의 개시를 나타내고 있다. 지금 10개의 작업 $A, B, C, D, E, F, G, H, I, J$가 있고 그 사이에 다음과 같은 선행관계가 있다고 하자. 여기서 A가 B에 선행하는 것을 $A \langle B$로 나타내기로 한다. 주어진 선행관계는

$$A \langle D, \quad A \langle E, \quad B \langle E, \quad C \langle F, \quad D \langle H, \quad E \langle G$$
$$F \langle G, \quad E \langle I, \quad F \langle I, \quad G \langle H, \quad I \langle J$$

이다. 이것을 화살표의 그래프로 나타내 보자. A, B, C에 선행하는 것은 없으므로 이것은 동시에 개시할 수 있다. A도 B도 E에 선행하므로 그곳에 **의사**(擬似 ; dummy)의

작업 A'을 도입할 필요가 있다. 그것을 점선으로 나타낸다. 순서대로 조사하여 결합점에 번호를 붙여 가면 그림 3-14의 네트워크가 만들어진다.

그림 3-13

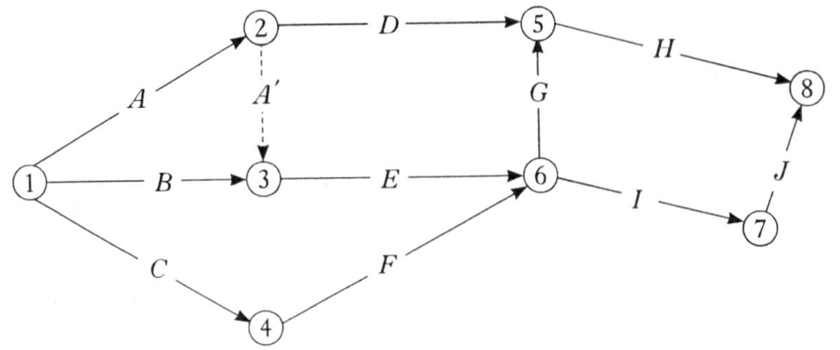

보통의 그래프에서는 점과 선만을 생각했지만 그래프에 따라서는 각각의 호에 어떤 값이 부여되는 일도 있다. 수송문제 등에서는 그 수송로의 용량이 주어진다. PERT의 그래프에서는 각각의 호는 작업을 나타내고 있으므로 그 작업에 필요한 시간이 주어지는 것으로 된다. 그림 3-13의 그래프에서 각 작업시간이 다음과 같이 주어졌다고 한다.

작 업	A	B	C	D	E	F	G	H	I	J
시 간	2	9	8	7	12	4	3	10	3	10

이러한 시간을 그래프의 각 작업을 나타내는 화살표에 써넣는다. 이렇게 하면 여러 가지 계산에 편리하다. 다시 각 작업시간을 표시한 그래프를 그려보자(그림 3-14).

그림 3-14

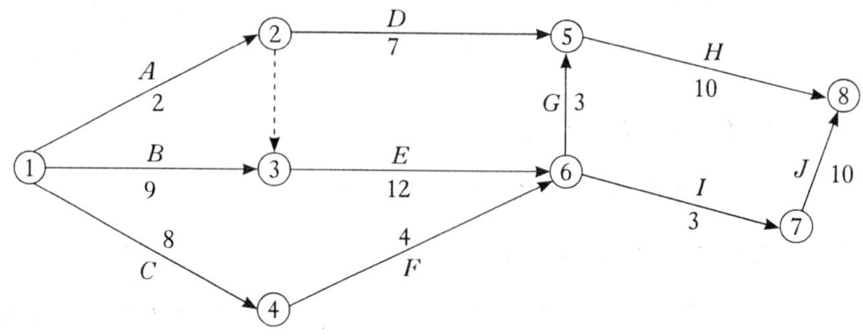

어떤 결합점(정점)에 도달하여 그곳에서 나가는 작업을 개시하기 위하여는 그 결합점에 들어온 모든 작업이 완료되지 않으면 안 된다. 그래서 각 결합점에 도달할 수 있는 **최조시각**(最早時刻)을 문제로 한다. 최조시각은 그 결합점에서 나가는 일을 개시할 수 있는 시각을 나타내고 있다. 결합점 i의 최조시각을 t_i라 하자. 최초의 출발점은 시각 0에서 시작하는 것으로서 $t_1 = 0$으로 한다. 그 때 결합점 2와 4에 있어서는 각각 작업 A와 C밖에 없으므로

$$t_2 = 2, \quad t_4 = 8$$

이다. 결합점 3에 대해서는 A와 B의 모두가 끝나지 않으면 안 되는데 A와 B는 동시에 진행하고 있으므로 그 큰 쪽을 취해서

$$t_3 = 9$$

로 된다. 같은 방법으로 결합점 6에는 E, F가 끝나야 비로소 도달할 수 있으므로

$$t_3 + 12 = 9 + 12 = 21, \quad t_4 + 4 = 8 + 4 = 12$$

의 큰 쪽을 취해서

$$t_6 = 21$$

로 된다. 결합점 5에 대해서는 $t_2 + 7$과 $t_6 + 3$의 큰 쪽

$$t_5 = \max(t_2 + 7, \; t_6 + 3) = 24$$

로 된다. 같은 방법으로

$$t_7 = t_6 + 3 = 24, \quad t_8 = \max(t_5 + 10, \; t_7 + 10) = 34$$

를 얻을 수 있다. 일반적으로 최조시각의 계산은 결합점 j에 들어온 모든 호 (i, j)의 작업 시간을 t_{ij}로 했을 때

$$t_j = \max_i (t_i + t_{ij})$$

에 의해서 얻어 진다. 이 예의 최조시각을 표로 나타내면 다음과 같다.

결 합 점(i)	1	2	3	4	5	6	7	8
최조시각(t_i)	0	2	9	8	24	21	24	34

이 표에서 최종의 결합점에 도달하는 데에는 34시간이 걸리는 것을 알 수 있다. 그것이 전부의 작업을 완료하는 데에 필요한 시간, 즉 프로젝트의 완료시각이다. 그리고 이 시각에 프로젝트를 완료하기 위하여 각 결합점을 늦어도 어느 시각까지 출발하지 않으면 안 되는가를 생각하자. 그와 같은 시각을 **최지시각**(最遲時刻)이라 한다. 결국 최지시각은 예정시각까지 전체를 완료하기 위하여 각 결합점을 늦어도 출발하지 않으면 안 되는 시각이고 그것보다 늦어지면 전체가 그것만큼 늦어지게 된다. 결합점 i의 최지시각을 T_i로 한다. 최조시각과 최지시각 사이에는 언제나

$$t_i \leq T_i$$

라는 관계가 있다. 최지시각의 계산은 최종의 정점에서 거꾸로 더듬어 간다. 먼저

$$T_8 = t_8 = 34$$

로 놓는다. 이 때

$$T_7 = T_8 - 10 = 24, \quad T_5 = T_8 - 10 = 24$$

인데 결합점 6에 되돌아 갈 때에는 작업 G와 I 두 개이므로

$$T_7 - 3, \quad T_5 - 3$$

의 작은 쪽의 시각에서 출발하지 않으면 안 된다. 이 때 어느 쪽도 같은 값으로

$$T_6 = 21$$

이다. 이하 같은 방법으로

$$T_4 = T_6 - 4 = 17$$
$$T_3 = T_6 - 12 = 9$$
$$T_2 = T_5 - 7 = 17$$
$$T_1 = \min(T_2 - 2, \ T_3 - 9, \ T_4 - 8) = 0$$

으로 된다. 일반적으로 결합점 i의 최지시각은 i에서 출발하는 모든 작업 (i, j)에 대하여

$$T_i = \min_j (T_i - t_{ij})$$

로 주어진다. 지금 구한 최지시각을 표로 나타내 보자.

결 합 점 (i)	1	2	3	4	5	6	7	8
최지시각 (T_i)	0	17	9	17	24	21	24	34

여기서 최조시각과 최지시각이 일치하고 있는 결합점에서는 그 점에 도달하자마자 즉시 다음 작업을 개시하지 않으면 계획에 맞출 수 없다. 결국, 전혀 여유가 없다. 그래서 각 결합점에 대하여 최지시각과 최조시각의 차

$$T_i - t_i$$

를 그 결합점의 **여유시간**(slack)이라 한다. 일반적으로 그래프에서는 화살표의 방향으로 몇 개의 정점을 연결한 길을 경로(path)라 불렀는데 PERT의 네트워크에서는 전체의 기점에서 종점으로 연결한 경로를 path라 부르고 있다. 경로에서 여유시간이 0인 결합점을 연결하여 만든 path를 **critical path**라 한다. 앞의 예에서 여유시간을 조사하면 다음과 같다.

결 합 점 (i)	1	2	3	4	5	6	7	8
최조시각 (t_i)	0	2	9	8	24	21	24	34
최지시각 (T_i)	0	17	9	17	24	21	24	34
여유시간 ($T_i - t_i$)	0	15	0	9	0	0	0	0

이 표에서 여유시간이 0인 결합점을 연결한 것이 critical path이고 그것은

①→③→⑥→⑤→⑧

①→③→⑥→⑦→⑧

의 두 가지이다. Critical path는 그래프의 기점과 종점을 연결한 경로에서 가장 긴 시간이 걸리는 최장경로이며 그것이 조금이라도 지연되면 그것만큼 전체가 지연되는 것으로 된다. 따라서 프로젝트의 진행 중에는 critical path상의 작업을 중점적으로 관리하고 지연될 가능성이 있으면 즉각 손을 쓰지 않으면 안 된다. PERT의 목적의 하나는 critical path를 찾는 것이다.

앞에서는 작업시간을 각각 일정한 값으로 주었는데 실제로는 사전에 확실한 값을 모르는 일이 많다. 그래서 작업시간을 전문가가 견적하지 않으면 안 된다. 그것을 견적할 때에도 기후의 영향 등 많은 요인 때문에 일정 값으로 되지 않아 분포를 생각할 필요가 있다. 그리고 그 분포 가운데의 3점을 견적하는 형태를 취하는 것이 바람직하다. 3점으로서는 가장 잘 되는 경우의 시간으로 **낙관시간**이라 불리는 것, 가장 지연되는 시간으로 **비관시**

간이라 불리는 것, 가장 일어나기 쉬운 것으로 **최빈시간**의 3점이 있다. 분포로는 낙관시간 a를 제일 왼 쪽의 점, 비관시간 b를 제일 오른 쪽의 점, 최빈시간 m을 분포의 최빈치로 하는 유한구간의 분포를 생각하면 된다.

이와 같은 분포의 모델에는 **β분포**라 불리는 분포가 사용된다. β분포는 몇 개의 파라미터를 포함하고 있는데 그 파라미터에 적당한 값을 준 분포를 가정했을 때 **3점견적**의 값에서 분포의 평균치와 분산을 구할 수 있다.

그림 3-15

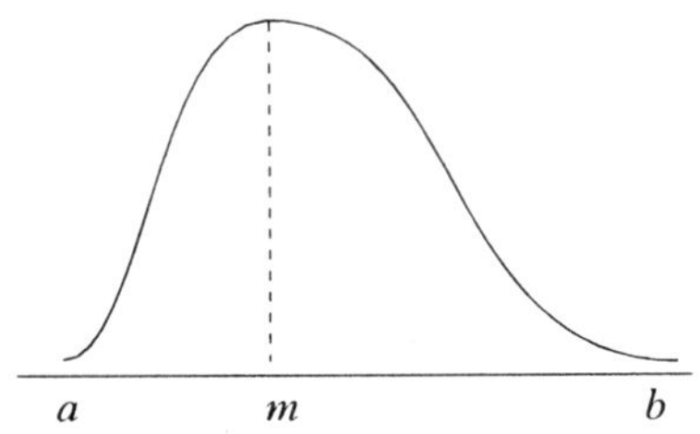

그것은

$$평균치 = (a+b+4m)\ /\ 6$$

$$분\ \ 산 = [(b-a)\ /\ 6]^2$$

으로 된다. 이 평균치를 각 작업의 작업시간으로 하여 네트워크를 만들면 된다.

그림 3-16의 그래프로 주어진 PERT네트워크를 생각하자.

그림 3-16

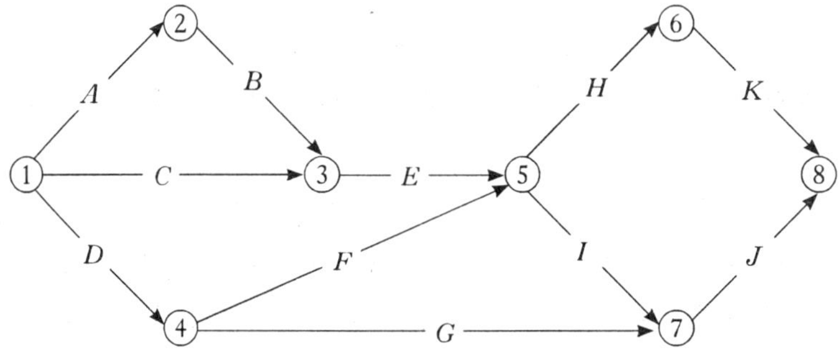

이 그래프를 구성하는 각 작업의 견적시간으로서 낙관시간, 비관시간, 최빈시간을 표 3-1에 주어진 것으로 한다.

표 3-1

작 업	*A*	*B*	*C*	*D*	*E*	*F*	*G*	*H*	*I*	*J*	*K*
낙관시간	4	5	8	2	4	6	8	5	3	5	6
비관시간	8	10	12	7	10	15	16	9	7	11	13
최빈시간	5	7	11	3	7	9	12	6	5	8	9

여기서 각 작업의 평균시간과 분산을 앞에서 주어진 공식을 사용하여 계산하면 표 3-2와 같게 된다.

표 3-2

작 업	*A*	*B*	*C*	*D*	*E*	*F*	*G*	*H*	*I*	*J*	*K*
기대시간	5.3	7.2	10.7	3.5	7	9.5	12	6.3	5	8	9.2
분 산	0.4	0.7	0.4	0.7	1	2.3	1.8	0.4	0.4	1	1.4

이 기대시간을 사용하여 각 결합점에 관한 최조시각과 최지시각, 더욱이 여유시간을 구하면 표 3-3과 같게 된다.

표 3-3

결합점	1	2	3	4	5	6	7	8
최조시각	0	5.3	12.5	3.5	19.5	25.8	24.5	35
최지시각	0	5.3	12.5	10	19.5	25.8	27	35
여유시간	0	0	0	6.5	0	0	2.5	0

이 표에서 여유시간 0인 결합점을 연결하면 critical path를 얻을 수 있다. 그것은 결합점의 열로서는

①→②→③→⑤→⑥→⑧

이고 작업으로서는

$$A \to B \to E \to H \to K$$

로 된다. 이 critical path에서의 최장경로에 필요한 시간은 표 3-3에서 35시간으로 된다. 그러나 이것은 각 작업의 기대시간을 사용하여 계산한 것이고 전체로서도 평균시간이다. 따라서 그 시간에는 평균치에서 벗어남이 있다. 각 작업의 분산은 이미 구해져 있는데 각 작업시간의 분포는 독립이므로 critical path에 의한 전 작업시간의 분산은 A, B, E, H, K의 분산을 더하면 된다. 그것은

$$0.4 + 0.7 + 1 + 0.4 + 1.4 = 3.9$$

로 된다. 지금 전체작업의 예정완료시각이 주어졌을 때 예정시간내에 완료할 확률을 생각하기로 하자. 예정완료시간이 40이라고 한다. 이 때 critical path에서의 작업시간의 분포를 정규분포로 근사한다. 각 작업시간의 분포는 β분포인데 그것을 몇 개 더하고 있으므로 확률론에서의 중심극한정리의 성질에 의해서 정규분포로 근사할 수 있다. 그래서 이 예정시각에 완료할 확률은 정규분포로부터 구해진다. 정규분포를 사용하기 위하여 표준화해 놓지 않으면 안 된다. 표준화는 본래의 데이터 대신에 그것에서 평균치를 빼서 표준편차로 나눈 것이다. 표준화한 데이터의 평균치는 0, 표준편차는 1로 된다. 지금 critical path의 평균시간이 35, 분산이 3.9였으므로 예정완료시각 40을 표준화하면

$$\frac{40-35}{\sqrt{3.9}} = 2.54$$

로 된다. 정규분포에서 2.54 이하의 확률을 보면 0.995이다. 따라서 예정기일까지 완료할 확률은 99.5%나 되어 충분하다고 말할 수 있다. 그러나 35시간에 완료하게 되는 확률은 이미 50%가 되어 버린다. 만약 무슨 일이 있어도 35시간에 완료하지 않으면 안 된다고 하면 여기서 완료할 확률을 더 높이는 연구를 하지 않으면 안 된다. 이 때에는 critical path 이외의 작업에는 여유시간이 있으므로 그곳의 노동력이나 자재의 여유분을 critical path의 작업에 충당하는 것을 생각하면 된다. 그 결과 각 작업의 견적시간은 변할 것이다. 그것에 의해서 critical path도 변해 갈지도 모른다. 그러나 전체의 완료시간은 다소라도 빠르게 되고 그 예정기일내에서의 완료확률은 커지게 된다. 이와 같이 하여 투입재의 재분배에 의해 완료확률은 높일 수 있다. 여기에서도 어느 정도 이상 높아지지 않을 때에는 외부로부터 원조를 청하거나 계약 전에 교섭하여 지정기일을 늦추는 수밖에 없다.

끝으로 PERT네트워크를 그래프로 그릴 때 의사(dummy)작업을 도입할 필요가 있는 것에 대하여 주의해 보자. 작업은 화살표(호)로 나타내는데 그 작업의 개시시점의 결합점

과 종료시점의 결합점의 짝으로 나타내는 것도 있다. 그래서 2개의 결합점의 짝으로 하나의 작업을 정확하게 나타낼 필요가 있다. 예를 들면 작업 A, B, C, D에 있어서 A는 C와 D에 선행하는데 B는 D만 선행할 때에는 아래와 같이 점선으로 표시한 dummy를 도입할 필요가 있다.

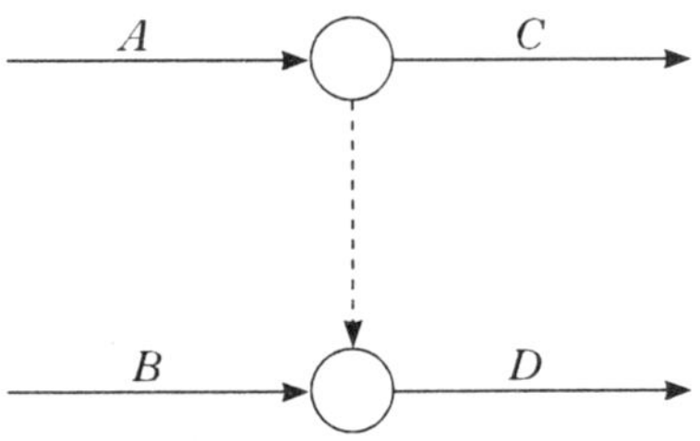

만약 이것을 아래와 같이 표시한 경우에는 A도 B도 함께 C와 D에 선행하는 것으로 되어 버렸다.

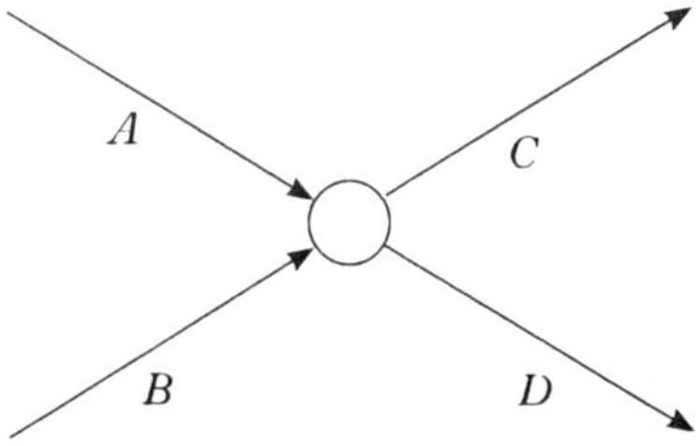

또 2개의 작업에 있어서 그 어느 쪽에 대한 선행작업도 후속작업도 같아서 이 2개의 작업을 동시에 행하려고 할 때에 아래와 같이 표현한 경우에는 결합점의 짝에 하나의 작업을 정확하게 표현할 수 없다.

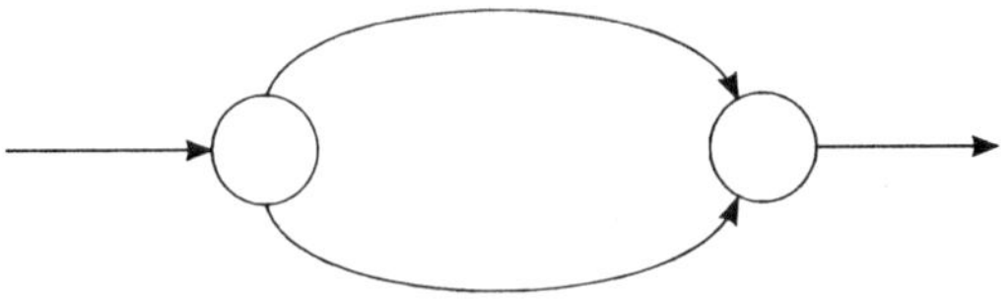

이 때에는 dummy를 사용하여

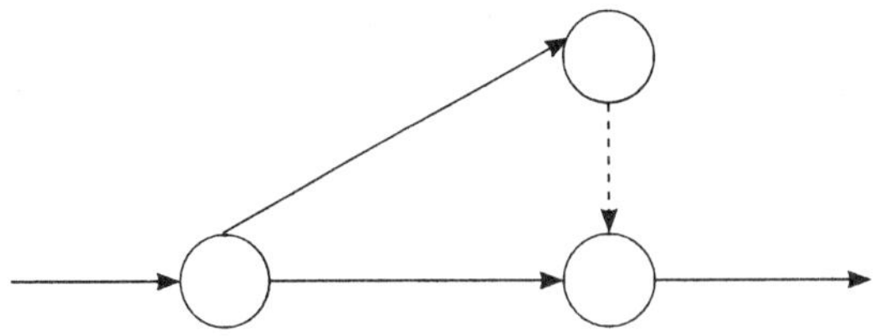

와 같이 하지 않으면 안 된다. 이 때에 dummy로서는 작업뿐만이 아니라 dummy의 결합점을 만들 필요도 있다.

결국 PERT에서는 작업시간을 주된 문제로 하여 주어진 자원의 배분을 적당히 처리하려는 것이다. 그렇지만 일반적으로는 비용을 들이면 작업시간을 단축하는 것이 가능하다. 물론 아무리 비용을 들여도 어느 한도까지밖에 단축할 수 없다. 최단시간과 최장시간의 사이에서 투자비용에 비례하여 작업시간이 짧아지는 모델을 고려하는 것이 CPM (critical path method)이다.

CPM에 있어서 비용을 들여서 가장 단축할 수 있는 시간을 **긴급시간**이라고 한다. CPM에서는 각 작업의 최장시간과 긴급시간의 사이에서 작업시간이 투자비용에 비례하여 단축되는 것으로 한다. 그러면 프로젝트의 완료시간의 함수로서 총비용이 주어진다. 따라서 어느 정도의 시간에 끝마치려고 하면 어느 정도의 비용이 드는가? 역으로 어느 정도의 비용을 들이면 어느 정도의 시간에 끝내는가를 알 수 있다. 이 함수관계를 구하는 것이 CPM의 목적이다. CPM은 **파라미터선형계획법**으로 풀 수 있는데 간편해법도 여러 가지 생각되고 있다.

지금 A, B, C, D, E, F의 6개의 작업이 있고 그들의 긴급시간, 최장시간, 단위시간 단축하는데 필요한 비용이 표 3-4와 같이 주어졌다고 하자. 또, 이 프로젝트는 그림 3-17과 같은 단순한 것이다.

표 3-4

작 업	A	B	C	D	E	F
긴급시간	3	5	4	5	6	3
최장시간	6	10	7	8	8	7
단축비용/시간	5	4	2	3	5	6

그림 3-17

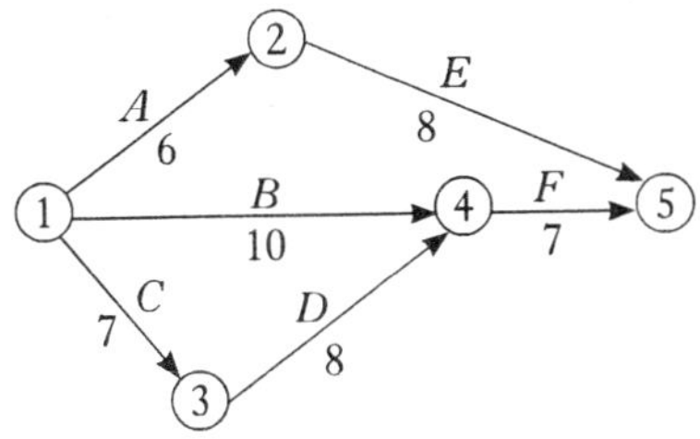

이 프로젝트에서 기점으로부터 종점에 이르는 모든 경로는 *AE*, *BF*, *CDF*이고 최장시간을 썼을 때의 각각의 필요시간은 14, 17, 22이다. 각 작업의 단축가능시간은 최장시간과 긴급시간의 차로 주어진다. 각 경로를 구성하는 작업을 단축하기 위하여 단위시간 단축하는데 드는 비용표를 보고 가능한 싼 비용으로 단축하는 작업을 몇 단계로 나누어 실시하자. 단계는 표 3-5와 같다.

표 3-5

경로＼작업		A	B	C	D	E	F	소요시간						
								step	1	2	3	4	5	6
AE		5				5			14	14	14	14	13	12
BF			4				6		17	17	17	14	13	12
CDF				2	3		6		22	19	17	14	13	12
단축가능시간	step 1	3	5	3	3	2	4							
	2	3	5	0	3	2	4							
	3	3	5	0	1	2	4							
	4	3	5	0	1	2	1							
	5	3	5	0	1	1	0							
	6	3	4	0	0	0	0							

이 표에서 알 수 있듯이 프로젝트의 최장시간은 22이고 여기에 비용을 투자하는 것에 의해서 단축할 수 있다. 여기서 단축하는데 필요한 여분의 비용을 $f(t)$로 한다. 단 t는 완료시간이다. 표 3-5에 기초하여

$$f(t) = \begin{cases} 2(22-t) & 19 \le t \le 22 \\ 6+3(19-t) & 17 \le t \le 19 \\ 12+6(17-t) & 14 \le t \le 17 \\ 30+11(14-t) & 13 \le t \le 14 \\ 41+12(13-t) & 12 \le t \le 13 \end{cases}$$

을 얻을 수 있다. 이것을 도시하면 그림 3-18로 되고 이 그래프가 시간과 부과비용의 관계를 나타내고 있다.

그림 3-18

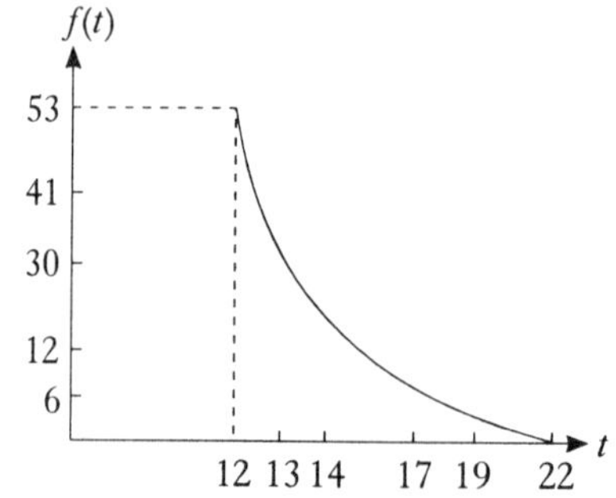

PERT에 관련하여 PERT에 비용을 도입한 **PERT/COST**나 많은 프로젝트를 전체로 하여 동시에 취급하려고 하는 **RAMPS**(resource allocation for multi-project scheduling) 등이 개발되어 있다.

또 네트워크의 정점으로부터 몇 개의 작업으로 나누어질 때 각각 일어날 확률을 생각한 모델이 **GERT**(graphical evaluation and review technique)라 불리는 것이다. 생산공정에서는 어느 정도 재가공을 필요로 하는 일이 일어나고 GERT의 모델이 적용된다. GERT에서는 **signal flow graph**의 전달함수와 같은 사고방식으로 분포의 라플라스변환을 구할 수 있다.

연습문제 3.2

1. 작업에 다음 표와 같은 선행관계가 있을 때 이 프로젝트의 flow diagram을 작성하여라.

<선행관계>

작 업	선행작업	작 업	선행작업
A	—	F	B, C
B	—	G	B, C, E
C	A	H	B, C, E
D	A	I	D, G
E	A	J	D, F, G, H

2. 위 문제 1번에 표시된 문제의 각 작업의 소요일수가 다음 표와 같을 때 최조결합점 시각과 최지결합점시각을 계산하여라.

<작업일수>

작 업	작업일수	작 업	작업일수
A	2	F	4
B	4	G	2
C	1	H	3
D	8	I	5
E	2	J	3

3. 위 문제 2번에 표시 된 프로젝트에 대한 critical path를 구하라.

4. 위 문제 2번의 프로젝트에 있어서 각 작업의 소요일수의 낙관치, 최빈치, 비관치가 다음 표와 같다. 이 때 프로젝트를 18일 이내에 완료할 확률을 구하라.

작 업	낙관치	최빈치	비관치	작업	낙관치	최빈치	비관치
A	1	2	3	F	2	4	8
B	2	4	6	G	2	2	4
C	1	1	3	H	2	3	6
D	5	8	14	I	2	5	8
E	1	2	4	J	1	3	5

§3.3 네트워크의 최대유량

그래프에서 방향을 생각하지 않은 호의 연결을 연쇄라 부르며 임의의 두 정점 사이에 연쇄가 있는 그래프를 연결그래프라고 불렀다. 또 호의 방향을 생각하여 같은 방향으로 호가 연결되어 있을 때 그것을 경로라고 불렀다. 그리고 임의의 두 정점 사이에 경로가 있는 그래프는 강연결이라고 정의하였다. 여기서 루프가 없는 강연결그래프를 일반적으로 **네트워크**라 한다. 그래프의 정점에서 그 정점으로 들어오는 호가 없을 때 그 정점을 그래프의 기점이라 부르고 역으로 그곳에서 나가는 호가 없는 정점을 그래프의 종점이라고 부른다. 네트워크에서 특히 그래프의 기점과 종점이 한 개이고 각호에 **용량**이라 불리는 음이 아닌 수가 주어졌을 때 그 네트워크를 **수송네트워크**라 한다. 수송네트워크에서 기점을 **입구**, 종점을 **출구**라고도 한다. 수송네트워크로서는 교통의 도로망이나 배수관망 등의 모델을 생각할 수 있다. 여기서는 주어진 수송네트워크를 흘러내릴 수 있는 최대유량을 구하는 문제를 생각한다. PERT네트워크에도 하나의 기점과 종점이 있고 각각의 호에 작업시간이 주어져 수송네트워크와 닮은 상황이었는데 그 때 기점에서 종점에 이르는 최장경로 즉 critical path를 구하는 것이 문제였다.

수송네트워크에서는 입구에서 나가는 유량과 출구로 들어오는 유량이 같아야만 한다. 그것은 도중의 정점에서 체류해서는 안 된다는 것을 나타내고 있다. 결국, 입구와 출구를 제외한 모든 정점으로 그 정점에 들어오는 유량과 그 정점에서 나가는 유량은 같아야만 한다. 그것을 **흐름의 보존칙**이라 한다. 지금, 호 u의 용량을 $c(u)$로 했을 때 호 u의 유량을 $f(u)$로 하면 모든 호에 대하여 다음이 성립해야 한다.

$$f(u) \le c(u)$$

결국 호의 용량 이상으로 흘러내리게는 할 수 없다. 또 정점 x로 들어오는 호의 집합을 U_x^-, 정점 x에서 나가는 호의 집합을 U_x^+로 나타내자. 이 때 흐름의 보존칙은

$$\sum_{u \in U_x^-} f(u) = \sum_{u \in U_x^+} f(u)$$

로 된다. 이것이 입구와 출구 이외의 모든 정점에 대하여 성립해야 한다. 입구에서 나가는 유량과 출구로 들어오는 유량은 같고 그것이 수송네트워크의 유량이다. 그 유량을 최대로 하는 것이 목적이다.

여기서 수송네트워크의 최대유량을 구하는 방법을 생각하자. 지금 그림 3-19와 같은 수송네트워크가 있다고 한다.

그림 3-19

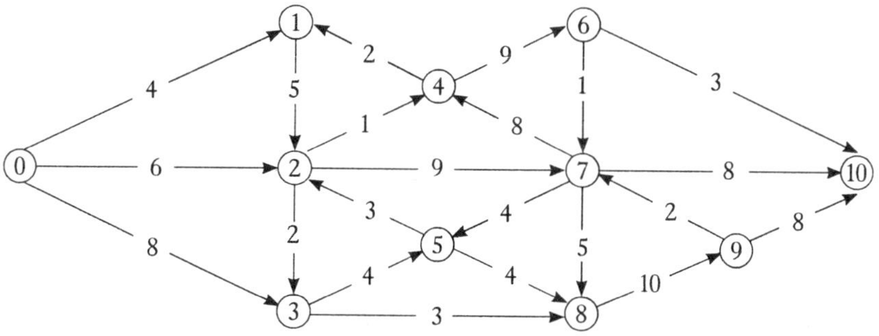

이 네트워크는 정점 0이 기점이고 정점 10이 종점이다. 또 직선에 쓰여 있는 수는 그 호의 용량이다. 흐름은 호의 화살표 방향으로만 흐른다.

우선 이 수송네트워크를 흐를 수 있는 하나의 흐름을 만든다. 그 흐름으로는 각각의 호의 용량 이하이고 모든 정점에 대하여 그 정점으로 들어오는 흐름과 그 정점에서 나가는 흐름이 같다고 하는 흐름의 보존칙을 만족하는 것이면 어떤 것도 좋다. 이것은 선형계획법으로 말하면 하나의 실행가능해를 만드는 것이 된다. 이 실행 가능한 흐름을 만드는 데에는 최초의 0의 상태, 즉 아무 것도 흐르지 않는 상태에서 출발하여 1단위씩 흘러 내려 점점 늘려 가면 된다. 그러나 그것은 번거롭기 때문에 적당히 흘러내려 보내면서 보존칙을 만족하도록 조정해 가면 하나의 실행 가능한 흐름을 만들 수 있다. 그것은 출발점으로서의 실행가능해를 최적에 가까운 상태로 만드는 것이 된다. 이 예에서는 그림 3-20과 같은 실행가능한 흐름을 만들 수 있다.

이 흐름은 어느 호의 흐름도 처음에 주어진 호의 용량 이하이고 어느 정점에 있어서도 흐름의 보존칙이 만족되고 있다. 따라서 이것은 실행 가능한 흐름이다. 그러나 이것이 최대 흐름인지는 알 수 없다. 이 흐름의 유량에 대해서는 입구 0에서 나가는 흐름은

$$3 + 5 + 4 = 12$$

이고 출구 10으로 들어오는 흐름도

$$2 + 3 + 7 = 12$$

이어서 유량은 12로 되어 있다.

그림 3-20

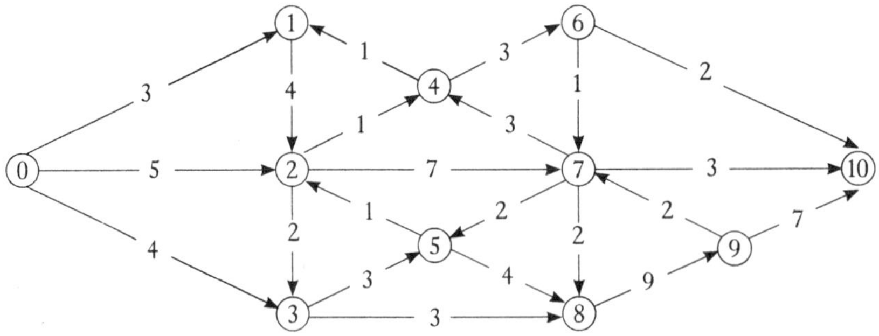

다음으로 지금 정리한 실행 가능한 흐름에서 용량에 여유가 있는가를 조사한다. 일반적으로 주어진 호의 용량 가득히 흐르고 있는 호를 **포화**하고 있다고 한다. 이제부터 위의 실행 가능한 흐름에서 포화하고 있는 호를 찾는다. 포화하고 있는 호를 굵은 선으로 나타내기로 하자. 그것은 그림 3-21와 같다.

그림 3-21

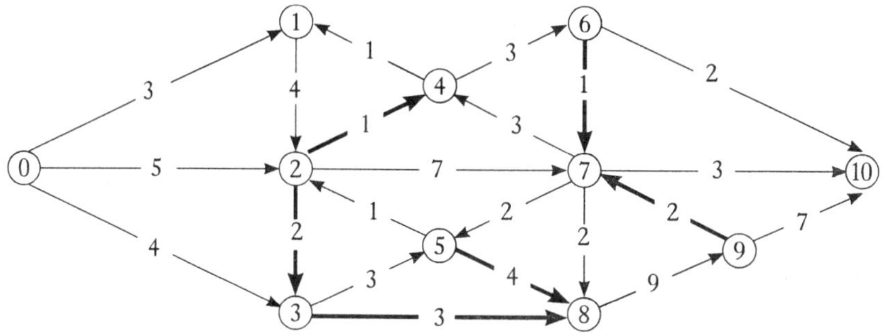

이번에는 그림 3-21의 기점에서 종점에 이르는 경로 중 포화한 호를 포함하지 않은 것이 있는가를 조사한다. 수송네트워크의 입구에서 출구에 이르는 모든 경로에 적어도 하나의 포화한 호를 포함할 때 그와 같은 흐름을 **완전흐름**이라 한다. 여기서 완전흐름으로 되어 있는가를 조사하는 것이다. 그렇지만 그림 3-21에서는

$$0 \rightarrow 2 \rightarrow 7 \rightarrow 10$$

의 경로에는 포화한 호를 하나도 포함하고 있지 않다. 따라서 그림 3-21의 흐름은 완전흐름이 아니다. 그래서 이 경로에 따라서 유량을 1단위씩 증가시킨다. 그리고 포화한 호

가 있는가를 조사한다. 이 경우 1단위씩 증가시키는 것에 따라서 호 (0, 2)가 새롭게 포화한다. 그 때의 흐름은 그림 3-22에 표시되어 있다.

그림 3-22

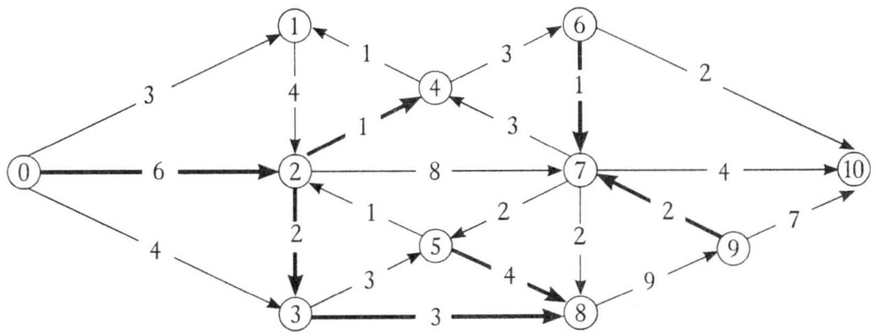

이와 같이 포화하고 있는 호를 포함하지 않은 경로에서 모든 호의 유량을 1단위씩 늘려도 각각의 정점에서의 흐름의 보존칙이 유지되는 것은 당연하다. 그것은 경로상의 어느 정점에서나 그 경로를 따라서 들어가는 호와 나가는 호가 있고 각각 1단위씩 늘려가고 있으므로 들어가는 쪽이 1증가하고 나가는 쪽도 1증가하여 상쇄한다. 이와 같이 하면 네트워크에서의 유량을 전체로서 1단위 늘리는 것이 된다. 다시 그림 3-22가 완전흐름이 되어 있는가를 조사하면 여전히

$$0 \rightarrow 3 \rightarrow 5 \rightarrow 2 \rightarrow 7 \rightarrow 10$$

의 경로는 포화한 호를 포함하고 있지 않은 것을 알 수 있다. 따라서 아직 완전흐름은 아니다. 다시 이 경로를 따라서 모든 호의 유량을 1단위씩 늘리고 포화한 호가 새로이 발생했는가를 그림 3-23으로 조사한다.

그림 3-23

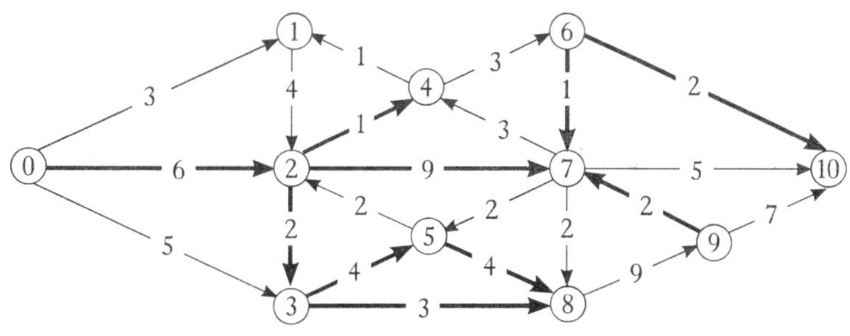

그림 3-23에서는 입구에서 출구에 이르는 경로에 포화하지 않은 호를 포함한 경로는 하나도 없다. 따라서 이것으로 완전흐름이 얻어졌다.

완전흐름은 아직 수송네트워크의 최대유량을 준다고는 말할 수 없다. 다음으로 이것이 최대로 되어 있는가를 조사하는 방법을 생각하자. 결국 최적성의 판정방법이다. 입구에서 시작하여 차례로 정점에 번호붙이기를 한다. 그 **번호붙임법**은 다음과 같이 한다. 우선 입구의 정점에 부호 +를 붙인다. 그리고 입구에서 나가는 호에 포화하고 있지 않은 것이 있으면 그 호의 종점의 정점에 +0이라는 번호를 붙인다. 이 예에서는 정점 1에 +0을 붙인다. 만약 입구에서 나가는 호가 모두 포화하고 있으면 번호붙임을 진행할 수 없는데 이 때는 이미 그 흐름이 최대흐름으로 되어 있기 때문이다. 다음으로 지금 번호를 붙인 정점에서 출발하여 그곳에서 나가고 있는 호에 아직 포화하고 있지 않은 것이 있을 때 그 호의 종점에 번호를 붙인다. 출발하는 정점을 i, 그곳에서 나가는 포화하고 있지 않은 호의 종점이 j, 즉 호 (i, j)가 포화하고 있지 않을 때에는 정점 j에 $+i$라는 번호를 붙인다. 이 때 역으로 호 (i, j)가 있어 그 호의 유량이 포화하고 있지 않으면 정점 j에 $-i$라는 번호를 붙인다. 앞의 경우, 정점 1에서 출발하여 정점 2로 가는 호 (1, 2)는 포화하고 있지 않으므로 정점 2에 +1이라는 번호를 붙인다. 또 정점 1에서 정점 4의 방향으로 가려고 하면 그 호는 (4, 1)이고 그 호의 유량은 1로 포화하고 있지 않으므로 정점 4에는 −1이라는 번호를 붙일 수 있다. 이와 같이하여 순서대로 정점에 번호를 붙여 가는데 출구의 정점에 번호를 붙일 수 있을 때에는 그 흐름은 최대로 되어 있지 않다. 만약 도중의 정점에서 번호붙임이 멈춰 버리고 그곳에서 어디로도 진행할 수 없다면 그 흐름은 최대흐름으로 되어 있는 것이다. 이것이 최적성의 판정방법이다.

이와 같은 정점의 번호붙임은 꼭 하나라고는 할 수 없다. 여러 가지 번호붙임방법이 많다. 앞의 예에서는 그림 3-23에서의 번호붙임에 입구에서 출구로 향해

정 점	0	1	4	6	10
번 호	+	+0	−1	+4	+6

이라는 번호붙임도 있으며 또

정 점	0	1	2	5	7	10
번 호	+	+0	+1	−2	−5	+7

와 같은 번호를 붙일 수도 있다. 또는

정 점	0	1	4	7	10
번 호	+	+0	−1	−4	+7

라는 것도 있다. 어쨌든 이 예에서는 출구의 정점까지 번호를 붙일 수 있으므로 그림 3-23의 흐름은 최대는 아니다.

번호붙임에 대하여 +의 부호는 그 정점으로 들어가는 흐름이 포화하고 있지 않은 것을 나타내고 있다. 또 −의 부호는 그 정점에서 나가는 흐름이 플러스의 흐름인 것을 나타내고 있다. +, − 다음의 정점의 번호가 +일 때에는 어느 정점에서 그곳으로 유입하고 있는가? 또 −일 때에는 그 정점에서 어느 정점을 향해 흐르는가를 나타내고 있다. 그림 3-23의 흐름에 하나의 번호붙임을 한 것이 그림 3-24이다.

그림 3-24

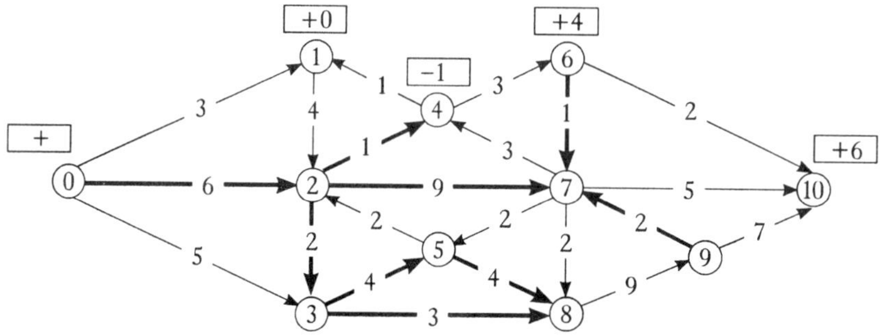

여기서는 번호붙임을 알기 쉽도록 네모진 상자로 번호붙임을 둘러싸고 있다.

출구의 정점까지 번호붙임을 할 수 있을 때에는 최대흐름은 아니므로 흐름을 늘릴 수 있다. 이 때에는 번호붙임을 실시한 정점을 따라 +부호가 붙어 있는 정점으로 들어가는 호의 유량을 1단위 늘리고 −부호가 붙어 있는 정점에서 그 −부호의 다음에 붙어 있는 번호의 정점으로 가는 호의 유량을 1단위 줄인다. 이와 같이 하여 출구까지 가면 전체로서 유량을 1단위 늘릴 수 있다. 여기서 그 흐름에 대하여 또 번호붙임을 해 본다. 그리고 출구의 정점까지 번호를 붙일 수 있으면 이와 같은 순서를 반복한다. 도중의 정점에서 번호붙임이 끝나면 최대흐름이다. 이와 같이 +부호의 정점으로 들어가는 호를 1단위 늘리지 않으면 안 되므로 +부호는 포화하지 않은 호로 결정할 수밖에 없다. 또 −부호의 정점에서 나아가는 호에 대해서는 1단위 줄이지 않으면 안 되므로 흐름이 0인 호에는 −부호를 붙일 수 없다.

지금 서술한 방법에 의해 전체의 유량을 1단위 늘리기 위하여 그림 3-24에 포화한 호를 새롭게 첨가한 것이 그림 3-25이다.

그림 3-25

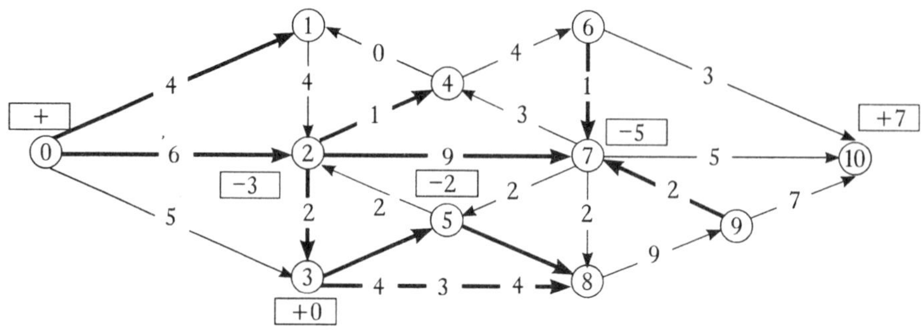

그림 3-24의 번호붙임에 따라서 정점 1에 +0이라는 번호가 붙어 있으므로 호(0, 1)의 유량을 1단위 늘리고 정점 4에는 번호 −1이 붙어 있으므로 호(4, 1)의 유량을 1단위 줄이고 정점 6은 +4라는 번호이므로 호(4, 6)을 1단위 늘리고 정점 10은 +6이므로 호(6, 10)을 1단위 늘려서 전체의 유량이 1단위 증가한다.

그림 3-26에서 다시 번호붙임을 시도해 보자. 정점 0에 +를 붙이고 그곳에서 포화하지 않은 정점으로 가는 데에는 정점 3으로 밖에 갈 수 없다. 그래서 정점 3에 +0을 붙인다. 다음에 정점 2로 나아가 −3을 붙이고 정점 5에 −2, 정점 7에 −5, 정점 10에 +7을 붙인다. 이와 같이 하여 다시 출구의 정점까지 번호를 붙일 수 있다. 따라서 전체의 유량을 1단위 늘릴 수 있다. 이번에는 유량을 늘렸기 때문에 포화한 호는 없는데 역으로 유량을 줄였기 때문에 지금까지 포화하고 있었던 것이 포화하지 않게 된 것이 있다. 그 결과는 그림 3-26이다.

그림 3-26

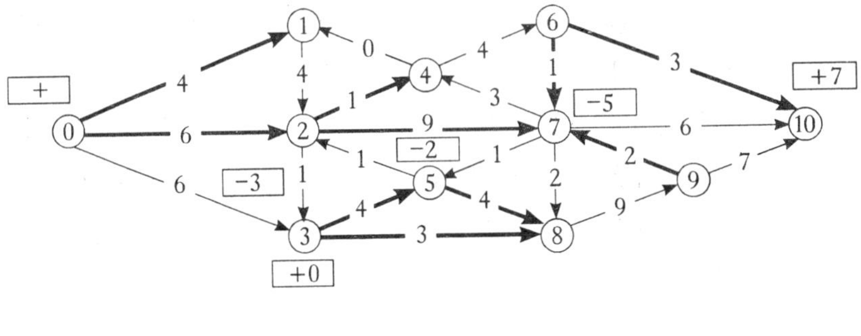

그림 3-26에서도 그림 3-25와 같은 번호붙임을 할 수 있으므로 전 유량을 1단위 늘릴 수 있다. 결국 그림 3-25에서 단번에 2단위 늘릴 수 있는 것이지만 1단위씩 늘렸기 때문에 2단계를 필요로 한 것이다. 그 결과 그림 3-27로 된다.

그림 3-27

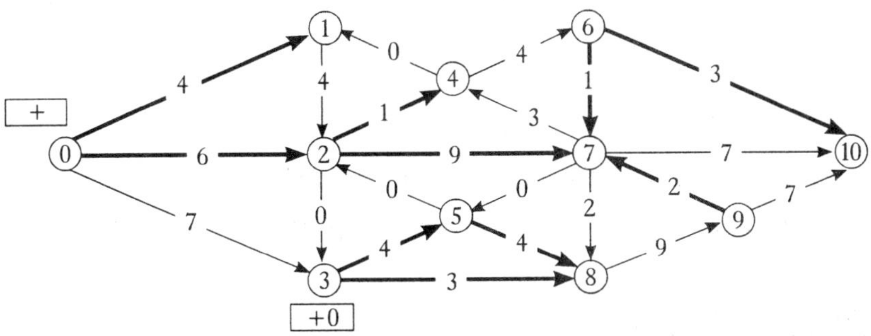

그림 3-27에 번호붙임을 하면 정점 3에서 멈춰 버린다. 정점 3에서 나가는 호는 모두 포화해 있고 정점 3으로 흘러오는 호의 유량은 0이기 때문이다. 따라서 그림 3-28이 이 수송네트워크의 최대유량을 부여한다. 이 때의 최대유량은 정점 0에서 나아가는 흐름은

$$4 + 6 + 7 = 17$$

이고 정점 10으로 들어오는 흐름은

$$3 + 7 + 7 = 17$$

로 되어 전체로 17단위이다. 최대유량을 흐르는 흐름의 상태는 그림 3-27 하나만은 아니다. 예를 들면 호 (7, 10)의 흐름을 6, 호 (9, 7)의 흐름을 1, 호 (9, 10)의 흐름을 8로 해도 전체로서는 똑같다. 다만 그 때 호 (9, 10)은 포화하고 있다. 결국 최적해는 몇 개라도 있을 가능성은 있지만 최적값이 꼭 하나인 것은 말할 필요도 없다.

위에 서술한 최대유량을 구하는 방법을 **Ford-Fulkerson법**이라 한다. 여기서 하나의 개념을 도입해 보자. 수송네트워크에서 정점 전체의 집합을 둘로 나누어 한쪽에는 입구의 정점을 다른 쪽에는 출구의 정점을 반드시 포함하도록 한다. 입구를 포함하는 정점의 집합을 X, 출구를 포함하는 정점의 집합을 Y로 했을 때 X에서 Y로 흘러가는 것이 가능한 호의 집합을 **절단**(cut)이라 한다. 위에서 사용한 수송네트워크에서, 예를 들면 그림 3-20에 대하여

$$X=\{0, 1, 2, 3, 4, 5\}$$
$$Y=\{6, 7, 8, 9, 10\}$$

으로 하면 절단은

$$\{(4, 6), (2, 7), (5, 8), (3, 8)\}$$

이다. 하나의 절단에 대해서는 그 **절단의 용량**을 생각할 수 있다. 그 절단의 용량은

$$9+9+4+3=25$$

이다. 이 절단을 도시하면 그림 3-28과 같이 된다.

그림에서 점선으로 표시된 것이 절단이고 그곳을 흘러 갈 수 있는 용량이 절단용량이다. 이 그림에서 호에 붙은 수는 그 호의 용량이고 실제의 유량은 아니다.

그림 3-28

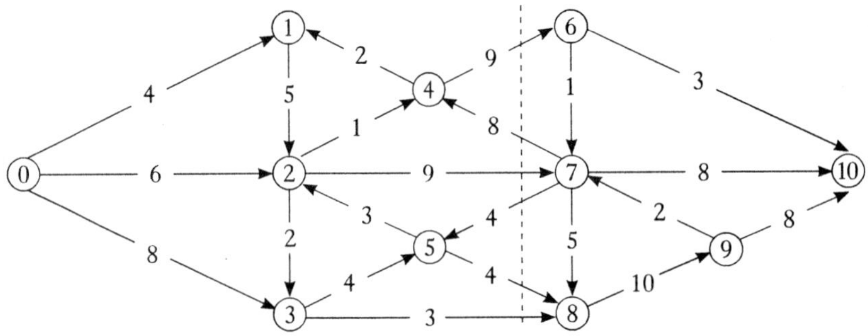

그런데 절단을 만들 때 정점의 집합의 한쪽에는 입구를 다른 쪽에는 출구를 포함하기 때문에 어떠한 흐름에 대해서도 그 유량은 임의의 절단의 용량을 넘을 수는 없다. 절단을 구성하는 호의 집합을 V, 그 용량을 $c(V)$로 하고 어떤 흐름의 용량을 f로 할 때

$$f \leq c(V)$$

가 임의의 흐름과 임의의 절단에 대하여 성립한다. 여기서

$$f_0 = c(V_0)$$

로 되는 흐름 f_0와 절단 V_0가 있을 때에는 유량 f_0는 최대유량이고 절단 V_0의 용량은 최소용량으로 된다. 결국

최대유량 = 최소절단용량

이라는 관계가 성립한다. 이 결과를 **최대흐름 최소절단정리**(max-flow, min-cut)라 한다. 그러므로 최대유량을 구하는 데에는 절단용량이 최소로 되는 절단을 찾으면 된다. 그것을 계통적으로 찾는 방법이 앞에 서술한 Ford-Fulkerson법이다. 그림 3-19의 예에서 최소절단은 그림 3-29의 형태이다.

그림 3-29

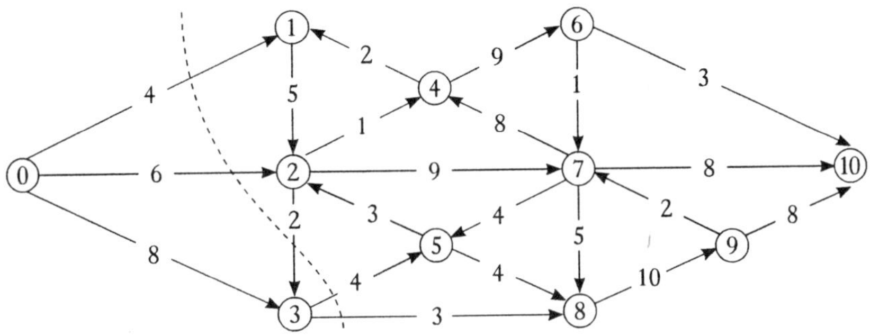

이 절단의 용량은

$$4+6+4+3=17$$

이고 최대유량과 일치하고 있다. 결국 최소절단은 꼭 하나라고는 할 수 없다. 그림 3-30과 같은 것도 있다.

그림 3-30

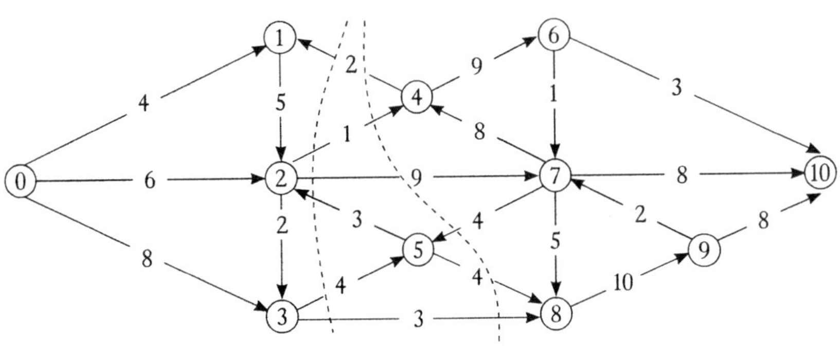

이러한 절단용량은 모두 17이고 최소절단으로 되어 있다.

최대유량을 주는 그림 3-27에서 최소절단을 구하려고 하면 번호가 붙여진 정점과 붙여지지 않은 정점의 짝으로 나누고 그 사이에 절단을 넣으면 된다. 그 결과는 그림 3-29의 절단으로 된다.

이제 수송문제로의 응용을 생각하자. 단, 제 2 장의 선형계획법의 경우에서 생각했던 수송문제와 같이 총수송비를 최소로 하는 문제가 아니고 각각의 수송로에 용량의 제한이 있고 또 목적지에서의 필요량을 가능한 충족하려고 하는 최대수송량을 구하려고 하는 문제이다. 지금 4개의 항구 A_1, A_2, A_3, A_4에서 보내는 것으로 하고 각각의 항구에서 보낼 수 있는 양이 다음과 같다.

발 송 지	A_1	A_2	A_3	A_4
발송가능량	120	100	100	100

한편 목적지의 항구가 B_1, B_2, B_3, B_4로 4개 있고 각각의 항구에서의 필요량이 다음과 같다고 하자.

목 적 지	B_1	B_2	B_3	B_4
필 요 량	100	80	80	150

그리고 각각 보내는 항구에서 목적지의 항구로 가는 배의 적재가능량이 표 3-6과 같다고 한다.

表 3-6

	B_1	B_2	B_3	B_4
A_1	70	30	20	0
A_2	50	40	10	0
A_3	0	20	40	80
A_4	0	20	40	80

이 표에서 0인 곳은 항로의 선편이 없는 것을 나타내고 있다.

이 문제를 그래프로 나타내기 위하여 가공의 입구와 출구를 생각하고 그것을 S와 T로 나타내자. 그리고 입구에서 각 발송지로의 호를 만들고 그 용량을 각 항구에서 보낼 수 있는 양으로 해 놓는다. 또 각각의 목적지에서 출구에 이르는 호를 만들고 그 용량으로는 목적지에서의 필요량으로 하자. 도중의 호의 용량은 문제에 주어진 적재량으로 해 놓으면 된다. 그 그래프는 그림 3-31과 같다.

그림 3-31

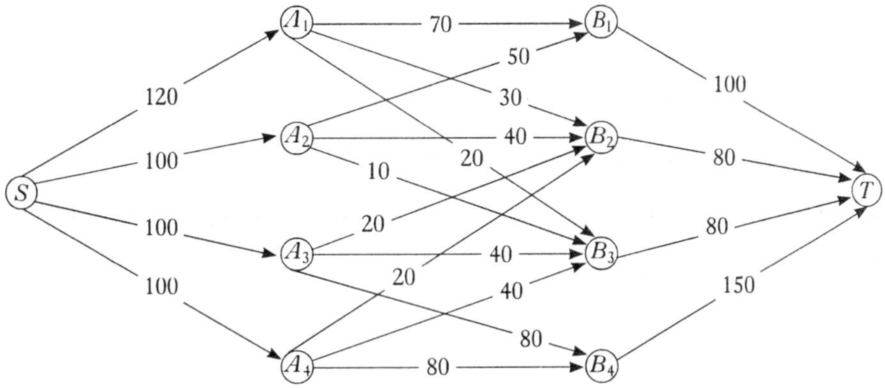

물론 수송가능량이 0인 곳은 호를 만들 필요가 없다. 이 수송네트워크에서 완전흐름을 만드는 것은 용이하다. 결국 S에서 T에 이르는 모든 경로에 적어도 하나의 포화한 호를 갖는 흐름을 만든다. 그것은 그림 3-32와 같이 된다.

그림 3-32

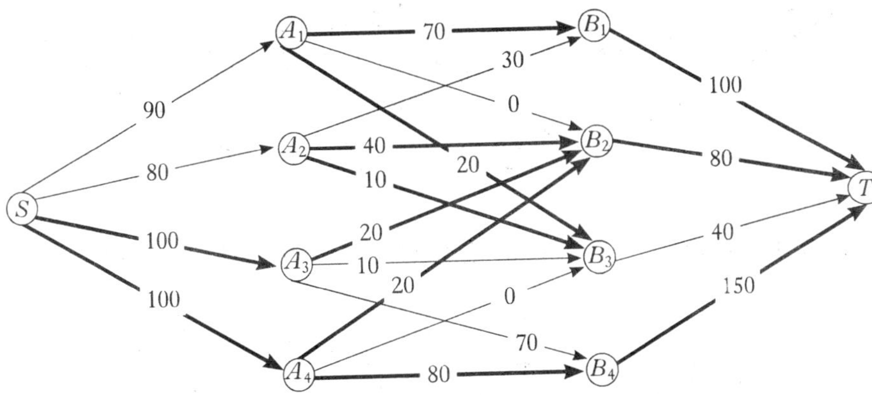

이 그림의 굵은 선은 물론 포화한 호를 나타내고 있다. 이것은 하나의 완전흐름이다. 결국 어느 경로도 적어도 하나의 포화한 호를 포함하고 있다. 이제부터 S에서 시작하여 정점에 번호붙임을 한다. 그것은 다음과 같이 할 수 있다.

정 점	S	A_1	B_2	A_3	B_3	T
번호붙임	$+$	$+S$	$+A_1$	$-B_2$	$+A_3$	$+B_3$

이 번호붙임은 그래프의 출구까지 도달하고 있으므로 더욱 유량을 늘릴 수 있다. 그 때 늘리는 양으로는 이 연쇄의 용량과 현재의 유량과의 차의 최소치를 취할 수 있다. 그것은

$$120-90=30 \qquad 30-0=30$$

$$40-10=30 \qquad 80-40=40$$

이므로 30이다. 그렇지만 B_2에서 A_3로는 거꾸로 유량을 줄이지 않으면 안 되는데 그곳의 현재의 흐름은 20이므로 결국 늘릴 수 있는 양은 20단위이다. 그것을 늘린 결과는 그림 3-33으로 된다. 새로이 포화한 호는 하나도 없다. 역으로 포화하지 않게 된 호가 하나 생겼다.

그림 3-33

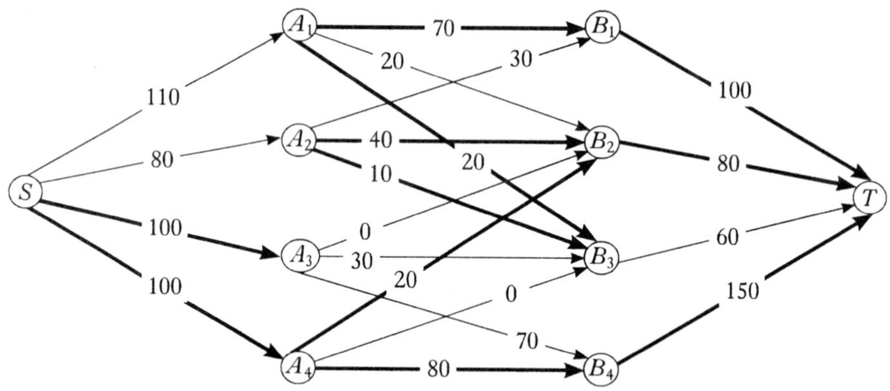

여기서 다시 번호붙임을 생각한다. 그 번호붙임은 다음과 같이 할 수 있다.

정 점	S	A_1	B_2	A_4	B_3	T
번호붙임	$+$	$+S$	$+A_1$	$-B_2$	$+A_4$	$+B_3$

이 번호붙임도 출구 T에 도달하고 있다. 따라서 더욱 유량을 늘릴 수 있다. 그러나 증가할 수 있는 양은 용량에서 생각하면 10단위이다. 그 결과를 도시하면 그림 3-34와 같이 된다.

그림 3-34

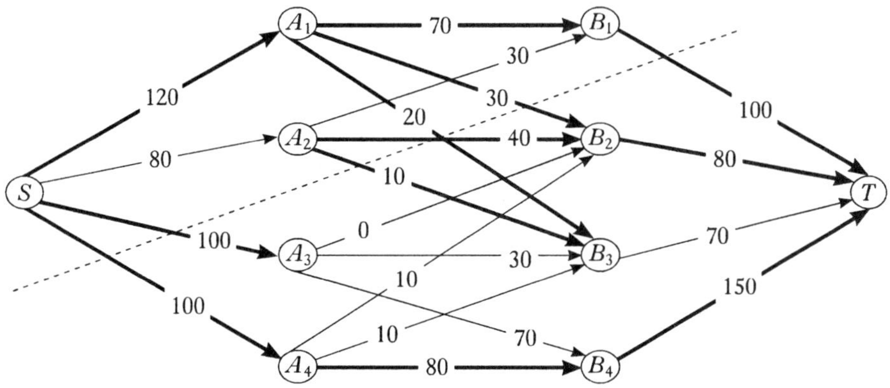

여기서 번호붙임을 하면

정 점	S	A_2	B_1	A_1
번호붙임	$+$	$+S$	$+A_2$	$-B_1$

으로 되어 A_1에서 중지해 버린다. 따라서 이 흐름이 최대유량을 부여한다. 그 유량은

$$120+80+100+100=100+80+70+150=400$$

이다. 각각의 목적지에서 필요량으로서는 B_3에서 10단위 부족할 뿐이다. 이 최대유량은 가능한 필요량을 충족하는 것으로 되어 있다. 또 최소절단은 번호붙임으로 얻어진 경우이므로 S, A_1, A_2, B_1과 다른 정점과의 사이에 만들면 된다. 그 절단은 그림 3-34에 점선으로 표시되어 있다. 그 용량은

$$100+30+40+20+10+100+100=400$$

이고 최대유량과 일치하는 것은 당연하다.

그밖에 교통시스템에서는 도로용량이 주어져 있으므로 어떤 지점에서 다른 지점으로 가는 도로망에 자동차를 어떻게 흐르게 하면 좋은가를 구하는 교통제어의 문제도 동일하게 취급할 수 있다.

연습문제 3.3

1. 다음 네트워크에서 정점 ①에서 정점 ⑦까지의 최대흐름을 구하시오. (단, 호 위의 숫자는 호의 최대용량)

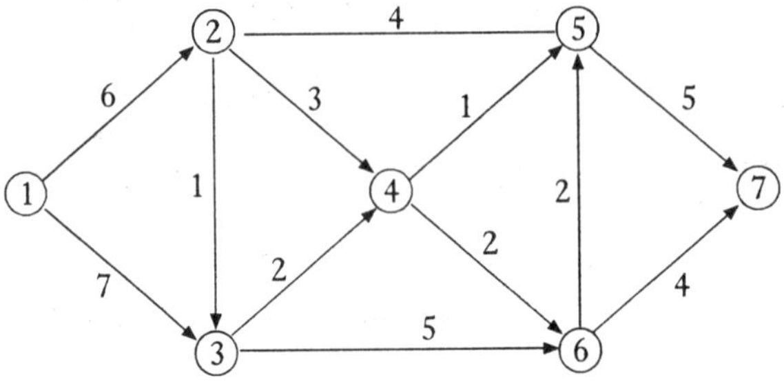

2. 다음 네트워크에서 최대유량을 Ford-Fulkerson 방법으로 구하라. (단, 호 위의 숫자는 호의 최대 용량이고 ( )안의 숫자는 초기해)

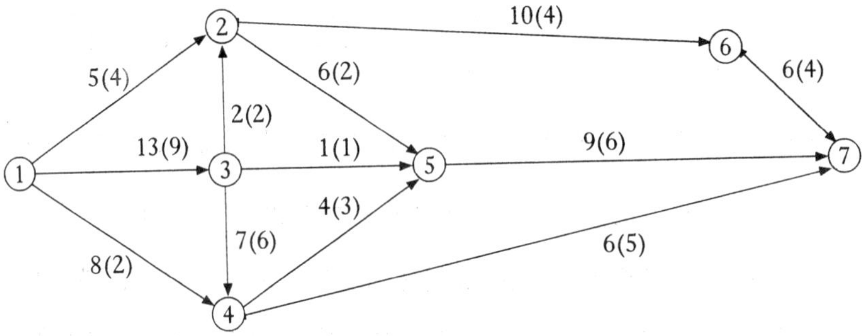

3. 다음 표를 수송네트워크로 나타내고 최소절단방법에 의하여 최대유량을 구하라.

공급지	A_1	A_2	A_3	A_4	소비지	B_1	B_2	B_3	B_4
공급 가능량	150 (150)	120 (110)	90 (90)	140 (120)	소비 가능량	120 (120)	160 (140)	90 (90)	170 (120)

· 공급지에서 소비지로 보낼 때 적재 가능량

공급지 \ 소비지	B_1	B_2	B_3	B_4
A_1	0	90 (90)	60 (40)	20 (20)
A_2	70 (50)	40 (40)	40 (20)	0
A_3	0	30 (10)	20 (10)	80 (70)
A_4	100 (70)	0	50 (20)	30 (30)

(단, (　)안의 숫자는 초기해)

§3.4 최단경로문제

네트워크에서 어떤 지점에서 다른 지점으로 갈 때 어떤 경로를 취하면 최단시간, 최소비용, 최단거리에 갈 수 있는가 하는 문제를 생각하자. 그 때 그래프의 호에 시간, 비용, 거리 등을 나타내는 수치를 기입하여 그러한 합이 최소로 되는 경로를 구한다. 호에 화살표를 붙이지 않은 때에는 어느 쪽에서 가도 거리나 시간이 같다는 것을 나타내는데 방향에 따라서 시간 등이 다른 경우에는 양쪽에서 따로따로 호를 만들어 놓아야 한다. 그림 3-35와 같은 네트워크가 주어졌다고 하자.

그림 3-35

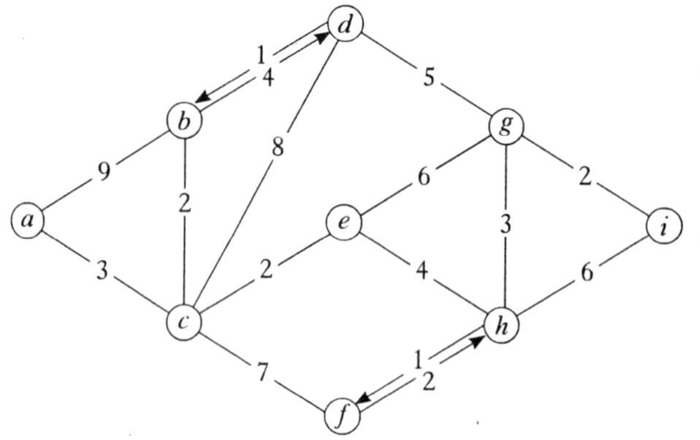

이 그래프에서 지점 a에서 지점 i까지의 최단경로를 구하고 싶다. 우선 기점 a에서 직접 갈 수 있는 정점만을 생각한다. 그리고 그 정점에 도달할 수 있는 시간을 써 놓는다. 이 경우 a에서 직접갈 수 있는 정점은 b와 c뿐이다.

그림 3-36

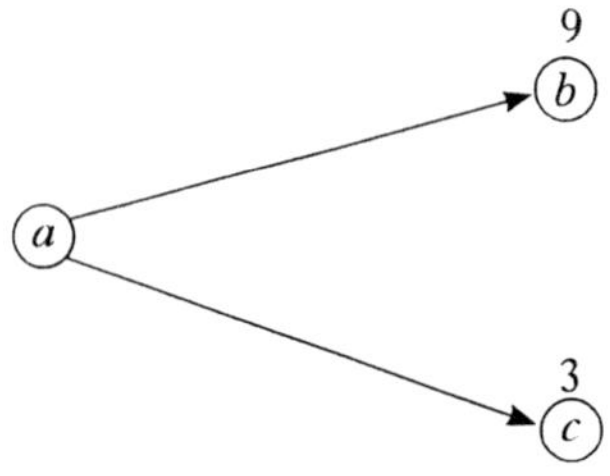

다음으로 a에서 직접갈 수 있는 정점 사이에 호가 있을 때 그러한 호를 지나서 a에서 간접으로 가는 쪽이 가까운 길이 있는가를 조사한다. 간접으로 가는 쪽이 빠를 때에는 그 경로를 맺고 직접 가는 쪽이 긴 경로를 점선으로 그린다. 이 경우 a에서 직접 b로 가는 데에는 9걸리는데 a에서 c를 지나 b로 가면

$$3 + 2 = 5$$

가 걸린다. 그래서 그림 3-37과 같이 고쳐 그린다.

그림 3-37

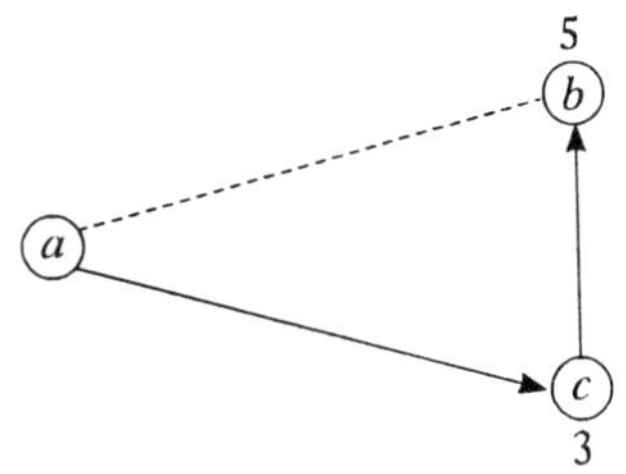

이번에는 지금 생각한 정점에서 직접 갈 수 있는 모든 정점에 대하여 같은 방법으로 조사한다. 그것은 그림 3-38과 같이 된다.

그림 3-38

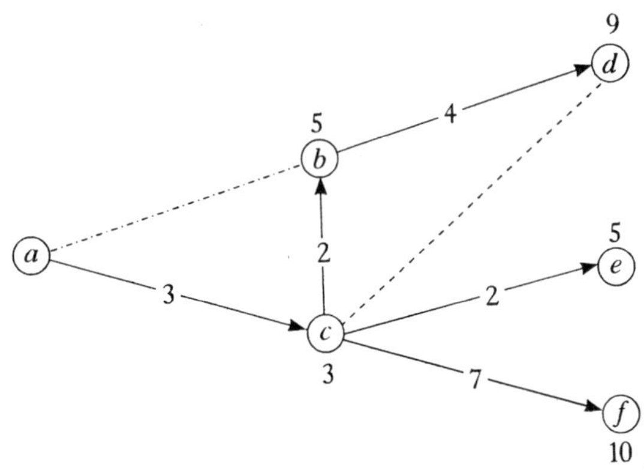

한 단계 더 진행하면 그림 3-39로 된다.

그림 3-39

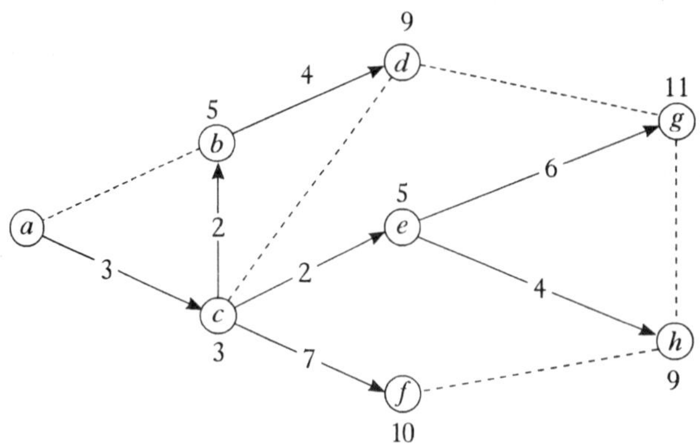

이것에 또 한 단계 덧붙이면 종점 i까지의 경로를 구할 수 있다. 그것이 그림 3-40이다.

그림 3-40

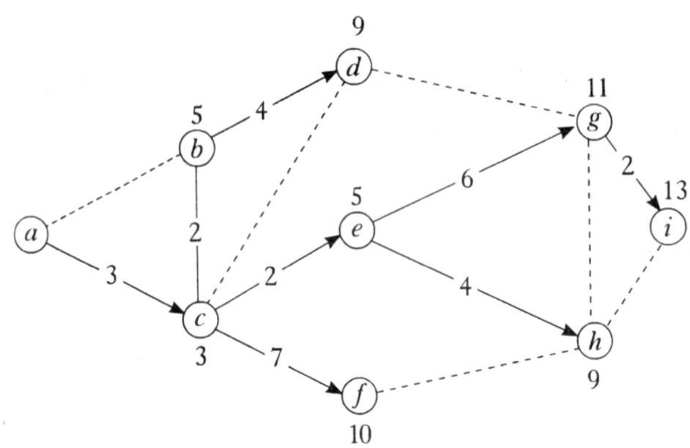

그림 3-40이 기점 a에서 종점 i에 이르는 최단경로를 나타내는 그래프이다. 이것에 의하면 최단경로는

$$(a) \to (c) \to (e) \to (g) \to (i)$$

이고 그 소요시간(또는 소요 경비)의 최소치는 13으로 된다. 이 예에서는 최단경로는 하나 밖에 없지만 일반적으로는 몇 개의 최단경로가 있는 것도 많다. 또 이 문제는 기점에서 종점에 이르는 경로 가운데 최단인 것을 구하는 것이고 그래프의 임의의 두 정점 사이의

최단경로를 구하는 것이 아니다. 그것도 같이 구할 수 있는데 그 때에는 그림 3-40에서 점선으로 한 것을 사용하는 일도 일어난다.

그런데 각 정점 사이의 거리(시간 또는 비용)를 문제로 하지 않고 기점에서 종점에 이르는 경로에서 통과하는 호의 개수가 최소인 것을 구하고 싶은 경우도 있다. 통과하는 정점을 교차점으로 생각했을 때 가능한 교차점의 신호를 지나지 않고 갈 수 있는 교통로를 찾는 문제는 이것에 해당한다. 그 때는 각각의 호에 부여하는 수를 전부 1로 하고 앞에서 서술한 방법을 적용하면 된다. 그것은 앞에서와 같이 단계로 나누어 조사하지 않아도 처음의 그림에서 조사할 수 있다. 예를 들면 a에서 b에 이르는 네트워크가 그림 3-41과 같다고 하자. 그 때 직접 각 정점에 도달하는 최소의 호의 개수를 기입할 수 있다.

그림 3-41

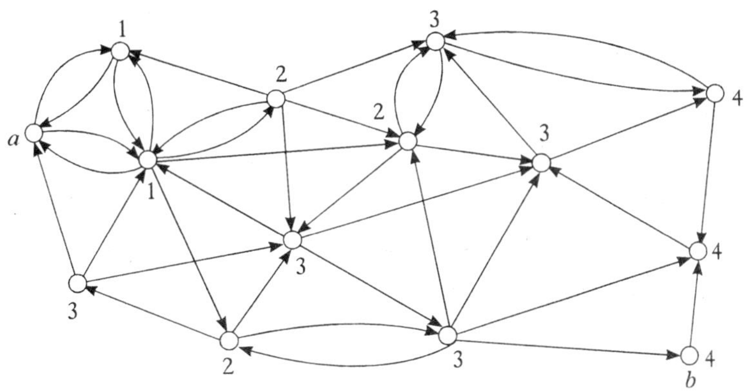

이 그림에서 알 수 있듯이 기점 a에서 종점 b에 이르는 최단경로에서 호의 수는 4이다. 최근의 도로망에서는 이 그래프와 같이 도달하는 곳에 일방통행인 도로가 있고 또 교차점 신호에서의 정체도 많기 때문에 이와 같은 경로를 구할 필요가 있는 것도 많다. 그림 3-41에서 필요한 호만을 남기고 다른 것을 점선으로 하면 그림 3-42로 된다. 이 그림에서 보면 최단경로를 확실히 알 수 있다. 이것은 기점 a에서 종점 b에 이르는 최단경로뿐만 아니라 기점 a에서 임의의 정점에 이르는 최단경로도 나타내고 있다. a에서 b에 이르는 최단경로는 이 그림에서는 단 하나이지만 도중의 정점에 이르는 최단경로는 여러 개 있는 것이 많다.

그림 3-42

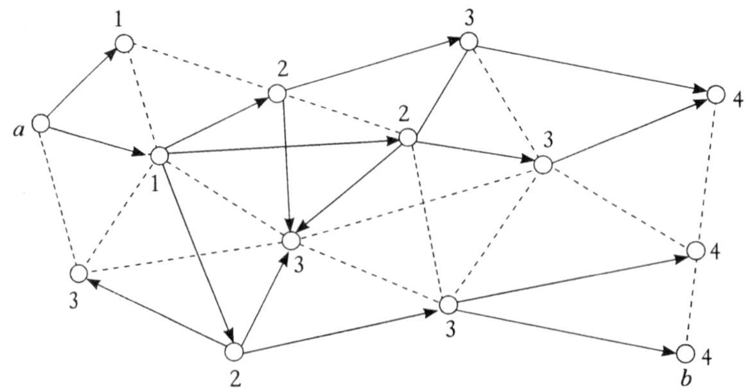

지금까지는 최단경로 문제를 직접 그래프에서 구하는 것을 생각했는데 그것을 행렬로 취급하는 방법에 대하여 서술한다. 여기에서는 정점 사이의 거리를 고려한 그래프의 구조를 행렬로 나타낸다. 왼쪽에 호의 기점으로서의 정점을 위쪽에 호의 종점으로서의 정점을 나타내고 각각의 호에 쓰여진 시간이나 비용(또는 거리)을 나타내는 수를 행렬의 요소로 한다. 만약 정점 사이에 호가 없으면 그곳은 ∞로 써 놓는다. 또 네트워크에는 루프가 없으므로 대각요소는 0으로 된다. 이와 같은 행렬을 네트워크의 **구조행렬**이라 한다. 그림 3-36의 네트워크의 구조행렬은 표 3-7과 같이 된다.

표 3-7

	a	*b*	*c*	*d*	*e*	*f*	*g*	*h*	*i*
a	0	9	3	∞	∞	∞	∞	∞	∞
b	9	0	2	4	∞	∞	∞	∞	∞
c	3	2	0	8	2	7	∞	∞	∞
d	∞	1	8	0	∞	∞	5	∞	∞
e	∞	∞	2	∞	0	∞	6	4	∞
f	∞	∞	7	∞	∞	0	∞	2	∞
g	∞	∞	∞	5	6	∞	0	3	2
h	∞	∞	∞	∞	4	1	3	0	6
i	∞	∞	∞	∞	∞	∞	2	6	0

이 표는 각각의 정점에서 직접 도달할 수 있는 정점까지 시간 등을 나타내고 있다. 이

표에서 직접 또는 어떤 정점을 경유하여 2단계에 도달할 수 있을 때의 시간을 구하는 것을 생각하자. 구조행렬을

$$\begin{pmatrix} a_{11} & a_{12} & \cdots & a_{1n} \\ a_{21} & a_{22} & \cdots & a_{2n} \\ \cdots & \cdots & \cdots & \cdots \\ a_{n1} & a_{n2} & \cdots & a_{nn} \end{pmatrix}$$

으로 했을 때 제 i 정점에서 제 j 정점으로는 a_{ij}걸린다. 또 j정점에서 제 l 정점까지는 a_{jl} 걸린다. 따라서 제 j 정점을 경유하고 나서 l까지 2단계로 갈 때에는

$$a_{ij} + a_{jl}$$

걸린다. 그래서 어딘가의 정점을 지나 i에서 l로 갈 때의 최소시간은

$$\min[a_{i1} + a_{1l},\ a_{i2} + a_{2l},\ \cdots,\ a_{in} + a_{nl}]$$

이다. 이것은 본래 구조행렬의 제 i 행과 제 j 열의 대응요소를 더한 값의 최소로 된다. 예를 들면 제 3 행의 요소는

	a	b	c	d	e	f	g	h	i
c	3	2	0	8	2	7	∞	∞	∞

이고 제 4 열의 요소는

	d
a	∞
b	4
c	8
d	0
e	∞
f	∞
g	5
h	∞
i	∞

이므로 대응요소를 더하면

$$3+\infty,\ 2+4,\ 0+8,\ 8+0,\ 2+\infty,\ 7+\infty,\ \infty+5,\ \infty+\infty,\ \infty+\infty$$

로 되고 이것의 최소는 $2+4=6$이다. 이것이 정점 c에서 d까지 2단계로 갈 때의 최소 시간(또는 비용)을 준다. 이와 같이 하여 2단계의 표를 만들면 표 3-8과 같이 된다.

표 3-8

	a	b	c	d	e	f	g	h	i
a	0	5	3	11	5	10	∞	∞	∞
b	5	0	2	4	4	9	9	∞	∞
c	3	2	0	6	2	7	8	6	∞
d	10	1	3	0	10	15	5	8	7
e	5	4	2	10	0	5	6	4	8
f	10	9	7	15	6	0	5	2	8
g	∞	6	8	5	6	4	0	3	2
h	∞	∞	6	8	4	1	3	0	5
i	∞	∞	∞	7	8	7	2	5	0

이 표는 2단계로 갈 수 있을 때의 최소를 나타내는 표이다. 그것은 원래의 구조행렬에서 대각요소를 0으로 하고 있으므로 같은 점에 머물고 있는 것으로도 인정하고 있다. 최초의 표와 같은 요소의 것은 1단계에서의 최소로 되어 있다. 2단계의 표로 되면 ∞의 개수는 상당히 줄고 있다. 결국, 2단계로 갈 수 있는 정점의 수는 많게 되어 있다. 이 2단계의 표를 S^2으로 나타내기로 하자. 단, S^2으로 나타내어도 보통의 행렬의 곱셈이 아닌 것은 물론이다. 같은 방법으로 하여 3단계의 표를 만들 수 있다. 그러나 1단계씩 진행하는 것은 번거롭기 때문에 S^2의 표에서, 이 표에 대하여 앞과 같은 조작을 하여 S^4의 표를 만들면 4단계로 갈 수 있는 경로의 표를 만들 수 있다. 일반적으로 차례로 자승하여

$$S,\ S^2,\ S^4,\ S^8,\ \cdots\cdots$$

으로 해 갈 때

$$S^{2^r}=S^{2^{r-1}}$$

로 되면 그 이상은 진행할 필요가 없다. 본래의 정점의 수가 n개일 때 제일 먼 경로를

지나도 $(n-1)$개의 정점밖에 지날 수 없기 때문에

$$2^r \geq n-1$$

로 되는 r까지 취하면 충분하다. 앞의 경우 정점의 개수는

$$n = 9$$

이므로

$$2^3 = 9-1 = 8$$

로 되어 $r=3$, 즉 S^8까지 취하면 충분하다. S^2의 표를 기초로 하여 S^4의 행렬을 만들면 표 3-9와 같이 된다.

표 3-9

	a	b	c	d	e	f	g	h	i
a	0	5	3*	9	5	10	11	9	13
b	5	0	2*	4*	4	9	9	8	11
c	3*	2*	0	6	2*	7*	8	6	10
d	6	1*	3	0	5	9	5*	8	7
e	5	4	2*	8	0	5	6*	4*	8
f	10	9	7*	10	6	0	5	2*	7
g	11	6	8	5*	6*	4	0	3*	2*
h	9	8	6	8	4*	1*	3*	0	5
i	13	8	10	7	8	6	2*	5	0

이 표에는 ∞가 없게 되어 4단계에서 임의의 2개의 정점을 맺을 수 있다. 이것은 S^4이고 일반적으로는 S^8까지 구하면 충분하지만 본래의 그림 3-36의 그래프에서 분명한 것같이 최장인 곳에 4단계로 갈 수 있다. 물론 5단계 이상으로 갈 수 있는 것도 많은데 보다 큰 값으로 된다. 따라서 위의 표가 최적해를 부여한다. 그림 3-41에 주어진 해는 S^4의 행렬의 제1행의 값을 주고 있다. 그래프에서 구한 답은 기점 a에서의 최단시간만 부여하고 있는데 행렬로 주어진 해는 임의의 2정점 사이의 최단시간을 주고 있다. 그러나 그래프의 해는 최단경로를 나타내고 있는데 행렬에서는 최소치를 줄 뿐이어서 어느 경로가 최소치를 주는가를 알 수 없다. 만약 그 경로를 구하려고 하면 본래의 구조행렬과 비

교해서 1단계의 최단경로를 이용할 수 있다. 표 3-9(S^4의 표)에서 *표를 붙인 것은 본래의 S의 표(표 3-7)와 같은 요소로 1단계에서의 최소로 되어 있다. 이 *표인 것에서만 최단경로가 발견된다. 예를 들면 $c \to i$의 10이라는 값은 $(c,\ e)$의 2와 $e \to i$의 8의 합이고 $e \to i$의 8이 $(e,\ g)$의 6과 $(g,\ i)$의 2와의 합인 것이므로

$$(c,\ e),\ (e,\ g),\ (g,\ i)$$

라는 경로가 $c \to i$의 최단경로로 되어 있다. 더구나 S^4의 표(표 3-9)에서 알 수 있듯이 비대칭인 거리이므로 이것은 대칭행렬은 아니다. 예를 들면 $a \to d$는 9인데 $d \to a$는 6으로 되어 있다.

연습문제 3.4

1. 다음 수송네트워크의 A지점에서 G지점까지의 최단경로와 최단경로의 거리를 구하라(단위는 km).

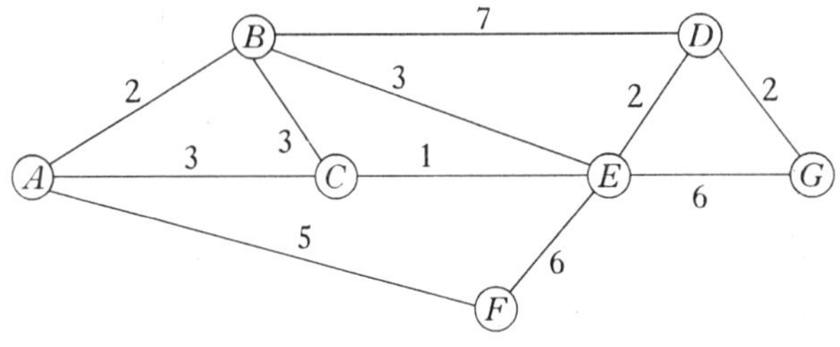

2. 다음 네트워크에서 최단경로와 최단거리를 구하라.

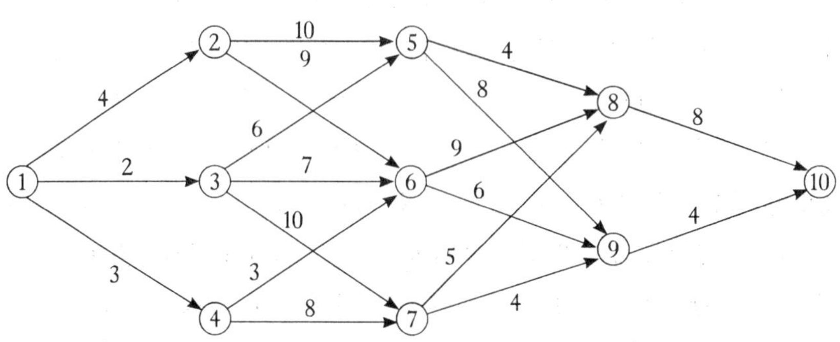

3. 다음 네트워크에서 3단계에 갈 수 있는 구조행렬을 만들어라.

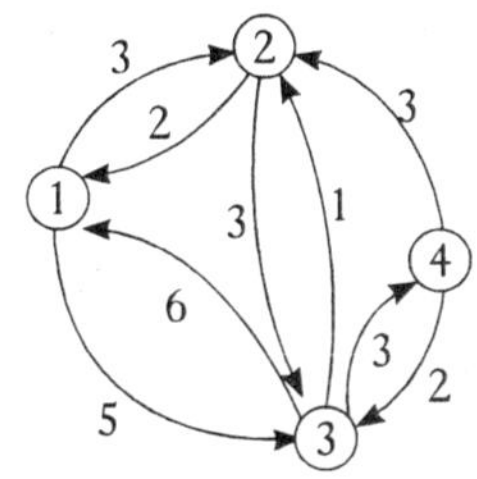

§3.5 수형도(樹形圖)

그래프에서 임의의 두 정점을 연결하는 연쇄가 있을 때 그 그래프를 연결그래프라고 불렀다. 또 닫힌 연쇄를 사이클(cycle)이라고 했다. 일반적으로 사이클을 갖지 않는 연결그래프를 **수형도**(樹形圖) 또는 **나무**(木)라 한다. 수형도에서는 호의 방향을 특별히 생각할 필요는 없다. 마치 수목의 가지 형태로 나누어진 그래프인 경우이므로 그 이름이 붙어 있다. 그림 3-43의 그래프는 수형도이다.

그림 3-43

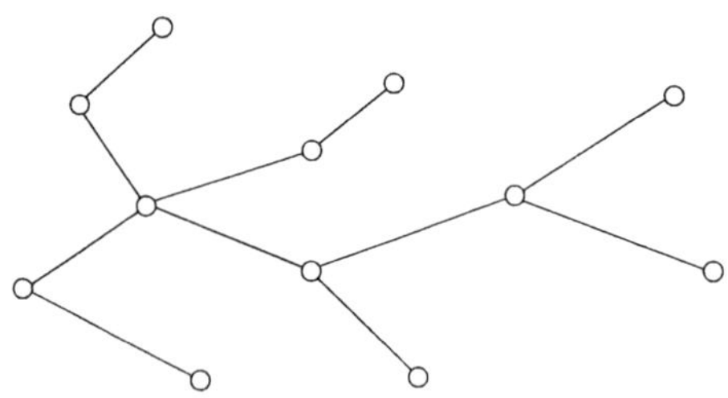

수형도에서는 정점이 적어도 2개 있어야 한다. 일반적으로 정점이 n개 있을 때에 수형도는 사이클을 갖지 않으므로 반드시 호의 수는 $n-1$개이다. 수형도에서는 정점을 원래대로 해 놓고 호를 하나 늘리면 반드시 사이클을 만들 수 있다. 또 수형도의 임의의 두 정점 사이에는 꼭 하나의 연쇄밖에 없다. 조직체의 명령계통이나 가계도 등은 모두 수형도로 되어 있다.

T · V중계소에 관한 네트워크의 문제를 생각하자. 7개의 도시 A, B, C, D, E, F, G가 있는데 도시 A에 방송국이 있고 다른 도시에 중계소를 만든다. 이 때 중계선을 어떻게 연결하면 좋은가? 단 중계선은 사이클이 될 수 없다. 중계선의 건설비용은 표 3-10에 주어져 있다. 이 문제는 네트워크의 호에 비용이 주어졌을 때 전체의 비용의 합이 최소로 되는 수형도를 만드는 문제이다. 단, 이 문제에서는 A가 방송국이므로 A가 수목의 뿌리의 위치로 되지 않으면 안 된다. 이것을 **최소비용수형도**(minimum spanning tree)라 한다. 원래의 네트워크는 그림 3-44와 같다.

표 3-10

	A	B	C	D	E	F	G
A	0	8	8	3	11	10	9
B	8	0	4	7	12	∞	4
C	8	4	0	∞	9	7	6
D	3	7	∞	0	13	9	∞
E	11	12	9	13	0	9	8
F	10	∞	7	9	9	0	5
G	9	4	6	∞	8	5	0

그림 3-44

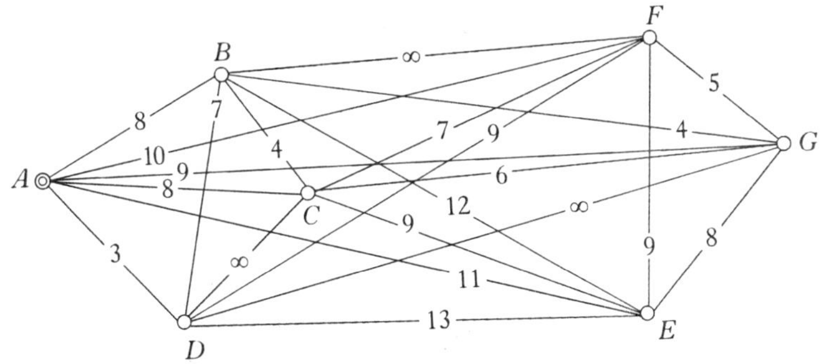

비용표는 대각선을 중심으로 대칭인 행렬이므로 대각선의 한쪽은 없어도 된다. 이 네트워크에서 어느 호를 남기고 수형도를 만들면 총비용이 최소로 되는가를 구하고 싶다.

우선, 비용표에서 A행에서의 최소요소는 $(A,\ D)$의 3이므로 이곳에 중계선을 만든다. 다음으로 B행에서는 $(B,\ C)$, $(B,\ G)$의 4가 최소이므로 이 사이에도 중계선을 만든다. C행의 최소는 $(C,\ B)$로 이미 만들어져 있으므로 필요 없다. D행에서는 $(D,\ A)$의 3이 최소이다. 이러한 중계선은 그림 3-45와 같이 된다. 이것을 진행해 가면 $(E,\ G)$, $(F,\ G)$, $(G,\ B)$를 만들면 좋은 것으로 된다. 이렇게 하면 그림 3-46으로 된다.

그림 3-45

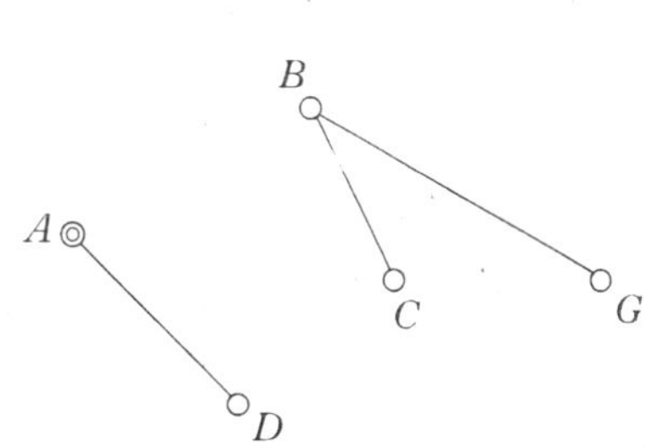

그림 3-46

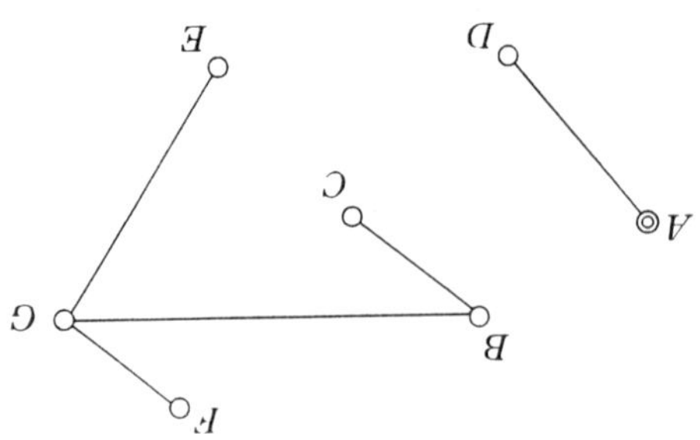

이것은 아직 수형도로 되어 있지 않다. 이 때 A에서 가는 것으로 D다음으로 싼 것은 B와 C의 8이다. 한편, D에서 가는 것으로 A다음으로 싼 것은 B의 7이다. 따라서 D와 B를 연결하면 된다. 이렇게 하여 그림 3-47의 수형도를 만들 수 있다.

그림 3-47

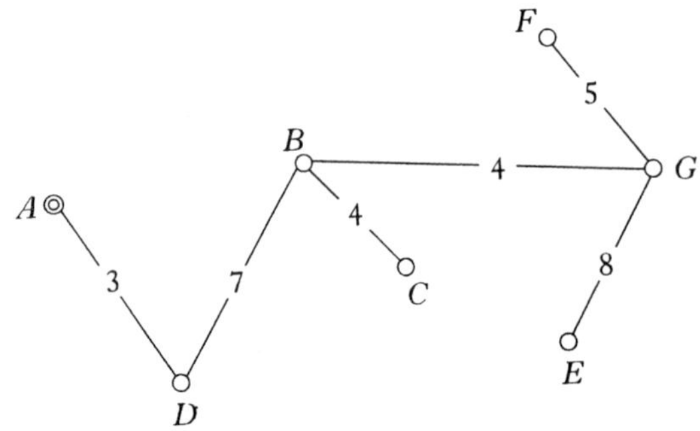

이것이 총비용을 최소로 하는 중계선망의 수형도이고 최소비용은 다음과 같다.

$$3+7+4+4+5+8=31$$

일반적으로 주어진 그래프의 정점은 그대로 두고 몇 개의 호를 없앤 그래프를 Bessel graph라고 하는데 앞의 문제는 Bessel graph의 수형도로 된 것에서 최소비용을 주는 것을 찾는 문제였다. 그것을 **부분수형도**라 한다.

몇 단계로 되어 있는 게임에서는 각 단계에서 선택할 수 있는 방법의 수가 많다. 그 각각에서 다음 단계의 방법이 대응해 가는 것처럼 수목의 가지 상태로 나뉘어 간다. 게임을 이와 같이 수형도로 나타낼 때 이것을 **게임의 수형도**라 한다. 간단한 게임을 한 가지 생각하자. 우선 최초의 차례에서는 player P_1이 수 1이나 2 어느 것을 선택한다. 제 2 의 차례에서는 player P_2가 제 1 의 차례에 P_1이 선택한 결과를 알고 수 3이나 4 어느 것을 선택한다. 다음에 제 3 의 차례에서는 다시 P_1이 제 2 의 차례에 P_2의 선택한 결과를 알고 수 1이나 2 어느 것을 선택한다. 이 3단계로 끝나는 게임으로 한다. 게임 종료시의 지불관계로서는 3단계에 걸쳐서 선택되어진 수의 합계가 홀수이면 그 액수만큼 P_1이 P_2에 지불하고 역으로 합계가 짝수이면 그 액수만큼 P_2가 P_1에 지불하기로 한다. 따라서 어느 결과에 대해서도 P_1과 P_2가 받는 액수의 합계는 0이다. 물론 지불하는 것은 그 마이너스의 액수를 받는다고 생각하고 있다. 이와 같은 게임을 **영합2인게임**이라 부른다. 이 게임의 수형도는 그림 3-48과 같이 된다.

그림 3-48

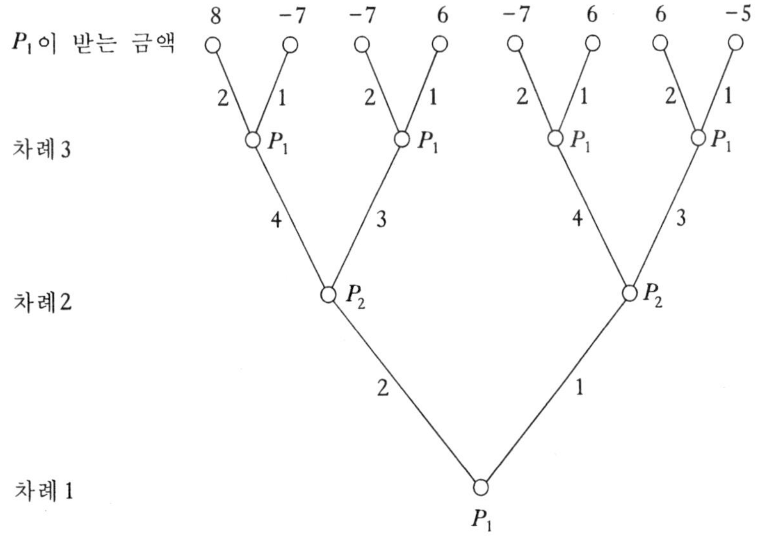

게임이론은 이와 같이 몇 단계로 되는 게임에 있어서 게임 전체의 **전략**이라는 사고방식을 사용하여 2사람이 각각 어떤 전략을 사용했을 때에 하나의 결과로 되는 형태로 정리된다. 지금 소개한 게임의 전략에 대하여 생각해 보자. 우선 P_2는 차례 2에 수 3이나 4를 선택할 뿐이다. 그러나 차례 1에 P_1이 선택한 결과를 알고 행동하는 것이므로 그 결과에 관한 정보를 이용할 수 있다. 그래서 P_2의 전략으로서는 P_1이 차례 1에 수 1을 선택했을 때에 취하는 수와 차례 1에 P_1이 수 2를 선택했을 때에 차례 2에 자기가 선택한

수의 쌍으로 하나의 전략을 줄 수 있다. 그 전략은

(3, 3), (3, 4), (4, 3), (4, 4)

의 4가지이다. 예를 들면 (4, 3)이라는 전략은 차례 1에 P_1이 1을 선택하면 차례 2에 P_2가 4를 선택하고 차례 1에 P_1이 2를 선택하면 3을 선택한다고 하는 전략이다. 다른 한편 P_1으로서는 차례 1과 차례 3에 행동하는데 차례 1은 시작이므로 1이나 2 어느 것을 선택할 뿐이다. 그러나 차례 3에서는 차례 2에 P_2가 선택한 결과를 알고 행동하므로 또 그 결과를 정보로 이용할 수 있다. 따라서 P_1의 전략은 차례 1에 선택한 수 i와 차례 2에 P_2가 3을 선택했을 때에 차례 3에 선택한 수 j, 차례 2에 P_2가 4를 선택했을 때 차례 3에 선택한 수 k의 쌍 $(i; j, k)$로 주어진다. 그것은 전체로

(1 ; 1, 1), (1 ; 1, 2), (1 ; 2, 1), (1 ; 2, 2)
(2 ; 1, 1), (2 ; 1, 2), (2 ; 2, 1), (2 ; 2, 2)

의 8가지이다. 예를 들면 (2 ; 2, 1)이라는 것은 P_1이 차례 1에서는 2를 선택하고 차례 3에서는, 차례 2에 P_2가 3을 선택하면 2를 P_2가 4를 선택하면 1을 선택한다고 하는 전략이다.

표 3-11

P_1 \ P_2	(3, 3)	(3, 4)	(4, 3)	(4, 4)
(1;1,1)	−5	−5	6	6
(1;1,2)	−5	−5	−7	−7
(1;2,1)	6*	6	6*	6
(1;2,2)	6	6	−7	−7
(2;1,1)	6	−7	6	−7
(2;1,2)	6*	8	6*	8
(2;2,1)	−7	−7	−7	−7
(2;2,2)	−7	8	−7	8

그리고 P_1과 P_2가 각각 어떤 전략을 사용할 때 어떠한 결과로 되는가는 게임의 수형도를 더듬어 가면 바로 알 수 있다. 예를 들면 P_1이 (1 ; 2, 1), P_2가 (4, 3)이라는 전략을 사용할 때에는 차례 1에 P_1이 1을 선택하고 차례 2에 P_2가 4를 선택하여 그 결

과 차례 3에 P_1이 1을 선택하므로 $1 \to 4 \to 1$로 되어 P_1이 6만큼 받는다. 이렇게 하여 P_1과 P_2의 전략의 쌍에 대한 게임의 수형도에서 표 3-11을 만들 수 있다.

이와 같은 표를 영합2인게임의 **지불행렬**이라 한다. 지불행렬을 근거로 하여 P_1과 P_2의 최적전략을 구할 수 있다. P_1이 어떤 전략을 사용할 때 P_2가 어떠한 전략을 취한다고 해도 그 행의 요소의 최소의 금액은 적어도 보증된다. 그러므로 P_1으로서는 그 최소의 금액이 가능한 커지도록 하는 방법을 선택하고 싶다. 결국 각 행의 최소요소 가운데 최대를 주는 행의 전략을 취하면 된다. 역으로 P_2의 입장으로서는 자신이 어떤 전략을 취할 때 P_1이 어떤 전략을 취하면 그 열의 최대의 금액만 지불하면 된다. 그 금액을 최소로 하는 전략을 선택하면 된다. 결국 각 열의 최대요소 가운데 최소로 되는 열의 전략을 선택하면 된다. 이 때의 P_1의 금액과 P_2의 금액이 일치하면 게임은 완전히 해결된다. 그와 같은 요소가 있는 위치를 영합2인게임의 **안점**이라 한다. 안점은 행에서 최소이고 동시에 열에서 최대로 되는 요소가 있는 위치이다. 물론 지불행렬에 안점이 없는 경우도 있는데 그 때는 여러 가지 전략을 혼합해서 사용하는 **혼합전략**을 사용해야 한다. 이 예에서는 지불행렬의 표 3-11에 *표를 붙인 곳이 안점으로 되어 있다. 따라서 P_1의 최적전략은 (1 ; 2, 1)이나 (2 ; 1, 2)이고 P_2의 최적전략은 (3, 3)이나 (4, 3)이다. 이 때의 게임값은 6으로 P_1, P_2가 모두 최적전략을 취할 때 P_2가 P_1에 6을 지불하는 것으로 되어 이 게임은 P_2에 있어서 불리한 게임이다.

그림 3-49

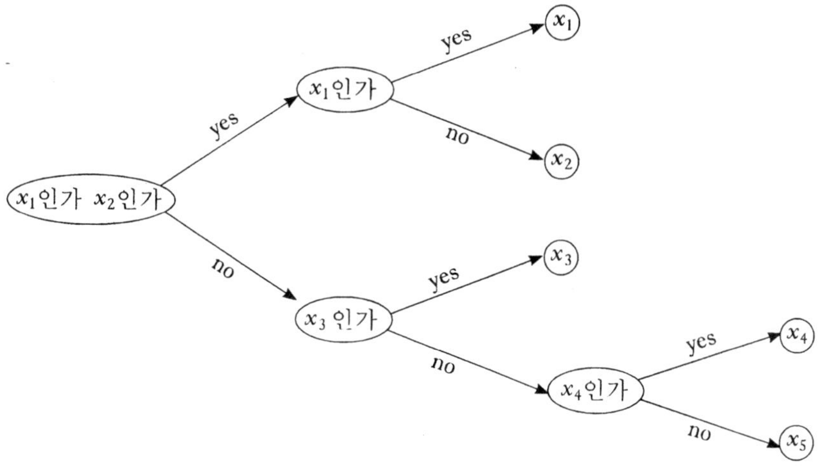

정보이론도 수형도로 나타내진 것이 많다. 5개의 사상 x_1, x_2, x_3, x_4, x_5의 어느 것인가가 일어나는 것을 알고 있을 때 어느 것이 일어났는가를 yes, no의 형식으로 질문하여 확인한다고 하자. 이 때 그림 3-49와 같은 질문방식을 생각한다. 이것은 질문을 정점으로 했을 때 최종의 정점이 하나의 결과로 되는 수형도이다. 5가지 사상이 일어날 확률이

사 상	x_1	x_2	x_3	x_4	x_5
확 률	0.3	0.2	0.2	0.15	0.15

이라고 하자. 이 때 앞의 수형도의 질문방법에서 평균질문회수는 각각 알 수 있을 때까지의 질문 회수에 각각 일어날 확률를 곱해서 모든 사상에 대하여 더하면 된다. 그것은

$$2\times0.3+2\times0.2+2\times0.2+3\times0.15+3\times0.15=2.3$$

으로 된다. 정보전달의 효율을 나타내는 척도로서의 **엔트로피**(entropy)는 시행의 결과 일어 날 수 있는 사상의 확률을 p_1, p_2, $\cdots$, p_k로 했을 때

$$p_1\log\frac{1}{p_1}+p_2\log\frac{1}{p_2}+\cdots+p_k\log\frac{1}{p_k}$$

로 정의된다. 대수의 밑을 2로 취했을 때의 단위를 **비트**(bit)라 한다. 이 경우는

$$0.3\log\frac{1}{0.3}+0.2\log\frac{1}{0.2}+0.2\log\frac{1}{0.2}+0.15\log\frac{1}{0.15}+0.15\log\frac{1}{0.15}$$
$$=2.27\text{비트}$$

로 된다. 이 엔트로피가 최소의 평균질문회수를 나타내고 있으므로 그림 3-49의 수형도의 질문형식은 매우 좋은 방법이라고 말할 수 있을 것 같다.

두 종류의 통신 부호 0, 1로 몇 종류의 문자를 전달하는 경우 어떻게 부호화하면 평균부호길이가 짧아지는가를 생각한다. 즉 최적의 부호화의 문제이다. 이것을 **최적코우팅**(coating)이라 한다. 지금 문자가 x_1, x_2, x_3, x_4, x_5, x_6으로 6종류 있고 각각의 출현확률이 다음과 같다고 하자.

사 상	x_1	x_2	x_3	x_4	x_5	x_6
확 률	0.3	0.25	0.2	0.1	0.1	0.05

이 때 확률이 낮은 것부터 2개씩 합쳐서 코우팅한 것이 그림 3-50이다.

그림 3-50

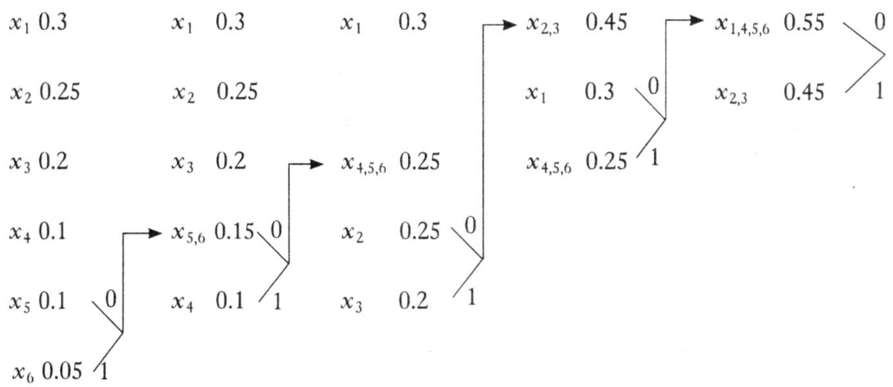

이것을 거꾸로 더듬어 가면 그림 3-51과 같이 된다.

그림 3-51

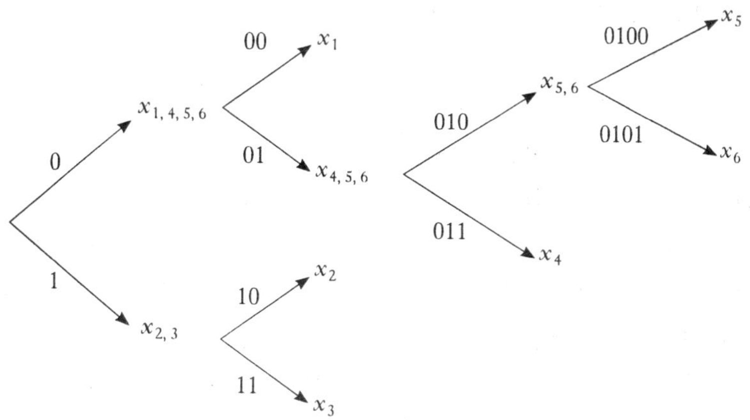

이것이 코우팅의 수형도이다. 이것으로부터 각 문자의 부호화는 다음과 같이 하면 된다.

문 자	x_1	x_2	x_3	x_4	x_5	x_6
부 호	00	10	11	011	0100	0101

이것은 yes, no의 질문형식에서 yes를 0, no를 1로 표시했을 때의 질문수형도와 같은 형태이다.

다음으로 **결정수형도**라 하는 것을 생각하자. 어떤 식품회사가 다른 업종의 회사로부터 어떤 면에서의 협력을 요청 받고 있다. 그렇지만 다소 제품상에서 경합하는 면이 있기 때문에 협력하면 약간 매상고가 줄어들 염려가 있다. 현재의 순익은 5천만원인데 협력에 동의했을 때 이익이 5% 줄어들 확률이 0.8, 10% 줄어들 확률이 0.1, 20% 줄어들 확률이 0.1이라고 추정된다. 다른 한편 협력에 동의하지 않았을 때 다른 경쟁회사가 동의할 가능성이 있다. 경쟁회사가 동의할 가능성은 0.5이다. 만약 경쟁회사도 동의하지 않으면 매상고는 종전 그대로 이다. 그런데 경쟁회사가 협력에 동의했을 때 자사가 어떤 방법을 쓰지 않으면 이익이 0.8의 확률에서 10%, 0.1의 확률에서 20%, 0.1의 확률에서 30% 줄어든다고 전문가는 내다보고 있다. 그러나 경쟁회사가 동의했을 때에도 자사의 대응방법은 여러 가지 있다. 우선 광고를 늘리는 것을 생각할 수 있다. 광고 증가액으로서는 3백만원까지 가능하다. 만약 광고를 늘리면 이익의 저하가 0일 확률이 0.4, 5%일 확률이 0.3, 10%일 확률이 0.3으로 방지할 수 있다. 다른 방법으로서 자사제품의 가격인하를 생각할 수 있다. 가격을 인하했을 때에도 경쟁회사도 역시 가격을 인하할 가능성이 있다. 그 확률은 0.3이다. 그 때 이익의 저하는 확률 0.5에서 5%, 확률 0.2에서 10%, 확률 0.3에서 15%이다. 경쟁회사가 가격인하를 하지 않고 자사만 가격인하를 했을 때에 이익의 저하는 확률 0.3에서 0%, 확률 0.5에서 5%, 확률 0.2에서 10%이다. 이상의 정보에 근거하여 이 회사는 상대회사의 요청에 동의할까를 결정하고 싶다.

이 문제는 여러 가지 경우로 나누어져 있기 때문에 전체를 내다보고 결정하기 위하여 수형도로 나타내면 편리하다. 이것은 의사결정에 관련한 수형도이기 때문에 결정수형도(decision-tree)라 한다. 이 문제의 결정수형도는 그림 3-52와 같이 된다.

이 수형도에서 □, ○표인 곳은 그래프의 정점이다. □표인 곳은 자사의 결정에 관계하는 곳이다. 그것은 정점 1과 4이고 1에서는 동의하는가 하지 않는가의 결정, 4에서는 동의하지 않고 경쟁회사가 동의했을 때 어떤 방법도 쓰지 않는가? 광고를 늘리는가? 가격인하를 하는가? 의 어느 것을 취할까의 결정이다. 그밖의 정점은 자사의 결정과는 무관계이고 경쟁회사의 결정이나 확률적으로 우연에 의해서 결정되는 결과이다. 그래프의 각각의 호에는 그 때의 결정이나 우연에 의한 결과를 써 놓고 있다. 우연이 관계한 경우에는 각각의 결과가 일어날 확률을 기입하고 있다.

이 결정수형도를 근거로 하여 어떻게 결정할까를 결정하지 않으면 안 된다. 그것에는 그래프의 종점 쪽에서 거꾸로 되돌아간다. 이와 같이 수형도의 종점으로 되는 정점을 그래프의 **펜던트**(pendant)라 한다. 흡사 목걸이의 펜던트 모양을 한 경우이므로 그 이름이 붙어 있다. 끝에서부터 거꾸로 더듬어 가는 사고방식은 **동적계획법**(dynamic programming)의 사고방식 그것이다. 끝에서부터 거꾸로 그래프의 가지를 더듬어 가고 각각의 분기점에서의 정점에 대응하는 기대이익을 계산한다. 단위를 백만원으로 하면 현재의 순익은 50이다. 우선 정점 2에서의 기대이익은 펜던트의 정점 2_1, 2_2, 2_3의 이익에 각각 일어날 확률을 곱하고 더하면 된다. 2_1에서의 이익은 이익저하가 5%이므로

$$50 \times 0.95 = 47.5$$

이고 같은 방법으로 2_2와 2_3는 각각

$$50 \times 0.9 = 45, \quad 50 \times 0.8 = 40$$

으로 된다. 따라서 정점 2의 기대이익은 다음과 같다.

$$47.5 \times 0.8 + 45 \times 0.1 + 40 \times 0.1 = 46.5$$

그림 3-52

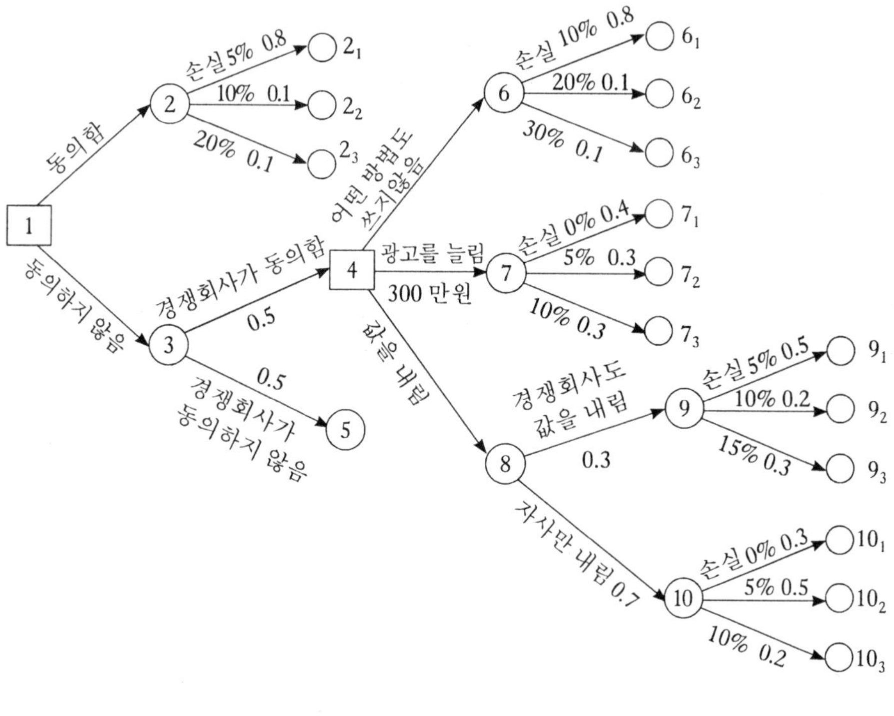

이번에는 조금 뛰어서 정점 9로 옮기자. 펜던트 9_1, 9_2, 9_3의 이익은 각각 다음과 같다.

$$50 \times 0.95 = 47.5, \quad 50 \times 0.9 = 45, \quad 50 \times 0.85 = 42.5$$

여기서 정점 9의 기대이익은 다음과 같다.

$$47.5 \times 0.5 + 45 \times 0.2 + 42.5 \times 0.3 = 45.5$$

다음에 정점 10으로 옮긴다. 정점 10_1, 10_2, 10_3의 이익이 각각 50, $50\times0.95=47.5$, $50\times0.9=45$이므로 정점 10의 기대이익은

$$50\times0.3+47.5\times0.5+45\times0.2=47.75$$

로 된다. 정점 9와 10의 기대이익을 알았으므로 정점 8로 거꾸로 올라갈 수 있다. 정점 8에서 정점 9로 가는 확률이 0.3, 정점 10으로 가는 확률이 0.7이므로 정점 8의 기대이익은 다음과 같다.

$$45.5\times0.3+47.75\times0.7=47.075$$

같은 방법으로 정점 6에서의 기대이익은

$$50\times0.9\times0.8+50\times0.8\times0.1+50\times0.7\times0.1=43.5$$

이고 정점 7의 기대이익은

$$50\times0.4+50\times0.95\times0.3+50\times0.9\times0.3=47.75$$

로 된다. 단, 정점 7에서는 광고에 3백만원을 사용하지 않으면 안 되므로 정점 7의 실질이익은 다음과 같다.

$$47.75-3=44.75$$

정점 6, 7, 8의 기대이익을 알았으므로 정점 4로 되돌아 갈 수 있다. 단 정점 4는 자사의 결정에 관한 것이므로 그곳에서의 기대이익은 없고 최적결정을 하지 않으면 안 된다. 그 결정으로서는 정점 6, 7, 8의 기대이익의 최대의 것을 선택해야 할 것이다. 그것은 정점 8의 47.075이다. 따라서 정점 4에서는 가격인하라는 결정을 취해야 하고 정점 4의 값으로서는 47.075로 된다.

여기서 다음 정점 3으로 되돌아간다. 정점 4에서의 값이 47.075, 정점 5에서는 종전대로 50이고 정점 3에서 정점 4와 5에 이르는 확률이 모두 0.5이므로 정점 3의 기대이익은

$$47.075\times0.5+50\times0.5=48.5375$$

로 된다. 한편 정점 2의 기대이익은 이미 구한 것과 같이 46.5이었다. 따라서 출발점으로서의 정점 1에서의 결정은 정점 2와 3의 기대이익이 큰 쪽을 취하여 협력의 요청에 대해서 동의하지 않는다는 것으로 된다. 전체로서의 결정은 요청에 동의하지 않고, 만약 경쟁회사가 동의했을 때에는 자사의 제품가격을 인하하는 것으로 된다.

결정수형도는 이와 같이 다단계의 결정문제로 상대의 방책이나 우연에 영향을 받는 상황 아래서 최적결정을 구하는 것에 유효하게 이용된다.

연습문제 3.5

1. 7개의 도시 A, B, C, D, E, F, G가 있는데 도시 A에 방송국이 있고 다른 도시에 중계소를 만든다. 단 중계선은 사이클이 될 수 없다. 중계선의 건설비용이 다음 표와 같을 때 전체의 비용의 합이 최소로 되는 중계선은 어떻게 연결해야 하는가?

	A	B	C	D	E	F	G
A	0	8	7	4	11	9	10
B	8	0	3	6	11	∞	4
C	7	3	0	∞	8	8	6
D	4	6	∞	0	14	10	∞
E	11	11	8	14	0	9	9
F	9	∞	8	10	9	0	5
G	10	4	6	∞	9	5	0

2. 어떤 사업을 수주하면 1,000만원의 이익이 있는 사업이 있는데 수주공작을 위하여 300만원의 자금을 투입할 때 성공과 실패의 확률은 같다. 지금 50만원을 들여 조사를 해서 수주의 가능성을 타진할 수 있는데 조사결과 가능성이 크면 300만원을 투자하여 공작하면 9할은 수주에 성공한다. 수주의 가능성이 적은 경우는 수주에 성공할 확률이 1할이다. 그리고 수주의 가능성이 크고 작을 확률은 각각 0.5이다.

이런 경우

(1) 공작하고 수주한다.

(2) 우선 조사부터 한다.

(3) 수주를 포기한다.

의 어느 것을 선택할지 결정수형도를 그려서 분석하여라.

3. 문자가 x_1, x_2, x_3, x_4, x_5, x_6의 6종류 있고 각각 출현확률이 다음과 같을 때 최적코우팅하여라.

문 자	x_1	x_2	x_3	x_4	x_5	x_6
확 률	0.29	0.26	0.20	0.11	0.09	0.05

§3.6 순회세일즈맨문제

몇 개의 도시가 있고 이들 도시 사이의 거리(또는 시간이나 비용)를 알고 있을 때 이러한 도시를 세일즈맨이 한 번씩 돌아서 출발했던 본래의 도시로 되돌아온다. 이 때 최단거리(또는 최소시간이나 최소비용)로 순회하는 데에는 어떠한 순로(巡路)로 돌면 좋은가? 이 문제를 **순회세일즈맨문제**라 한다. 임의의 두 도시 사이의 거리가 어느 쪽에서도 같은 거리이면 그것은 대칭인 문제로 된다. 모든 도로가 양측통행이면 대칭이다. 그러나 일방통행의 도로이거나 시간을 생각했을 때의 오르막길이나 내리막길 등의 경우에는 비대칭으로 된다.

이 순회세일즈맨문제를 그래프로 나타내는 데에는 각 도시를 정점으로 하고 그 사이의 도로를 호로 하면 된다. 이것은 모든 정점을 꼭 한번씩 돌아서 처음 출발했던 곳으로 되돌아오는 순환경로 가운데서 최단거리의 것을 구하는 문제로 된다. 이와 같이 모든 정점을 꼭 한 번씩 도는 순환로를 **하밀톤의 서키트**(Hamilton's circuit)라 한다. 예를 들면 그림 3-53의 그래프를 생각한다.

그림 3-53

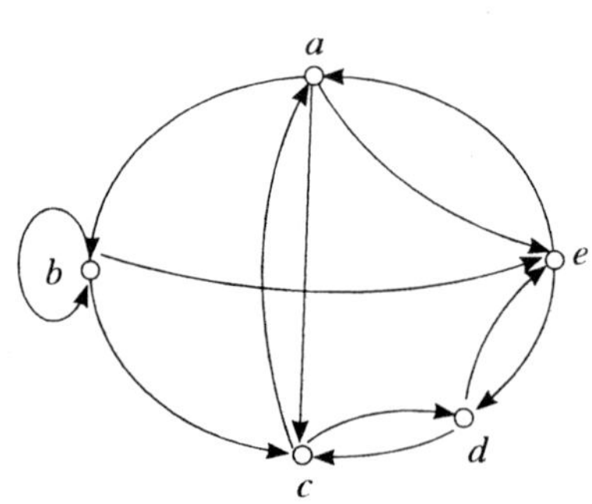

이 그래프에서

$$[a,\ b,\ c,\ ,d,\ e,\ a],\ [b,\ e,\ d,\ c,\ a,\ b]$$

는 하밀톤의 서키트로 되어 있다.

또 다품종의 제품을 같은 생산설비를 사용하여 품종을 차례로 바꾸어 생산해 가는 경우에는 어떤 품종에서 다른 품종으로 바꾸는 비용이 문제로 된다. 그 교체비용은 지금까지 생산해 왔던 제품과 이제부터 생산하려고 하는 제품의 양쪽에 관계하여 정해진다. 또 품종의 성격에 따라서 교체비용은 대칭이라고는 할 수 없다. 이 때 총교체비를 최소로 하는 데에는 어떠한 순서로 생산하면 좋은가? 이것은 품종교체에서의 최적생산순서를 결정하는 문제이다. 모든 품종을 한 차례 생산하는 것을 사이클이라고 하는데 그 때 각 사이클에서 언제나 같은 순서일 필요는 없다. 결국 순회세일즈맨문제와 달라서 최후에 본래의 품종으로 되돌아 올 필요는 없다. 한 차례 전 품종을 생산하면 되는 것이다. 따라서 그래프로 나타내 본 경우 모든 정점을 꼭 한번씩 지나는 경로이면 된다. 그와 같은 경로를 **하밀톤경로**라 한다. 하밀톤경로 가운데에서 최소비용으로 되는 것을 찾으면 된다.

이제 그림 3-54의 그래프로 주어진 7개의 도시에 관한 순회세일즈맨문제를 생각하자.

그림 3-54

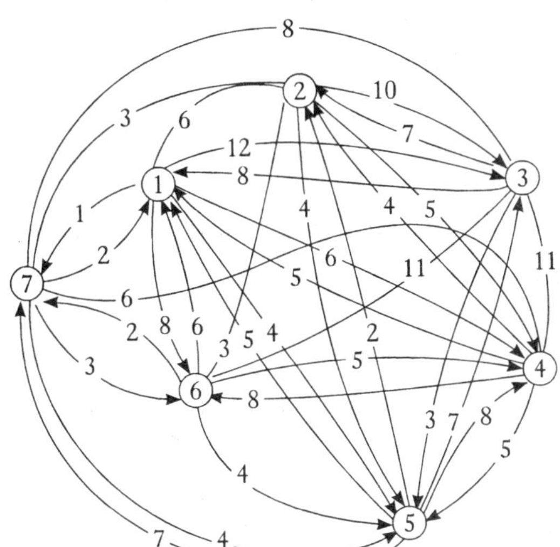

이 그래프에서 화살표가 붙어 있지 않은 도로는 양측통행으로 거리는 대칭인데 화살표가 붙어 있는 도로는 일방통행으로 거리는 비대칭으로 되어 있다. 이 때는 그래프에 의한 표현보다도 각 정점에서 각 정점에 이르는 거리를 행렬형태로 나타내는 쪽이 편리하다. 그 때 자기 자신으로는 갈 수 없기 때문에 그 거리는 ∞로 한다. 또 어느 정점에서 어느 정점으로 직접 갈 수 있는 도로가 없으면 그곳도 ∞로 해 놓으면 된다. 이 그래프의 행렬은 표 3-12와 같이 된다.

표 3-12

	1	2	3	4	5	6	7
1	∞	6	12	6	4	8	1
2	6	∞	10	5	4	3	3
3	8	7	∞	11	3	11	8
4	5	4	11	∞	5	8	6
5	5	2	7	8	∞	4	7
6	6	3	11	5	4	∞	2
7	2	3	8	6	4	3	∞

이 행렬에서 행은 호의 출발점의 정점, 열은 호의 종점의 정점을 나타내고 있다.

실행 가능한 모든 하밀톤의 서키트수는 일반적으로 도시의 수를 n개로 하면 원순열의 개수로서 $(n-1)!$개이다. 이 예에서는 도시의 수는 7개이므로 다음과 같다.

$$(7-1)! = 6! = 720\text{가지}$$

이 가운데 총 순회거리가 최소로 되는 것을 찾고 싶다. 우선 주어진 행렬에서 각 행, 각 열에 적어도 하나의 0을 포함하도록 일정수(一定數)를 빼어 놓는다. 그렇게 해도 최적 순로에는 영향이 없다. 이것은 할당문제와 같은 사고방식이다. 각 행에서 최소요소를 빼면 표 3-13의 행렬로 된다.

표 3-13

	1	2	3	4	5	6	7	빼는 수
1	∞	5	11	5	3	7	0	1
2	3	∞	7	2	1	0	0	3
3	5	4	∞	8	0	8	5	3
4	1	0	7	∞	1	4	2	4
5	3	0	5	6	∞	2	5	2
6	4	1	9	3	2	∞	0	2
7	0	1	6	4	2	1	∞	2
							합 계	17

아직 열에 0을 포함하지 않은 것이 있으므로 그 열에 대하여 최소요소를 빼면 표 3-14의 행렬로 된다.

표 3-14

	1	2	3	4	5	6	7	
1	∞	5	6	3	3	7	0	
2	3	∞	2	0	1	0	0	
3	5	4	∞	6	0	8	5	
4	1	0	2	∞	1	4	2	
5	3	0	0	4	∞	2	5	
6	4	1	4	1	2	∞	0	
7	0	1	1	2	2	1	∞	합 계
빼는 수			5	2				7

이 결과 전체에서 빼는 수의 합계는

$$17 + 7 = 24$$

이고 전비용에서 24 적은 표로 생각하는 것으로 된다. 따라서 최후의 최적해는 총비용에 이 24를 더해야 한다.

표 3-15

	1	2	3	4	5	6	7
1	∞	5	6	3	3	7	0 (3)
2	3	∞	2	0 (1)	1	0 (1)	0 (0)
3	5	4	∞	6	0 (5)	8	5
4	1	0 (1)	2	∞	1	4	2
5	3	0 (0)	0 (1)	4	∞	2	5
6	4	1	4	1	2	∞	0 (1)
7	0 (2)	1	1	2	2	1	∞

다음으로 표 3-14의 행렬에서 0의 요소를 사용하면 비용이 적게 드는 것이므로 만약 그것을 사용하지 않으면 어느 정도 여분의 비용이 드는가를 조사해 본다. 그 때 0의 요소

가 i행 j열에 있다고 하면 그 0을 사용하지 않으면 i행의 다른 요소와 j열의 다른 요소를 사용하지 않으면 안 되므로 그 0 이외의 i행의 최소요소와 j열의 최소요소의 합을 취하면 된다. 그것이 $(i,\ j)$요소의 0을 사용하지 않은 것에 대한 벌금이다. 예를 들면 표 3-14의 2행 4열의 요소 0을 사용하지 않은 것에 대한 벌금은 2행에서는 이 0 이외에도 0이 있으므로 본래의 0을 제외한 최소요소는 0이다. 4열에서는 그 0 이외의 최소요소는 1이다. 그래서 이 때의 벌금은 다음과 같다.

$$0 + 1 = 1$$

이와 같이 하여 0인 곳의 아래에 괄호를 사용하여 벌금을 나타낸 표가 표 3-15이다.

여기서 이러한 벌금의 최대의 것을 선택한다. 표 3-15에서는 정점 3에서 정점 5로 가는 길이 그것에 해당한다. 모든 하밀톤의 서키트를 생각하고 그것을 호 (3, 5)를 포함하는 것과 (3, 5)를 포함하지 않는 $(\overline{3,\ 5})$로 나눈다. 만약 (3, 5)를 사용하지 않으면 적어도 벌금이 5만큼 여분으로 든다. 따라서 처음의 감소량 24를 더하여 $(\overline{3,\ 5})$에 있어서는 적어도

$$24 + 5 = 29$$

드는 것으로 된다. 한편 호 (3, 5)를 사용했을 때에는 호 (5, 3)은 사용할 수 없다. 그래서 호 (5, 3)의 비용은 ∞로 놓는다. 또 호 (3, 5)를 사용한 것이므로 이제는 정점 3에서 출발할 수 없고 어딘가의 정점에서 정점 5에 도달하는 것도 할 수 없다. 그러므로 표 3-14에서 제 3 행과 제 5 열을 지우고 호 (5, 3)의 비용을 ∞로 해 놓으면 표 3-16이 된다.

표 3-16

	1	2	3	4	6	7
1	∞	5	6	3	7	0
2	3	∞	2	0	0	0
4	1	0	2	∞	4	2
5	3	0	∞	4	2	5
6	4	1	4	1	∞	0
7	0	1	1	2	1	∞

여기서 또 표 3-16의 행이나 열에 0이 없는 것이 있는가를 조사하고 만약 있으면 최소요소를 뺀다. 이 표에서는 제 3 열에서 1을 뺄 수 있다. 그 결과 표 3-17로 된다.

표 3-17

	1	2	3	4	6	7
1	∞	5	5	3	7	0 (3)
2	3	∞	1	0 (1)	0 (1)	0 (0)
4	1	0 (1)	1	∞	4	2
5	3	0 (2)	∞	4	2	5
6	4	1	3	1	∞	0 (1)
7	0 (1)	1	0 (1)	2	1	∞

호 (3, 5)를 사용했을 때에는 지금의 감소량 1과 최초의 감소량 24와의 합

$$24+1=25$$

의 비용이 최소한으로 든다. 그래서 호 (3, 5)를 사용하지 않았을 때 최소한으로 드는 비용 29와 비교하여 적은 쪽을 택한다. 이 경우는 호 (3, 5)를 사용하는 쪽이 적기 때문에 (3, 5)를 사용하기로 한다. 그리고 표 3-17에서 출발하여 다시 0인 곳의 벌금을 조사한다. 여기서 만약 (3, 5)를 사용하지 않았을 때의 비용 쪽이 적으면 처음 표 3-14로 되돌아가서 (3, 5)의 비용을 ∞로 하여 계산을 다시 한다. 여기서 (3, 5)를 사용했을 때와 사용하지 않았을 때의 비용을 비교하는 그림을 그려 놓자. 그것이 그림 3-55이다. 출발점을 0으로 하고 그곳에 최초의 감소량 24를 기입한다.

그림 3-55

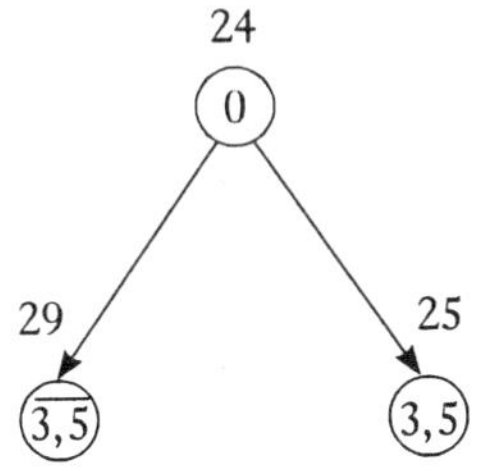

그림 3-55에 표시된 것과 같이 이 예에서는 호 (3, 5)를 포함하는 경로가 (3, 5)를

포함하지 않은 경로보다 싸게 된다. 그래서 이번은 호 (3, 5)를 포함하는 경로를 분할하는 것을 생각한다. 그를 위하여 표 3-17의 0인 요소에 대하여 다시 벌금을 조사한다. 그것은 표 3-17의 0의 요소 아래의 괄호 내에 써 있다. 그 벌금이 최대인 것은 호 (1, 7)이다. 그리고 또 (1, 7)을 포함하는 경로와 (1, 7)을 포함하지 않는 경로로 분할한다. (3, 5)를 포함하는 경로에서 출발한 것이므로 (1, 7)을 포함하지 않은 경로를 취할 때 적어도 다음과 같은 비용이 든다.

$$25 + 3 = 28$$

한편 (1, 7)을 포함한 경로를 조사하기 위하여 표 3-17에서 제 1 행, 제 7 열을 지우고 호 (7, 1)을 사용하지 않았으므로 (7, 1)의 요소를 ∞로 해 놓으면 표 3-18이 된다.

표 3-18

	1	2	3	4	6
2	3	∞	1	0	0
4	1	0	1	∞	4
5	3	0	∞	4	2
6	4	1	3	1	∞
7	∞	1	0	2	1

표 3-18에서 0이 없는 행과 열에서 최소요소를 빼면 다음의 표 3-19로 된다.

표 3-19

	1	2	3	4	6
2	2	∞	1	0 (0)	0 (1)
4	0 (2)	0 (0)	1	∞	4
5	2	0 (2)	∞	4	2
6	2	0 (0)	2	0 (0)	∞
7	∞	1	0 (2)	2	1

이 때 뺀 수의 최대값은 2이다.

그래서 (1, 7)을 포함한 경로에서는 적어도 비용이

$$25 + 2 = 27$$

드는 것으로 된다. 이것과 (1, 7)을 포함하지 않는 경로에서의 비용 28과 비교하면 (1, 7)을 포함한 경로 쪽이 싸다. 여기까지를 하밀톤의 서키트의 분할이라는 형태의 수형도로 나타내면 그림 3-56으로 된다.

그림 3-56

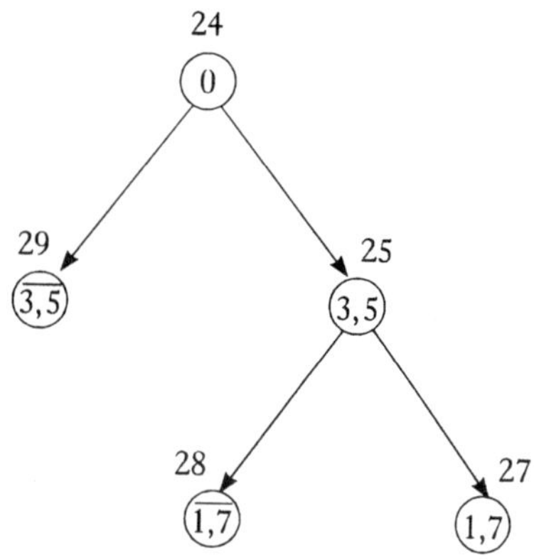

그림 3-56에 근거하여 이번에는 (3, 5), (1, 7)을 포함하는 경로를 재분할한다. 그 때 표 3-19에 기입되어 있는 벌금의 최대의 것을 보면 그것은 2이고 3군데 있다. 결국, 호 (4, 1), (5, 2), (7, 3)은 모두 벌금이 2이다. 이 때 어느 것을 선택해도 상관없다. 만약 (4, 1)을 선택한다고 하면 이미 (3, 5), (1, 7)을 지나고 있으므로 (4, 1), (1, 7)이라는 경로를 생기게 한다. 따라서 (7, 4)를 사용하면 4 → 1 → 7 → 4라는 순환로가 생겨 형편이 나쁘다. 그 때에는 호 (7, 4)의 비용(거리)을 ∞로 하고 진행하면 된다. 또 (7, 3)을 선택했을 때에는 (7, 3), (3, 5)라는 경로가 생기므로 호 (5, 7)을 포함하지 않는다. 그 때에는 호 (5, 7)의 비용(거리)을 ∞로 하고 진행한다. 호 (5, 2)를 선택했을 때에도 (3, 5), (5, 2)라는 경로가 생기고 호 (2, 3)을 포함하면 순환로로 된다. 지금 호 (4, 1)을 선택했다고 하자. 이 때 (4, 1)을 포함하지 않은 경로에서는 적어도 비용이

$$27 + 2 = 29$$

든다. (4, 1)을 포함한 경로에 대해서는 표 3-19에서 정점 4의 행, 즉 제 2 행과 정점 1을 포함하는 열, 결국 제 1 열을 제외한다. 그리고 (1, 4)를 사용하지 않으므로 (1, 4)의

값을 ∞로 하지 않으면 안 되는데 정점 1의 행은 이미 지워져 있으므로 그것의 필요는 없다. 그렇지만 순환로로 되지 않도록 하기 위하여 이미 서술한 것과 같이 (7, 4)의 값을 ∞로 하지 않으면 안 된다. 그와 같이 한 표가 표 3-20이다.

표 3-20

	2	3	4	6
2	∞	1	0 (0)	0 (1)
5	0 (2)	∞	4	2
6	0 (0)	2	0 (0)	∞
7	1	0 (2)	∞	1

표 3-20에서는 어느 행 어느 열에도 적어도 하나의 0을 포함하므로 감소시킬 수 없다. 따라서 (4, 1)을 포함한 경로에 최소한으로 드는 비용은 처음 그대로 27이다. 여기까지의 수형도는 그림 3-57로 된다.

그림 3-57

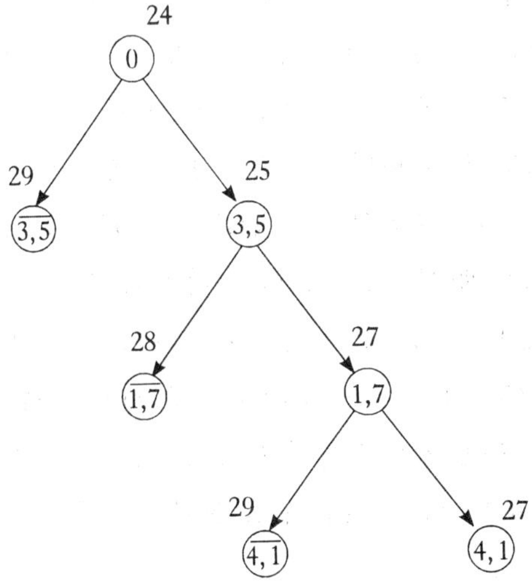

그림 3-57에서 진행하는 데에는 호 (3, 5), (1, 7), (4, 1)을 포함한 경로를 거듭 분할하면 된다. 그 때 표 3-20에서 벌금이 최대인 호는 (5, 2)와 (7, 3)이다. 지금

(5, 2)를 선택한다고 하자. 그 때 (5, 2)를 포함하지 않는 경로에서 최소한으로 드는 비용은 다음과 같다.

$$27 + 2 = 29$$

이다. 한편 (5, 2)를 포함한 경로에 대해서는 (3, 5), (5, 2)라는 경로가 생기므로 호 (2, 3)을 포함해서는 안 된다. 즉 호 (2, 3)의 값을 ∞로 해야 한다. 또 호 (2, 5)도 포함시키지 않는다. 이러한 것을 생각하여 표 3-20에서 정점 5의 행과 정점 2의 열을 지워 버리면 표 3-21을 얻을 수 있다.

표 3-21

	3	4	6
2	∞	0 (0)	0 (1)
6	2	0 (2)	∞
7	0 (3)	∞	1

그림 3-58

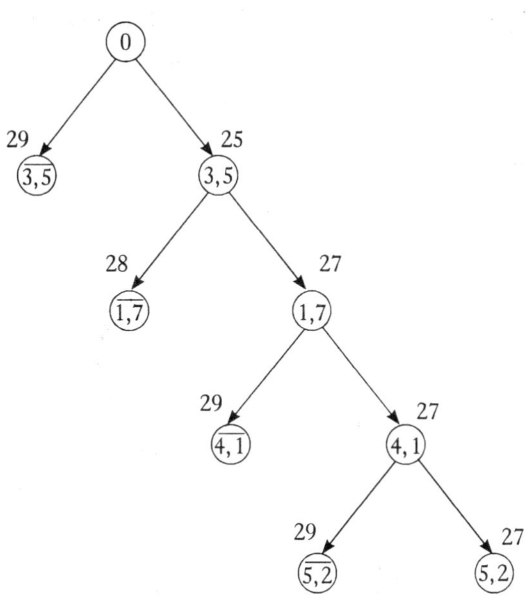

표 3-21은 어느 행 어느 열에도 적어도 하나의 0이 있으므로 이제는 감소할 수 없다. 따라서 (5, 2)를 포함한 경로에 최소한으로 드는 비용은 본래대로 27이다. 여기까지의 수형도는 그림 3-58과 같이 된다.

다음에 표 3-21에서 벌금이 최대인 것은 호(7, 3)이다. (7, 3)을 포함하지 않는 경로에서 최소한으로 드는 비용은 다음과 같다.

$$27 + 3 = 30$$

(7, 3)을 포함한 경로에 대해서는 표 3-21에서 정점 7의 행과 정점 3의 열을 지워 버리면

표 3-22

	4	6
2	0	0
6	0	∞

로 되므로 여기에서 드는 비용은 변하지 않는다. (7, 3)을 포함한 경로를 취했을 때 이미 사용한 경로와 맞추면

$$4 \to 1 \to 7 \to 3 \to 5 \to 2$$

로 된다. 따라서 다음에는 (2, 6)을 취할 수밖에 없다. 이와 같이 하여 하밀톤의 서키트에서 최소비용인 것으로 그림 3-59를 얻을 수 있다.

그림 3-59

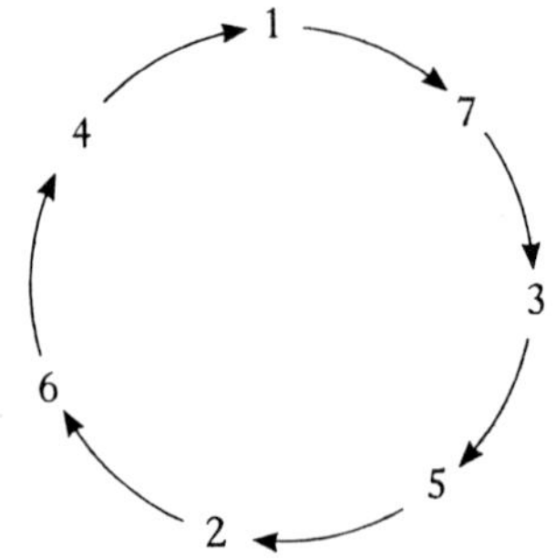

출발점의 도시는 어디라도 좋은데 이 순서로 돌면 된다. 그 때의 비용을 나타내는 수형도는 그림 3-60이다.

그림 3-60

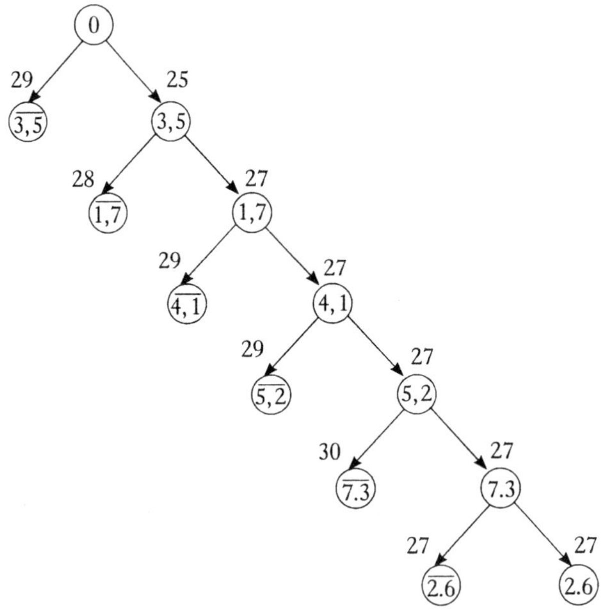

총비용이 27이라는 것은 표 3-12에서도 직접 조사할 수 있다. 이것은 표 3-12에서

$$1 \rightarrow 7 \rightarrow 3 \rightarrow 5 \rightarrow 2 \rightarrow 6 \rightarrow 4 \rightarrow 1$$

이라는 경로를 취했을 때의 비용이

$$1 + 8 + 3 + 2 + 3 + 5 + 5 = 27$$

로 되는 것이므로 확인할 수 있다.

요컨데 이 예에서는 도중의 분기점에서 어떤 호를 포함하지 않는 경로 쪽으로는 하나도 나아가지 않았다. 그것은 그곳의 비용 쪽이 언제나 높았기 때문이다. 그러나 분기해 가는 도중에 점점 비용은 누적되어 가는데 처음으로 호를 포함하지 않은 경로 쪽이 싼 것이 생겼을 때에는 그 싼 쪽의 분기에서 그 가지를 분할해 가지 않으면 안 된다. 이 방법은 수형도의 가지로 나누면서 그곳에서의 비용의 한계를 조사해 가는 방법으로 **분기한정법**(branch-and-bound method)이라 한다. 이 방법은 순회세일즈맨문제뿐만 아니라 여러 가지 경우에 사용되고 있다.

순회세일즈맨문제에서는 하밀톤의 서키트가 문제로 되었는데 품종교체의 문제에서는 처음으로 되돌아갈 필요는 없고 하밀톤경로가 문제로 된다. 그래서 하밀톤경로 가운데 최소비용인 것을 근사적으로 간단히 구하는 방법을 생각하자. 그것은 최적을 준다고는 말할 수 없지만 그것에 가까운 것을 주는 것은 가능하다. 지금 6품종의 생산에서 품종간의 교체비용이 표 3-23에 주어졌다고 하자.

표 3-23

	1	2	3	4	5	6
1	0	8	9	6	8	3
2	5	0	3	3	6	4
3	3	4	0	4	3	7
4	7	8	4	0	8	4
5	4	5	5	7	0	3
6	11	5	9	5	4	0

이 표를 요소 0과 1로 되는 간단한 표로 변환해 보자. 그것은 i행 j열의 요소를 c_{ij}로 했을 때 $c_{ij} < c_{ji}$이면 c_{ij}인 곳을 1, c_{ji}인 곳을 0으로 하고 그 역의 경우에는 0과 1을 바꾸기로 한다. 즉, 제 i품종에서 제 j품종으로 교체하는 비용 쪽이 제 j품종에서 제 i품종으로 교체하는 비용보다 싼 때에는 $j \to i$의 순이 아니고 $i \to j$의 순으로 만들려고 하는 것이다. 또

$$c_{ij} = c_{ji}$$

일 때에는 임의로 한 쪽을 0, 다른 쪽을 1로 한다. 또 c_{ii}인 곳은 1로 해 놓는다. 그것은 경로로서 같은 점에 머무는 것을 인정하려고 하기 위함이다. 그 결과 표 3-23은 표 3-24로 바꾸어진다.

표 3-24

	1	2	3	4	5	6
1	1	0	0	1	0	1
2	1	1	1	1	0	1
3	1	0	1	1	1	1
4	0	0	0	1	0	1
5	1	1	0	1	1	1
6	0	0	0	0	0	1

표 3-24를 부수행렬(付隨行烈)로 하는 그래프 즉 요소 1인 곳에 그 방향의 호가 있다고 하는 그래프는 그림 3-61과 같이 된다. 단 대각요소는 1이지만 특별히 루프는 그리지 않는다.

그림 3-61

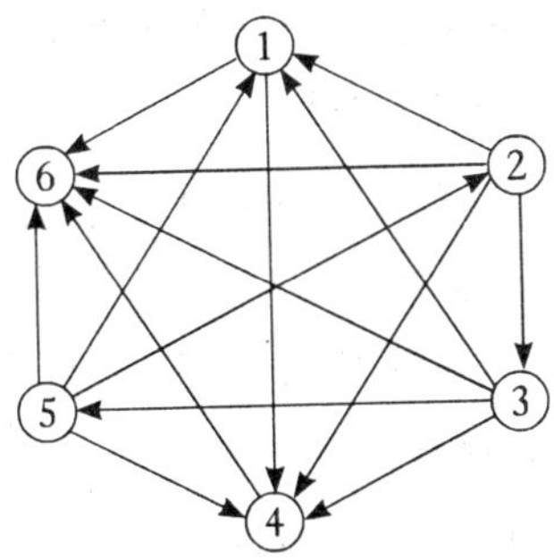

이 그래프로 하면 호의 수는 상당히 줄어든다.

여기서 2단계에서 갈 수 있는 정점을 나타내는 행렬을 만들기 위하여 행렬의 특수한 곱셈을 정의하기로 하자. 표 3-24의 행렬 그것을 자승하면 2단계에서 어떤 정점에서 다른 정점으로 갈 수 있는 경로의 개수를 얻을 수 있다. 여기서는 경로의 개수가 아니고 갈 수 있는가 어떤가 만을 문제로 한다. 그것에서 곱셈의 결과 1이상의 수로 되면 1, 0이면 0으로 해 놓는다. 이와 같은 곱셈을 **부울**(bool)**연산**이라고 한다. 그 결과 표 3-25를 얻을 수 있다.

표 3-25

	1	2	3	4	5	6
1	1	0	0	1	0	1
2	1	1	1	1	①	1
3	1	①	1	1	1	1
4	0	0	0	1	0	1
5	1	1	①	1	1	1
6	0	0	0	0	0	1

표 3-25는 2단계에서 갈 수 있는 길이 있는가 어떤가를 나타내는 행렬이다. 표 3-25에서 ○표가 붙은 것은 표 3-24에서 직접 갈 수 없었던 것이 2단계에서 갈 수 있게 된 경로이다. 똑같은 방법으로 표 3-25를 자승하면 4단계에서 갈 수 있는 정점의 쌍을 얻을 수

있다. 그것을 계산한 결과는 표 3-25와 전혀 다르지 않다는 것을 알 수 있다. 따라서 몇 단계 걸려서 갈 수 있는 정점은 표 3-25에 완전히 나타내져 있다고 볼 수 있다.

그런데 표 3-25를 보면 알 수 있듯이 제 2, 제 3, 제 5행의 요소는 모두 1이다. 그것은 제 2, 3, 5의 정점에서는 어느 정점으로도 갈 수 있다는 것을 나타내고 있다. 그렇지만 제 2, 제 3, 제 5열에서 제 2, 3, 5행 이외의 요소는 모두 0이다. 그것은 제 2, 3, 5의 정점 이외에서 이 정점으로는 올 수 없다는 것을 나타내고 있다.

따라서 정점 2, 3, 5는 다른 정점보다 먼저 사용하지 않으면 안 된다. 그곳에서는 다른 어느 곳으로도 갈 수 있지만 다른 어느 곳에서는 올 수 없기 때문이다. 그러나 정점 2, 3, 5사이에서의 순서에 대해서는 아무것도 말할 수 없으므로 이러한 정점을 하나의 크라스(class)로 통합하여 최초에 출발하는 크라스로 해 놓는다. 다음에 표 3-25에서 정점 2, 3, 5의 행과 열을 제외한 것을 만든다. 그것이 표 3-26이다.

표 3-26

	1	4	6
1	1	1	1
4	0	1	1
6	0	0	1

표 3-27

	4	6
2	1	1
6	0	1

표 3-26에서는 정점 1의 행의 요소는 모두 1인데 정점 1의 열은 제1 행 이외는 모두 0이다. 그래서 다음으로 나아가는 정점은 1이다. 표 3-26에서 정점 1의 행과 열을 제외하면 표 3-27의 행렬로 된다. 이것으로부터 같은 방법으로 다음으로 나아가는 정점은 4이고 최후에 6으로 간다.

이상으로 하밀톤의 경로로서 크라스별 정점의 순서는 다음과 같이 된다.

정점 2, 3, 5의 순서로서 최적인 것을 조사하는 데에는 표 3-23에서 경로비용을 조사하면

②→③→⑤→① : $3+3+4=10$

③→②→⑤→① : $4+6+4=14$

②→⑤→③→① : $6+5+3=14$

③→⑤→②→① : $3+5+5=13$

⑤→②→③→① : $5+3+3=11$

⑤→③→②→① : $5+4+5=14$

로 되므로

②→③→⑤

의 순서가 최적이다. 따라서 전체로서의 하밀톤경로의 최적에 가까운 것으로서

②→③→⑤→①→④→⑥

을 얻을 수 있다. 그 때의 총비용은 20이다. 한편, 다른 경로

②→③→⑤→①→⑥→④

를 조사하면 3+3+4+3+5=18이 되어 앞에서 구한 경로는 최적은 아닌데 구하는 방법이 간단하기 때문에 차선책으로서의 근사해를 구하는 데에는 편리하다. 이 방법은 몇 개의 일 사이에 선행관계가 주어져 있을 때 그러한 일을 한 번씩 전부 실시하는 데에는 어떤 순서로 하면 좋은가라는 경우의 하밀톤경로를 발견하는 문제에도 응용된다.

연습문제 3.6

1. 다음과 같은 비용행렬을 갖는 할당문제를 분기한정법으로 풀어라.

(1) $C = \begin{pmatrix} 2 & 3 & 4 & 5 \\ 5 & 4 & 3 & 2 \\ 6 & 8 & 5 & 3 \\ 5 & 2 & 7 & 9 \end{pmatrix}$ (2) $C = \begin{pmatrix} 5 & 3 & 2 & 8 & 6 \\ 3 & 8 & 8 & 15 & 10 \\ 8 & 9 & 6 & 3 & 13 \\ 9 & 11 & 5 & 8 & 4 \\ 5 & 8 & 6 & 10 & 7 \end{pmatrix}$

2. 5종류의 품목의 무게와 가격이 다음표와 같이 주어져 있다. 이들 물건을 배낭에 합계 91kg까지 넣을 수 있을 때 어떤 품목을 넣으면 최고의 가격이 되는지 분기한정법으로 풀어라.

품목	무게(kg)	가격(만원)
1	36	54
2	24	18
3	30	60
4	32	32
5	26	13

3. 5개의 도시 사이의 거리가 다음 표와 같이 주어져 있다. 어떤 경로를 취했을 때 가장 짧은 순환로가 되겠는가?

도시	1	2	3	4	5
1	∞	17	10	15	17
2	18	∞	6	12	20
3	12	5	∞	14	19
4	12	11	15	∞	7
5	16	21	18	6	∞

§3.7 순서부과문제

몇 개의 일과 종류가 다른 몇 대의 기계가 있어 각각의 일을 이들 기계에 실시하는 순서가 지정되어 있고, 각 일을 각 기계에 사용하는 시간을 알고 있을 때 어떤 순서로 일을 기계에 실시하면 전체의 시간이 최소로 될까? 이와 같은 문제를 **순서부과문제**라 한다. 수주생산의 공장에서는 이러한 문제가 자주 일어난다.

매우 간단한 경우로서 일이 2개이고 기계가 A, B 2대인데 각각의 일을 기계 A에서부터 실시하여 기계 B에 실시하기로 한다. 그 때의 시간이 표 3-28에 주어졌다고 하자.

표 3-28

일 \ 기계	A	B
1	4	6
2	8	3

이 때 처음에 일 1을 하고 다음에 일 2를 한다고 하면 그림 3-62와 같이 된다. 이와 같은 그림을 **간토차트**(Gantt chart)라 한다.

그림 3-62

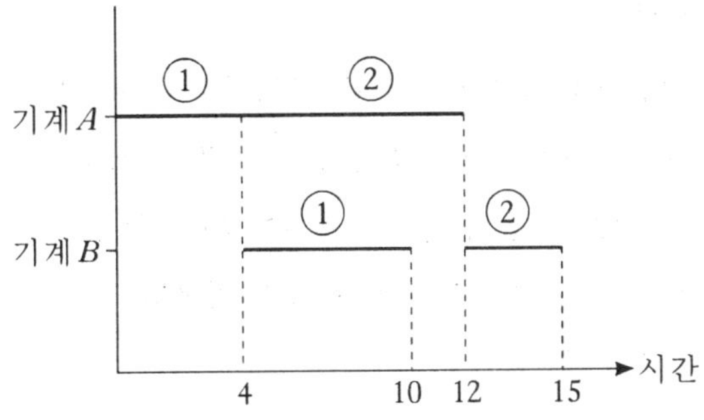

이 그림에서 알 수 있듯이 일 1을 먼저하고 2를 나중에 했을 때는 전부 15시간이 걸린다. 기계 B에서는 일 1이 끝났는데 기계 A에서 일 2가 끝나지 않았으므로 기계 B의

대기시간이 2시간 생긴다. 거꾸로 일 2를 먼저하고 일 1을 뒤로 미루기로 했을 때의 그림은 그림 3-63과 같이 된다.

그림 3-63

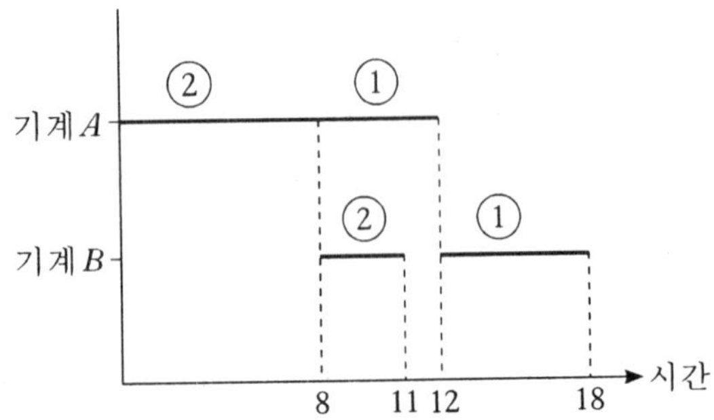

이 때 그림에서 알 수 있듯이 전체 18시간이 걸린다. 따라서 이 경우는 일 1을 먼저 하는 쪽이 좋은 것으로 된다.

일반적으로 2개의 일을 기계 A와 B에, A에서 B의 순서로 실시할 때 표 3-29와 같은 시간이 주어졌다고 하자.

표 3-29

일 \ 기계	A	B
1	a_1	b_1
2	a_2	b_2

일 1을 처음에 했을 때 전체 필요한 시간을 생각하자. 우선 일 1을 기계 A에 실시하는 시간이 a_1이고, 이어서 일 1을 기계 B에, 일 2를 기계 A에 실시할 수 있는데 그 어느 쪽도 끝나지 않으면 일 2를 기계 B에 실시할 수 없다. 일 2는 기계 A가 끝나지 않으면 B에 실시할 수 없고 기계 B에서 일 1이 끝나지 않으면 일 2를 실시할 수 없기 때문이다. 따라서 그 때의 시간은

$$\max(a_2,\ b_1)$$

이다. 끝으로 기계 B로 일 2를 하는 시간이 b_2걸린다. 그래서 일 1을 처음에 했을 때의 전체시간은

$$a_1 + \max(a_2,\ b_1) + b_2$$

이다. 같은 방법으로 일 2를 처음에 했을 때에 필요한 시간은

$$a_2 + \max(a_1,\ b_2) + b_1$$

이다. 이 두 개의 값의 작은 쪽을 먼저 하면 된다. 위의 예에서는

$$a_1 = 4,\quad a_2 = 8,\quad b_1 = 6,\quad b_2 = 3$$

이었으므로

$$a_1 + \max(a_2,\ b_1) + b_2 = 4 + 8 + 3 = 15$$

$$a_2 + \max(a_1,\ b_2) + b_1 = 8 + 4 + 6 = 18$$

로 되어 있는 것이다.

일반적으로 몇 개의 일이 있어 각각 기계 A에서 기계 B의 순서로 실시할 때 임의의 2개의 일 i와 j에 대하여

$$a_i + \max(a_j,\ b_i) + b_j$$

와

$$a_j + \max(a_i,\ b_j) + b_i$$

를 비교하여 위의 쪽이 작으면 일 i를 j보다 먼저하고 아래쪽이 작으면 일 j를 먼저 하면 된다. 이와 같이 몇 개의 일에 대한 기계 A와 B에서의 시간이 주어져 있을 때에는 그 가운데에서 2개씩의 일에 대하여 어느 쪽을 먼저 하면 좋은가를 결정한다.

5개의 일에 대한 시간이 표 3-30과 같다고 하자.

표 3-30

일 \ 기계	A	B
1	2	6
2	5	8
3	4	7
4	9	4
5	6	3

일 i를 j보다 먼저 하는 쪽이 좋을 때 $i \to j$로 나타내기로 하면 앞에서 서술한 방법에 의해서 계산하면

①→②, ①→③, ①→④, ①→⑤, ②→④
②→⑤, ③→②, ③→④, ③→⑤, ④→⑤

로 된다. 여기서 일을 정점으로 하고 일 i를 일 j보다 먼저 하는 쪽이 좋을 때 정점 i에서 정점 j로 향하는 호가 있는 그래프를 그리면 다음 그림 3-64와 같다.

그림 3-64

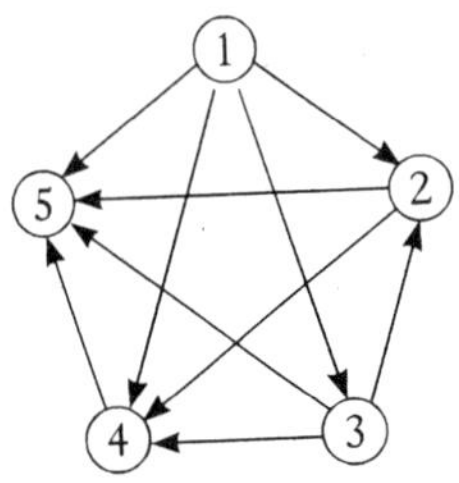

이 그래프를 기초로 하여 5개의 일을 전부 실시하는 순서를 구하는 데에는 이 그래프의 하밀톤경로를 구하면 된다.

이를 위하여 우선 이 그래프를 기초로 해서 호가 있는 정점 사이에 그 정점의 짝을 써 넣은 다음의 표 3-31을 만든다.

표 3-31

	1	2	3	4	5
1	0	12	13	14	15
2	0	0	0	24	25
3	0	32	0	34	35
4	0	0	0	0	45
5	0	0	0	0	0

표 3-31은 길이 1인 경로를 모두 나타낸 것이다. 예를 들면 24인 것은 정점 2에서 정점 4로의 호가 있는 것을 나타내고 있다. 다음에 표 3-31의 호의 출발점의 정점을 지우고 종점의 번호만으로 된 표를 만들면 다음의 표 3-32가 된다.

표 3-32

	1	2	3	4	5
1	0	2	3	4	5
2	0	0	0	4	5
3	0	2	0	4	5
4	0	0	0	0	5
5	0	0	0	0	0

여기서 표 3-31과 표 3-32의 **라틴적**(Latin product)이라는 것을 생각한다. 라틴적이라는 것은 2개의 행렬의 곱을 보통의 행렬의 곱셈과 같이 처음 행렬의 행과 다음 행렬의 열을 가지고 생각하는데 그 때 대응요소를 연달아 나타내고 만약 같은 문자가 나오면 그 것을 0으로 하여 대응요소 모두에 대하여 나온 것을 그대로 늘어놓는다. 예를 들면 표 3-31의 제 1 행과 표 3-32의 제 5 열을 곱했을 때에는

$$(0,\ 12,\ 13,\ 14,\ 15)\begin{pmatrix}5\\5\\5\\5\\0\end{pmatrix}=\begin{pmatrix}125\\135\\145\end{pmatrix}$$

로 한다. 이것은 정점 1에서 출발하여 정점 5에 이르는 길이 2인 경로가

①→②→⑤,　①→③→⑤,　①→④→⑤

의 3가지 인 것을 나타내고 있다. 또 표 3-31의 제 2 행과 표 3-32의 제 5 열을 곱했을 때에는 다음과 같이 된다.

$$(0,\ 0,\ 0,\ 24,\ 25)\begin{pmatrix}5\\5\\5\\5\\0\end{pmatrix}=(245)$$

이것은 정점 2에서 정점 5로 가는 길이 2인 경로가 ②→④→⑤ 뿐이라는 것을 나타

내고 있다. 같은 문자가 나타났을 때에 0으로 하는 것은 같은 정점을 두 번 지나는 순환로를 피하기 위함이다. 그래서 표 3-31과 표 3-32의 라틴적의 결과는 표 3-33으로 된다.

표 3-33

	1	2	3	4	5
1	0	132	0	124 134	125 135 145
2	0	0	0	0	245
3	0	0	0	324	325 345
4	0	0	0	0	0
5	0	0	0	0	0

표 3-33은 길이가 2인 경로를 모두 포함하고 있다. 같은 방법으로 표 3-33과 표 3-32의 라틴적을 만들면 길이가 3인 경로를 포함하는 표를 만들 수 있다. 그것이 표 3-34이다.

표 3-34

	1	2	3	4	5
1	0	0	0	1324	1325 1235 1345
2	0	0	0	0	0
3	0	0	0	0	3245
4	0	0	0	0	0
5	0	0	0	0	0

계속 표 3-34와 표 3-32의 라틴적을 만들면 길이가 4인 경로를 얻을 수 있다. 그것을 표 3-35로 나타낸다.

표 3-35

	1	2	3	4	5
1	0	0	0	0	13245
2	0	0	0	0	0
3	0	0	0	0	0
4	0	0	0	0	0
5	0	0	0	0	0

정점의 개수는 5개이므로 하밀톤경로의 길이는 4이다. 표 3-35에서 알 수 있듯이 하밀톤경로는

①→③→②→④→⑤

밖에 없다. 이것이 5개의 일을 A, B의 기계에 실시하는 순서이다.

표 3-30에 주어진 기계가 2대인 경우의 순서부과문제는 이와 같이 복잡한 계산을 하여 하밀톤경로를 구하지 않아도 간단한 해법이 있다. 그것은 **존슨법**(Johnson algorithm)이라 하는 것이다. 표 3-30을 다시 한 번 써 놓자.

일 \ 기계	A	B
1	2	6
2	5	8
3	4	7
4	9	4
5	6	3

존슨법의 방법은 다음과 같이 하면 된다. 주어진 시간표에서 최소요소를 찾는다. 그것이 기계 A의 열에 있으면 그 일을 최초로 하고 기계 B의 열에 있으면 그 일을 최후에 한다. 이 예에서는 최소요소 2는 기계 A의 열에 있으므로 일 1을 최초에 한다. 다음에 일 1을 제외하고 똑같은 조작을 반복한다. 최소요소가 2개 있을 때에는 그것이 다른 열에 있으면 A의 열의 것을 처음에, B의 열의 것을 끝에 한다. 만약 최소요소가 2개 모두 A

의 열에 있으면 그것에 대응하는 B의 열의 작은 쪽을 먼저 한다. 2개 모두 B의 열에 있으면 A의 열에서 작은 쪽을 끝에 한다. 이 예에서는 일 1을 제외했을 때의 최소요소는 3이고 그것은 B의 열에 있으므로 일 5를 최후에 한다. 일 5를 제외했을 때의 최소요소 4는 A의 열과 B의 열에 있으므로 일 3을 일 1의 다음에 일 4를 끝에서 두 번째에 한다. 이와 같이 하여 최적의 순서는

$$1 \rightarrow 3 \rightarrow 2 \rightarrow 4 \rightarrow 5$$

로 된다. 이것은 하밀톤경로로 구한 것과 똑같지만 존슨법의 쪽이 훨씬 간단하다.

이와 같이 기계가 2대인 경우에는 그래프이론을 가지고 풀 것까지도 없이 존슨법에 의해서 바로 풀 수 있는데 기계가 3대로 되면 위와 같이 간단하게는 할 수 없다. 몇 개의 일을 3대의 기계 A, B, C에 A에서 B, B에서 C의 순서로 실시한다고 하자. 그 때 제법 엄격한 조건 밑에서는 존슨법을 사용할 수 있다. 그 조건이라는 것은 기계 A나 기계 C에 실시할 때의 시간의 최소치가 기계 B에 실시하는 시간의 최대치보다 작지 않다는 조건이다. 이 조건이 만족되고 있을 때에는 기계 A와 B의 시간의 합과 기계 B와 C의 시간의 합을 만들어 그 두 개에 대하여 존슨법을 적용하면 된다. 예를 들면 표 3-36이 주어졌다고 하자. 이 예에서는 기계 C의 최소시간은 5로 기계 B의 최대시간 5와 똑같다. 그래서 $A+B$, $B+C$의 시간표를 만들면 표 3-57과 같다.

표 3-36

일 \ 기계	A	B	C
1	3	4	6
2	8	3	7
3	7	2	5
4	4	5	11
5	9	1	5
6	8	4	6

표 3-57

일 \ 기계	$A+B$	$B+C$
1	7	10
2	11	10
3	9	7
4	9	16
5	10	6
6	12	10

이 표를 기초로 하여 존슨법을 사용하면 일의 최적순서는 다음과 같이 된다.

$$1 \to 4 \to 6 \to 2 \to 3 \to 5$$

그런데 기계가 3대인 경우에 위와 같은 조건을 만족할 수 있는 것은 좀처럼 없다. 그와 같은 때에는 기계가 2대인 경우에 사용했던 그래프에 의한 방법을 사용할 수밖에 없다. 이를 위하여 기계 A, B, C에 이 순서로 일을 실시할 때 2개의 일의 어느 쪽을 먼저 실시하면 좋은가를 판정하지 않으면 안 된다. 2개의 일은 기계 A, B, C에 실시하는 시간이 표 3-38과 같다고 한다. 이것에 대하여 기계가 2대인 경우와 같이 간토차트를 그려보자. 우선 일 1을 먼저 실시하는 경우는 그림 3-65와 같이 된다.

표 3-38

일 \ 기계	A	B	C
1	9	7	3
2	3	8	6

그림 3-65

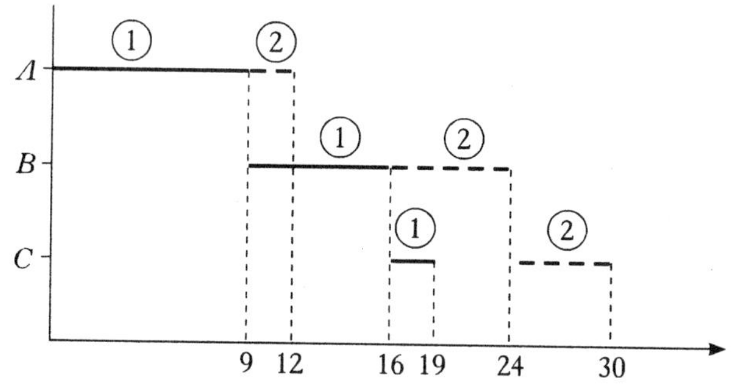

일 1을 먼저 한 경우에는 그림에서 알 수 있듯이 전체 30시간 걸린다. 일이 기다리기도 하고 기계가 기다리기도 하여 대기시간이 상당히 많다. 다음으로 일 2를 먼저 한 경우는 그림 3-66과 같이 된다.

일 2를 먼저 한 경우는 전체의 시간은 22이다. 따라서 이 때는 일 2를 먼저 하는 쪽이 좋다 일반적으로 2개의 일을 기계 A, B, C에 실시하는 시간이 표 3-39와 같을 때 일 1을 먼저 했을 때에 필요한 시간은

$$a_1 + \max(a_2 + b_2,\ b_1 + c_1,\ b_1 + b_2) + c_2$$

이고 일 2를 먼저 했을 때에는

$$a_2 + \max(a_1 + b_1,\ b_2 + c_2,\ b_2 + b_1) + c_1$$

만큼 걸린다. 여기서 작은 쪽을 먼저 하면 된다.

그림 3-66

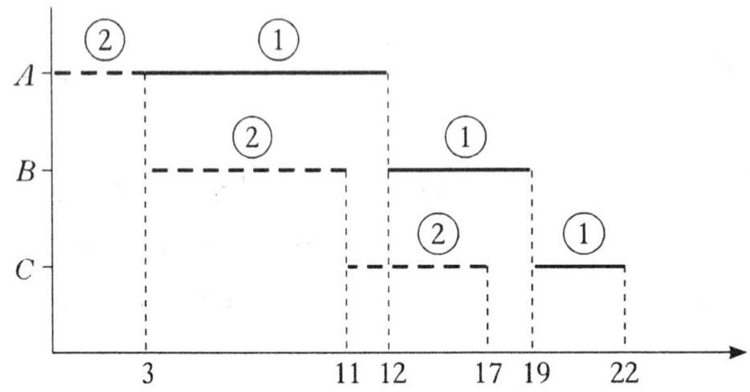

표 3-39

일 \ 기계	A	B	C
1	a_1	b_1	c_1
2	a_2	b_2	c_2

표 3-40에 주어진 5개의 일이 있다고 하자.

표 3-40

일 \ 기계	A	B	C
1	5	2	8
2	1	6	5
3	9	7	3
4	3	8	6
5	10	4	10

이 5개의 일 가운데 임의의 2개에 대하여 어느 쪽을 먼저 하는 쪽이 좋은가를 조사해 보자. 그 짝은 $_5C_2$가지 있다. 일 1과 2를 비교할 때에는

$$5+\max(1+6,\ 2+8,\ 2+6)+5=20$$
$$1+\max(5+2,\ 6+5,\ 6+2)+8=20$$

이므로 일 1과 2는 어느 쪽을 먼저 해도 좋다. 이 때에는 그래프로서의 호는 ①→②와 ②→①의 양쪽을 결부시켜 놓으면 된다. 이하 같은 방법으로

①→③, ①→④, ①→⑤
②→③, ②→④, ②→⑤
④→③, ④→⑤, ⑤→③

와 같은 순서를 얻을 수 있다. 이것을 그래프로 그리면 그림 3-67과 같이 된다.

그림 3-67

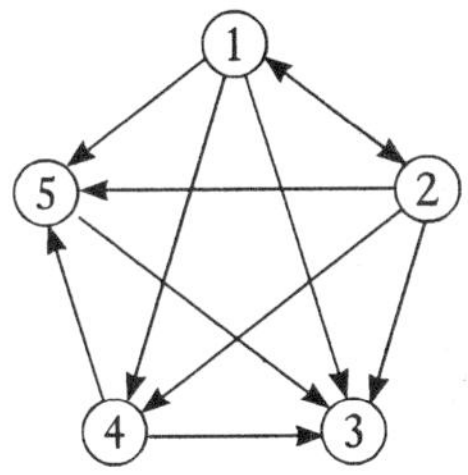

이 그래프에 관하여 정점 사이의 호를 나타내는 행렬은 표 3-41과 같이 된다.

표 3-41

	1	2	3	4	5
1	0	12	13	14	15
2	21	0	23	24	25
3	0	0	0	0	0
4	0	0	43	0	45
5	0	0	53	0	0

표 3-41이 직접 연결되어 있는 호를 모두 나타내고 있다. 앞에서와 같이 라틴적을 만들기 위하여 표 3-41의 호의 종점 번호만으로 된 표 3-42를 만든다.

표 3-42

	1	2	3	4	5
1	0	2	3	4	5
2	1	0	3	4	5
3	0	0	0	0	0
4	0	0	3	0	5
5	0	0	3	0	0

표 3-41과 표 3-42의 라틴적을 만들면 길이가 2인 경로의 표를 만들 수 있다. 그것이 표 3-43이다.

표 3-43

	1	2	3	4	5
1	0	0	123 143 153	124	125 145
2	0	0	213 243 253	214	215 245
3	0	0	0	0	0
4	0	0	453	0	0
5	0	0	0	0	0

다시 표 3-43과 표 3-42의 라틴적을 만들면 길이가 3인 경로를 모두 얻을 수 있다. 그것이 표 3-44이다.

표 3-44와 표 3-42의 라틴적에 의해서 길이가 4인 경로를 얻을 수 있는데 정점의 수가 5개이므로 이와 같은 경로가 구하려고 하는 하밀톤경로이다. 그 결과는 표 3-45로 된다.

표 3-44

	1	2	3	4	5
1	0	0	1243 1253 1453	0	1245
2	0	0	2143 2153 2453	0	2145
3	0	0	0	0	0
4	0	0	0	0	0
5	0	0	0	0	0

표 3-45

	1	2	3	4	5
1	0	0	12453	0	0
2	0	0	21453	0	0
3	0	0	0	0	0
4	0	0	0	0	0
5	0	0	0	0	0

표 3-45에서 알 수 있듯이 하밀톤경로는 다음의 2개밖에 없다.

$$1 \to 2 \to 4 \to 5 \to 3$$

$$2 \to 1 \to 4 \to 5 \to 3$$

이것이 3대의 기계 A, B, C에 5개의 일을 실시할 때의 최적순서를 주고 있다. 일을

①→②→④→⑤→③

의 순서로 실시했을 때의 시간은 그림 3-68의 간토차트에서 알 수 있듯이 40시간이다.

또한 일을

②→①→④→⑤→③

의 순서로 실시했을 때의 시간은 그림 3-70의 칸토차트에서 알 수 있듯이 39시간이다. 이는 근사해이므로 이런 현상이 일어난다.

그림 3-68

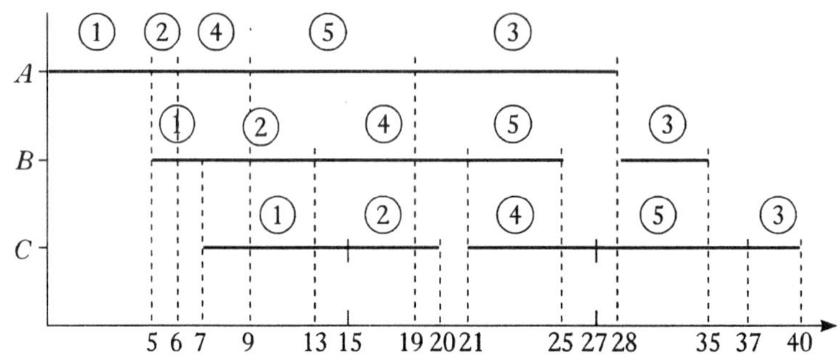

그림 3-69

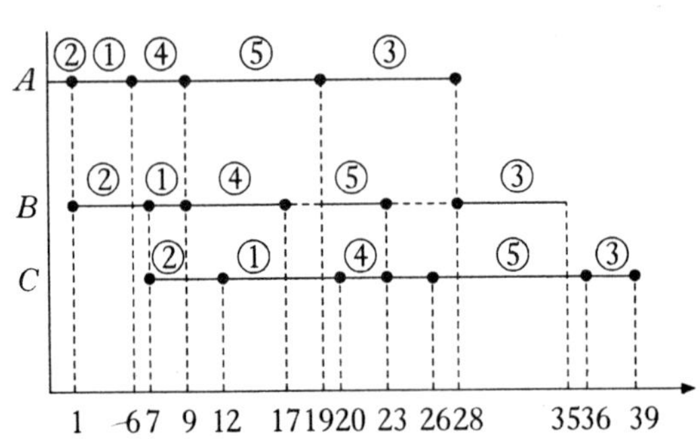

만약 일의 순서를

①→②→③→④→⑤

로 했을 때에는 같은 방법으로 조사하면 46시간이 걸리는 것으로 된다.

이와 같이 기계가 3대로 되면 일반적으로는 하밀톤경로를 구하기 위한 그래프이론을 사용할 수밖에 없다.

그림 3-70

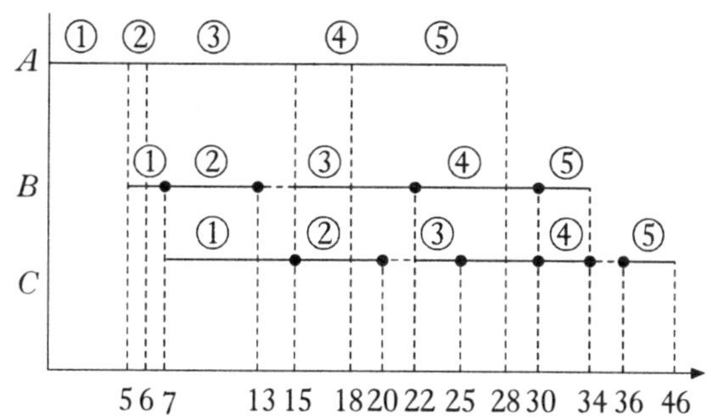

연습문제 3.7

1. 4종류의 일 J_1, J_2, J_3, J_4를 2종류의 가공기계 M_1, M_2의 순서로 처리하는 프로젝트스케쥴링문제에서 최대체류시간을 최소로 하는 스케쥴을 만들고 그의 간토차트를 작성하여라. 단 각 제품을 가공처리하는 기계와 가공시간은 다음 표와 같다.

기계 \ 가공시간	J_1	J_2	J_3	J_4
M_1	7	1	3	4
M_2	2	5	6	7

2. 4종류의 일 J_1, J_2, J_3, J_4를 3종류의 가공기계 M_1, M_2, M_3의 순서로 처리하는 프로젝트스케쥴링문제에서 최대체류시간을 최소로 하는 스케쥴을 만들고 그의 간토차트를 작성하여라. 단 각 제품을 가공처리하는 기계와 가공시간은 다음 표와 같다.

기계 \ 가공시간	J_1	J_2	J_3	J_4
M_1	7	5	4	6
M_2	3	2	1	2
M_3	6	4	5	2

3. 3종류의 일 J_1, J_2, J_3를 3종류의 가공기계 M_1, M_2, M_3를 사용하여 순서대로 처리하는 프로젝트스케줄링에서 최대체류시간을 최소로 하는 스케줄을 분기한정법으로 구하라. 단, 각 일의 가공시간은 다음 표와 같다.

기계 \ 일	J_1	J_2	J_3
M_1	8	6	7
M_2	1	2	6
M_3	5	4	7

4. 위 1, 2번의 문제를 존슨법으로 풀어라.

5. 위 2번의 문제를 라틴적을 만들어 풀어라.

§3.8 최대짝짓기문제

독신 남녀가 각각 몇 사람씩 있다고 한다. 남녀의 수는 같아도 같지 않아도 좋다. 각각 좋아하는 상대가 몇 사람씩 있다고 한다. 좋아하는 사람 사이에는 순위를 붙일 수 없다. 같은 정도로 좋아한다고 한다. 단 동성애는 없는 것으로 하고 남녀 사이에 좋아하는 상대만을 생각한다. 또 남녀 쌍방이 서로 좋아하는 경우만을 문제 삼기로 하고 짝사랑은 제외하기로 한다.

이 때 좌측에 남성을 나타내는 정점을 세로로 늘여 쓰고 우측에 여성을 나타내는 정점을 세로로 늘여 쓴다. 그리고 서로 좋아하는 상대와의 사이에 호를 연결한다. 이와 같은 그래프를 **2조그래프**(bipartite graph)라 한다. 보통 그래프와 달리 2조그래프에서는 정점의 집합이 2개의 조로 분할되고 분할된 조 사이에서만 호가 존재한다. 같은 조 사이에는 호가 없다.

2조그래프에서 남녀의 짝을 적당히 만든다고 하자. 짝을 만드는 것을 **짝짓기**(matching)라 한다. 짝은 호가 있는 곳에서만 만들 수 있다. 그 때 최대 몇 쌍의 짝을 만들 수 있을까? 이와 같은 문제를 **최대짝짓기문제**(maximum matching problem)라 한다.

남녀가 각각 6사람씩 있다고 한다. 남자를 m_1, m_2, m_3, m_4, m_5, m_6로 나타내고 여자를 f_1, f_2, f_3, f_4, f_5, f_6로 한다. 이들을 각조의 정점으로 하고 서로 좋아하는 사이에 호를 그린 2조그래프의 예를 다음 그림 3-71로 나타낸다.

그림 3-71

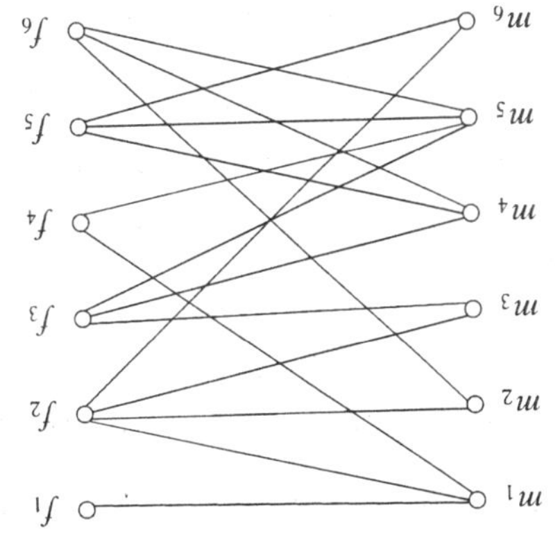

최대짝짓기문제를 풀기 위하여 우선 적당히 몇 개의 짝짓기를 만들고 그것을 최초의 실행 가능한 짝짓기로 하여 여기서부터 출발한다. 그리고 짝짓기를 더 늘릴 수 있는가의 판정 방법과 늘릴 수 있다고 판정되었을 때에 어떻게 해서 늘리느냐가 문제이다. 그것을 구하는 방법의 순서, 즉 알고리즘을 생각하기로 한다.

적은 개수의 짝짓기에서 출발해도 상관없지만 이 때에는 분명히 즉각 늘릴 수 있다. 앞의 예에서 주어진 최초의 실행 가능한 짝짓기가 다음 그림 3-72의 그래프에서 2중선이 그어진 5개의 짝이라고 하자.

그림 3-72

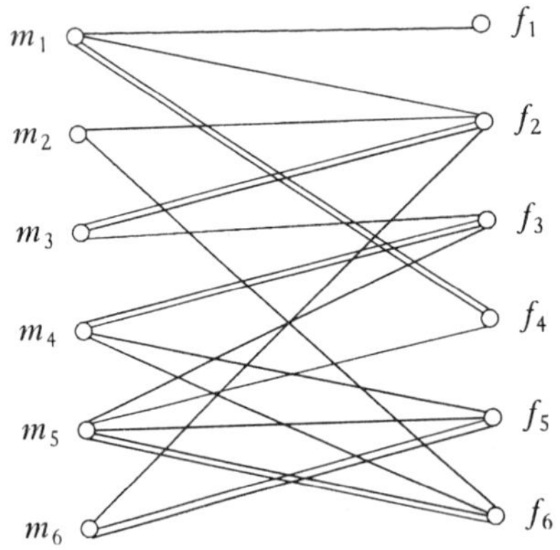

이 때의 짝짓기의 집합을 M으로 하면

$$M=\{(m_1, f_4), (m_3, f_2), (m_4, f_3), (m_5, f_6), (m_6, f_5)\}$$

이다. 좀더 적은 개수의 짝짓기에서 출발해도 여기까지는 간단히 할 수 있다. 이 그림에서 이제 짝짓기는 늘릴 수 없는데 그것은 남아 있는 남녀는 m_2와 f_1뿐이고 이 두 사람 사이에는 호가 없기 때문이다. 그러나 짝짓기를 전면적으로 다시 짜면 어떻게 될 지는 알 수 없다. 이 때 남녀가 모두 6사람씩이므로 최대의 짝짓기는 6쌍이다. 따라서 나중에 늘려도 1쌍뿐이다. 일반적으로 남녀의 수가 다를 때 최대 가능한 짝짓기의 개수는 남녀의 수가 적은 쪽으로 된다.

최대짝짓기를 찾는 알고리즘은 다음과 같이 진행하여 간다. 아직 상대가 결정되지 않은 남성은 m_2뿐이기 때문에 m_2에서 출발한다. m_2의 상대로서 가능한 것은 f_2와 f_6의 두 사람뿐이다. 그래서 m_2를 f_2와 f_6에 맺는 선을 그린다. 다음에 f_2와 m_3, f_6와 m_5는 이미 2중선으로 맺어져 있다. 여기서 m_3와 m_5를 다른 가능한 상대에 맺는다. m_3는 f_3 밖에 없다. m_5는 f_3, f_4, f_5의 3사람이 있다. 그 가운데 f_3는 이미 m_3와 선이 그어져 있으므로 m_5에서는 점선으로 해 놓고 f_4와 f_5에 선을 맺는다. 이와 같이 1중선과 2중선을 서로 맺는 선을 그려 간다. 이 때의 2중선은 그림 3-71에서의 2중선을 사용한다. 그 상황을 그림 3-73에 나타낸다.

그림 3-73

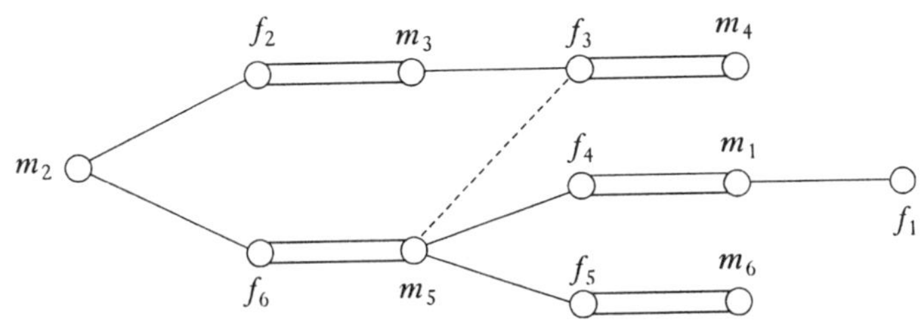

이와 같이 진행하여 갔을 때 어딘가의 선에서 아직 상대가 정해지지 않은 여성에 도달했을 때 계속 짝짓기를 늘리는 것이 가능하다. 어느 선도 아직 남아 있는 여성에 도달할 수 없으면 더 이상 짝짓기는 늘릴 수 없다. 이것이 짝짓기를 늘릴 수 있는가를 판정하는 방법이다. 이 예에서는 아직 상대가 정해지지 않은 여성 f_1에 도달할 수 있으므로 계속 짝짓기는 늘릴 수 있다.

다음으로 짝짓기를 늘리는 방법으로 옮기도록 하자. 이것을 위하여 상대가 정해지지 않은 남성 m_2에서 출발하여 상대가 정해지지 않은 여성 f_1에 도달한 경로를 구성하는 선의 집합을 생각한다. 그 선의 집합을 P로 하면

$$P=\{(m_2, f_6), (f_6, m_5), (m_5, f_4), (f_4, m_1), (m_1, f_1)\}$$

으로 되어 있다. 이 집합 P에 속하고 짝짓기의 집합 M에 속하지 않는 요소의 집합을 $P-M$으로 한다. 단, (f_6, m_5), (m_5, f_6)와 같은 것은 같은 짝으로 간주한다. 역으로 M에 속하고 P에 속하지 않는 요소의 집합을 $M-P$로 한다.

이 때 $P-M$과 $M-P$는 각각

$$P-M=\{(m_2, f_6), (m_5, f_4), (m_1, f_1)\}$$

$$M-P=\{(m_3, f_2), (m_4, f_3), (m_6, f_5)\}$$

로 된다. 이 $P-M$과 $M-P$를 합한 것이 최대짝짓기로 된다. 그것을 도시하면 그림 3-74로 된다.

그림 3-74

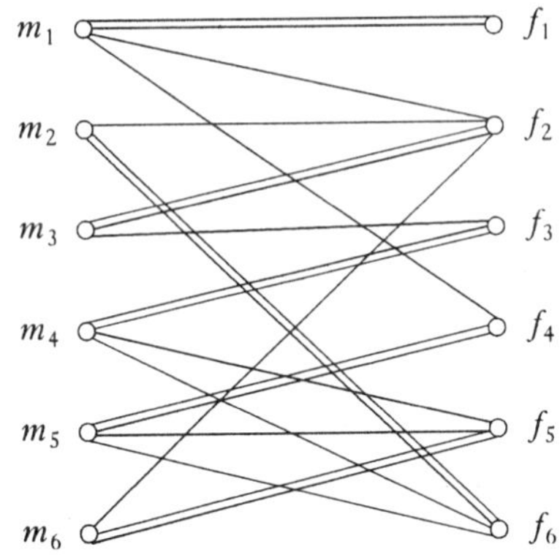

이 최대짝짓기를 구하는 알고리즘의 효율을 보기 위하여 계산시간에 대하여 조사해 보자. 계산시간에 대해서는 가장 불리한 경우, 즉 가장 긴 시간이 걸리는 가능성을 고려하여 조사하지 않으면 안 된다.

남녀의 수가 적은 쪽을 n으로 하자. 그 때 많아야 n쌍의 짝짓기가 존재한다. 이것은 1쌍의 짝짓기에서 출발한다고 해도 이 알고리즘은 많아야 n단계 사용하면 되는 것을 나타내고 있다.

한편 남녀를 맺는 선의 개수를 m으로 한다. m은 대체로 n^2정도의 크기이다. 이 때 각 단계에서 많아야 m개 조사하면 된다. 따라서 전체로서의 계산시간은 $O(n \cdot m)$이다. 이것은 물론 다항식시간이므로 이 알고리즘은 효율이 좋은 것이라고 말할 수 있다.

연습문제 3.8

1. 남녀가 각각 6명씩으로 서로 좋아하는 상대에 호를 그렸을 때 다음 그림과 같았다. 굵은선은 서로 좋아하는 상대를 나타낸다. 이 때 최대짝짓기를 구하라.

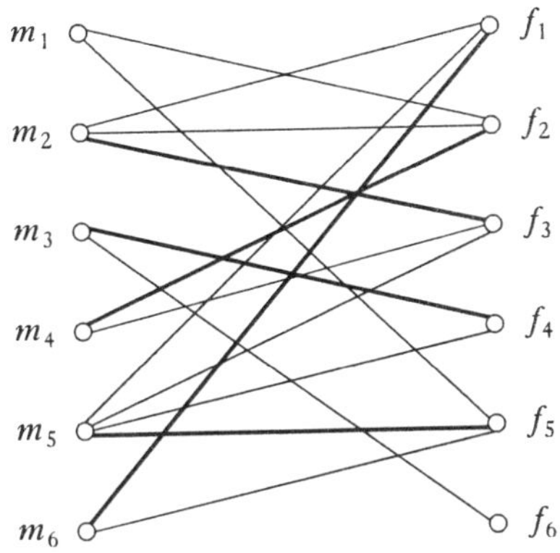

제 4 장

확률이론의 응용

§4.1 확률

통계적 실험에서 발생 가능한 모든 실험결과의 집합을 **표본공간**(sample space)이라 하고, 개개의 실험결과를 **표본점**(sample point)이라 한다. 예를 들어 주사위를 한번 던진다고 하자. 그러면 나타날 수 있는 모든 가능한 값들은 1, 2, 3, 4, 5, 6이다. 따라서 표본공간은 $S=\{1,2,3,4,5,6\}$이다. 그리고 관심의 대상이 되는 실험결과들의 집합을 **사상**(event)이라 한다. 특히 하나의 표본점으로 이루어진 사상을 **단순사상**(simple event) 또는 **근원사상**(elementary event)이라 한다.

확률을 간단히 말한다면 확실성의 정도를 비율로 표현한 것이다. 예를 들어 동전을 3번 던지는 실험을 하여 앞면이 나오면 H, 뒷면이 나오면 T로 나타냈을 때 발생할 수 있는 모든 경우를 나타내는 표본 공간을 구하면

$$S=\{(HHH),(HHT),(HTH),(THH),(HTT),(THT),(TTH),(TTT)\}$$

이다. 이때 앞면이 2번 발생하는 사상을 E_1이라 하면

$$E_1=\{(HHT),(HTH),(THH)\}$$

이고 뒷면이 적어도 1번 나오는 사상을 E_2라 하면

$$E_2=\{(HHT),(HTH),(THH),(HTT),(THT),(TTH),(TTT)\}$$

이고 앞면만 모두 나오는 사상을 E_3라 하면

$$E_3=\{(HHH)\}$$

이다.

임의의 두 사상 A, B에 대하여

① 합사상 $(A\cup B)$는 A 또는 B가 발생할 사상이다.

② 교사상 $(A\cap B)$는 A와 B가 모두 발생하는 사상이다.

③ A와 B의 표본점이 일치할 때 두 사상은 상등이라 하고, $A=B$로 나타낸다.

④ 공사상은 표본점이 하나도 없는 사상으로 ϕ로 나타낸다.

⑤ $A\cap B=\phi$일 때 두 사상 A와 B는 서로 **배반사건**(mutually exclusive event)이라 한다.

⑥ $A\cap B=\phi$, $A\cup B=S$이면 A는 B의 **여사상**(complementary event)이라 한다.

⑦ $A\subset B$이면, A는 B의 **부분사상**(subevent)이라 한다.

표본공간 S가 n개의 배반사상 $E_1, E_2, \cdots, E_n$의 합사상일 때, 즉

$$E_i\cap E_j=\phi \quad (i\neq j,\ i, j=1, 2, \cdots n)\text{이고}\quad \bigcup_{j=1}^{n} E_j=S$$

이면 $E_1, E_2, \cdots, E_n$을 표본공간 S의 완전분할(Complete Partition)이라 한다.

예를 들어 주사위를 1번 던지는 실험에서 5가지 사상

$$E_1=\{1, 2\},\ E_2=\{4, 5, 6\},\ E_3=\{3, 4\}, E_4=\{1, 3, 5\},\ E_5=\{2, 4, 6\}$$

을 생각했을 때 $E_1\cup E_2\cup E_3=S$이고 $E_2\cap E_3=\{4\}$이며 서로 배반인 사상들의 짝은 (E_1, E_2), (E_1, E_3), (E_4, E_5)이고 표본공간 S를 완전히 분할하는 사상들은 (E_4, E_5)이다.

어떤 실험이 일어날 가능성이 동일한 n개의 결과를 가진 표본공간 $S=\{e_1, e_2, \cdots, e_n\}$에 대하여 m개의 실험결과로 이루어진 사상 E의 **확률**(probability)은 $P(E)=\frac{m}{n}$으로 정의한다. 그러나 이러한 정의는 실험결과가 유한개일 경우에만 의미가 있다. 따라서 공리론적 의미의 확률이 필요하다. 공리론적인 확률의 개념은 다소 복잡하게 정의되지만 간단히 살펴보면 S를 표본공간이라 할 때

(1) 임의의 사건 $E(E\subset S)$에 대하여 $0\leq P(E)\leq 1$이다.

(2) 표본공간 S에 대한 확률은 $P(S)=1$이다.

(3) $E_1, E_2, \cdots, E_n$이 서로 배반 사상이면 $P(E_1\cup E_2\cup\cdots\cup E_n)=P(E_1)+P(E_2)+\cdots+P(E_n)$이다.

의 3가지 조건을 만족하는 $P(E)$를 사상 E에 대한 확률이라 한다.

> A, B를 임의의 사상이라 할 때
> (1) $A \subset B$이면 $P(A) \leq P(B)$이다.
> (2) 공사상 ϕ에 대하여 $P(\phi)=0$이다.
> (3) $P(A^c)=1-P(A)$
> (4) $P(A \cup B)=P(A)+P(B)-P(A \cap B)$
> (5) $A \cap B=\phi$이면 $P(A \cup B)=P(A)+P(B)$

사상 A가 발생했다는 전제 아래서 사상 B가 발생할 확률을 **조건부 확률**(conditional probability)이라 하고, $P(B|A)$로 나타낸다. 이러한 경우 사상 A는 새로이 축소된 표본 공간을 제공하고 이 확률은 $A \cap B$에 대응하는 $P(A)$의 부분 확률이다. 즉,

$$P(B|A)=\frac{P(A \cap B)}{P(A)}, \quad P(A) \neq 0 \qquad ①$$

이다. 동일한 방법에 의하여 사상 B가 발생했다는 전제 아래에서 사상 A가 발생할 조건부 확률 $P(A \mid B)$는

$$P(A|B)=\frac{P(A \cap B)}{P(B)}, \quad P(B) \neq 0 \qquad ②$$

이다. 위의 두 식으로부터 임의의 두 사상 A, B에 대하여 $P(A) \neq 0$, $P(B) \neq 0$ 이면

$$P(A \cap B)=P(B|A) \cdot P(A)=P(A \mid B) \cdot P(B) \qquad ③$$

가 성립한다. $P(B|A)=P(B)$ 또는 $P(A|B)=P(A)$일 때 두 사상 A, B는 통계적으로 **독립인 사상**(statistically independent events)이라 한다. 반면 두 사상 A, B가 독립 사상이면 식 ③은 $P(A \cap B)=P(A) \cdot P(B)$ 임을 알 수 있고 이러한 개념을 확장하여 n개의 사상 $E_1, E_2, \cdots, E_n$에 대하여

$$P(E_1 \cap E_2 \cap \cdots \cap E_n)=P(E_1) \cdot P(E_2) \cdot \cdots \cdot P(E_n) \qquad ④$$

이면 이들 사상 $E_1, E_2, \cdots, E_n$은 독립이라 한다.

예를 들면 동전 2개를 던지는 실험에서 앞면이 나오면 H라 하고, 뒷면이 나오면 T로 나타낸다. 처음 던졌을 때 앞면이 나오는 사상을 A, 나중에 던진 것이 앞면일 사상을 B,

적어도 1번 앞면이 나오는 사상을 C, 그리고 앞면이 꼭 1번 나오는 사상을 D라 했을 때 표본공간은 $S=\{(HH), (HT), (TH), (TT)\}$이고, 각 표본점이 발생할 확률은 각각 $\frac{1}{4}$이다. 한편 각 사상을 표본점으로 나타내면

$$A=\{(HH), (HT)\}, B=\{(TH), (TT)\}, C=\{(HH), (TT), (TH)\}, D=\{(HT), (TH)\}$$

이다. 따라서 각각의 확률은

$$P(A)=\frac{1}{2},\ P(B)=\frac{1}{2},\ P(C)=\frac{3}{4},\ P(D)=\frac{1}{2}$$

이다. 한편

$$P(A\cap B)=P[\{(HH)\}]=\frac{1}{4},\ P(C\cap D)=[\{(HT),(TH)\}]=\frac{2}{4}$$

이므로

$$P(A\cap B)=P(A)\cdot P(B)=\frac{1}{4}$$

이다. 따라서 A, B 두 사상은 독립이다.

또 $P(C\cap D)=\frac{2}{4}\neq P(C)\cdot P(D)=\frac{3}{4}\cdot\frac{2}{4}=\frac{3}{8}$이다.

따라서 C, D 두 사상은 독립이 아니다.

> n개의 사상 $E_1, E_2, \cdots, E_n$이 표본 공간 S의 분할이고,
> $P(E_i)>0, (i=1, 2, \cdots, n)$이라 하자. 그러면 임의의 사상 A에 대하여
>
> $$P(A)=\sum_{i=1}^{n} P(A|E_i)\cdot P(E_i)$$
>
> 을 전확률 공식이라 한다.

예를 들면 어떤 대학의 통계학과 학생의 30%는 1학년, 25%는 2학년, 25%는 3학년, 20%는 4학년 학생이라 하자. 그런데 1학년 학생의 50%, 2학년 학생의 30%, 3학년 학생

의 10%, 4학년 학생의 2%가 수학 청강생이라 한다. 통계학과 학생 중 한 학생을 임의로 뽑았을 때 그 학생이 수학 청가생일 확률을 구해보자.

뽑힌 학생이 i학년일 사상을 $A_i(i=1, 2, 3, 4)$, 뽑힌 학생이 수학 청강생일 사상을 B라 하면 사상 A_1, A_2, A_3, A_4는 서로 배반이므로 전확률 공식에 의하여 확률을 구하면

$$\begin{aligned} P(B) &= P(A_1)P(B|A_1) + P(A_2)P(B|A_2) + P(A_3)P(B|A_3) + P(A_4)P(B|A_4) \\ &= 0.30 \times 0.50 + 0.25 \times 0.30 + 0.25 \times 0.10 + 0.20 \times 0.02 \\ &= 0.254 \end{aligned}$$

이다.

n개의 사상 E_1, E_2, $\cdots$, E_n이 표본 공간 S의 분할이고 $P(E_i) > 0$ $(i=1, 2, \cdots, n)$, $P(B) > 0$ 이라고 하면, 조건부 확률의 정의와 승법공식, 전확률 공식으로부터

$$P(E_k|A) = \frac{P(E_k \cap A)}{P(A)} = \frac{P(E_k)P(A|E_k)}{\sum_{i=1}^{n} P(E_i)P(A|E_i)}$$

이 성립함을 알 수 있다. 이를 **베이즈 정리**(Bayes theorem)라 하고 결정이론에 자주 사용된다. 여기서 $P(E_k)$는 사상 E_k에 대한 믿음의 정도를 나타내는 **사전확률**(prior probability)이고 $P(E_k|A)$는 실험 결과로 사상 A가 얻어졌을 때, 그 원인으로써 사상 E_k가 작용할 믿음의 정도를 나타내는 **사후확률**(posterior probability)을 의미한다.

예를 들면 어떤 TV 수리공이 추정할 때 서비스 요청의 60%가 포터불 TV의 수리를 원한다고 한다. 한편 포터볼 TV의 35%는 흑백 TV이고, 콘솔형 TV의 85%는 칼라 TV이다. 이때 수리공이 칼라 TV의 수리요청을 받았다면 그것이 콘솔형 TV에 대한 것일 확률을 구해보자. 이때 칼라 TV일 사상을 A, 흑백 TV일 사상을 B, 포터불 TV일 사상을 C, 콘솔형 TV일 사상을 D라 하면 $P(C) = \frac{60}{100}$ 이므로 $P(D) = \frac{40}{100}$ 이고, 또한 $P(B|C) = \frac{35}{100}$, $P(A|D) = \frac{85}{100}$ 이다. 따라서 $P(A|C) = \frac{65}{100}$ 를 얻는다. 그러므로 베이즈 정리에 의해서

$$P(D|A) = \frac{P(A|D) \cdot P(D)}{P(A|C) \cdot P(C) + P(A|D) \cdot P(D)}$$

$$= \frac{\frac{85}{100} \cdot \frac{40}{100}}{\frac{65}{100} \cdot \frac{60}{100} + \frac{85}{100} \cdot \frac{40}{100}} = \frac{34}{73} = 0.466$$

이다.

연습문제 4.1

1. 8개의 공정한 동전을 던질 때 앞면이 나오는 각 경우의 확률을 구하여라.

2. 동전 2개와 주사위 1개를 던지는 실험을 한다. 이 때 다음에 답하여라.

(1) 표본 공간 S를 구하라.

(2) 주사위의 눈이 5 이상일 사상을 A라 할 때 확률 $P(A)$를 구하라.

(3) 2개의 동전이 서로 다른 면이 나오는 사상을 B라 할 때 $P(B)$를 구하라.

(4) $P(A \cup B)$, $P(A \cap B)$를 구하라.

3. 세 개의 주머니에 각각 1부터 5까지의 번호가 매겨진 5개의 구슬이 들어있다. 각 주머니에서 1개씩의 구슬을 꺼낼 때 꺼낸 구슬의 합이 5 이상일 확률을 구하라.

4. 두 개의 주사위를 차례로 1개씩 던지는 경우를 생각하자 두 주사위의 눈이 모두 3 이상일 때 두 주사위 눈의 합이 7일 확률을 구하라.

5. 어느 회사의 A, B, C 세 공장에서 동일한 제품을 생산하고 있다. 그 생산량은 각각 50%, 30%, 20%이다. 또한 각 공장에서 만들어지는 제품의 불량률은 각각 0.2%, 0.5%, 0.6%라고 한다. 이제 어떤 제품이 불량품이었을 때 이것이 각각 A, B, C 세 공장에서 생산되었을 확률을 구하라.

§4.2 재고관리

1. 재고관리의 개요

어떤 물건을 만들려면 여러 가지 종류의 재료나 부품이 필요하다. 언제든지 필요한 것을 만들려면 적량의 재료나 부품이 창고에 준비되어 있어야 한다.

부품의 재고는 정상적인 가동을 위하여 매우 필요하다. 가령 같은 종류의 10대의 항공기를 운항하는 A사와 20대의 항공기를 운항하는 B사가 있는데, A사에서는 예비엔진을 한 대, B사에서는 두 대를 예비로 가지고 있다 할 때, 엔진부족으로 운항할 수 없는 확률은 어느 쪽 회사가 크겠는가?

이 문제는 대기행렬 이론에서 설명된, 20명에 화장실 한 곳과, 40명에 화장실 두 곳이 있을 때, 어느 쪽이 화장실에 가서 대기할 확률이 크겠느냐? 의 문제와 동일해서, 10대의 항공기를 보유하고 예비엔진이 한 대 있는 A사 쪽이 운항 못할 확률이 크다. 소비자가 구하는 물건을 원하는 시기에 맞추어 공급하려면, 상점에 적량의 물건을 보관하고 있어야 한다.

재료나 부품이 부족하기 때문에 필요한 물건을 만들 수 없다든가 재고량 부족으로 판매할 수가 없어서 이득을 얻을 기회를 상실하거나, 긴급히 주문하거나, 자주 주문한다면 발주비용이 많이 들 수 있고, 또한 고객에게 적기에 물건을 제공하지 못하여 신용을 상실할 수 있다.

한편 필요로 하지 않는 재료나 부품 또는 물건을 장기간 보관하고 있으면, 보관비용이나 물건 대금의 금리 등이 발생하여 손실을 입게 될 수도 있다. 이와 같은 손실을 최소한으로 하기 위하여 재고관리가 필요하다.

재고관리는 퍽 넓은 의미를 가지고 있으나, 재고품의 사무처리, 재고품의 운반, 정리, 보관 그것에 재고량 관리 등이 있는데 여기서 다루는 재고관리는 재고량 관리를 의미한다. 재고관리의 목적은 재고량을 적절히 관리하여 총재고비용을 되도록 감소시켜 이익을 향상시키는 것이다. 총재고비용은

총재고비용 = 보관비용 + 발주비용

이고, 재고관리에서는 다음 두 가지 요소가 대립된다. 즉,

과대재고에 의하여 재고비용 등이 증가한다.
과소재고에 의하여 품절비용이나, 발주비용이 증가한다.

따라서 재고관리의 목적은 총 재고비용을 최소화하는, 발주량의 수를 결정하는 것이다.

한편 재고량은 수요의 발생이나 보충하는 방식에 의하여 좌우되나, 보충을 위한 발주 하나를 보아도 일괄해서 주문할 것인가, 또는 세분해서 자주 주문할 것인가에 따라서 여기에 쓰이는 경비가 다르다. 즉, 어느 정도의 재고량이 최적이고, 그것을 실현하려면 어느 시점에서 얼마의 양을 발주하면 좋은지를 정확히 하려는 것이 **재고관리**(inventory management, inventory control)라는 수법이다.

재고관리를 하는 데는 두 가지 요소를 결정하여야 한다. 하나는 언제 주문할 것인가의 시기의 문제, 즉 **발주시기**이고, 주문량을 얼마로 할 것인가의 **발주량**(주문량)의 문제이다.

발주시기와 발주량은 다음 두 가지로 분류된다. 발주시기는 부정기인 것과 정기인 것으로 분류되고, 발주량은 경우에 따라서 변화되는 것과 경우에 관계없이 일정량을 주문하는 것으로 분류되나, 발주방식은 두 가지 경우로 구분한다.

발주방식

대표적인 발주방식에는 다음 두 가지가 있다.

(1) 발주점방식(정량발주방식)   (2) 정기발주방식

발주점방식은 재고량이 정해진 양(발주점)이 되었을 때 발주하는 방식이고, 정기발주방식은 정해진 시기, 즉 일정한 간격을 두고 발주하는 방식이다. 전자는 마치 배가 고프면 식사를 하는 격이고, 후자는 정해진 시각에 식사를 하는 격이다. 그리고 전자는 일정량을 늘 발주하나, 후자는 경우에 따라서 발주량이 변한다.

발주점방식과 정기발주방식의 차이를 간단히 표로 해둔다.

	발주점방식	정기발주방식
발 주 량	일 정	부 정
발주시기	부 정	일 정

재고량은 지나치게 많아도 안 되고, 지나치게 적어도 안 된다. 재고량을 잘 관리하면 재고비용을 최소한으로 억제할 수 있다. 두 가지 발주방식에서 금액이 적을 때는 발주점 방식이 쓰이고, 금액이 클 때는 정기발주방식이 많이 쓰인다.

2. 간단한 재고 모델

재고관리에서 가장 간단한 모델의 전제조건은 다음 경우이다.

(1) 재고의 감소가 일정하다.
(2) 발주 후 즉시 납입된다.
(3) 발주는 재고가 0이 될 때 한다.

가령, 어느 상점에서 상품 A를 판매하고 있는데 1일의 판매량이 5개로 일정하고, 상품 A는 발주 즉시 납입된다고 하자. 이 경우 이 상품의 재고량의 변화는 그림 4.1과 같다. 이 모델에서 조달기간은 0이다. 발주량을 2로 나눈 값이 평균 재고량이다. 왜 그런지를 그림 4.2에서 보면 쉽게 이해가 될 것이다.

그림 4-1 재고의 변화

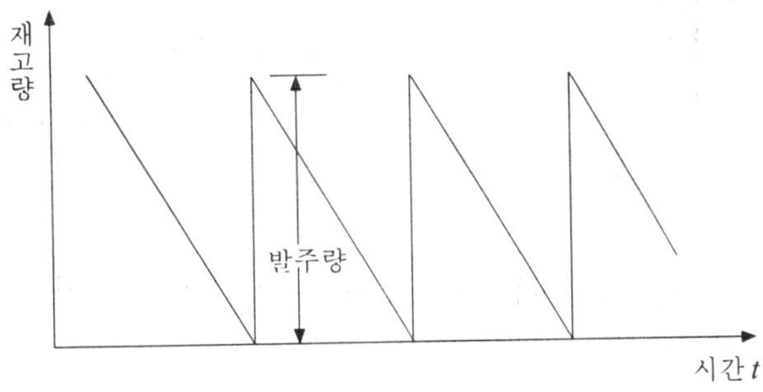

≪보기 1≫ 1일 수요량을 5개, 1년 수요량을 5개× 200(일)=1,000개라 하자.

1년에 1,000개의 수요가 있을 때, 최초 1,000개 발주할 경우와 500개씩 두 번으로 나누어서 발주할 경우 재고의 움직임을 그림 4.2, 4.3에 나타냈다.

한번에 1,000개를 발주할 경우는 평균 500개의 재고를 1년간 유지하는 것과 같고, 500개씩 2회로 나누어서 발주하는 경우는 평균 250개의 재고가 된다. 재고를 잘 관리하는 것이 재고관리의 목적이다. 즉, 얼마만큼을 발주하면 가장 적절한 재고량이 되며 그것에 요하는 비용을 최소한으로 억제할 수 있는가이다.

그림 4-2 1년에 1회 주문할 때

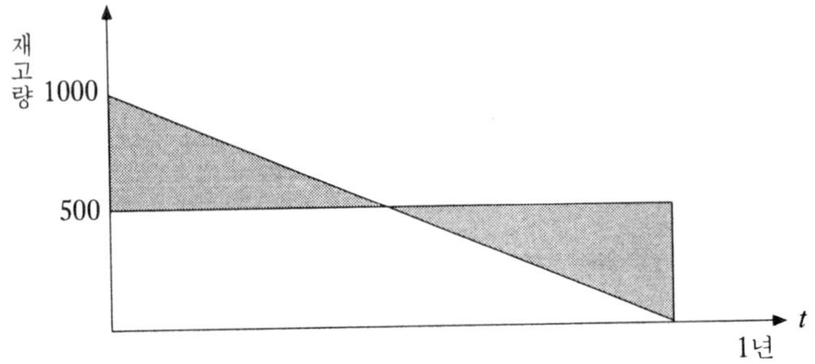

그림 4-3 1년에 2회 주문할 때

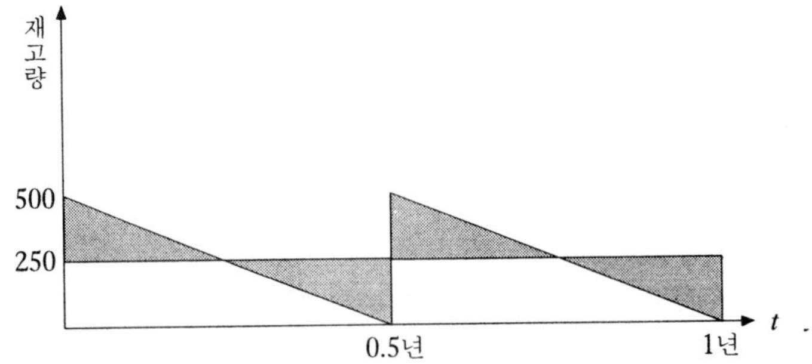

그러면 언제 발주하느냐, 얼마만큼 발주하느냐를 이 모델에서 생각해 보자. 상품 A에 대하여 다음이 알려져 있다.

판 매 량 5개/일	(연간 200일 영업한다)
연간 보관비용	1,000원/개 (재고비 및 보험료 등)
발주비용 5,000원/개	(발주량에 무관계)

우선 보관비, 발주비, 구입비를 생각한다.

❶ 보관비

1일에 5개 소비된다면 1년간 1,000개(5개×200일)를 소비하게 된다.
(a) 한 번에 1,000개 발주한다면, 평균 재고량이 500개이므로

$$\text{연간 보관비} = 1{,}000\text{원/개} \times 500\text{개} = 500{,}000\text{원}$$

(b) 매일 5개씩 발주하면

$$\text{연간 보관비} = 1{,}000\text{원/개} \times \frac{5}{2}\text{개} = 2{,}500\text{원}$$

연관 보관비

1회에 Q개 발주한다 하고, 개당 연관 보관비를 C_1원이라면

$$\text{연관 보관비} = \text{1년간 개당 보관비} \times \text{평균 재고}$$
$$= C_1 \times \frac{Q}{2}$$

이 식에서 연간 보관비가 발주량에 비례하여 증가함을 알 수 있다.

그림 4-4 발주량과 보관비

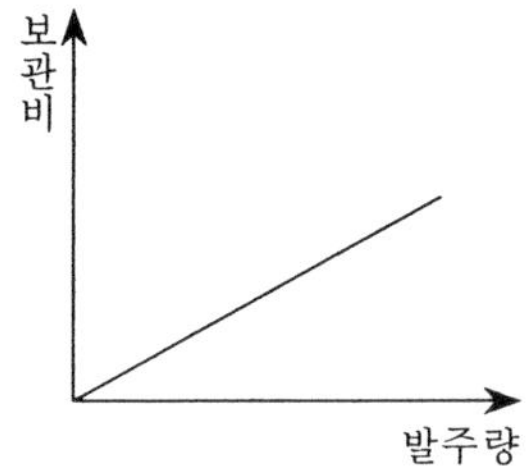

❷ 발주비

이 상품은 발주량에 관계하지 않고 1회 발주에 5,000원이 든다. 연간 총수요량 1,000개를 1회로 발주한다면 발주비용은 5,000원×1(회)=5,000원 들고, 매일 5개씩 발주한다면 200회(1,000개÷5개) 발주되므로 총발주비용은 5,000원×200(회)=1,000,000원이다.

일반적으로 연간 총수요량을 S, 1회 발주비를 A, 1회 발주량을 Q라 하면, 연간 발주비는

연간 발주비

$$\text{연간 발주비} = \text{1회 발주비} \times \text{발주횟수}$$
$$= \text{1회 발주비} \times \frac{\text{연간총수요량}}{\text{1회발주량}}$$
$$= A \times \frac{S}{Q}$$

위 식에서 연간 발주비는 발주량 Q에 역비례함을 알 수 있다.

그림 4-5 발주량과 발주비

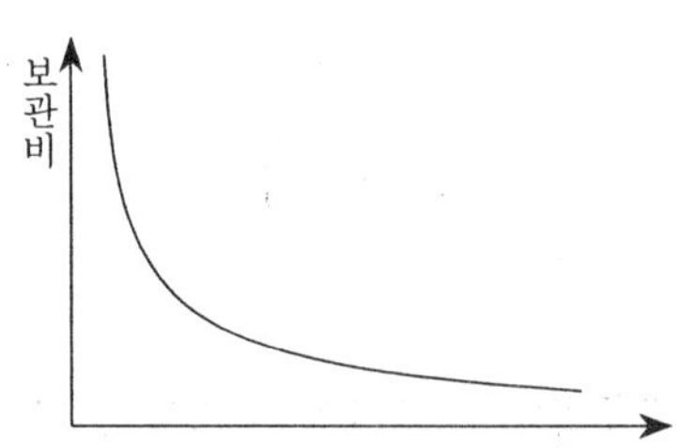

❸ 구입비

구입비는 단가×연간 총수요량으로 구해지므로 발주량, 발주일 등이 변해도 전혀 영향을 받지 않으므로 여기서는 고려되지 않는다.

❹ 총비용

구입비를 제외한 총비용은

총비용 = 보관비 + 발주비

이다. 이를 식으로 나타내면 다음과 같다.

> 총비용
>
> $$T = \frac{C_1 Q}{2} + \frac{AS}{Q}$$
>
> 단, C_1은 개당 연관보관비, Q는 1회 발주량, A는 1회 발주비, S는 연간총수요량

이를 그래프로 나타내면 그림 4.6과 같다.

그림 4-6 총비용

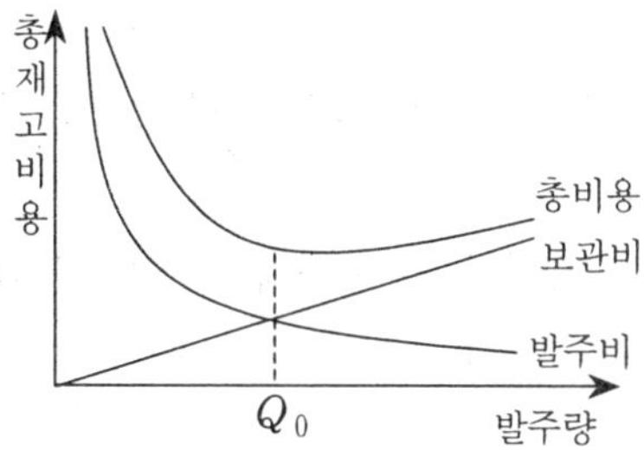

3. 경제발주량

총재고비용은 곡선을 나타낸다. 총재고비용이 최소가 되는 발주량 Q_0가 존재한다. 이 발주량 Q_0를 **경제발주량**(Economic Order Quantity; EOQ)이라 한다. 총비용 T가

최소되는 발주량 Q_0의 값은 $\frac{C_1 Q}{2} = \frac{AS}{Q}$ 일 때 최소가 되며, 다음과 같다.

최적발주량

$$Q_0 = \sqrt{\frac{2AS}{C_1}}$$

이 공식을 써서 경제발주량을 산출해 보자.

S=1,000, A=5,000, C_1 =1,000

을 대입하여

$$Q_0 = \sqrt{\frac{2 \times 5,000 \times 1,000}{1,000}} = 100(\text{개})$$

발주횟수는

$$\text{발주횟수} = \frac{\text{연간 총수요}}{\text{발주량}} = \frac{1,000}{100} = 10(\text{회})$$

가 된다.

이상의 사실에서 이 상점에서는 1년간 10회로 나누어서 100개씩을 발주하면 가장 적은 비용으로 재고를 관리할 수 있다.

위 예에서 1회 발주량이 1,000개인 경우, 5개인 경우, 100개인 경우로 나누어 총비용을 계산하면 1회에 1,000개 발주할 때

$$T = 1,000 \times \frac{1,000}{2} + 5,000 \times \frac{1,000}{1,000} = 505,000(\text{원})$$

1회에 5개씩 발주할 때

$$T = 1,000 \times \frac{5}{2} + 5,000 \times \frac{1,000}{5} = 1,002,500(\text{원})$$

1회에 100개씩 발주할 때

$$T = 1,000 \times \frac{100}{2} + 5,000 \times \frac{1,000}{100} = 100,000(\text{원})$$

이상 세 가지 발주에서 비용이 가장 적게 드는 것이 1회에 100개씩 주문하는 경우이다.

❶ 보관비용과 발주량

대개의 상품은 계절에 따라서 수요의 변동이 있는 것, 담배와 같이 연중 수요의 변동이 없는 것 등이 있다. 우선 수요의 변동이 없는 담배의 재고관리를 생각해 보자.

어느 담배 판매점에서 매상은 매일 거의 일정하고, 한 달에 10,000갑 팔리고 있다. 이러한 순조로운 판매에 대비하여 재고량을 가지고 있어야 한다. 그런데 담배 한 갑을 한 달 보관하는 데 40원의 보관비가 발생한다고 하자. 그리고 발주할 때마다 사무비용 등으로 입하량에는 무관하게 2,000원이 든다고 하자. 이러한 조건에서 1회의 입하량을 얼마로 하고, 발주간격을 얼마로 해야 할 것인가를 살펴보자.

문제를 정리하면

1개월간의 수요	10,000 (갑)
보관비(한 갑당)	40 (원/월)
발주비용	2,000 (원/회)

일 때, 보관비와 발주비의 합계를 가장 적게 하려면, 어떻게 발주하면 되겠느냐?

담배재고의 변화는 수요가 일정하므로 그림 4.7과 같다고 할 수 있다. 재고량은 시간의 경과에 따라서 10,000갑/월이 같은 비율로 감소해 나간다. 재고가 0이 되기 전에 담배를 Q갑 주문한다면 재고는 갑자기 Q갑 상승하는데 그 직후부터는 직선적으로 감소해 나가서 재고량이 0에 가까워지고, 재고량이 떨어지기 전에 다시 Q갑을 주문한다. 그럴 때

$$\text{평균 재고량} = \frac{Q}{2} \quad (Q\text{는 1회 발주량}) \tag{1}$$

임을 그림에서 읽을 수 있다.

그림 4-7 재교량의 변화

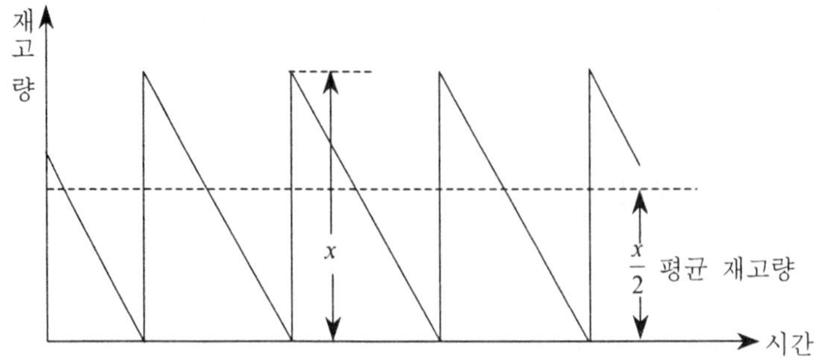

그러면 보관비용의 총액은

$$\text{보관비용의 총액} = \frac{Q}{2} \times 40 \text{ (원/월)}$$

또 1회 발주량을 Q갑이라면, 월당 10,000/Q회의 발주를 하지 않으면 안되므로

$$\text{발주비용의 총액} = \frac{10,000}{Q} \times 2,000 \text{ (원/월)}$$

따라서 보관비용과 발주비용의 합계를 T라 하면

$$T = \frac{40Q}{2} + \frac{20,000,000}{Q}$$

이 된다. 이 값을 최소로 하는 Q는

$$\frac{dT}{dQ} = \frac{40}{2} - \frac{20,000,000}{Q^2} = 0$$

에서

$$Q = \sqrt{\frac{40,000,000}{40}} = 1,000 \text{ (갑)}$$

월당 발주횟수는 $\frac{10,000\text{갑}}{1,000\text{갑}}$=10(회)이다. 따라서 3일마다 1회씩 발주하면 비용이 최소가 된다.

주문 즉시 입하되는 경우는 품절이 될 때마다 경제발주량을 주문하면 재고비용은 최소로 할 수 있다.

평균 재고량은 다음 도형에서 $\frac{Q}{2}$임을 쉽게 알 수 있지만 식으로 구해보자. 수요가 일정한 비율로 감소하고, 기간 a에 재고량 Q가 0이 된다면

$$평균재고량 = \frac{1}{a}\int_0^a\left(Q-\frac{Q}{a}t\right)dt=\frac{1}{a}\left[Qt-\frac{Q}{2a}t^2\right]_0^a$$

$$=\frac{1}{a}\left(aQ-\frac{Q}{2a}a^2\right)=\frac{Q}{2}=\frac{1}{2}\ (\Delta OaQ의\ 면적)$$

그림 4-8 재고량의 변화

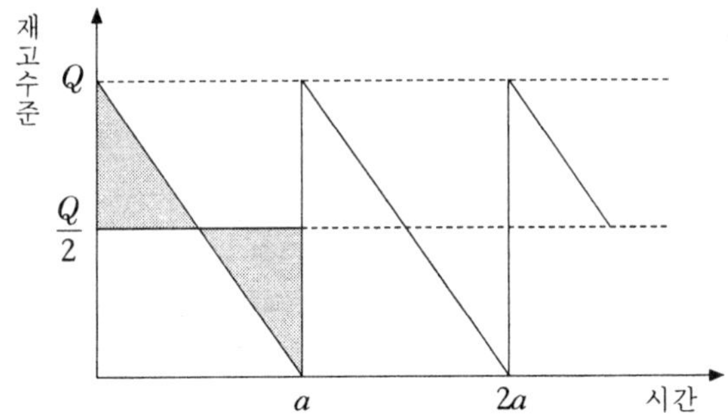

≪보기 2≫ 상품 B의 연간 총매상량은 2,400개이고, 이 상품은 매년 거의 같은 비율로 팔리고 있다. 상품 B의 개당 구입비는 500원, 연간 보관비는 단가의 10%, 1회의 주문비는 1,000원이다. 1회의 주문량은 일정하게 하기로 하고 최적 주문량을 구해보자.

(i) 연 1회 주문할 때

연간 주문비 = 1,000 (원)×1 (회) = 1,000 (원)

연간 재고유지비 = 연간 평균재고량 × 단가 × 연간 재고보관비율

$$= \frac{2,400}{2} \times 500 \times 0.1 = 60,000\ (원)$$

주문비 + 연간 재고보관비 = 1,000 + 60,000=61,000 (원)

표 3-11

주문횟수	주 문 비	연간 재고보관비	합 계
1	1,000	60,000	61,000
2	2,000	30,000	32,000
3	3,000	20,000	23,000
4	4,000	15,000	19,000
5	5,000	12,000	17,000
6	6,000	10,000	16,000
7	7,000	8,571	15,571
8	8,000	7,500	15,500 (최소)
9	9,000	6,667	15,667

(ii) 연 2회 주문할 때

$$\text{연간 주문비} = 1,000\ (\text{원}) \times 2\ (\text{회}) = 2,000\ (\text{원})$$

$$\text{연간 재고유지비} = \frac{1,200}{2} \times 500 \times 0.1 = 30,000\ (\text{원})$$

$$\text{주문비} + \text{연간 재고보관비} = 2,000 + 30,000 = 32,000\ (\text{원})$$

이렇게 연간 3회, 4회, … 주문할 때의 연간 주문비, 연간 재고보관비를 구하면 표 4.1과 같다. 표 4.1에서 합계 금액이 최소인 연간 8회 주문할 때

$$\begin{aligned} \text{1회 발주량} &= \text{연간총매상량} \div \text{주문횟수} \\ &= 2,400 \div 9 = 300\ (\text{개}) \end{aligned}$$

최적발주량 공식에 의하면

$$\begin{aligned} Q &= \sqrt{\frac{2AS}{\Pi}} = \sqrt{\frac{2 \times 1,000 \times 2,400}{500 \times 0.1}} \\ &= 309.84\ (\text{개}) \fallingdotseq 310\ (\text{개}) \end{aligned}$$

이렇게 최적발주량에 약간의 차이가 나는 이유는, 주문횟수를 이산량으로 볼 때와 연속량으로 볼 때의 차이에서 온 것이다.

주문횟수를 최적발주량 공식에서 얻은 최적발주량으로 계산하면

$$발주횟수 = \frac{S}{Q} = \frac{2,400}{309.84}$$
$$= 7.746 \fallingdotseq 8\ (회)$$

가 되어 이산적으로서의 발주횟수와 같은 값이 된다.

❷ 경제발주량 공식

최적발주량을 경제발주량이라고 하며, 경제발주량(EOQ)은 어떤 일정 기간의 보관비용과 발주비용의 합을 최소로 하는 발주량을 말한다.

경제발주량
경제발주량은 다음과 같다. $경제발주량= \sqrt{\frac{2AS}{\Pi}}$ (최적발주량) 단, S : 일정기간의 총수요량, A : 1회당 발주비, P : 구입단가, i : 기간 내 보관비율

이 공식은 다음과 같이 유도된다.

기간내 총재고비용 T = 기간내 발주비 + 기간내 보관비(재고비)

이므로

$$T = \frac{AS}{Q} + \frac{PQ}{2}i, \quad \frac{dT}{dQ} = -\frac{AS}{Q^2} + \frac{\Pi}{2} = 0$$

$$Q = \sqrt{\frac{2AS}{\Pi}}$$

단, Q는 1회 발주량이다.

일정기간을 연(年)으로 하면 S는 연간 총수요량이 되고, 다음과 같이 비용을 식으로 나타낼 수 있다.

연간 발주비용과 연간 재고비용

연간 발주비용=1회당 발주비용× $\frac{\text{연간 총수요량}}{\text{발주량}} = A \times \frac{S}{Q}$

연간 재고유지비용=단위당 연간 재고비용×평균 재고량= $C_1 \times \frac{Q}{2}$

연간 총 재고비용=연간 발주비용+연간 재고유지비용= $\frac{AS}{Q} + \frac{C_1 Q}{2}$

[예제 1] C사의 구매부는 원료의 발주관리를 하기 위한 조사를 실시하여 다음과 같은 자료를 얻었다. 연간 원료 사용량은 6,000kg이고(1년은 360일로 한다) 보관비는 하루에 1kg당 5원이며, 발주비(수송비, 보험료 등의 제비용)는 1회당 150,000원이다. 보관비와 발주비의 합을 최소로 하는 최적발주량을 정하라.

풀이 최적발주량 공식

$$Q=\sqrt{\frac{2AS}{II}}$$

에 S=6,000kg, A=150,000원, Pi=5×360=1,800원을 대입하면

$$Q=\sqrt{\frac{2\times 6,000\times 150,000}{1,800}}$$
$$=1,000(\text{kg})$$

■

4. 안전재고

❶ 안전재고

발주후 즉시 조달되는 경우의 발주는 재고가 0일 때, 경제발주량을 발주하면 된다. 그러나 발주하여 즉시 조달되는 경우가 아니면 주문하여 조달할 때까지의 기간인 조달기간(lead time) 중의 수요에 대비해야 한다.

조달기간이나 수요가 늘 일정하다고 생각할 수 없다. 조달기간도 예정보다 늦어질 수

있고, 수요도 예상보다 웃돌 수도 있다.

조달기간과 수요에 모두 변동이 있으므로, 되도록 재고가 끊어지지 않도록 어느 정도의 여유가 있어야 한다. 이런 변동에 대비한 여유를 **안전여유** 또는 **안전재고**라고 한다.

조달기간을 t, 단위기간중의 수요의 표준편차를 σ_D라 할 때

$$\text{안전재고} = k\sqrt{t} \times \sigma_D$$

로 된다. 단, k는 **안전계수**이고, 이는 품절허용확률 α에 대하여 표준정규분포에서 $P(z \geq k) = \alpha$ 되는 계수 k이다. 안전재고는 소비계획과 실적과의 변동을 흡수하기 위한 재고이다. 따라서 안전재고의 기분 공식은 다음과 같다.

$$\text{안전재고(R)} = \text{안전계수(k)} \times \sqrt{\text{조달기간}(T)} \times \text{수요의 표준편차의 추정값}(\hat{\sigma}) \qquad (1)$$

여기서 안전계수는 제품상품)이면 고객에 대한 품절허용확률에 의하여 정해지는 계수이므로 대개는 방침으로 결정된다. 일일수요에 대한 $\hat{\sigma}$(표준편차)는 과거의 실적에서 추정하는 것으로 측정 가능한 요소이다. 다음에 이들 k와 $\hat{\sigma}$를 구하는 방법을 들어본다.

❷ 수요의 표준편차와 안전계수

통계이론에서 다음과 같은 수요의 표준편차의 추정방법이 있다.

1) 평균편차(MD)에서 추정하는 방법

표준편차의 추정값 $\hat{\sigma}$는

$$\hat{\sigma} = \left(\frac{1}{0.8}\right) \times MD = 1.25MD$$

2) 불편분산제곱근 $\sqrt{V}$에서 추정하는 방법

표본표준편차는 다음과 같다.

$$\hat{\sigma} = \sqrt{V} = \sqrt{\frac{\sum(x_i - \bar{x})^2}{n-1}}$$

이 값이 수요의 표준편차 σ_D의 불편추정이다. 안전계수(k)를 구하는 방법도 여러 가지가 있으나 품절허용확률로 안전계수를 정하는 방법을 살펴보자.

품절허용확률을 α라 하면 서비스율은 $1-\alpha$가 된다. α를 방침으로 정하고, 여기서 안전계수 k를 구한다. 수요의 분포를 정규분포로 가정하면, α의 값과 k의 값은 표 4.2와 같다.

표 4-2

α의 값	1%	2.5%	5%	10%
k의 값	2.33	1.96	1.645	1.28

그림 4-9 안전계수

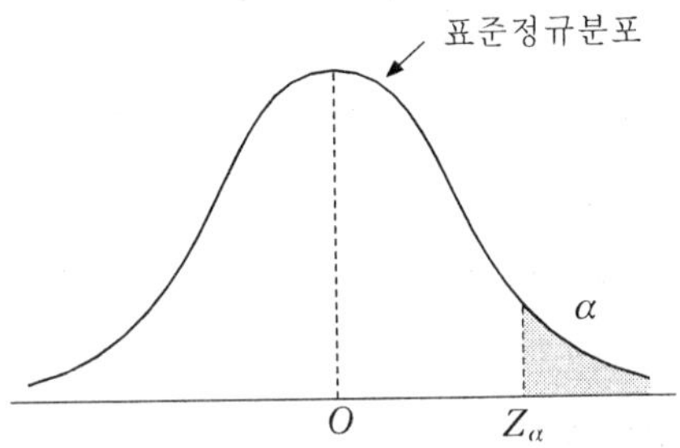

[예제 2] 수요의 분포가 과거의 실적에서 표 4.3과 같다. 재고를 5개로 하면, 평균품절의 개수는 얼마가 되겠느냐?

표 4-3

수요 개수/일	확 률
0	0.05
1	0.10
2	0.15
3	0.18
4	0.22
5	0.15
6	0.10
7	0.05

풀이 수요가 5개 이내이면 재고가 되고, 품절은 수요가 6개 이상인 경우이므로 평균 품절개수는 다음과 같다.

$$(6-5)\times 0.1+(7-5)\times 0.05=0.2 \text{ (개/일)}$$

[예제 3] 조달기간 중 수요의 분포가 평균 50개이고, 표준편차가 10개인 정규분포로 가정한 경우, 품절허용확률을 5%로 하여 안전재고를 구하라.

풀이 품절허용확률 $\alpha = 0.05$로 하면, 표 4.3에서 k = 1.65이므로 안전재고 R는 식 ①에 의하여

$$R = k\sigma = 1.65 \times 10 = 16.5 \rightarrow 17(\text{개})$$

[예제 4] 조달기간 중 수요의 분포가 x^2(chi square) 분포를 하고, 평균수요를 50개로 가정한 경우에 $\alpha = 0.05$로 하여 안전재고 R을 구하라.

풀이 $\alpha = 0.05$라면 x^2분포는 자유도와 α에 의하여 수요가 정해진다. x^2 분포의 자유도는 평균과 같으므로 부록의 x^2분포표에 의하면

$$x^2(50,\ 0.05)=67.5 \rightarrow 68$$

따라서 안전재고는

$$68\text{개} - 50\text{개} = 18(\text{개})$$

일정기간중의 수요의 변동이 우연변동이라 할 때, 수요량의 분포가 정규분포 $N(\bar{x},\ \sigma^2)$에 따르는 경우가 많다. 1일의 수요분포가 정규분포 $N(\bar{x},\ \sigma^2)$에 따르고, 매일매일의 수요가 서로 무관계(독립적)하다고 생각할 수 있는 경우, t일간 총수요의 분포는 $N(t\bar{x},\ t\sigma^2)$에 따른다.

≪보기 3≫ 다음 도수분포표는 A상점에서 B상품의 100일간의 수요를 나타낸 것이다.

표 4-4

계 급	x	f	u	uf	u^2	u^2f
21~29	25	1	-4	-4	16	16
29~37	33	3	-3	-9	9	27
37~45	41	10	-2	-20	4	40
45~53	49	27	-1	-27	1	27
53~61	57	34	0	0	0	0
61~69	65	16	1	16	1	16
69~77	73	5	2	10	4	20
77~85	81	2	3	6	9	18
85~93	89	2	4	8	16	32
계		100		-20		196

$$\bar{x}=57+8\left(\frac{-20}{100}\right)=55.4$$

$$\sigma^2=8^2\left[\frac{196}{100}-\left(\frac{-20}{100}\right)^2\right]=122.88 \qquad (\sigma=11.1)$$

(i) 이 도수분포표에서 1일 수요의 분포는 정규분포 N(55.4, 122.88)에 근사한다고 볼 수 있다.

(ii) 매일의 수요를 독립이라고 생각할 때, 1주간의 총수요는 N(7×55.4, 7×122.88) 즉, N(387.8, 860.16)에 근사한다.

(iii) 품절허용확률을 5%로 한다면, 1주일간의 수요에 대비할 재고량은

$$7\bar{x}+1.645\sqrt{7}\sigma=7\times55.4+1.645\sqrt{7}\times11.1$$
$$=436.1\fallingdotseq436 \text{ (개)}$$

[예제 5] 어떤 상품의 과거 1년 동안의 월간 수요가 표 4.5와 같았다.

조달기간(lead time)을 2개월로 하고 품절허용확률을 5%로 가정하여 안전재고를 구하라. 단, 표준편차의 추정식은 $\hat{\sigma}=\sqrt{\dfrac{\sum(x_i-\bar{x})^2}{n-1}}$ 을 사용하라.

표 4-2 수요량

월	수요량	월	수요량
1	145	7	145
2	123	8	133
3	135	9	142
4	160	10	138
5	165	11	155
6	150	12	160

풀이 $\sum x_i = 1,751$

$$s^2 = \sum(x_i - \bar{x})^2 = \sum x_i^2 - \frac{1}{n}(\sum x_i)^2 = 257,251 - \frac{1,751^2}{12}$$

$$= 257,251 - \frac{3,066,001}{12} = 257,251 - 255,500.08$$

$$= 1,750.92$$

$$\therefore \delta = \sqrt{\frac{s^2}{n-1}} = \sqrt{\frac{1,750.92}{11}} = \sqrt{159.175} \fallingdotseq 12.61$$

따라서 안전재고는

$$1.645 \times \sqrt{2} \times 12.61 = 29.34$$

이다. ▨

5. 발주방식

❶ 벌주점방식(정량발주방식)

1) 발주점

이 방식은 발주시기는 부정기적이고, 발주량은 일정한 주문방식으로서 재고량이 일정한 재고수준까지 내려갔을 때 일정량을 주문하는 발주방식으로, **발주점방식** 또는 **정량발주방식**이라고도 한다.

이 방식은 재고량이 일정한 재고수준까지 내려가면 일정량을 주문하는데, 이 일정한 재고수준을 **발주점**이라 한다. 물품을 발주해서 납품될 때까지의 시간을 **조달기간**(lead time)이라 한다. 발주점방식은 발주점과 발주량을 정하는 것이 키포인트이다.

발주점은 다음과 같이 정한다.

발주점 = 조달기간중의 평균수요 + 안전재고

위 식에서 안전재고란, 소비속도의 변동이 있는 경우 이에 대비하는 여유의 물건이 준비되어야 할 여우를 의미한다. 즉,

안전재고량 = 조달기간중의 최대소비량 - 조달기간중의 평균소비량

수요의 분포(평균과 표준편차를 구할 수 있을 때)가 알려져 있는 경우는 다음 공식이 쓰인다.

안전재고량 = 안전계수 × 수요의 표준편차 × $\sqrt{\text{조달기간}}$

안전계수는 품절이 일어날 위험률을 어느 정도까지 감수할 것인가에 따라서 정해진다. 가령 100회에 5회 정도의 품절이 발생하는 위험을 감수한다고 할 때, 수요가 정규분포를 한다고 보면 위험률 $\alpha = 0.05$에 대한 안전계수는 $z_\alpha = 1.645$이다.

그림 4-10 발주점 방식

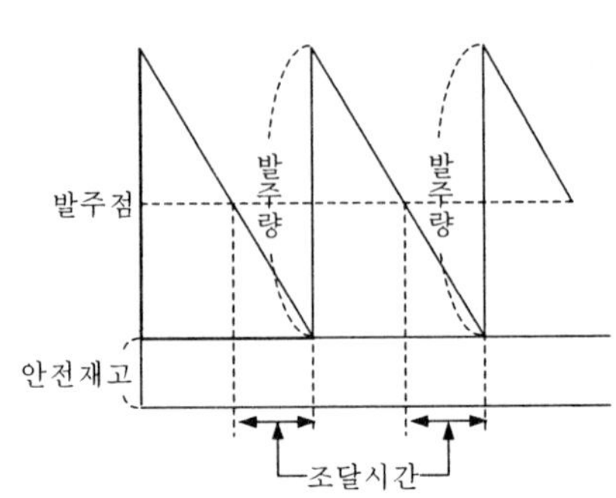

[예제 6] 발주점방식에서 1일의 평균소비량이 40개, 조달기간이 20일, 조달기간중의 최대소비량이 1,300개이며 1회의 발주량이 1,100개일때 다음을 구하라.

(1) 안전재고량 (2) 평균재고량 (3) 발주점

풀이 (1) 안전재고량 = 조달기간중의 최대소비량 - 조달기간중의 평균소비량
= 1,300 - 40 × 20 = 500 (개)

(2) 평균재고량 = (발주량 ÷ 2) + 안전재고
=1,100÷2 + 500=1,050 (개)

(3) 발주점 = 조달기간중의 평균소비량 + 안전재고
=40 × 20 + 500 = 1,300 (개)

수요량은 통계적으로 정규분포를 한다고 본다. 수요의 분포를 아는 경우, 안전재고는 통계학의 이론을 적용하여 계산한다.

1일의 수요량을 $\overline{D}$, 조달기간을 T, 1일 수요량의 표준편차가 σ인 경우 주문해서 입고할 때까지의 조달기간중의 평균수요 및 표준편차는

$$평균수요량 = \overline{D} \times T$$

$$표준편차 = \sigma \times \sqrt{T}$$

이므로 반주점은 다음과 같다.

발주점

$$발주점 = \overline{D} \times T + 안전계수 \times \sigma \times \sqrt{T}$$

단, 안전계수는 품절을 허용하는 품절허용확률(위험률) α에 따라서 정해진다.

2) 수요가 정규분포에 따를 때의 발주점

[예제 7] 1일 평균 수요량이 200개, 표준편차 30개, 조달기간이 9일일 때 품절허용확률을 5% 이하로 하기 위한 발주점을 구하라.

풀이 발주점 $=200 \times 9 + 1.645 \times 30 \times \sqrt{9} \fallingdotseq 1,948$ (개)

수요가 정규분포에 따를 때의 발주점

수요가 정규분포에 따를 때, 품절허용확률이 α이면, 안전계수는 z_α이므로, 발주점은 다음과 같다.

$$OP = \overline{D} \times T + z_\alpha \times \sqrt{T}\sigma$$

수요의 분포가 $N(\mu, \ \sigma^2)$에 따르고, 평균 1일 수요를 $\overline{D}$, 조달기간이 T일이며, 품절허용확률을 5%라 할 때 안전재고 R은

$$R = 1.65\sigma_T = 1.65 \times \sqrt{T}\sigma$$

이므로 발주점 OP는

$$OP = T\overline{D} + R = T\overline{D} + 1.645\sqrt{T}\sigma$$

그림 4-11 안전재고

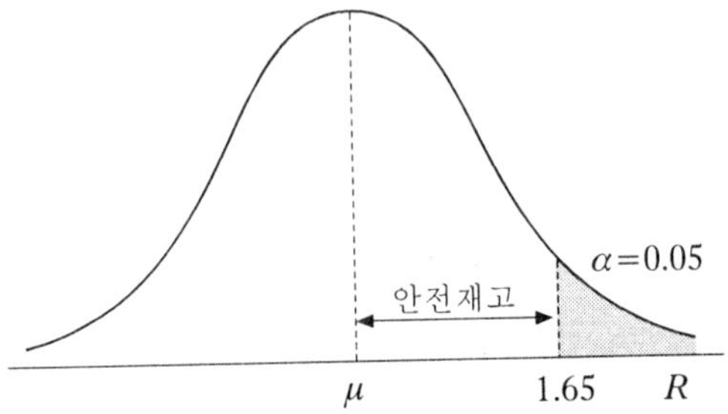

[예제 8] 조달기간이 10일, 과거 1개월간의 수요가 다음 도수분포표로 주어져 있다. 품절허용확률을 5% 이내로 할 때 발주점을 구하라.

표 4-6 1개월간의 수요

수 요	4	7	10	13	16	19	22	25	계
일 수	2	6	7	3	5	3	3	1	30

풀이 평균수요 $\overline{D}$를 계산하면

$$\overline{D}=\frac{1}{30}(4\times2+7\times6+10\times7+13\times3+16\times5+19\times3+22\times3+25\times1$$
$$=12.9\fallingdotseq13\ (개/일)$$

수요의 표준편차 σ_D를 구한다.

$$\sigma_D{}^2=\frac{1}{30}\{(4-13)^2\times2+(7-13)^2\times6+(10-13)^2\times7$$
$$+(13-14)^2\times3+(16-13)^2\times5+(19-13)^2\times3$$
$$+(22-13)^2\times3+(25-13)^2\times1\}$$
$$=32.7$$
$$\therefore\ \sigma_D=5.72$$

발주점 OP는

$$OP=T\overline{D}+1.645\sqrt{T}\sigma_D$$
$$=10\times13+1.645\sqrt{10}\times5.72$$
$$=159.8\fallingdotseq160\ (개)$$

안전재고는

$$R=OP-T\overline{D}=160-130=30\ (개)$$

이다. ▩

[예제 9] 어느 상점에서 판매하고 있는 상품 B는 연간 200일 영업에서 수요량이 2,000개이고, 조달기간은 25일이고, 일일수요의 표준편차는 3개이다. 이 상품을 1회의 발주비가 10,000원, 보관비는 개당 연 400원이다. 품절허용확률을 5%로 할 때, 발주점 방식에서 최적발주량과 발주점을 구하라.

풀이 최적발주량 Q는

$$Q=\sqrt{\frac{2AS}{C_1}}=\sqrt{\frac{2\times10,000\times2,000}{400}}=316.2\fallingdotseq316\ (개)$$

$$발주점 = 조달기간 \times 1일\ 평균수요 + 안전계수 \times \sqrt{조달기간} \times 1일\ 수요의\ 표준편차$$

$$= 25 \times \frac{2,000}{200} + 1.645\sqrt{25} \times 3 = 250 + 24.675$$

$$\fallingdotseq 275\ (개)$$

■

❷ 정기발주방식

1) 발주량의 결정

발주간격이 일정하고, 정해진 발주일마다 수요량을 예측하여, 발주량을 계산하여 발주하는 발주방식을 **정기발주방식**이라 한다. 발주량은 발주할 때마다 변동된다.

정기발주방식의 발주량은 다음 식으로 결정된다.

정기발주방식의 발주량 (1)
발주량=(발주간격+조달기간)중의 평균소비량 -현재 재고량+안전재고

발주한 물품이 1회에 모두 납입되지 않고, 수회에 나뉘어서 납입되는 경우는 발주한 뒤에 이전에 발주한 물품이 납입되는 일이 있으므로, 그 발주잔여량만큼을 이번 발주량에서 빼야 하므로 발주량은 다음 식으로 산정된다.

정기발주방식의 발주량 (2)
발주량=(발주간격+조달기간)중의 평균수요량 -발주잔여량-현재고량+안전재고

정기발주방식은 대부분의 기업에서 채용하고 있다. 특징으로서는

(i) 생산계획에 밀착한 발주방식이다.

(ii) 비교적 단가가 높은 주요 품목에 적용된다.

≪보기 5≫ 안전재고는 월 평균소비량의 0.5개월분, 발주간격은 2개월, 조달기간은 1개

월, 월평균 소비량 500개, 현재 재고량 750개일 때 발주량은

$$(2+1)\times 500-750+0.5\times 500=1,000 \text{ (개)}$$

가 된다.

≪보기 6≫ 현재 재고량이 300개, 발주 주기중의 수요량이 1,000개, 조달기간중의 수요량이 2,000개, 안전재고가 100개일 때

$$\text{발주량} = (1,000+2,000)-300+100 = 2,800 \text{ (개)}$$

발주량은 수요의 형태에 따라 다르다. 크게 다음 두 가지 경우로 구분된다.

(i) 수요가 일정한 경우

이 경우 발주량은 다음 공식으로 간단히 구해진다.

$$(\text{조달기간}+\text{발주간격})\text{의 수요} = (T+l)\times \overline{D}$$

(ii) 수요가 일정하지 않을 경우

(a) 안전재고

정기발주법에서 안전재고는 발주기간과 다음 조달기간의 수요가 추정한 수요보다 상회했을 때 부족하지 않도록 안전을 위하여 준비된 재고이다. 그러나 재고를 줄이기 위하여 최소한으로 해야 한다.

안전재고
$\text{안전재고} = \text{안전계수}\times\sqrt{\text{발주간격}+\text{조달기간}}\times\text{수요의 표준편차}$ $= z_{\alpha}\times\sqrt{T+l}\times\sigma_D$

이 계산법은 발주점방식에서와 같으나, 단지 기간이 발주간격+조달기간이라는 것에 유의하기 바란다.

(b) 발주량

발주량은 다음과 같이 구한다.

$$\text{발주량} = (\text{발주간격}+\text{조달기간})\times\text{수요의 평균}+\text{안전재고}-\text{현재 재고}$$

여기서 수요의 평균은 과거의 실적에서 구하게 된다.

정기발주방식에서 발주미납이 없으면 발주량 Q는 다음과 같다.

정기발주방식의 발주량(1)

$$Q=(l+T)\overline{D}+R-I$$

$$R=\sqrt{l+T}\,z_{\alpha}\sigma_{D}$$

단, l 은 조달기간, T 는 발주간격, $\overline{D}$ 는 1일평균수요, I 는 현재재고량, R 은 안전재고이고, z_{α} 는 안전계수, σ_D 는 1일수요의 표준편차이다.

안전계수는 수요의 분포에 따라서 다르다. 수요의 분포를 t 분포로 봐야하는 경우는 품절허용확률 α에 대한 안전계수는 $t_{n-1}(\alpha)$이다. n은 데이터의 개수이고, $n-1$은 자유도이다. 수요가 t 분포에 따를 때는 위 공식에서 z_{α}는 $t_{n-1}(\alpha)$로 바뀐다.

≪보기 7≫ 1년간의 평균수요가 4,000개, 조달기간은 6일, 발주비용은 1회에 1,000원, 재고유지 비용은 연간 개당 50원이고, 1년에 300일 영업하고, 1일수요의 표준편차는 3개라고 한다. 발주량을 구하라.

최적발주량 Q는

$$Q=\sqrt{\frac{2\times4,000\times1,000}{50}}=400 \text{ (개)}$$

발주횟수 n 은

$$n=\frac{S}{Q}=\frac{4,000}{400}=10 \text{ (회)}$$

발주간격 T 는

$$T=\frac{300}{10}=30 \text{ (일)}$$

발주량은

(발주간격＋조달기간)×1일 평균수요＋안전재고

이고, 품절허용확률을 5%이라면

$$안전재고 = z_{\alpha}\sqrt{T+l}\times\sigma = 1.645\sqrt{30+6}\times 3$$
$$\fallingdotseq 30$$

따라서

$$주량 = (30+6)\times\frac{400}{30}+30\fallingdotseq 510$$

따라서 30일(발주간격)마다 510개와 재고량과의 차를 발주하면 된다.

발주간격+조달기간중의 수요의 분포는 평균이 $\overline{D}$, , 표준편차가 $\sqrt{T+l}\times\sigma$인 정규분포를 한다고 볼 수 있다.

그림 4.12는 정기발주방식 경우의 재고량의 상태를 나타낸 것인데, 그림의 점선의 높이에 대응하는 재고량은 '발주간격+리드타임'의 기간중의 수요량에서 결정하고, 발주시에는 그 양과 현재 재고량과의 차만큼 발주한다.

점선의 높이를 결정하는데, 정량발주방식인 경우는 리드타임중의 수요의 변동만을 생각하면 되었으나, 정기발주방식인 경우는 '발주간격+리드타임'의 기간중의 수요의 변동을 생각해야 한다.

발주일 ①에서 발주한 것이 당시의 재고량과 더불어 다음, 다음의 입하일까지의 기간(발주간격+조달기간) 수요를 채워야 한다.

그림 4-12 정기발주방식

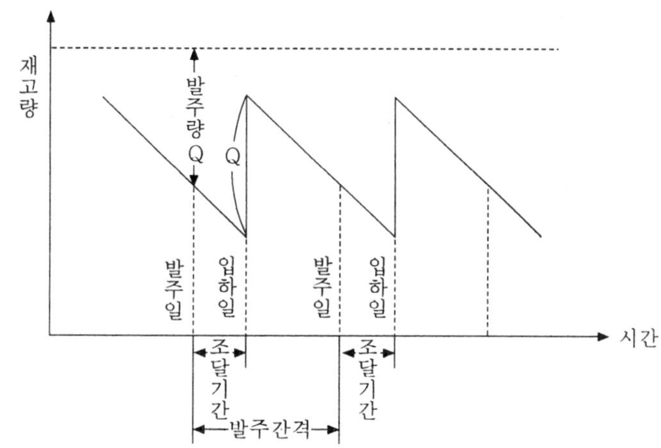

2) 발주간격

정기발주방식에서 다음 두 가지가 문제이다.

(a) 발주간격을 결정한다.

발주간격은 연간 총수요량과 최적발주량 Q를 써서 구한다.

연간 영업일을 D라면, 발주간격 T는

$$T = \frac{D}{n} = \frac{D}{S/Q} = \frac{DQ}{S}$$

(b) 점선의 높이, 즉 발주량(점선의 높이－현재 재고량)을 결정한다.

발주량 = '발주간격＋리드타임'중의 평균수요＋안전재고－발주시의 재고량

정기발주방식에서 발주간격을 정하는데 연간의 총수요와 경제발주량을 구하여, 그것을 기준으로 다음과 같이 구한다.

발주횟수와 발주간격

$$\text{연간 발주횟수} = \frac{\text{연간 총수요}}{\text{경제발주량}}$$

$$\text{발주간격} = \frac{\text{연간 총수일}}{\text{연간 발주횟수}} = \frac{\text{연간 총수일} \times \text{경제발주량}}{\text{연간 총수요}}$$

일반적으로 정기발주방식에 의한 재고관리에서는 발주간격과 조달기간을 합한 기간의 수요의 변동을 고려하여 발주시점에서의 재고수준(이 기간중의 평균수요＋안전재고)과 발주시점 현재의 재고량과의 차와 같은 양을 발주한다.

가령 연간 평균수요를 확정수요로 보고, 최적발주량 Q를 EOQ 공식

$$Q = \sqrt{\frac{2AS}{C_1}}$$

에 의하여 구하면 발주횟수 n은,

$$n = \frac{S}{Q}$$

이고, 발주간격 T는 1년을 12개월로 보고, 기간을 월단위로 한다면

$$T = \frac{12}{n} = \frac{12}{S/Q} = \frac{12Q}{S}$$

가 된다. 만일 시간의 단위를 일로 하고, 1년을 300일로 한다면

$$T = \frac{300}{n} = \frac{300}{S/Q} = \frac{300Q}{S}$$

이다.

≪보기 8≫ 다음 경우에 5월초의 발주량을 구해보자. 단, 정기발주방식이다. 여기서 조달기간은 1개월, 발주사이클은 2개월, 현재 재고 80kg, 수요의 예측값과 실적값은 다음과 같고, 품절허용확률은 2,5%이하로 하려 할 때 발주량을 구해보자.

월별	예측값	실적값	차
1월	130kg	100kg	30
2월	150kg	140kg	10
3월	130kg	130kg	0
4월	160kg	160kg	0
5월	150kg		
6월	130kg		
7월	140kg		

(1) 발주사이클＋조달기간중 수요의 예측값(5, 6, 7월의 예측값의 합)을 구한다.

$$150 + 130 + 140 = 420 \text{ (kg)}$$

(2) 안전재고를 계산한다.

① 예측오차의 MD를 구한다.

$$\frac{1}{4}(30 + 10 + 0 + 0) = 10$$

② 표준편차를 구한다.

$$1.25 \times MD = 1.25 \times 10 = 12.5$$

③ 안전재고를 구한다(1개월간).

$$12.5 \times 1.96 \fallingdotseq 25$$

(3) 발주량을 구한다.

$$\text{발주량} = 420 - 80 + 25 = 365 \text{ (kg)}$$

[예제 10] 부품 A는 연간(200일) 수요량이 평균 10,000개이고, 조달기간이 16일, 1일수요의 표준편차가 5개이다. 1회의 발주비를 20,000원, 보관비는 개당 400원(연)이라 할 때, 정기발주방식에서 이번의 발주량을 구하라. 단, 현재 재고는 17개이고, 품절허용확률은 1%로 한다.

풀이 발주간격을 구하기 위하여 최적발주량 Q를 구한다.

$$Q = \sqrt{\frac{2AS}{C_1}} = \sqrt{\frac{2 \times 20,000 \times 10,000}{400}} = 1,000 \text{ (개)}$$

$$\text{발주횟수} \quad n = \frac{S}{Q} = \frac{10,000}{1,000} = 10 \text{ (회)}$$

$$\text{발주기간 } T = \frac{200\text{일}}{10(\text{회})} = 20 \text{ (일)}$$

$$\begin{aligned}\text{발주량} &= (\text{발주기간} + \text{조달기간}) \times 1\text{일 평균수요} + \text{안전재고} - \text{현 재고량} \\ &= (T+L) \times \overline{D} + k\sqrt{T+L} \times \sigma_D - \text{현 재고량} \\ &= (20+16) \times \frac{10,000}{200} + 2.33\sqrt{20+16} \times 5 - 17 \\ &= 1,800 + 69.9 - 17 \fallingdotseq 1853 \text{ (개)}\end{aligned}$$

■

❸ 발주점 방식과 정기발주 방식의 차이점

발주점방식과 정기발주방식 사이의 차이점을 표 4.7에 나타낸다. 이 표에서 알 수 있듯이 발주점방식과 정기발주방식은 꼭 역의 관계가 있음을 알 수 있다.

표 4-7 비교표

항목 \ 방식	발주점 방식	정기발주 방식
단가	단가가 낮은 것	단가가 높은 것
수요의 변동	변동이 작은 것	변동이 큰 것
수요 예측	예측이 어려운 것	예측이 비교적 가능한 것
발주 시기	부정	고정
발주량	고정	가변
품목수	많아도 좋다	적은 쪽이 좋다

위 표에서와 같이 정기발주방식은 그 재고량의 사용 금액이 다른 재고품보다 크기 때문에 되도록 정확한 관리를 원하는 경우에 사용된다. 역으로 발주점방식은 비교적 구입단가가 싸서 많이 구입하는 경우에 사용된다. 그러나 대상이 되는 재고품의 수요에 의하여, 사용금액이 커도 발주점방식으로 관리할 수 있는 경우가 있어서, 그 경우는 발주점방식으로도 무관하다.

발주점방식과 정기발주방식의 어느 쪽을 써야 할 지 알 수 없는 경우에는 정기발주 방식으로 하는 쪽이 안전하다.

표 4-8 재고관리자의 여러 가지 방식

비교항목	즉시납품	발주점방식(정량)	정기발주방식
연간발주비용	$A\times\frac{S}{Q}$	$A\times\frac{S}{Q}$	$A\times\frac{S}{Q}$
연간재고비용	$C_1\times\frac{Q}{2}$	$C_1\times\frac{Q}{2}$	$C_1\times\frac{Q}{2}$
평균재고량	$\frac{Q}{2}$	$\frac{Q}{2}+R$(R: 안전재고)	
발주량	$Q=\sqrt{\frac{2AS}{C_1}}$	$R=\sqrt{l}z_{\alpha}\sigma$	$Q=(l+T)\overline{D}-I+R$
안전재고	0		(I는 현재재고)
발주점	0	$op=\overline{lD}+z_{\alpha}\sqrt{l}\sigma_D$	$R=\sqrt{T+l}z_{\alpha}\sigma$
		l은 조달기간, $\overline{D}$는 단위기간의 평균 수요, σ_D는 단위기간 수요의 표준편차, z_{α} 안전계수	
총재고비용	$C_1\times\frac{Q}{2}+A\times\frac{S}{Q}$	$\left(\frac{Q}{2}+\sigma\sqrt{l}\sigma_D\right)C_1$ $C_1=pi$	

6. 재고부족이 허용되는 재고모형

지금까지 설명한 재고관리모형에서 우리는 재고부족이 발생하는 경우를 고려하지 않았다. 대부분의 재고관리에서 비축된 재고나 생산량이 수요에 못미치게 되어 발생하는 재고부족은 바람직스럽지 못하지만 경우에 따라 일정한 양의 재고 부족을 허용하는 것이 경제적인 이익을 가져올 수도 있다. 실제적으로 이러한 상황은 물품의 단위당 가치가 매우 커서 재고유지비가 높을 때 종종 발생한다. 예를 들어 귀금속이나 고가품을 판매하는 상점은 종종 일부 모델만을 진열하고 나머지 모델은 상품안내서(catalog)를 통해 보여 주면서 고객이 원할 경우 해당 품목을 주문하여 며칠 후 고객에게 인도하게 된다.

재고부족을 허용하는 재고관리모형을 추후납품(back-order)모형이라고 하는데 추후납품모형은 고객이 재고부족으로 원하는 물품을 제때에 구입할 수 없을 때 해당 주문을 취소하지 않고 추후납품이 이루어질 때까지 일정기간 동안 기다린다는 것을 가정한다. 만약 이러한 가정이 성립될 수 없는 경우, 즉 고객이 즉시 주문한 물품을 인도받지 못할 때 기다리지 않고 다른 상점으로 간다면 추후납품 모형은 적절한 재고관리형태가 되지 못한다. 앞 절에서 설명한 경제발주량으로부터 재고부족이 허용되는 추후납품모형을 개발해보자. 경제발주량 모델에서 허용되는 재고부족량, 즉 추후납품의 개수는 S로 표시하면 추후납품모형은 아래와 같은 특징을 지니게 된다.

① 1회 주문량 Q가 도착되면 먼저 재고부족량 S만큼이 충족된 후 나머지 $Q-S$가 재고로 비축된다.

② 그러므로 추후납품모형의 최대재고는 $Q-S$가 된다.

③ 추후납품모형에서 한 번 주문에서 다음 번 주문까지의 기간을 의미하는 재고주기는 재고가 비축되어 재고수준이 +인 기간(t_1)과 재고부족이 발생하여 재고수준이 −인 기간(t_2)으로 나누어진다.

추후납품모형에서 재고수준의 변화를 그래프로 나타내면 그림 4.13과 같다.

그림 4-13 추후납품모형에서 재고수준의 변화

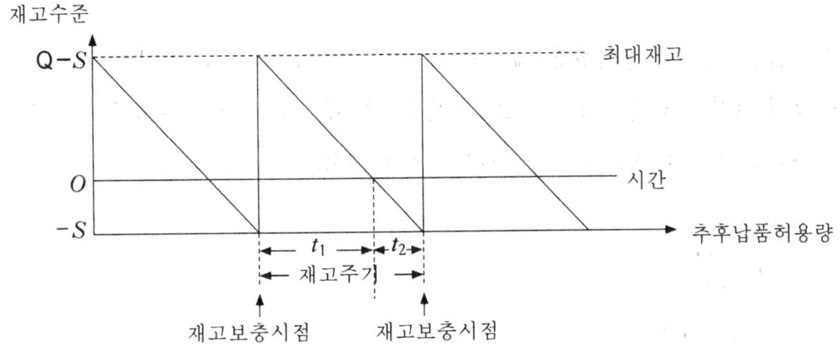

이제 추후납품모형에서 최적주문량을 결정할 수 있는 공식을 유도해보자. 추후납품모형의 총재고비용에는 경제발주량 모델에서 고려한 연간 재고유지비와 연간 주문비용외에 연간 추후납품비용이 추가로 포함된다.

추후납품비용이란 재고부족으로 인해 발생하는 비용으로 추후납품을 처리하기 위한 특별주문비용이나 일부 추후납품때까지 기다리지 못하고 떠나는 고객에 대한 비용 등을 포함하게 된다. 연간 추후납품비용의 계산은 연간 재고유지비를 구하는 방법과 동일한 방법으로 평균 추후납품량에 단위당 추후납품비용을 곱하면 된다.
추후납품모형에서 총재고비용은 아래와 같다.

$$\text{총재고비용}(TC) = \text{연간 재고유지비용} + \text{연간 주문비용} + \text{연간추후납품비용}$$

그러면 먼저 연간 재고유지비용을 구해보자. 연간 재고유지비용은 평균재고량에 단위당 연간 재고유지비를 곱하면 된다. 경제발주량 모델에서 1회 주문량을 Q로 정의하고 단위당 연간 재고유지비를 C_C로 정의할 때 연간 재고유지비용은 $\frac{Q}{2} \times C_C$이었다. 하지만 추후납품모형에서는 최대재고량이 1회 주문량인 Q가 아닌 1회 주문량에서 재고부족분을 제외한 $Q-S$가 되고 또한 그림 4.13에서 보듯이 항상 재고가 비축되어 있는 것이 아니라 재고주기 T기간 중 t_1에 해당하는 기간만 재고가 존재하므로 연간 재고유지비용은 다음과 같이 바뀌게 된다.

$$\text{연간 재고유지비용(추후납품모형)} = \frac{(Q-S)}{2} \times C_C \times \frac{t_1}{T}$$

만약 1일수요를 d라고 정의하면 재고주기 T는 1회 주문량 Q를 1일수요 d로 나눈 값과 같고 t_1은 1회 주문량에서 추후납품수량을 뺀 $Q-S$를 1일수요 d로 나눈 값과 같게 되므로 T와 t_1을 d에 대하여 정리하면 아래와 같다.

$$T = \frac{Q}{d} \text{일}$$

$$t_1 = \frac{(Q-S)}{d} \text{일}$$

따라서 추후납품모형의 연간 재고유지비는 아래와 같은 식으로 다시 정리될 수 있다.

$$\text{연간 재고유지비용} = \frac{(Q-S)}{2} \times C_C \times \frac{(Q-S)/d}{Q/d}$$

$$\text{(추후납품모형)} = \frac{(Q-S)^2}{2Q} \times C_C$$

이제 추후납품모형의 연간 주문비용을 구해보자. 연간 주문비용은 1회 주문비용(C_0)×연간주문횟수이므로 연간 수요를 D로, 1회 주문량을 Q로 정의할 때 아래와 같이 된다.

$$\text{연간 주문비용} = \frac{D}{Q} \times C_0$$

마지막으로 연간 추후납품비용을 계산해보자. 이는 연간 재고유지비용과 동일한 이치로 평균추후납품량에 단위당 추후납품비를 곱하면 되므로 최대추후납품량을 S로 정의하고 단위당 추후납품비를 C_B로 정의하면 아래의 수식으로 표현할 수 있다. 물론 아래의 수식은 물품에 대한 수요가 일정하므로 재고부족도 일단 발생하기 시작하면 일정한 비율로 증가한다는 것을 가정하고 있다.

연간추후납품비(연중 항상 재고부족이 존재하는 경우) $= \frac{S}{2} \times C_B$, 하지만 재고부족이 연중 계속해서 존재하는 것이 아니고 그림 4.13에서 보듯이 재고주기 T기간 중 t_2기간 동안에만 존재하므로 위 식은 아래와 같이 수정되어야 할 것이다.

$$\text{연간 추후납품비} = \frac{S}{2} \times C_B \times \frac{t_2}{T}$$

1일 수요를 d라고 할 때 재고부족이 계속되는 기간을 나타내는 t_2는 최대재고부족 S를 d로 나눈 값이 되므로 t_2를 다시 정리하면 아래와 같다.

$$t_2 = \frac{S}{d}\text{일}$$

따라서 연간 추후납품비는 아래와 같이 정리된다.

$$\text{연간 추후납품비} = \frac{S}{2} \times C_B \times \frac{S/d}{Q/d} = \frac{S^2}{2Q} \times C_B$$

이제 추후납품모형의 총재고비용을 수식으로 표현하면 아래의 식이 된다.

총재고비용 = 연간 재고유지비(추후납품모형) + 연간주분비용 + 연간추후납품비

$$TC = \frac{(Q-S)^2}{2Q} \times C_C + \frac{D}{Q} \times C_0 + \frac{S^2}{2Q} \times C_B$$

위 식은 비선형 함수이므로 각각 Q와 S에 대한 편도함수를 구한 후 이들값을 0으로 놓고 두 연립방정식을 풀어 Q와 S의 값을 최소로 하는 최적주문량 Q^*와 최적주문량 S^*를 구할 수 있다. 위식을 각각 Q와 S에 대하여 편미분하여 그 값을 0으로 놓으면 아래와 같다.

$$\frac{\partial TC}{\partial Q} = \frac{(Q-S)C_C}{Q} - \frac{(Q-S)^2 C_C}{2Q_2} - \frac{DC_0}{Q^2} - \frac{S^2}{2Q^2} C_B = 0$$

$$\frac{\partial TC}{\partial Q} = \frac{-(Q-S)C_C}{Q} + \frac{SC_B}{Q} = 0$$

먼저 두 번째 식을 정리하여 S의 값을 구하면 아래와 같다.

$$(Q-S)C_C = SC_B, \quad S = \frac{C_C}{C_C + C_B} Q$$

그리고 첫째 식에 $2Q^2$을 곱한 후 정리하면 다음과 같이 된다.

$$2Q(Q-S)C_C-(Q-S)^2C_C-2DC_0-S^2C_B=0$$

$$(Q-S)(Q+S)C_C-2DC_0-S^2C_B=0$$

$$Q^2C_C-2DC_0-(C_C+C_B)S^2=0$$

이 식들로부터 S를 소거하면 아래와 같이 된다.

$$Q^2C_C-2DC_0-(C_C+C_B)\left(\frac{C_C}{C_C+C_B}\right)^2Q^2=0$$

이제 Q에 대하여 정리하고 1회 최적주문량을 구하면 아래와 같이 된다.

$$Q^2C_C-2DC_0-\frac{C_C^2}{C_C+C_B}Q^2=0$$

$$Q^2C_C\left(\frac{C_B}{C_C+C_B}\right)=2DC_0$$

$$Q^2=\frac{2DC_0}{C_C}\left(\frac{C_C+C_B}{C_B}\right)$$

$$Q=\pm\sqrt{\frac{2DC_0}{C_C}\left(\frac{C_C+C_B}{C_B}\right)}$$

이제 추후납품모형의 경제발주량과 최적추후납품수량을 결정하는 공식을 정리하면 아래와 같다.

추후납품모형의 경제발주량 : $Q^*=\sqrt{\frac{2DC_0}{C_C}\left(\frac{C_C+C_B}{C_B}\right)}$

최적추후납품수량 : $S^*=Q^*\frac{C_C}{C_C+C_B}$

위의 두 식에서 추후납품수량의 크기는 추후납품비용 C_B의 값에 의해 결정됨을 알 수 있다. 즉 추후납품비용이 증가하면 경제발주량 Q^*의 값이 감소하게 된다. 반대로 추후납품비용이 감소하면 Q^*의 값이 증가하고 S^*의 값도 분모의 값이 작아지므로 증가하게 된다. 만약 추후납품비용이 미미하거나 거의 무시할 수 있는 경우라면 추후납품수량은 경제발주량과 비슷해진다. 현실적으로 추후납품에 대한 추가적 비용이 무시될 수 있는 경우라면 당연히 재고를 유지하지 않고 추후납품에 의존하는 것이 재고유지비용을 줄이는 현명한 선택이 될 것이다. 그러면 추후납품모형의 예를 들어보자.

청계천의 세계공구상은 추후납품이 허용되는 고가의 전기톱을 취급하고 있다. 이 공구의 재고관리에 대한 자료가 아래와 같을 때 경제발주량 Q^*와 최적추후납품수량 S^*를 구해보자.

연간 수요 D : 3,000개
단위당 연간 재고유지비 C_C : 20,000원
1회 주문비용 C_0 : 240,000원
추후납품비 C_B : 80,000원

주어진 자료를 이용하여 추후납품모형의 경제발주량을 구하면 아래와 같다.

$$Q^* = \sqrt{\frac{2DC_0}{C_C}\left(\frac{C_C + C_B}{C_B}\right)}$$
$$= \sqrt{\frac{2 \times 3,000 \times 240,000}{20,000}\left(\frac{20,000 + 80,000}{80,000}\right)}$$
$$= 300 \text{ (개)}$$

계속해서 최적추후납품수량을 구하면 다음과 같다.

$$S^* = Q^* \frac{C_C}{C_C + C_B}$$
$$= 300 \times \frac{20,000}{20,000 + 80,000}$$
$$= 60 \text{ (개)}$$

주어진 예제의 경제발주량은 300개가 되며, 추후납품개수는 60개, 그리고 최대재고수준은 300-60=240개가 된다.

연습문제 4.2

1. 연간 수요량이 3,000개이고 단가는 1,000원이며, 연간 보관비율은 단가의 2할일 때, 최적발주량을 구하라. 단, 1회 발주비는 10,000원이다.

2. A사에서는 부품 B를 매일 5개씩 쓰고 있다. 부품 B를 1년간 보관하는데 1개당 100원이 들고, 부품 B를 1회 발주하는데 수량에 관계 없이 500원이 든다고 할 때 최적발주량을 구하라. 단, 1년을 200일로 본다.

3. K군이 다루고 있는 부품 B는 연간 1,000개이고, 연간 200일 영업한다. 조달기간이 25일, 1일의 수요의 표준편차는 3개이다.

(1) 이 부품 B는 1회 발주비가 10,000원이고, 보관비는 개당 연 300원일 때, 최적발주량과 발주점을 구하라. 단, 품절이 일어날 확률은 5% 이내로 한다.

(2) 이 부품은 1회의 발주량이 300개 미만이면 개당 구입비는 1,500원이고, 300개 이상 500개 미만이면 개당 1,480원이며, 500개 이상 구입하면 개당 1,450원일 때, 최적발주량을 구하라.

4. 1일의 평균수요량이 200개, 표준편차가 30개, 조달기간이 9일일 때, 품절허용확률을 5% 이하로 유지하기 위한 발주점을 구하라.

5. 단가 560원, 연간 총수요량 120,000개, 1회당 발주비 14,000원, 연간보간비율이 25%일 때, 경제발주량, 평균재고 및 연간 발주횟수를 구하라.

6. A사에서 상품 B의 1일 평균소비량은 40개, 1일 소비량의 표준편차는 10개, 조달기간은 25일이고, 1일 소비량은 정규분포에 따른다. 품절허용확률을 5%로 할 때 안전재고와 발주점을 구하라.

§4.3 대기행렬 이론

1. 대기행렬의 개요1

우리들은 기차표를 살 때나, 입장권을 살 때나 공중전화를 걸 때, 슈퍼마켓에서 돈을 낼 때, 은행에서 저금할 때나 돈을 찾을 때, 앞서 온 사람이 서비스를 끝낼 때까지 열을 지어서 기다려야 한다. 이 기다리는 행렬을 **대기행렬**이라 한다.

대기행렬 모형은 앞서 배운 선형계획법이나, 네트워크분석, PERT／CPM 등의 소위 최적화 기법들과는 그 성격이 다르다. 대부분의 수리적 모델들은 주어진 의사결정 환경속에서 의사결정변수를 통해 최적의 해결방안을 찾아내어 제공하지만 대기행렬모형은 최적의 시스템 운영방법을 찾아내는데 필요한 정보를 제공할 뿐이다. 그러므로 대기행렬분석을 통해 의사결정자는 위에서 언급한 시스템의 운영특성을 파악한 후 이에 기초해서 주어진 시스템의 문제점을 찾고 이를 개선할 수 있는 운영방안을 강구해야 한다.

대기행렬 이론은 확률적 이론에 기초하여 개발되었다. 따라서 대기행렬분석에서 이용하는 모든 공식은 확률적 이론에 근거하여 연구개발되었다. 하지만 본 교재는 이들 공식을 유도하거나 증명하는 과정을 간략하게 하고 개발된 공식을 이용하여 주어진 시스템의 대기행렬을 분석할 수 있는 방법을 설명한다.

경영과학적 측면에서 대기행렬을 분석하기 위해 우리는 대체로 두 가지 방법을 이용할 수 있다. 먼저는 이미 언급한 대로 대기행렬모형을 통해 시스템의 운영 특성을 파악하여 그 개선점을 찾는 방법이고, 둘째는 시뮬레이션을 통해 보다 직접적으로 주어진 시스템을 난수를 이용하여 분석하면서 최적의 해결방안을 찾는 것이다.

이러한 대기행렬은 사회의 질서를 유지하는데 일조를 하고 있다. 그런데 이 대기행렬이 너무 길면 대기하는 사람은 짜증이 날 수도 있다. 그래서 사람들은 되도록 대기행렬이 짧은 쪽에 서려고 한다. 가령, 이발소와 같은 곳에서는 대기행렬이 너무 길면 대개 다른 이발소로 가거나, 다음 기회에 다시 찾아오게 된다. 어떤 경우이든 대기행렬이 너무 길면 손님에 대한 대우면이나, 손님이 다른 곳으로 빠져 나가는 것을 막기 위하여 서비스 창구를 늘려야 하는데, 너무 서비스 창구를 늘리면 경비가 많이 들어서 수지 계산이 안맞는 일이 생길 수도 있다. 이런 면에서 서비스를 하는 창구의 수를 얼마로 해야 하느냐가 고려되어야 한다. 이런 문제를 어떻게 조절하면 될 것인지가 문제가 되는데 이러한 문제를 대기행렬 문제라고 한다. 그런데 이러한 문제는 그리 간단히 생각하는 것으로 해결되지 않는다. 본 장에서 설명되는 대기행렬의 이론이 크게 이바지할 것이다.
우선 간단한 대기행렬 문제의 보기를 들고, 그것을 해결해 보자.

≪보기 1≫ 어느 건물에 화장실을 설치하는데 20명당 1개소로 계획하고 있다. 이 경우 20명에 1개소씩 구분하여 화장실을 설치하는 것과 40명에 2개소의 화장실을 공동으로 사용할 수 있게 설치하는 것은 어느 쪽이 화장실에 가서 대기하는 확률이 적겠는지를 살펴보자. 1인당 화장실의 수는 같으나, 20명에 하나보다는 40명에 둘이 있는 것이 대기하는 위험은 적어진다. 이 사실을 알아보자.

간단히 생각해도 40명에 둘이 있는 경우는 두 곳이 모두 사용중일 확률은 적으므로 한 곳이 사용중일 때 다른 화장실에 갈 수 있기 때문에 대기할 확률은 줄어든다고 볼 수 있다. 실제로 대기할 확률을 구하여 비교해 보자. 가령 한 사람이 100분에 1분간만 화장실을 사용한다고 하자. 이러한 가정에서 각 경우에 화장실이 사용중 일 확률, 한 사람이 대기할 확률, 화장실이 비어 있을 확률 등을 구해본다.
화장실 사용은 한 사람당 100분에 1분간이므로 극히 드물게 발생하는 일로 볼 수 있다. 따라서 대기계에 있는 사람수 x는 Poisson분포를 한다고 가정할 수 있다.

(i) 20명에 화장실이 한 개 있는 경우

100분을 1분 간격으로 100구간을 만든다. 그리고 어느 한 구간에 두 사람이 동시에 오는 일은 드물다고 본다. 한 구간당 평균 사람수를 m이라 하면, 100구간에 20명이므로 한 구간당 $m=\frac{20}{100}=0.2$ 명이 된다.
여기서 대기인수를 포함하여 화장실에 r명이 있을 확률은 다음과 같다.

어느 시점에 대기계에 r명 있을 확률

$$P(X=r)=\frac{e^{-m}m^{r}}{r!} \quad (r=0,\ 1,\ 2,\ \cdots \text{이고, } m\text{은 평균}) \tag{1}$$

따라서 화장실에 어느 시점(1분간)에 r명 있을 확률은 다음과 같다.

$$r=0 \text{ 일 때, } P(X=0)=\frac{e^{-0.2}\cdot 0.2^{0}}{0!}=e^{-0.2}=0.82$$

$$r=1 \text{ 일 때, } P(X=1)=\frac{e^{-0.2}\cdot 0.2^{1}}{1!}\fallingdotseq 0.16$$

$$r=2 \text{ 일 때, } P(X=2)=\frac{e^{-0.2}\cdot 0.2^{2}}{2!}\fallingdotseq 0.02$$

$$r\geq 3 \text{ 일 때, } P(X\geq 3)=0.00$$

이 되어 다음 사실을 알 수 있다.

화장실이 비어 있을 확률	0.82
한 사람이 사용중일 확률	0.16
한 사람이 사용중이고, 한 사람이 대기할 확률	0.02

(ii) 40명에 화장실이 두 개 있는 경우

100분을 100등분하여 1분을 한 구간이라 할 때 사람마다 100분에 1분을 사용한다면 40명이 임의로 100구간 중 40구간을 사용하는 꼴이므로 평균 1구간당 $\frac{40}{100}=0.4$명이 화장실을 사용하게 된다. 임의의 구간에 x명이 화장실을 사용할 확률은 화장실을 사용하는 사람수 X가 평균 $m=0.4$인 Poisson분포에 따르므로 화장실에 대기중인 인원을 포함하여 어느 시점에 대기계(사용중인 사람을 포함)에 r명 있을 확률

$$P(X=r)=\frac{e^{-0.4}0.4^{r}}{r!} \quad (r=,\ 1,\ 2,\cdots) \tag{2}$$

$$r=0 \text{ 일 때, } P(X=0)=\frac{e^{-0.4}\cdot 0.4^{0}}{0!}=e^{-0.4}\fallingdotseq 0.67$$

$$r=1 \text{ 일 때, } P(X=1)=\frac{e^{-0.4}\cdot 0.4^{1}}{1!}\fallingdotseq 0.27$$

$$r=2 \text{ 일 때, } P(X=2)=\frac{e^{-0.4}\cdot 0.4^{2}}{2!}\fallingdotseq 0.05$$

$$r=3 \text{ 일 때, } P(X=3)=\frac{e^{-0.4}\cdot 0.4^{3}}{3!}\fallingdotseq 0.01$$

$$r\geq 4 \text{ 일 때, } P(X\geq 4)=0.00$$

이 되어 다음 사실을 알 수 있다.

화장실이 비어 있을 확률	0.67
한 사람이 사용중(한 곳은 비어 있다)일 확률	0.27
두 사람이 두 곳을 사용중일 확률	0.05
두 곳은 사용중이고, 한 사람이 대기할 확률	0.01
두 곳은 사용중이고, 두 사람이 대기할 확률	0.00

따라서 (i), (ii)의 경우인 화장실에 가서 대기하지 않을 확률은

20명에 화장실이 한 곳 있는 경우	0.82
40명에 화장실이 두 곳 있는 경우	0.67 + 0.27 = 0.94

(i), (ii)의 경우 화장실에 가서 대기할 확률은

20명에 화장실이 한 곳만 있는 경우	0.02
40명에 화장실이 두 곳이 있는 경우	0.01

이므로, 역시 (ii)의 경우가 (i)의 경우보다 화장실에 가서 대기할 확률이 적다는 것을 알 수 있다.

2. 랜덤도착

❶ 대기행렬의 기본요소

손님이 서비스 창구에서 서비스를 받기 위해서는, 어느 만큼의 행렬이 발생하며, 평균적으로 대기시간은 어느 정도이며, 서비스를 받고 창구를 빠져나가는데 요하는 시간, 즉 서비스 시간은 얼마나 걸리는가 등을 검토하는 이론을 **대기행렬이론**(Queueing theory)이라 한다. 대기행렬 이론을 전개하는 데는 우선 다음 네 가지 사실을 확실히 알아야 한다.

대기행렬의 기본 요소	
(1) 손님의 도착방법	(2) 서비스 규칙
(3) 창구의 수	(4) 대기행렬의 길이

❷ 손님의 도착

손님의 도착과 서비스 시간에 대하여 알아보자. 손님의 도착방법에는 여러 가지가 있다. 여기서는 손님들이 집단적으로 도착한다든가, 예약을 한다든가 하지 않고, 각 손님이 임의로 도착한다고 하자. 그래서 일정한 확률로 손님이 도착하는 것을 생각한다. 손님의 이와 같은 도착방식을 **랜덤도착** 또는 **Poisson 도착**이라 한다. 실제로 짧은 시간간격에 도착하는 손님이 없거나 또는 한 사람만이 도착하지, 두 사람 이상이 동시에 도착하는 일은 매우 드물다고 생각할 수 있다. 이러한 경우 도착하는 사람수는 Poisson 분포에 따르기 때문에 이런 도착을 Poisson 도착이라고 한다. Poisson 도착의 특징은, 어떤 손님이 도착하고 나서 다음 손님이 도착할 때까지의 시간 간격이 지수분포를 한다는 것이다(다음 절에서 설명한다).

서비스 창구에 일정한 간격을 두고 도착하는 것을 **reqular 도착**이라 한다. 가령 예약된 손님의 도착을 예정된 시간에 도착한다고 볼 때 이것은 reqular 도착이다. reqular 도착인 경우는 대기문제가 산술적으로 다루어지나, Poisson 도착인 경우는 확률적으로 다루어져야 한다. Poisson 도착인 경우에 어떤 확률분포에 따라서 손님이 도착하는지를 살펴보자.

대기행렬 문제에서 행렬을 이루어 기다리는 손님과 창구에서 서비스를 받고 있는 손님을 합하여 대기계 안의 손님수 또는 계내수라고 한다. 따라서 계란 다음 그림에 나타낸 것과 같이 대기행렬과 서비스 창구를 합한 것이고, 손님은 도착으로 계에 들어서고, 서비스가 끝나면 계를 떠나는 것이 된다.

그림 4-14 대기계의 범위

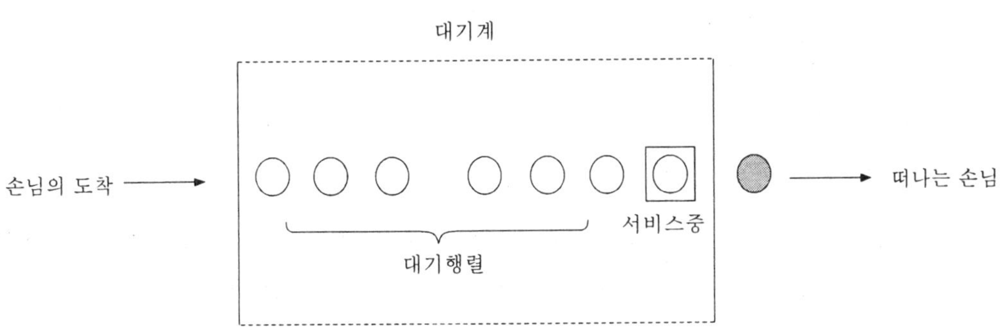

랜덤도착에 대하여 상세히 알아보자. 공중전화가 한 대 있고, 그 곳에 대기행렬이 생기는 상황을 생각한다.

공중전화에 오는 사람은 서로 알지 못하는 사람이고, 각기 다른 용무로 전화를 걸러 온다. 즉, 서로 무관계하게 임의의 시각에 도착한다. 또한 어느 시간대에 한하여 생각하면 공중전화에 사람이 오는 빈도는 거의 일정하다고 볼 수 있다. 이와 같은 도착현상을 **랜덤도착**이라 한다. 랜덤(random)이란, 임의로 흐트러진다는 의미를 가지고 있어서 우리는 '임의' 또는 '무작위'라고 번역하고 있다. 이론적으로 해석하기 위하여 이 랜덤도착을 수학적으로 정식화하지 않으면 안된다. 우선 어떤 비율로 도착하는가는 어느 단위시간, 가령 한 시간마다 공중전화에 몇 사람 왔는가를 살펴야 한다. 한 시간에 6명의 비율(평균해서)이었다면, 이 6을 도착률이라 한다. 도착률의 단위는 (명/시간)이 된다. 도착률을 λ로 나타낸다. λ의 값은 단위시간을 정하는데 의존하나, 뒤에서 다루게 될 평균 대기행렬의 길이 등의 공식에서는 λ를 직접 포함하지 않고 나타낼 수 있어서 단위시간을 정하는데 따라 변하지 않는다.
랜덤도착은 다음과 같은 세 가지 조건으로 정식화된다.

(i) $\Delta t > 0$를 정하면 시간 $(t, \ t+\Delta t)$에 k명 도착할 확률은 시간 t에 무관하다. 즉, 어느 시각에서도 같은 시간 내에는 같은 비율로 도착한다. t 단위시간 내에 n명 도착할 확률을 $P_n(t)$라 하자. 즉, 시간 Δt 내에 한 사람도 도착하지 않을 확률이 $P_0(\Delta t)$, Δt 내에 1명 도착할 확률이 $P_1(\Delta t)$, 2명 도착할 확률이 $P_2(\Delta t)$ 이다.
따라서 당연히 0명에서 1명, 2명, … 이렇게 도착할 확률의 합은 1이 된다.

$$\sum_{k=0}^{\infty} P_k(\Delta t) = 1$$

(ii) 서로 알지 못하는 사람들이 단독으로 오기 때문에, 앞에 온 사람과 무관하게 다음 사람이 온다. 즉, 이전의 상태에서 잔유효과는 없다.

(iii) 1단위 시간에 λ명의 비율로 오기 때문에, Δt시간 내에는 $\lambda\Delta t$명 오는 비율이 된다. 가령 한 시간에 6명이면 $\Delta t = 0.5$시간에는 $\lambda\Delta t = 6\times 0.5 = 3$(명) 오는 비율이고, 시간 단위를 분으로 할 때, 1분간에 도착하는 사람수는 $\frac{6}{60} = \frac{1}{10}$(명)의 비율이다. 이것은 1분간에 한 사람 도착할 확률이다. 일반적으로 Δt를 충분히 작게 취하여 $\lambda\Delta t < 1$일 때, Δt동안 1명 도착할 확률은 $\lambda\Delta t$라고 볼 수 있다. Δt 내에 두 사람 이상 도착할 확률은 무시할 수 있다. 이상을 식으로 표시하면 다음과 같다.

$$P_1(\Delta t) = \lambda\Delta t + O(\Delta t)$$

$$P_k(\Delta t) = O(\Delta t) \quad (k \geq 2)$$

여기서 $O(\Delta t)$는 Δt보다 고위의 무한소이고, $\Delta t \to 0$일 때 $\frac{O(\Delta t)}{\Delta t} \to 0$이 된다.

참 고 $P_1(\Delta t)$가 Δt에 비례한다고 할 때 $P_1(\Delta t) = a\Delta t$ ($O(\Delta t)$는 무시한다)이다. 그런데 $P_1(1) = a = \lambda$ 이므로 $a = \lambda$이다. 따라서 $P_1(\Delta t) = \lambda\Delta t + O(\Delta t)$이다. 여기서 $0 \le \lambda\Delta t \le 1$가 되어야 한다.

가령 평균도착률을 $\frac{30\text{명}}{\text{단위시간}}$이라 할 때, 이 단위시간을 60등분($m = 60$)했다면, 첫 번째 소구간에 손님이 도착할 확률은

$$30 \times \frac{1}{60} = 0.5$$

가 된다. 마찬가지로 두 번째 소구간에서도

$$30 \times \frac{1}{60} = 0.5$$

가 된다. 즉, 어느 한 소구간에 손님이 도착할 확률은 다음과 같이 나타낼 수 있다.

$$\begin{aligned} \text{소구간에 손님이 도착할 확률} &= \text{평균도착률} \times \frac{1}{\text{등분수}} \\ &= \lambda \times \frac{1}{m} = \lambda\Delta t \quad \left(\Delta t = \frac{1}{m}\right) \end{aligned}$$

어느 소구간에 한 사람의 손님도 도착하지 않을 확률은 여사상의 확률에 의하여

$$\text{소구간에 한 사람도 도착하지 않을 확률} = 1 - \lambda\Delta t$$

❸ Poisson 도착의 확률분포

〈정리 4.1〉 Poisson 도착에서 t시간 내에 대기계에 n명 도착할 확률 $P_n(t)$는

$$P_n(t) = e^{-\lambda t} \frac{(\lambda t)^n}{n!} \quad (n = 0,\ 1,\ 2, \cdots)$$

이다. t시간 내에 대기계에 도착하는 손님의 수 n은 파라미터 λt의 Poisson 분포에 따른다. 이러한 이유로 random 도착을 Poisson 도착이라고도 한다.
단, λ는 단위시간당의 도착수로서 평균도착률이다.

증명 시간간격 t를 소구간으로 m등분하고, 각 소구간을 Δt 라 하자. 이때 각 소구간인 Δt 사이에는 손님이 한 단위밖에 도착되지 않을 정도로 구간을 세분한다. 이와 같은 각 소구간에 1단위가 도착하는 확률을 p라 할 때, m개의 소구간 중에서 특정된 n개의 소구간에만 1단위씩 도착하고, 나머지 $m-n$개의 소구간에는 전혀 도착하지 않을 확률은 m개의 소구간 중 n개의 소구간을 취하는 조합의 수가 ${}_mC_n=\dfrac{m!}{n!(m-n)!}$가지 있으므로 구하는 확률 $P_n(t)$는

$$P_n(t)=\frac{m!}{n!(m-n)!}p^n(1-p)^{m-n}$$

이 된다. $p=\lambda\Delta t=\dfrac{\lambda t}{m}$이므로 m을 충분히 크게 취하면 2항분호의 Poisson 분포 근사에 의하여

$$\begin{aligned}\lim_{m\to\infty}\frac{m!}{n!(m-n)!}p^n(1-p)^{m-n} &= \lim_{m\to\infty}\frac{m!}{n!(m-n)!}\left(\frac{\lambda t}{m}\right)^n\left(1-\frac{\lambda t}{m}\right)^{m-n}\\ &= \lim_{m\to\infty}\frac{m(m-1)(m-2)\cdots(m-n+1)}{n!}\left(\frac{\lambda t}{m}\right)^n\left(1-\frac{\lambda t}{m}\right)^m\left(1-\frac{\lambda t}{m}\right)^{-n}\\ &= \lim_{m\to\infty}\frac{1(1-\frac{1}{m})(1-\frac{2}{m})\cdots(1-\frac{n-1}{m})}{n!}(\lambda t)^n\left(1-\frac{\lambda t}{m}\right)^m\left(1-\frac{\lambda t}{m}\right)^{-n}\end{aligned}$$

여기서

$$\lim_{m\to\infty}\left(1-\frac{\lambda t}{m}\right)^m=e^{-\lambda t},\quad \frac{1}{m},\ \frac{2}{m},\ \cdots,\ \frac{n-1}{m}\to 0,\quad \left(1-\frac{\lambda t}{m}\right)^{-n}\to 1$$

이므로 다음 극한을 얻는다.

> Poisson 도착에서 t시간 내에 n명 도착할 확률
>
> $$P_n(t)=\frac{e^{-\lambda t}(\lambda t)^n}{n!}\qquad (n=0,\ 1,\ 2,\ \cdots)$$

여기서는 λt는 시간간격 t 안에 도착하는 손님의 평균수이다. ▨

가령 시간간격 $t=1$이고, $\lambda=6$ 명일 때, 구체적으로 $P_3(1)$을 계산하면

$$P_3(1)=e^{-6}\frac{6^3}{3!}=0.089$$

가 된다. 한 시간에 3명 올 확률은 8.9%이다. 이 값은 부록의 Poisson 분포표에서 찾아볼 수 있다. 다음 그림은 Poisson 분포의 그래프이다. λ의 값에 따라서 그래프의 모양이 달라진다.

그림 4-15 Poisson 분포도

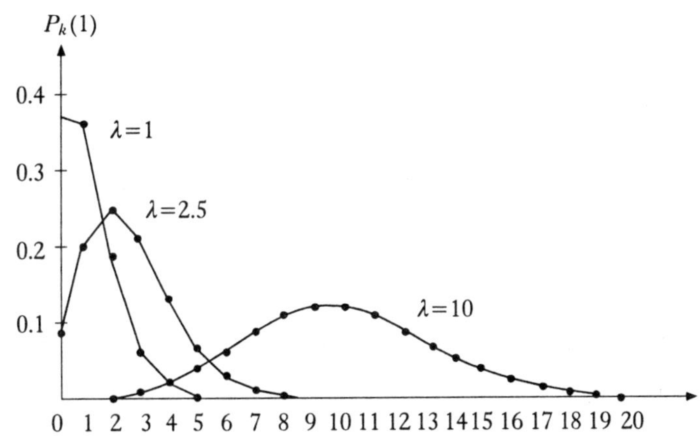

$P_k(1)$은 단위시간 내에 k명이 올 확률이다. 평균 6명이 오는 랜덤 도착일 때 단위시간 내에 한 사람도 오지 않을 확률은 0.2%이고, 1명이 올 확률은 1.5%, … 이다.
이 확률들은 모두 더하면 1이 된다. 이 사실은 조건 (i)이 의미하는 것이다.
$\lambda=6$ 일 때 $P_k(1)$의 값은 다음과 같다.

표 4-9 단위시간당 도착 확률

k	0	1	2	3	4	5	6	7	8	9	10	…
$P_k(1)$	0.002	0.015	0.045	0.089	0.134	0.161	0.161	0.138	0.103	0.069	0.041	…

이 표에 의하여 평균도착수 $\bar{k}$ 를 구하면

$$\bar{k}=0\times 0.002+1\times 0.015+2\times 0.045+3\times 0.089+4\times 0.134+\cdots$$
$$=\sum_{k=0}^{\infty} kP_k(1)=6$$

되어, $\bar{k}$는 평균도착수 λ이다.

일반적으로 $\bar{k}$는

$$\bar{k}=\sum_{k=0}^{\infty} k\cdot P_k(t)=\sum_{k=0}^{\infty} ke^{-\lambda t}\frac{(\lambda t)^k}{k!}$$
$$=e^{-\lambda t}\sum_{k=1}^{\infty}\frac{(\lambda t)^k}{(k-1)!}=\lambda te^{-\lambda t}\sum_{k=2}^{\infty}\frac{(\lambda t)^{k-1}}{(k-1)!}$$
$$=\lambda te^{-\lambda t}\cdot e^{\lambda t}=\lambda t$$

이 되어 $t=1$이면 $\bar{k}=\lambda=6$이고, $P_k(1)=\dfrac{e^{-\lambda}\lambda^k}{k!}=\dfrac{e^{-6}6^k}{k!}$ ($k=0,\ 1,\ 2,\ \cdots$)이다.

[예제 1] 한 시간당 도착하는 사람수가 평균 2명인 Poisson 도착의 대기행렬계를 생각한다. 서비스는 일정 서비스이고, 규칙바르게 20분에 한 사람씩 서비스가 끝난다. 어느 손님의 서비스 기간중에 한 사람도 도착하지 않을 확률을 구하라.

풀이 서비스 시간인 20분동안에 도착할 평균 사람수는 $\lambda t=2$명$\times\dfrac{20}{60}=\dfrac{2}{3}$명이므로, 이 시간내에 꼭 k명 도착할 확률 P_k는

$$P_k(20)=\frac{e^{-\frac{2}{3}}\left(\frac{2}{3}\right)^k}{k!}\qquad (k=0,\ 1,\ 2,\cdots\cdots)$$

이 식에서 $k=0$이라 하면

P_0(서비스중 한 사람도 도착하지 않을 확률)

$=e^{-\frac{2}{3}}=0.5134$ ■

3. 도착시간 간격의 분포

❶ 도착시간 간격의 분포

손님의 도착이 Poisson 도착인 경우, 손님의 도착시간 간격의 분포를 구해보자. 차례로 도착하는 손님의 시간 간격을 T_1, T_2, … 라 하자. 도착시간 간격의 분포함수를 $F(t)$라 하면, $F(t)$는 도착시간 간격이 t이하에 손님이 도착하는 누적확률이다. 그러면 시간간격 t까지 한 사람도 도착하지 않을 확률은 $1-F(t)$가 된다. 그런데 이 확률은 $P_0(t)$와 같으므로

$$1-F(t)=P_0(t)=e^{-\lambda t} \quad (t \geq 0)$$

따라서

$$F(t)=1-e^{-\lambda t}$$

이 식에서 도착시간 간격 t의 밀도함수 $f(t)$는 $F(t)$를 미분하여 다음과 같다.

> 도착시간 간격의 밀도함수
>
> $$f(t)=\lambda t^{-\lambda t} \quad (\lambda\text{는 평균도착률}, t \geq 0)$$

따라서 도착하는 손님의 시간 간격의 분포는 λ를 파라미터로 하는 지수분포임을 알 수 있다.

≪보기 2≫ 어떤 대기계에 손님이 Poisson 도착을 하고, 단위시간당 손님의 도착분포가 다음과 같을 때, 도착시간 간격의 밀도함수를 구해보자.

표 4-10 손님의 단위시간당 도착 비율

손님수	0	1	2	3	계
비율	0.49	0.35	0.13	0.02	1.00

이 표에서 단위시간당 손님의 도착수 λ(평균도착률)를 구하면

$$\lambda = 0 \times 0.49 + 1 \times 0.35 + 2 \times 0.13 + 3 \times 0.02 = 0.67$$

손님의 도착이 Poisson 도착이므로, 단위시간당 n명 도착할 확률은

$$P_n(1) = \frac{0.67^n e^{-0.67}}{n!} \qquad (n=0,\ 1,\ 2,\cdots)$$

이 경우 손님의 도착시간 간격의 밀도함수 $f(t)$는

$$f(t) = 0.67e^{-0.67t} \qquad (t \geq 0)$$

가 된다.

≪보기 3≫ 손님이 창구에 Poisson 도착을 하는데, 도착시간 간격의 분포가 다음과 같다고 하자. 도착시간 간격의 밀도함수를 구해보자.

표 4-11 손님의 도착시간 간격

도착시간 간격	0~2	2~4	4~6	6~8	계
도착 비율	0.85	0.11	0.03	0.01	1.00

이 경우 도착시간 간격의 분포는 파라미터 λ의 지수분포 $f(t) = \lambda e^{-\lambda t}(t \geq 0)$에 따른다. 이 지수분포에서 도착시간 간격의 평균 $E(t)$는

$$\int_0^\infty tf(t)dt = \int_0^\infty \lambda te^{-\lambda t}dt = \left[-e^{-}\lambda t\left(t+\frac{1}{\lambda}\right)\right]_0^\infty = \frac{1}{\lambda}$$

이 된다. 한 시간당 평균 λ명 도착하므로, 도착 간격의 평균이 $1/\lambda$이 된다. λ를 구해보자.

$$E(t) = 1 \times 0.85 + 3 \times 0.11 + 5 \times 0.03 + 7 \times 0.01 = 1.4$$

이므로

$$\lambda = \frac{1}{E(t)} = \frac{1}{1.4} = 0.71$$

따라서 손님의 도착시간 간격의 밀도함수는

$$f(x) = 0.71\ e^{-0.71t} \qquad (t \geq 0)$$

이다. 또한 도착간격을 지수분포로 가정하면, 도착분포는 랜덤도착임이 증명된다.

❷ Kendall의 표기법

손님이 도착하여 대기행렬에서 기다리다 창구에서 서비스를 받는 상황을 간단히 표현하는데 **kendall 표기법**을 쓰고 있다. 이는

도착간격 분포／서비스시간 분포／창구수

로 쓰인다. 가령 $M/M/1$이라면, M은 지수분포를 의미하므로, 도착 간격 및 서비스 시간이 지수분포이고, 창구가 1개인 대기행렬계를 나타낸다.

표 4-12 대기행렬 모델의 표기

대기행렬 모델	모델의 설명
$M/D/1(\infty)$	· Poisson 도착 · regular 서비스 · 창구의 수 1개 · 계의 용량에 제한 없음
$M/M/1$	· Poisson 도착 · 지수 서비스 · 창구의 수 1개 · 계의 용량에 제한 없음(∞는 생략)
$M/M/S$	· Poisson 도착 · 지수 서비스 · 창구의 수 S개 · 계의 용량에 제한 없음(∞는 생략)
$M/M/S(N)$	· Poisson 도착 · 지수 서비스 · 창구의 수 S개 · 계의 용량은 N명까지

$M/M/S$라면, 창구가 S개이고, 동시에 S명이 서비스를 받을 수 있는 대기행렬계를 나타낸다. M 이외의 기호로서 D(일정 간격), E_k(k차의 아란분포), G(일반적 분포) 등이 쓰인다.

Poisson 도착, 지수분포의 서비스, 창구 하나, 무한행렬인 대기행렬을

$$M/M/1(\infty) \text{ 또는 } \infty\text{를 생략하여 } M/M/1$$

로 나타내고, 창구가 하나, 서비스 시간이 일정하고 유한행렬인 대기행렬을

$$M/D/1(N)$$

으로 나타낸다.

4. 서비스 시간의 분포

❶ 서비스를 끝낼 확률

서비스에 요하는 시간을 **서비스 시간**이라 한다. 이 서비스 시간은 지수분포에 따른다. 그 이유를 알아보자.

단위시간 내에 서비스를 끝내는 손님의 수는, 손님의 도착에서의 가정과 마찬가지로, 단위시간을 m등분하여

(i) m개의 구간 가운데 n개의 구간에는 어느 손님이 서비스를 끝내서 떠나고, $m-n$개의 구간에서는 서비스 종료가 되지 않고 서비스중이거나 손님이 없다고 생각한다.

(ii) 같은 구간 내에 두 사람 이상의 손님이 서비스를 끝내는 일은 없다고 본다.

도착하는 일이 동시에 일어나지 않는 것과 같이, 한 구간에 두 손님이 서비스를 끝내는 일은 일어나지 않는다고 보고 이런 확률은 무시한다.

단위 시간당 손님의 서비스 인원을 μ라 하면, Δt시간에 1명이 서비스를 끝낼 확률은 $P_1(\Delta t)=\mu\Delta t$이다. 이 경우 시간 간격 t 내에 서비스가 끝낼 손님의 수가 n명일 확률 $P_n(t)$는 손님의 도착인 경우와 마찬가지로

$$P_n(t)={}_mC_n p^n(1-p)^{m-n}, \quad p=\mu\Delta t=\mu\frac{t}{m}$$

이고, $m \to \infty$일 때, Poisson 근사로 다음과 같이 된다.

> t 시간 내에 한 창구에서 n명이 서비스를 끝낼 확률
>
> $$P_n(t) = \frac{e^{-\mu t}(\mu t)^n}{n!} \qquad (n=0,\ 1,\ 2,\cdots)$$

❷ 서비스 시간 간격의 분포

손님의 도착시간 간격의 경우와 마찬가지로, 서비스 시간 간격의 분포를 구한다. 손님의 서비스 시간이 t 이하일 확률 $F(t)$ 라 하면 서비스 시간이 t 이상, 즉 t 시간에 한 사람도 서비스를 못 받을 확률은

$$1-F(t) = P_0(t) = e^{-\mu t} \qquad (t \geq 0) \tag{1}$$

따라서

$$F(t) = 1 - e^{-\mu t}$$

이고, 서비스 시간 t의 밀도함수 $f(t) = F'(t)$는 다음과 같다.

> 서비스 시간 t의 밀도함수
>
> $$f(t) = \mu e^{-\mu t}\ (t \geq 0) \qquad (\mu\text{는 평균 서비스율})$$

그런데 이런 서비스 시간의 분포는 타당한 것인가? 실은 서비스 시간이 0에 가까운 경우가 밀도가 가장 높은 것은 사실이나, 0인 경우는 문제가 있다. 가령 통화시간을 예로 들면, 통화시간은 짧은 통화가 비교적 많고, 거의 통화는 3분 이내이다. 또한 자동판매기, 자동매표기의 사용 시간도 대부분이 긴 시간을 요하는 것보다는 요령 있게 짧은 시간에 서비스를 받는 손님 쪽이 훨씬 많다. 이와 같이 다소의 무리는 있어도 대부분의 사회현상에서 서비스 시간은 지수분포에 근사함이 경험적으로 알려져 있다.

대기행렬에서 지수분포가 매우 많이 쓰이는데 그 이유의 하나는, 이 분포가 과거의 이력에 무관하다는 성질이 있기 때문이다.

가령 손님의 서비스 시간 T가 파라미터 μ의 지수분포에 따른다면, 서비스 개시후의 시각 t까지 서비스가 끝나지 못하고 $(t,\ t+h)$ 내에 서비스가 끝날 확률은

$$P\{T < t+h \mid T > t\} \neq P(t < T < t+h)$$

$$P\{T < t+h \mid T > t\} = \frac{P\{t < T < t+h\}}{P\{T > t\}} = \frac{\int_t^{t+h} \mu e^{-\mu t} dt}{\int_t^{\infty} \mu e^{-\mu t} dt}$$

$$= 1 - e^{-\mu h} = P(T \leq h)$$

가 된다. 이것은 t의 값에 무관하고, 파라미터 μ의 지수분포가 된다는 것을 알 수 있다. 지수 서비스에서 평균 서비스 시간을 서비스 분포를 써서 구하면

$$\int_0^{\infty} t \cdot \mu e^{-\mu t} dt = \frac{1}{\mu}$$

여기서 한 사람이 Δt시간 사이에 서비스를 끝낼 확률 $P_1(\Delta t)$는

$$P_1(\Delta t) = \int_0^{\Delta t} \mu e^{-\mu t} dt = [-e^{-\mu t}]_0^{\Delta t} = 1 - e^{-\mu \Delta t} \fallingdotseq \mu \Delta t$$

또, $(0,\ \tau)$ 사이에 서비스를 끝내지 못할 확률은

$$1 - \int_0^{\tau} \mu e^{-\mu t} dt = e^{-\mu \tau}$$

이다.

[예제 2] 다음 표는 어느 창구에서 30명의 손님에 대한 서비스 시간의 분포이다. 이 분포를 써서 서비스 시간 t의 확률밀도함수를 구하라.

표 4-13 서비스시간의 분포

서비스 시간(분)	손님의 수	손님의 비율	손님의 누적 비율
0~5	12	0.40	0.40
5~10	8	0.27	0.67
10~15	5	0.16	0.83
15~20	3	0.10	0.93
20 이상	2	0.07	1.00
계	30	1.00	

풀이 이 표에서 1인당 평균 서비스 시간을 구하면

$$E(t)=\frac{1}{30}(2.5\times12+7.5\times8+12.5\times5+17.5\times3+22.5\times2)$$
$$=\frac{250}{30}\fallingdotseq 8.3(\text{분/명})$$

따라서 서비스율, 즉 단위시간당 서비스를 한 평균 사람수를 μ라 하면 $E(t)=1/\mu$ 이므로

$$\mu=\frac{30}{250}\fallingdotseq 0.12(\text{명/분})$$

따라서 구하는 서비스 시간 t의 확률밀도함수 $f(t)$는

$$f(t)=\mu e^{-\mu t}=0.12e^{-0.12}\quad(0\leq t<\infty)$$ ■

≪보기 4≫ 다음 표는 어느 지역에서의 통화시간 분포이다.

표 4-14 통화시간 분포

통화시간	0~1	1~2	2~3	3~4	4~5	계
비 율	0.60	0.25	0.10	0.03	0.02	1.00

평균 통화시간은

$$\text{평균} = 0.5 \times 0.6 + 1.5 \times 0.25 + 2.5 \times 0.10 + 3.5 \times 0.03 + 4.5 \times 0.02$$
$$= 1.12 \text{ (분/명)}$$

따라서 단위시간(분)당 통화건수, 즉 평균 서비스율 μ 는

$$\mu = \frac{1}{1.12} = 0.89 \text{ (명/분)}$$

이므로, 서비스 시간의 밀도함수는 다음과 같다.

$$f(t) = 0.89e^{-0.89t}$$

[예제 3] 다음 창구의 이용 서비스에 관한 물음에 답하라.

역의 매표구(1개소)에 아침 10시부터 11시 사이에 손님의 도착시간은 다음과 같다. 손님 한 명의 서비스 시간을 5분으로 가정한다.

표 4-15 손님의 도착 상황

손님번호	1	2	3	4	5	6	7	8	9	10
도착시간	0분	10분	20분	22분	26분	30분	34분	40분	50분	54분

(1) 평균도착률 λ 와 평균 서비스율 μ 를 구하라.

(2) 각 손님의 대기시간을 구하라.

(3) 이 시간대의 평균 대기시간을 구하라.

풀이 (1) $\lambda = \frac{10}{60} = \frac{1}{6}$, $\mu = \frac{1}{5}$

(2) 각 손님의 대기시간은 다음 표에서 구할 수 있다.

손 님	도착시간	서비스 개시시간	서비스 완료시간	대기시간
1	0	0	5	0
2	10	10	15	0
3	20	20	25	0
4	22	25	30	3
5	26	30	35	4
6	30	35	40	5
7	34	40	45	6
8	40	45	50	5
9	50	50	55	0
10	54	55	60	1

대기시간의 합계는

$$3+4+5+6+5+1=24 \text{ (분)}$$

대기시간의 합계는 24분이므로, 평균 대기시간은 2.4분이다.

5. 서비스의 규칙

서비스를 하는 창구의 수에 따라서 대기시간이 달라진다. 가령 공중전화의 대수, 수리공의 인원, 자동매표기의 대수, 이발소의 이발사의 인원 등에 따라서 서비스를 받는 사람의 대기시간이 달라진다. 서비스 창구의 수가 많으면 대기시간은 줄어든다. 이에 관해서는 복수창구에서 자세히 설명한다.

서비스를 받기 위하여 도착한 손님에 대하여 어떤 규칙으로 서비스를 하느냐가 **서비스의 규칙**이다. 서비스 규칙에는 다음과 같은 것이 있다.

(1) 선착우선(FIFS)

도착한 순번으로 서비스를 받는 경우로서 보통의 방법이다.

(2) Random 서비스

도착순서와는 관계 없이 대기손님에서 임의로 선정하여 서비스하는 경우이다.

(3) 우선서비스(priority service)

서비스를 받는 손님에 우선도가 주어져 있어서 우선도가 높은 손님부터 서비스를 받는다. 이 경우 서비스를 중단하여 우선도가 높은 것을 우선으로 서비스하는 방법이 있는데, 병원에서 응급환자가 들어왔을 때 가벼운 환자의 진료를 중단하고 응급환자를 진료하는 경우 등이 우선서비스이다.

(4) 집단처리

버스승차를 위하여 대기하다가 함께 승차하는 경우나, 비원 같은 특수 고궁의 입장을 위하여 대기하다 집단입장을 하는 경우 등 손님이 어떤 단위로 몰릴 경우에 일괄하여 서비스를 하는 경우이다.

대기행렬의 문제는 이 밖에 손님이 행렬을 이루는 경우 행렬의 길이에 따라서 여러 가지 경우가 생긴다. 가령 행렬의 길이가 대단히 긴 경우는 손님이 체념하고 가버리는 경우도 있어서 이미 만들어진 행렬의 길이에 따라서 대기행렬의 길이가 달라지기도 하는데 행렬의 길이에는 다음 두 가지가 있다.

(i) 무한행렬 (∞)

도착한 손님이 대기행렬의 길이에 관계 없이 행렬을 만들어 나가는 경우이다.

(ii) 유한행렬 (N)

도착한 손님이 대기행렬의 길이가 어떤 일정한 값이 되면 가버리는 경우로서, 가령 이발소에 손님이 10여 명 기다리고 있을 때 돌아가는 경우이다.

이상과 같은 대기행렬의 문제는 도착의 분포, 서비스의 분포, 창구의 수, 서비스의 규칙, 행렬의 길이 등 각 요소에 따라서 여러 형태로 주어진다.
대기행렬 문제에서 다루어지는 문제를 들어보면

① 손님이 기다려야 할 확률
② 기다리지 않고 서비스를 받을 수 있을 확률
③ 대기행렬의 길이의 기대값(기다리는 손님의 평균 수)
④ 계 안에 있는 손님의 행렬의 길이(기다리는 손님과 서비스를 받고 있는 손님의 합의 평균길이)
⑤ 1인당 기다리는 대기시간(1인당 평균 대기시간)
⑥ 계 안에서 소비하는 평균 대기시간
⑦ 어느 시간 이상 기다려야 할 확률

등이다.

6. 단일 창구의 대기행렬 이론

❶ 단일 창구의 대기행렬 기본방정식

*M/ M/*1에 관한 공식인 대기행렬의 기본 방정식을 알아보자.

단위시간당 도착률을 $\lambda\left(\text{평균 도착간격은 } \frac{1}{\lambda}\right)$, 서비스율을 $\mu\left(\text{평균 서비스 시간은 } \frac{1}{\mu}\right)$라 하자. λ, μ의 단위는 (명/단위시간)이다. $P_n(t)$를 시각 t에 n명이 대기계에 있을 확률(서비스중인 손님 포함)이라 하자.

시각 $t+\Delta t$에서 계에 n명 ($n>0$)의 손님이 있을 확률 $P_n(t+\Delta t)$는 다음 네 가지 복사상의 확률의 합이고, 그 각 사상의 확률은 오른쪽과 같다.

	[사상 Ⅰ]	[확 률]
Ⅰ	① 시각 t일 때 계에 손님이 n명 있다.	$P_n(t)$
	② Δt의 시간 간격에 1명의 손님이 도착한다.	$1-\lambda\Delta t$
	③ Δt의 시간 간격에 서비스를 끝내는 손님이 없다.	$1-\mu\Delta t$

사상 Ⅰ이 일어날 확률은

$$\begin{aligned} P(\text{Ⅰ}) &= P_n(t)(1-\lambda\Delta t)(1-\mu\Delta t) \\ &= P_n(t)[1-(\lambda+\mu)\Delta t+O_1(\Delta t)^2] \end{aligned}$$

	[사상 Ⅱ]	[확 률]
Ⅱ	① 시각 t일 때 계에는 손님이 $n-1$명 있다.	$P_{n-1}(t)$
	② Δt의 시간 간격에 1명의 손님이 도착한다.	$\lambda\Delta t$
	③ Δt의 시간 간격에 서비스를 끝내는 손님이 없다.	$1-\mu\Delta t$

사상 Ⅱ가 일어날 확률은

$$P(\text{II}) = P_{n-1}(t)(\lambda\Delta t)(1-\mu\Delta t)$$
$$= P_{n-1}(t)\lambda\Delta t + O_2(\Delta t)^2$$

	[사상 Ⅲ]	[확 률]
Ⅲ	① 시각 t에 계에는 손님이 $n+1$명 있다.	$P_{n+1}(t)$
	② Δt의 시간 간격에 도착하는 손님이 없다.	$1-\lambda\Delta t$
	③ Δt의 시간 간격에 1명의 손님이 서비스를 끝낸다.	$\mu\Delta t$

사상 Ⅲ이 일어날 확률은

$$P(\text{III}) = P_{n+1}(t)(1-\lambda\Delta t)(\mu\Delta t)$$
$$= P_{n+1}(t)\mu\Delta t + O_3(\Delta t)^2$$

	[사상 Ⅳ]	[확 률]
Ⅳ	① 시각 t에 계에는 손님이 n명 있다.	$P_n(t)$
	② Δt의 시간 간격에 1명의 손님이 도착한다.	$\lambda\Delta t$
	③ Δt의 시간 간격에 1명의 손님이 서비스를 끝낸다.	$\mu\Delta t$

사상 Ⅳ가 일어날 확률은

$$P(\text{IV}) = P_n(t)(\lambda\Delta t)(\mu\Delta t) = O_4(\Delta t)^2$$

(단, $O_i(\Delta t)^2$은 Δt의 2차항을 인수로 포함하는 무한소로서 무시할 수 있다.)

이상의 4개의 사상은 배반사상이다. 이 4개의 사상의 확률을 더하여 $P_n(t+\Delta t)$를 다음과 같이 나타내게 된다.

$$\begin{aligned} P_n(t+\Delta t) &= P(\mathrm{I})+P(\mathrm{II})+P(\mathrm{III})+P(\mathrm{IV}) \\ &= P_n(t)(1-\lambda\Delta t)(1-\mu\Delta)+P_{n-1}(t)(\lambda\Delta t)(1-\mu\Delta t) \\ &\quad +P_{n+1}(t)(1-\lambda\Delta t)(\mu\Delta t)+P_n(t)(\lambda\Delta t)(\mu\Delta t) \\ &= P_n(t)\{1-(\lambda+\mu)\Delta t\}+P_{n-1}(t)\lambda\Delta t+P_{n+1}(t)\mu\Delta t \\ &\quad +O_1(\Delta t)^2+O_2(\Delta t)^2+O_3(\Delta t)^2+O_4(\Delta t)^2 \qquad (1) \end{aligned}$$

식 (1)에서 $O_i(\Delta t)^2$의 항을 무시하면 다음과 같이 해석된다.

경우	시점 t	도착 서비스	시 점 $t+\Delta t$	확 률	설 명
(Ⅰ)	n	■ ●	n	$(1-\lambda\Delta t)(1-\mu\Delta t)\fallingdotseq 1-\lambda\Delta t-\mu\Delta t$	Δt 사이에 도착없고, 서비스 완료 없다.
(Ⅱ)	$n+1$	■ ○	n	$(1-\lambda\Delta t)\mu\Delta t\fallingdotseq\mu\Delta t$	Δt 사이에 도착없고, 1명 서비스 완료
(Ⅲ)	$n-1$	□ ●	n	$\lambda\Delta t(1-\mu\Delta t)\fallingdotseq\lambda\Delta t$	$t\sim t+\Delta t$ 사이에 1명 도착, 서비스 없다.
(Ⅳ)	n	□ ○	n	$\lambda\Delta t\ \ \mu\Delta t\fallingdotseq 0$	Δt 사이에 1명 도착, 1명 서비스 완료

도 착 : □ 1단위 도착 $\lambda\Delta t$ ■ 도착 없다 $1-\lambda\Delta t$

서비스 : ○ 1단위 완료 $\mu\Delta t$ ● 서비스 없다 $1-\mu\Delta t$

시각 $t+\Delta t$ 에서 행렬의 길이가 n일 확률 $P_n(t+\Delta t)$는 시각 t에서 행렬의 길이가 n일 확률 $P_n(t)$에, 도착도 없고, 계를 떠나는 일도 없을 확률 $\{1-(\lambda+\mu)\Delta t\}$ 를 곱한 것과, 시각 t에서 행렬의 길이가 $n-1$ 일 확률 $P_{n-1}(t)$ 에 손님이 1명 도착할 확률 $\lambda\Delta t$를 곱한 것, 시각 t에서 행렬의 길이가 $n+1$일 확률 $P_{n+1}(t)$에 손님 1명이 계를 떠날 확률 $\mu\Delta t$를 곱한 것의 합으로 주어진다.

시각 t부터 시각 $t+\Delta t$까지 Δt의 시간 간격의 대기계의 손님의 추이에 따라서 대기계에 n명 있을 확률이 어떻게 변화하느냐의 변화율을 생각해 보자.

$$\frac{P_n(t+\Delta t)-P_n(t)}{\Delta t}$$
$$=\lambda P_{n-1}(t)-(\lambda+\mu)P_n(t)+\mu P_{n+1}(t)+O(\Delta t)$$

이것의 극한을 취하면

$$\frac{dP_n(t)}{dt}=\lambda P_{n-1}(t)-(\lambda+\mu)P_n(t)+\mu P_{n+1}(t) \tag{2}$$

$n=0$일 때의 확률 $P_0(t+\Delta t)$는 다음 두 가지 사상의 확률의 합이다.

	[사상 Ⅰ]	[확 률]
Ⅰ′	① 시각 t일 때 계에 손님이 1명도 없다.	$P_0(t)$
	② Δt의 시간 간격에 도착하는 손님이 없다.	$1-\lambda\Delta t$

사상 Ⅰ′가 일어날 확률은

$$P(\text{Ⅰ}')=P_0(t)(1-\lambda\Delta t)$$

Ⅱ′	① 시각 t일 때 계에는 손님이 1명 있다.	$P_1(t)$
	② Δt의 시간 간격에 1명의 도착하는 손님이 없다.	$1-\lambda\Delta t$
	③ Δt의 시간 간격에 1명의 손님이 서비스를 끝낸다.	$\mu\Delta t$

사상 Ⅱ′가 일어날 확률은

$$P(\text{Ⅱ}')=P_1(t)(1-\lambda\Delta t)\mu\Delta t$$

따라서 $P_0(t+\Delta t)$는 다음 식으로 나타낼 수 있다.

$$P_0(t+\Delta t)=P_0(t)(1-\lambda\Delta t)+P_1(t)\mu\Delta t+O_5(\Delta t)^2 \tag{3}$$

$P_0(t)$를 좌변으로 이항하고, 양변을 Δt로 나누면

$$\frac{P_0(t+\Delta t)-P_0(t)}{\Delta t}=-\lambda P_0(t)+\mu P_1(t)+O_5(\Delta t) \tag{4}$$

$$\therefore \frac{dP_0(t)}{dt}=-\lambda P_0(t)+\mu P_1(t) \tag{5}$$

행렬은 시간이 경과함에 따라 최초는 계에 행렬이 없었다는 영향도 없어지고, 어느 시점에서도 동일한 확률분포는 갖는 상태(이것을 **정상상태**라 함)가 된다고 가정하면, $P_n(t)$는

시간적으로 변화하지 않으므로 t의 함수가 아니고 n의 함수(시간에 따라 변하는 것이 아니다)이므로

$$\frac{dP_n(t)}{dt}=0 \quad (n=1, 2,\cdots)$$

따라서 식 (2), (5)는 다음과 같이 된다.

$$\begin{cases} -\lambda P_0+\mu P_1=0 \\ \lambda P_{n-1}-(\lambda+\mu)P_n+\mu P_{n+1}=0 \qquad (n>1) \end{cases} \tag{6}$$

식 (6)을 바꾸어 쓰면 다음 기본방정식을 얻는다.

대기행렬의 기본 방정식(단일 창구)

$$\begin{cases} P_1=\dfrac{\lambda}{\mu}P_0 \\ P_n=\dfrac{\lambda+\mu}{\mu}P_{n-1}-\dfrac{\lambda}{\mu}P_{n-2} \qquad (n\geq 2) \end{cases} \tag{7}$$

창구가 하나인 경우의 기본 방정식 (6)의 첫째 식의 의미는 다음과 같다.

$$-\lambda P_0+\mu P_1=0 \tag{8}$$

은 어느 시각 t에서 계 안에 한 사람도 없었고 도착하는 손님도 없거나, 계 안에 한 사람이 있었는데 한 사람이 서비스를 끝낸 상태, 즉 시각 t에 계 안에는 한 사람도 없다는 상태의 관계식이다.

(6)의 둘째 식의 의미는 다음과 같다.

어느 시각 t에서 계 안에 손님이 $n-1$명 있으며 손님 1명이 도착하거나, 계 안에 n명이 있으며 한 사람도 도착 안하고 또한 한 사람도 서비스가 끝나지 않거나, 계 안에 $n+1$명이 있는데 한 사람이 서비스를 끝내는 상태로서, 결국 계 안에 n명이 있다는 것을 나타내는 상태의 관계식이다.

❷ 단일 창구 대기행렬의 기본공식

(7)의 둘째식에 차례로 $n=2, 3, \cdots$ 을 대입하여 P_n을 구해보자.

$$P_2=\frac{\lambda+\mu}{\mu}P_1-\frac{\lambda}{\mu}P_0=\frac{\lambda}{\mu}P_1+P_1-\frac{\lambda}{\mu}P_0=\left(\frac{\lambda}{\mu}\right)^2P_0$$

$$P_3=\frac{\lambda+\mu}{\mu}P_2-\frac{\lambda}{\mu}P_1=\frac{\lambda}{\mu}P_2+P_2-\frac{\lambda}{\mu}P_1=\left(\frac{\lambda}{\mu}\right)^3P_0$$

$$\cdots\cdots\cdots\cdots\cdots\cdots\cdots\cdots\cdots\cdots$$

$$P_n=\left(\frac{\lambda}{\mu}\right)^nP_0 \tag{9}$$

단위시간은 1분이라든가, 1시간이라든가를 의미하는데 문제에 따라서 정해진다. 또한 $\frac{1}{\lambda}$은 손님의 도착 간격의 평균값이고, $\frac{1}{\mu}$은 손님의 서비스 시간의 평균값이 라는 것을 유념해야 한다. 여기서 이용률 ρ를 정의한다.

> 이용률
>
> $$\rho=\frac{\lambda}{\mu} \quad (\lambda<\mu) \tag{10}$$

이것을 **트래픽 밀도**(traffic intensity) 또는 **이용률**(utilization factor) 또는 **가동률**이라 한다. ρ는

$$\rho=\frac{1/\mu}{1/\lambda}=\frac{\text{평균 서비스 시간}}{\text{평균 도착시간 간격}}$$

으로 정의되는 값이다. 대기행렬 이론은 λ, μ, ρ의 세 값을 써서 여러 가지 성질을 논하게 된다. 가령, 시간당 10명에게 서비스가 가능한데, 시간당 5명이 대기계에 도착된다면 $\rho=\frac{5}{10}=\frac{1}{2}$이므로, 대기계가 $\frac{1}{2}$은 이용되어 이용률은 $\frac{1}{2}$이다.

창구가 하나인 경우는 창구에서 한 사람밖에는 서비스를 받을 수 없기 때문에 그 밖의 손님은 행렬을 만들어서 대기해야 한다.

우리가 여기서 논하는 행렬이론은 행렬이 안정되는 경우로서

$$\lambda < \mu$$

인 것이 필요하다. 즉, $\rho<1$이어야 한다(단위시간당 도착 인원보다 서비스를 끝내는 인원이 많다).

대기행렬의 손님수는 안정된 상태가 된 다음은 늘기도 하고, 줄기도 하는 일이 반복된다. 대기계(대기행렬과 창구)에 n명이 있을 확률을 P_n으로 나타내면 대기계에 한 사람도 없을 확률은 P_0이고, 한 사람만 있을 확률은 P_1, 두 사람이 있을 확률은 P_2, …로 표시된다.

$\rho=\dfrac{\lambda}{\mu}$이라면 (9)식에서

$$P_n=\rho^n P_0 \tag{11}$$

가 된다. 즉, P_0, P_1, P_2, …는 공비가 ρ인 등비수열을 이루고

$$P_0+P_1+P_2+\cdots+P_n+\cdots=1 \tag{12}$$

이다. 이들 기본 관계를 써서 여러 가지 기본 공식을 유도한다.

① 대기계가 비어 있을 확률

(12)식에서

$$P_0(1+\rho+\rho^2+\cdots+\rho^n+\cdots)=\frac{P_0}{1-\rho}=1$$

이므로, $P_0=1-\rho$가 된다.

계가 비워 있을 확률 P_0
$P_0=1-\rho$ (14)

여기서 P_0는 시각 t에 계 안에 손님이 한 사람도 없을 확률이다. (14)식을 (11)식에 대입하면

대기계에 n명 있을 확률

$$P_n = \rho^n(1-\rho) \tag{15}$$

인 관계가 성립한다.

② 서비스를 받기 위하여 기다려야 할 확률

이 확률은 계 내에 손님의 수가 0이 되는 사상의 여사상의 확률이다. 따라서

$$P_{n \geq 1} = 1 - P_0 = \rho$$

ρ=기다려야 할 확률

이다. $\rho = \dfrac{\lambda}{\mu}$이고, λ는 도착률(단위시간당 평균 도착 인원), μ는 서비스율(단위 시간당 평균 서비스 인원)이므로, 도착률이 클수록 창구에서 기다릴 확률이 늘고(ρ의 분자가 크다), 서비스율이 클수록(ρ의 분모가 크다) 창구에서 기다릴 확률이 작아진다.
도착률과 서비스율이 같을 때는 창구에서 기다려야 할 확률이 1이므로, 꼭 기다려야 한다는 것이 된다. 이는 도착률과 서비스율이 같은데도 불구하고 기다려야하는 것은, 앞의 손님이 서비스를 끝난 순간마다 다음 손님이 도착한다는 것은 기적이 계속적으로 일어나는 경우만이고, 그와 같은 일은 실제로 일어날 수 없다.

③ 계 안에 있을 행렬의 평균 길이

서비스중인 것을 포함한 대기행렬의 평균 길이를 구해보자. 대기형렬의 길이가 n인 확률은 (15)식에서

$$P_n = \rho^n(1-\rho) \ (n \geq 0)$$

이므로, 대기계의 평균 길이 L은

$$L = \sum_{n=0}^{\infty} nP_n = \sum_{n=0}^{n} n\rho^n(1-\rho)[1+2\rho+3\rho^2+4\rho^3+\cdots]$$

$$= \rho(1-\rho) \cdot \frac{1}{(1-\rho)^2} = \frac{\rho}{1-\rho} = \frac{\lambda/\mu}{1-\lambda/\mu} = \frac{\lambda}{\mu-\lambda} \tag{16}$$

여기서 $\sum_{n=0}^{\infty}(\rho^n)' = \left(\sum_{n=0}^{\infty}\rho^n\right)' = \left(\frac{1}{1-\rho}\right)' = \frac{1}{(1-\rho)^2}$ 이다.

④ 대기행렬의 평균길이 L_q

어느 시점에 서비스중에 있는 사람을 넣지 않는 행렬의 평균길이 L_q는

$$L_q = \sum_{n=1}^{\infty}(n-1)P_n = \sum_{n=1}^{\infty}nP_n - \sum_{n=1}^{\infty}P_n = \frac{\rho}{1-\rho} - (1-P_0)$$

$$= \frac{\rho}{1-\rho} - [1-\rho^0(1-\rho)] = \frac{\rho}{1-\rho} - \rho = L - \rho$$

$$= \frac{\rho^2}{1-\rho} = \frac{\left(\frac{\lambda}{\mu}\right)^2}{1-\frac{\lambda}{\mu}} = \frac{\lambda^2}{\mu(\mu-\lambda)} \tag{17}$$

> 계의 평균길이 L과 대기행렬의 평균길이 L_q
>
> $$L = \frac{\rho}{1-\rho} = \frac{\lambda}{\mu-\lambda}$$
>
> $$L_q = \frac{\rho^2}{1-\rho} = \frac{\lambda^2}{\mu(\mu-\lambda)} = L - \rho$$

L_q는 서비스를 받고 있는 사람을 제외한 대기행렬의 평균 길이라고 $L-1$로 해서는 안된다. 대기계의 손님의 수는 0명도 되고, 1명도 되고, 2명도 되고, …이므로 이들 값에서 1을 빼면, -1명, 0명, 1명, … 되는데, -1명은 될 수 없으므로, 단순히 1을 빼서는 안된다.

대기하고 있는 사람수가 0명인 것은 대기계에 0명과 1명인 경우이므로, 그 확률은 $1-\rho$와 $\rho(1-\rho)$의 합계이고, 대기 손님이 1명일 확률은 대기계에 2명의 손님이 있는 경우로서 $\rho^2(1-\rho)$, 대기 손님이 2명일 확률은 대기계에 손님이 3명 있는 경우로서 그 확률은 $\rho^3(1-\rho)$, … 이므로 대기 손님의 평균수 L_q는

$$L_q = (1-\rho)(0\cdot 1 + 0\cdot\rho + 1\cdot\rho^2 + 2\cdot\rho^3 + 3\cdot\rho^4 + \cdots\cdots)$$

$$= \rho^2(1-\rho)(1+2\rho+3\rho^2+\cdots)$$

$$= \rho^2(1-\rho)\frac{1}{(1-\rho)^2} = \frac{\rho^2}{1-\rho} \tag{18}$$

으로도 구할 수 있다.

가령 $\rho=0.5$라고 하자. 즉, 단위시간에 소화할 수 있는 서비스 수에 대하여 도착 손님의 수가 반인 경우라면, 대기계의 손님의 평균길이는 식 (16)에 의하여

$$L=\frac{\rho}{1-\rho}=\frac{\frac{1}{2}}{1-\frac{1}{2}}=1(\text{명})$$

대기행렬의 평균길이는 (17)식에 의하여

$$L_q=\frac{\rho^2}{1-\rho}=\frac{\left(\frac{1}{2}\right)^2}{1-\frac{1}{2}}=\frac{1}{2}(\text{명})$$

이 되어 창구도 복잡하지 않고, 서비스를 받는 쪽도 편하게 대응할 수 있겠다. $\rho=\frac{\lambda}{\mu}=\frac{1}{2}$이면 단위시간당 1명 도착에 단위시간당 2명 서비스를 끝내는 경우이다.

⑤ 도착한 손님이 대기계에서 소비하는 평균 대기시간

서비스를 받는 시간을 포함하여 대기계에서 소비하는 평균 시간을 W라 할 때, 평균 도착률이 λ라면 계에는 평균적으로 λW의 손님이 대기계에 도착할 것이다. 이 시간 사이에 도착하여 서비스를 받고 퇴거하게 된다. λW는 (16)식으로 주어지는 손님의 평균 행렬의 길이, 즉 대기계의 평균 손님의 수와 같으므로

$$\lambda W=L=\frac{\rho}{1-\rho}$$

$$W=\frac{\rho}{\lambda(1-\rho)}=\frac{1}{\mu-\lambda} \tag{19}$$

⑥ 서비스를 받기 위한 평균 대기시간

서비스를 받는 평균시간은 $\frac{1}{\mu}$이므로, 서비스를 받기 위하여 기다려야 하는 평균 시간 W_q는 계에서 평균 대기시간—평균 서비스시간이므로

$$W_q=W-\frac{1}{\mu}=\frac{1}{\mu-\lambda}-\frac{1}{\mu}=\frac{\lambda}{\mu(\mu-\lambda)}=\frac{L}{\mu}$$

$$= \frac{\rho}{\mu - \lambda}$$

이다.

<table><tr><td>

대기계에서 소비하는 평균시간 W와 대기열에서 평균 대기시간 W_q

$$W = \frac{1}{\mu - \lambda} = \frac{1/\mu}{1 - \rho} = \frac{\rho}{\lambda(1 - \rho)} = \frac{L}{\lambda}$$

$$W_q = W - \frac{1}{\mu} = \frac{\rho}{\mu - \lambda} = \frac{L}{\mu}$$

</td></tr></table>

<table><tr><td>

단일 창구인 경우 대기행렬의 공식

λ=평균 도착률, μ=평균 서비스율, $\rho = \frac{\lambda}{\mu}$(이용률)이라 하자.

(1) $L = \frac{\rho}{1 - \rho} = \frac{\lambda}{\mu - \lambda}$ (계의 평균 손님의 수)

(2) $L_q = \frac{\rho^2}{1 - \rho} = \frac{\lambda^2}{\mu(\mu - \lambda)}$ (열의 평균 손님의 수)

(3) $W = \frac{1}{\mu - \lambda}$ (계에서의 평균 대기(체재)시간)

(4) $W_q = \frac{\rho}{\mu - \lambda}$ (열에서의 평균 대기시간)

</td></tr></table>

≪보기 5≫ 창구가 1개인 유료도로의 요금소에 1분당 2대의 비율로 차가 도착한다. 요금의 지불에 평균 24초가 걸린다고 할 때 L, L_q, W, W_q를 구해보자.

$$\lambda = 2 \text{ (대/분)}$$

$$\mu = \frac{1\text{명}}{24\text{초}} = \frac{1\text{명}}{0.4\text{분}} = 2.5 \text{ (대/분)} \quad \left(24\text{초} = \frac{24}{60}\text{분} = 0.4\text{분}\right)$$

$$\rho = \frac{\lambda}{\mu} = \frac{2}{2.5} = 0.8$$

이다. 이들 값을 공식에 대입하면 .

기다리지 않고 통과할 수 있는 확률 : $P_0 = 1 - \rho = 0.2$

대기계의 행렬의 평균길이 : $L = \dfrac{\rho}{1-\rho} = 4$ (대)

대기행렬의 평균길이 : $L_q = \dfrac{\rho^2}{1-\rho} = 3.2$ (대)

대기계에서 소비하는 평균시간 : $W = \dfrac{1}{\mu - \lambda} = 2$ (분)

대기시간의 평균 : $W_q = \dfrac{\rho}{\mu - \lambda} = 1.6$ 분

[예제 4] A지역에 은행 출장소가 생겼는데 창구는 1개, 1명의 은행원이 서비스를 하고 있으며, 창구는 오전 9시 30분부터 오후 4시 30분까지이고, 1일 평균 손님수는 63명이다. 평균 서비스 시간은 1인당 평균 5분이라 한다.

(1) 대기계의 평균 대기인원(서비스를 받고 있는 1명을 포함)을 구하라.

(2) 대기행렬의 평균 인원수(서비스를 받고 있는 1명을 제외)를 구하라.

(3) 평균 대기시간을 구하라.

풀이 $\lambda = \dfrac{63}{7} = 9$ (명/시)

$\dfrac{1}{\mu} = 5$(분/명)이므로 $\mu = \dfrac{1}{5}$(명/분) $= 12$(서비스 인수/시)이다.

따라서 $\rho = \lambda / \mu = 3/4$이다.

(1) $L = \dfrac{\rho}{1-\rho} = \dfrac{3/4}{1-3/4} = 3$ (명)

(2) $L_q = \dfrac{\rho^2}{1-\rho} = \dfrac{9/16}{1-3/4} = \dfrac{9}{4} = 2.25$ (명)

또는 $L_q = L - \rho = 3 - 3/4 = 2.25$ (명)

(3) $W = \dfrac{1}{\mu - \lambda} = \dfrac{1}{12-9} = \dfrac{1}{3}$ (=20분) ▩

[예제 5] 처리기능을 가진 1대의 본체(창구)와 몇 대의 터미널로 되는 계산기 시스템이 있다. job은 터미널에서 본체에 1분간 5개의 비율로 random 도착한다. 도착한 job은 만일 다른 job이 처리중에 있으면 대기행렬을 이루고, 그렇지 않으면 즉시 시작된다. 본체에서 job의 처리시간은 평균 0.1분의 지수분포에 따른다. 다음 문장의 [ ] 안을 채워라.

이와 같은 시스템에서 job의 도착률을 λ, 평균 서비스율을 μ라면 job의 평균 도착률 $\lambda=5$(개/분)의 poisson 분포에 따르고, 도착시간 간격은 평균 [(a)]분의 지수분포에 따른다. 또 본체의 평균 서비스율 μ=[(b)](개/분)이므로 본체의 이용률 ρ=[(c)]이고, 평균 응답시간 w=[(d)](분)이다.

만일 평균 도착수가 1.5배가 되면, 본체의 이용률은 [(e)]이다. 이것에서 평균 도착수가 1.5배가 되었을 때의 평균 응답시간은 [(f)](분)이다.

풀이 $\lambda=5$이므로 평균 도착시간 간격은 $1/\lambda=1/5=0.2$(분)의 지수분포에 따른다. 본체의 평균 서비스 시간은 $\frac{1}{\mu}=0.1$(분)이므로 본체의 평균 서비스율은

$$\mu=1/0.1=10 \text{ (개/분)}$$

이다. 본체 이용률 ρ는

$$\rho=\lambda/\mu=5/10=0.5$$

본체 내에 있는 평균 job 수(서비스중의 job 포함) L은

$$L=\rho/(1-\rho)=1.0$$

이므로 평균 응답시간은 평균값의 법칙 $L=\lambda W$에 의하여

$$W=L/\lambda=1.0/5=0.2 \text{ (분)}$$

이다. 만일 평균 도착수가 1.5배가 되면

$$\lambda'=1.5\lambda=7.5, \qquad \rho'=\lambda'/\mu=0.75$$

가 되어 평균 도착수가 1.5배 되었을 때 평균 체재시간 W'는

$$W'=\frac{1}{\lambda'}\cdot\frac{\rho'}{1-\rho'}=0.4(\text{분}),\quad W'=\frac{1}{\mu-\lambda'}=\frac{1}{10-7.5}=0.4(\text{분})$$

이 되어 W의 2배가 된다.

답 (a) 0.2 (b) 0.1 (c) 0.5 (d) 0.2 (e) 0.75 (f) 0.4

[예제 6] 어느 마을의 보건소에 보건의가 1명 배치되어서 찾아오는 환자들을 치료하고 있다. 치료에 요하는 시간은 1인당 평균 5분이고, 이 보건소에 오는 환자는 평균 6분에 한 사람꼴이다. 치료하는 시간도, 찾아오는 사람의 도착시간 간격도 모두 지수분포에 따른다고 할 때, 다음을 구하라.

(1) 찾아오는 환자가 기다려야 할 확률

(2) 기다리지 않아도 될 확률

(3) 기다리는 사람들의 수(대기행렬의 길이)의 기대값

(4) 대기시간의 기대값

(5) 이 보건소에서 소비하는 소요시간의 기대값

풀이 평균도착률 $\lambda=\frac{1}{6}$(명/분), 평균 서비스(치료)율 $\mu=\frac{1}{5}$(명/분)

(1) 기다려야 할 확률

대기시간을 w라 하면

$$P(w>0)=P(\text{대기계에 적어도 1명이 있다})$$
$$=1-P_0=\rho \text{ (가동률)}$$

따라서

$$P(w>0)=\rho=\frac{\lambda}{\mu}=\frac{1/6}{1/5}=\frac{5}{6}\fallingdotseq 0.83$$

(2) 기다리지 않아도 될 확률

$$P(w=0)=P(\text{서비스 받는 사람이 없다})$$
$$=P_0=1-\rho=1-\frac{\lambda}{\mu} \text{ (비가동률)}$$

이므로

$$P(w=0)=1-\rho=1-\frac{5}{6}=\frac{1}{6}\fallingdotseq 0.17$$

(3) 기다리고 있는 손님 수의 기대값 L_q는

$$L_q=\frac{\lambda^2}{\mu(\mu-\lambda)}=\frac{\rho^2}{1-\rho}=\frac{\left(\frac{5}{6}\right)^2}{1-\frac{5}{6}}=\frac{25}{6}\fallingdotseq 4.2 \text{ (명)}$$

(4) 계 안에 있는 손님수의 기대값 L은

$$L=\frac{\rho}{1-\rho}=\frac{5/6}{1-5/6}=5 \text{ (명)}$$

(5) 계에서 소비하는 시간의 기대값 W는 다음과 같다.

$$W=\frac{L}{\lambda}=\frac{5}{1/6}=30 \text{ (분)}$$

■

❸ 대기시간의 분포

도착률 λ인 Poisson 도착에, 서비스율 μ인 지수서비스를 하는 대기행렬에서 이미 대기행렬이 있을 때에 대기시간에 관한 확률을 구해보자. 이것은 다음과 같은 상황에서 확률밀도함수를 구한다.

대기행렬의 길이가 n이고, $n-1$단위가 w시간 사이에 서비스를 끝내서 계를 떠나고, 남은 한 단위가 w와 $w+dw$ 사이에 서비스를 끝내고 대기계를 떠난다고 생각한다.
임의시각에 대기계에 n단위가 도착할 확률은

$$P_n=\rho^n(1-\rho) \quad (\rho=\lambda/\mu)$$

이고, 이 n단위 가운데 $(n-1)$단위가 시간 w 사이에 서비스를 끝내서 계를 떠날 확률은 $\frac{e^{-\mu w}(\mu w)^{n-1}}{(n-1)!}$이며, dw 사이에 한 단위가 서비스를 끝낼 확률은 μdw이므로 어느 시점에 대기계에 도착한 n단위 중 시간 w 사이에 $n-1$단위가 서비스를 끝내고, w와 $w+dw$ 사이에 한 단위가 서비스를 끝내서 대기계를 떠날 확률은

$$\psi_n(w)dw=\rho^n(1-\rho)\frac{e^{-\mu w}(\mu w)^{n-1}}{(n-1)!}\mu dw \tag{1}$$

이다. 행렬의 길이가 임의라면, w 시간 사이에 서비스를 끝내는 수 $n-1=0, 1, 2, \cdots$이고, 각 경우는 서로 배반이므로, 구하는 확률 $\psi(w)dw$는 $n=1, 2, \cdots$에 대한 (1)식의 합계이므로

$$\psi(w)dw=\sum_{n=1}^{\infty}\rho^n(1-\rho)\frac{e^{-\mu w}(\mu w)^{n-1}}{(n-1)!}\mu dw$$

$$= \rho(1-\rho)e^{-\mu w}\mu dw \sum_{n=1}^{\infty} \frac{\left(\frac{\lambda}{\mu}\mu w\right)^{n-1}}{(n-1)!}$$

$$= \rho(1-\rho)e^{-\mu w}\mu dw \cdot e^{\lambda w}$$

$$= \lambda(1-\rho)e^{(\lambda-\mu)w}dw \tag{2}$$

이것이 대기시간 w의 확률밀도의 요소이다.

그런데 '기다린다'는 조건에서 대기시간의 분포를 생각한다면 기다리고 있는 손님만의 대기시간의 분포를 생각해야 한다. 따라서 대기시간의 밀도함수를 기다려야 할 확률 $1-P_0=\rho$로 나눈 것을 조건부 확률밀도함수로 해야한다. 따라서 기다린다는 조건부 대기시간의 밀도함수는

$$\psi(w \mid w>0) = \begin{cases} \lambda\dfrac{1-\rho}{\rho} e^{(\lambda-\mu)w} = (\mu-\lambda)e^{-(\mu-\lambda)w} & (w>0) \\ 0 & (w\leq 0) \end{cases} \tag{3}$$

이다.

[예제 7] 동사무소의 한 창구를 찾는 손님의 도착시간 간격은 평균 5분이고, 손님의 도착은 Poisson도착에 따른다. 손님 1명에 대한 서비스 시간은 평균 4분의 지수분포에 따른다고 한다. 다음을 구하여라.

(1) 시간 t 사이에 n명의 손님이 창구에 도착할 확률

(2) 손님이 서비스를 끝낼 때까지 계에서 소비하는 평균시간

(3) 손님이 계에 도착해서 서비스를 끝낼 때까지 30분이상 걸릴 확률

(4) 기다리는 손님 가운데, 30분 이상 기다릴 확률을 구하라.

풀이 $\lambda = \dfrac{1}{5} = 0.2$ (명/분), $\mu = \dfrac{1}{4} = 0.25$ (명/분), $\rho = \dfrac{0.2}{0.25} = 0.8$

(1) $P_n(t) = \dfrac{e^{-0.2t}(0.2t)^n}{n!}$ (n=0, 1, 2, ⋯)

(2) $W = \dfrac{1}{\mu-\lambda} = \dfrac{1}{0.25-0.2} = 20$ (분)

(3) $P(w\geq 30) = \int_{30}^{\infty} \lambda(1-\rho)e^{-(\mu-\lambda)w}dw = [-\rho e^{-(\mu-\lambda)w}]_{30}^{\infty}$ $[\mu-\lambda=\mu(1-\rho)]$

$$= [-0.8e^{-0.05w}]_{30}^{\infty} = 0.8e^{-1.5} = 0.8(0.2231) = 0.1785$$

(4) $P(w \geq 30 \mid w > 0) = \int_{30}^{\infty} (\mu-\lambda)e^{-(\mu-\lambda)w}dw = [-e^{-(\mu-\lambda)w}]_{30}^{\infty}$

$$= [-e^{-0.05w}]_{30}^{\infty} = e^{-1.5} = 0.2231$$ ▩

[예제 7] 어느 슈퍼마켓의 카운터에서 손님이 10분 이상 기다리는 손님의 수를 기다리는 손님 가운데 20% 이하로 하고 싶다면 카운터의 점원의 평균서비스율은 얼마로 해야 하는가? 단, 손님의 평균도착률은 매시 15명이고, 점원은 1명이고, 지수서비스를 한다.

풀이 $\lambda = 15(\text{명/시}) = \frac{15}{60}(\text{명/분}) = \frac{1}{4}(\text{명/분}) = 0.25(\text{명/분})$

10분 이상 기다려야 할 조건부확률은

$$P(w > 10 \mid w > 0) = \int_{10}^{\infty} (\mu-\lambda)e^{-(\mu-\lambda)w}dw = [-e^{-(\mu-\lambda)w}]_{10}^{\infty} = e^{-10(\mu-\lambda)}$$

$$e^{-10(\mu-0.25)} \leq 0.2$$

를 만족하는 μ를 구한다. 양변에 상용로그를 취하면

$$-10(\mu-0.25)\log e \leq (\log 2 - 1) \qquad (\log e = 0.343,\ \log 2 = 0.3010)$$

에서 $\mu - 0.25 \geq 0.204 \qquad \therefore\ \mu \geq 0.454$

구하는 평균서비스율은 0.454(명/분) 이상(평균서비스 시간은 2.20분 이하)이다. ▩

7. 복수 창구의 대기행렬 이론

❶ 복수 창구 대기행렬의 기본방정식

창구가 복수개 있는 경우는 다음 그림과 같이 도착하는 손님 전원이 하나의 행렬을 만들고, 차례를 기다려서 어느 창구이든지 비게 되면 행렬의 선두에서 대기하는 손님이 차례로 그 창구에 가서 서비스를 받게 된다. 이 경우 어느 창구도 서비스 능력은 같다고 보고, 창구에 따라서 서비스의 차는 전혀 없다고 생각한다. 대기중의 손님은 창구가 비워지는 차례로 대기순서에 따라 창구에 간다. 다음 그림에서 □안의 수치는 창구가 비워가는 순서를 나타내고 있다.

그림 4-16 복수 창구인 경우의 행렬

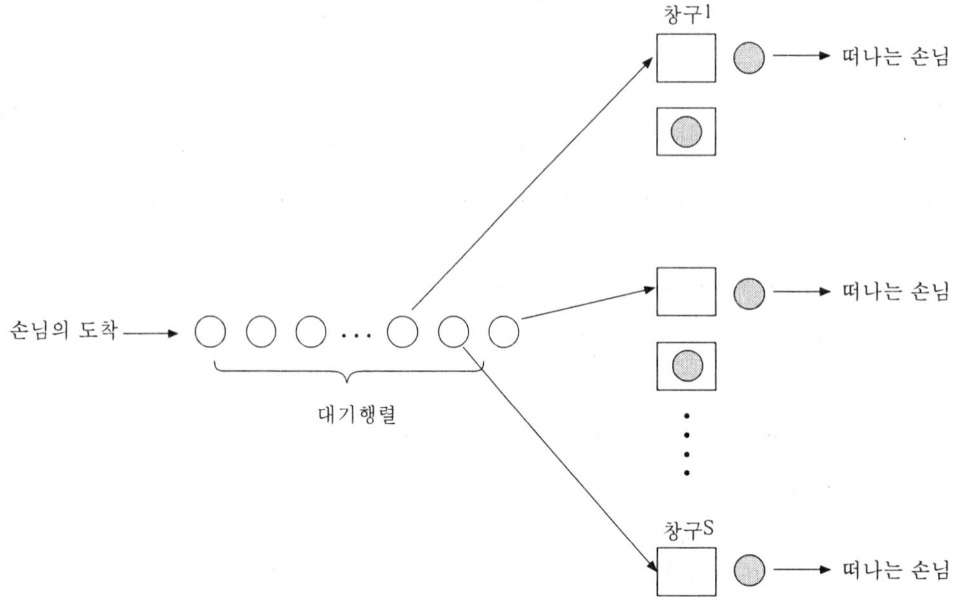

창구별로 대기행렬이 만들어지는 경우는 창구가 하나인 경우와 같으므로 이런 경우의 대기행렬 문제는 제외한다. 창구의 수 s와 손님의 수 n에 따라서 다음 두 가지 경우로 구분하여 이론을 전개한다.

(i) $0\leq n\leq s$인 경우

창구가 s개, 손님이 n명($n\leq s$)이면 계 안의 모든 손님이 서비스를 받게 되므로 앞 절의 (1)식에서 n 대신 $n-1$을 대입했을 때, 사상 Ⅰ의 ③은 $1-(n-1)\mu\Delta t$가 되고, 사상 Ⅲ의 ③은 $n\mu\Delta t$로 바뀌므로

$$P_{n-1}(t+\Delta t)=P_{n-1}(t)\{1-(\lambda+(n-1)\mu)\Delta t\}+P_{n-2}(t)\lambda\Delta t$$
$$+P_n(t)n\mu\Delta t+O(\Delta t)^2$$

이 식에서

$$\frac{dP_{n-1}(t)}{dt}=\lambda P_{n-2}(t)-\{\lambda+(n-1)\mu\}P_{n-1}(t)+n\mu P_n(t) \qquad (1)$$

를 얻고 $\dfrac{dP_{n-1}(t)}{dt}=0$이므로 시각 $t+\Delta t$에 손님이 대기계 안에 1명 있을 때를 포함한 기본 방정식은 다음과 같다.

> 복수 창구에서의 기본 방정식
>
> $$\begin{cases} -\lambda P_0+\mu P_1=0 \\ P_n=\dfrac{\lambda+(n-1)\mu}{n\mu}P_{n-1}-\dfrac{\lambda}{n\mu}P_{n-2} \quad (1<n\leq s) \end{cases} \tag{2}$$

(1)식의 내용은 다음과 같이 해석하면 편리하다.

> (1) 식의 해석
>
> 계 안에 $n-2$명이 있으며 한 사람이 도착하는 경우와, 계 안에 $n-1$명이 있을 때 도착하는 손님이 없고, $n-1$명이 모두 서비스를 받고 있으나 한 사람도 서비스가 끝난 사람이 없는 경우와, 계 안에 n명이 있으며 한 사람이 서비스를 끝낸다는 것이 임의시각 t에서 계 안에 $n-1$명이 있는 현상을 의미한다.

(ii) $n>s$인 복수 창구인 경우

도착하는 손님의 수가 창구의 수보다 많으므로 s개의 전 창구에서 모두 서비스가 이루어지므로 다음 관계식을 얻는다.

$$\begin{aligned} P_{n-1}(t+\Delta t)=P_{n-1}(t)\{1-(\lambda+s\mu)\}\Delta t+P_{n-2}(t)\lambda\Delta t \\ +P_n(t)s\mu\Delta t+O(\Delta t)^2 \end{aligned}$$

$P'_{n-1}(t)=0$ 에서 다음 방정식을 얻는다.

$$\lambda P_{n-2}-(\lambda+s\mu)P_{n-1}+s\mu P_n=0 \tag{3}$$

따라서 다음 기본 방정식을 얻는다.

복수 창구에서의 기본 방정식($n > s$)

$$\begin{cases} P_1 = \dfrac{\lambda}{\mu} P_0 \\ P_n = \dfrac{\lambda + s\mu}{s\mu} P_{n-1} - \dfrac{\lambda}{s\mu} P_{n-2} \end{cases} \quad (3')$$

(3′)식의 내용은 다음과 같이 해석하면 편리하다.

(3‘) 식의 해석

계에 $n-2$명이 있는데 손님 1명이 도착하거나, 계에 $n-1$명이 있는데 한 사람도 도착하지 않고 s개의 창구에서 한 사람도 서비스가 끝나지 않거나, 계 안에 n명이 있고 s개의 창구에서 한 사람이 서비스를 끝낸다. 이 사실은 어느 시각에 계 안에 $n-1$명이 있다는 현상을 나타내고 있다.

여기서 창구가 s개 있고, 어느 창구에서의 서비스율도 같은 경우에 대하여 생각해 나가자. 여러 가지 공식을 생각하는 것은 창구가 하나인 경우와 거의 같다.
다른 점은 대기행렬에 있는 손님의 수가 n명이면 $n-1$명으로 변화하는 경우가 n이 s보다 작으냐 아니냐에 따라서 다르다는 것 뿐이다. 손님의 수가 창구의 수보다 많으면 서비스 종료는 창구의 수에 비례하여 일어나지만, 손님의 수가 창구의 수보다 적어서 몇 개의 창구가 비워 있는 경우는 서비스 종료는 손님의 수에 비례하여 일어난다.

❷ 복수 창구 대기행렬의 기본공식

기본 방정식에서 P_n을 구한다.
우선 $0 \leq n \leq s$인 경우에 P_n을 구해보자. 식 (2)에 차례로 $n=2, 3, \cdots, n$을 대입해 나가면 P_2, P_3, …, P_n을 다음과 같이 얻는다.

$$P_2 = \frac{\lambda + \mu}{2\mu} P_1 - \frac{\lambda}{2\mu} P_0 = \frac{\lambda + \mu}{2\mu} \frac{\lambda}{\mu} P_0 - \frac{\lambda\mu}{2\mu^2} P_0 = \frac{\lambda^2}{2\mu^2} P_0$$

마찬가지로 P_3, ⋯, P_n을 구하면 다음과 같다.

$$P_3 = \frac{\lambda^3}{3!\mu^3}P_0 = \frac{1}{3!}\left(\frac{\lambda}{\mu}\right)^3 P_0,\ \cdots,\ P_{n-1} = \frac{1}{(n-1)!}\left(\frac{\lambda}{\mu}\right)^{n-1} P_0$$

$$P_n = \frac{1}{n}\left(\frac{\lambda}{\mu}\right)P_{n-1} = \frac{1}{n!}\left(\frac{\lambda}{\mu}\right)^n P_0$$

계 안에 n명이 있을 확률 $(0 \le n \le s)$

$$P_n = \frac{1}{n!}\left(\frac{\lambda}{\mu}\right)^n P_0 \tag{4}$$

이들 기본 방정식을 써서 Poisson 도착, 지수 서비스, 창구 s개, 대기행렬의 길이가 무한인 $M/M/s(\infty)$에서의 여러 가지 공식을 유도할 수 있다. 여기서는 이들 여러 공식을 소개한다. (4)식이 $r=1, 2, \cdots, n-1$에 대하여

$$P_r = \frac{1}{r!}\left(\frac{\lambda}{\mu}\right)^r P_0$$

이 성립한다고 가정하면, (2)식에 의하여

$$P_n = \frac{1}{n\mu}\left\{(\lambda + (n-1)\mu)\frac{1}{(n-1)!}\left(\frac{\lambda}{\mu}\right)^{n-1} P_0 - \frac{\lambda}{(n-2)!}\left(\frac{\lambda}{\mu}\right)^{n-2} P_0\right\} =$$

$$= \frac{1}{n!}\left(\frac{\lambda}{\mu}\right)^n P_0$$

을 얻는다. 따라서 위의 결과는 $0 \le n \le s$에 대하여 성립한다.

$n \ge s+1$에 대하여 (3′)식에서 $n \ge s+1$일 때,

$$P_{s+1} = \frac{\lambda + s\mu}{s\mu}P_s - \frac{\lambda}{s\mu}P_{s-1}$$

$$= \frac{\lambda + s\mu}{s\mu}\frac{1}{s!}\left(\frac{\lambda}{\mu}\right)^s P_0 - \frac{\lambda}{s\mu}\frac{1}{(s-1)!}\left(\frac{\lambda}{\mu}\right)^{s-1} P_0$$

$$= \frac{1}{s \cdot s!}\left(\frac{\lambda}{\mu}\right)^{s+1} P_0 + \frac{1}{s!}\left(\frac{\lambda}{\mu}\right)^s P_0 - \frac{1}{s!}\left(\frac{\lambda}{\mu}\right)^s P_0$$

$$= \frac{1}{s \cdot s!}\left(\frac{\lambda}{\mu}\right)^{s+1} P_0$$

$s+1 \leq r \leq n-1$인 모든 r에 대하여

$$P_r = \frac{1}{s!\,s^{r-s}}\left(\frac{\lambda}{\mu}\right)^r P_0$$

이 성립한다면

$$\begin{aligned} P_n &= \frac{1}{s\mu}\{(\lambda+s\mu)P_{n-1}\} - \frac{\lambda}{s\mu}P_{n-2} \\ &= \frac{1}{s\mu}\left\{(\lambda+s\mu)\frac{1}{s!\,s^{n-s-1}}\left(\frac{\lambda}{\mu}\right)^{n-1}P_0\right\} - \lambda\frac{1}{s!\,s^{n-s-2}}\left(\frac{\lambda}{\mu}\right)^{n-2}P_0 \\ &= \frac{1}{s!\,s^{n-s}}\left(\frac{\lambda}{\mu}\right)^n P_0 + \frac{1}{s!\,s^{n-s-1}}\left(\frac{\lambda}{\mu}\right)^{n-1}P_0 - \frac{1}{s!\,s^{n-s-1}}\left(\frac{\lambda}{\mu}\right)^{n-1}P_0 \\ &= \frac{1}{s!\,s^{n-s}}\left(\frac{\lambda}{\mu}\right)^n P_0 \end{aligned}$$

이 식은 가정된 식 P_r에서 r 대신 n을 대입한 식과 동일하여, 모든 $n \geq s$에 대하여 이 식은 성립한다.

> 계 안에 n명이 있을 확률
>
> $$P_n = \frac{1}{s^{n-s}s!}\left(\frac{\lambda}{\mu}\right)^n P_0 \quad (n \geq s) \tag{5}$$

❸ 복수 창구에서의 여러 가지 공식

① 계가 비어 있을 확률 P_0는 $\sum_{n=0}^{\infty} P_n = 1$에서

$$P_0 = \frac{1}{\sum_{n=0}^{s-1}\frac{a^n}{n!} + \frac{a^s s}{s!(s-a)}} \quad \left(\text{단, } a = \frac{\lambda}{\mu},\ \ \rho = \frac{\lambda}{s\mu} < 1\right) \tag{6}$$

$\lambda/s\mu > 1$이면 행렬은 무한대가 된다.

증명 $\sum_{n=0}^{\infty} P_n = \sum_{n=0}^{s-1} P_n + \sum_{n=s}^{\infty} P_n$

$$= P_0\left\{1 + a + \frac{1}{2!}a^2 + \cdots + \frac{1}{(s-1)!}a^{s-1}\right\} \qquad \left(a = \frac{\lambda}{\mu}\right)$$

$$+ P_0\left\{\frac{1}{s!}a^s + \frac{1}{s \cdot s!}a^{s+1} + \frac{1}{s^2 \cdot s!}a^{s+2} + \cdots\right\}$$

$$= P_0\left[\sum_{n=0}^{s-1} a^n \frac{1}{n!} + \frac{1}{s!}a^s\left\{1 + \frac{a}{s} + \left(\frac{a}{s}\right)^2 + \cdots\right\}\right]$$

$$= P_0\left[\sum_{n=0}^{s-1} a^n \frac{1}{n!} + \frac{a^s}{s!} \cdot \frac{1}{1 - a/s}\right] = 1 \qquad \left(\frac{a}{s} = \frac{\lambda}{s\mu} = \rho\right)$$

이므로

$$P_0 = \frac{1}{\sum_{n=0}^{s-1} \frac{a^n}{n!} + \frac{a^s}{s!} \frac{s}{s-a}}$$

■

증명 ② 창구에서 기다려야 할 확률

$$P_{n \ge s} = \sum_{n=s}^{\infty} \frac{1}{s^{n-s} s!}\left(\frac{\lambda}{\mu}\right)^n P_0$$

$$= \frac{s^s P_0}{s!} \sum_{n=s}^{\infty} \rho^n \left(\rho = \frac{\lambda}{s\mu}\right)$$

$$= \frac{s^s}{s!} \times \frac{\rho^s}{1-\rho} P_0 = \frac{a^s}{(s-1)!(s-a)} P_0$$

③ 사용하지 않는 평균 창구수는

$$\overline{\rho} = s - \frac{\lambda}{\mu} = s - a \qquad \left(\rho = \frac{\lambda}{\mu}\right)$$

④ 계 안에 있는 평균 길이 L은

$$L = \frac{a^{s+1}}{(s-1)!(s-a)^2} P_0 + a = L_q + a \tag{8}$$

⑤ 대기행렬의 평균 길이 L_q는

$$L_q = \frac{a^{s+1}}{(s-1)!(s-a)^2} P_0 = L - a \tag{9}$$

⑥ 도착한 손님이 계 안에서 소비하는 평균 대기시간 W는

$$W=\frac{1}{\mu}\cdot\frac{a^{s}}{(s-1)!(s-a)^{2}}P_{0}+\frac{1}{\mu}=\frac{1}{\lambda}L \tag{10}$$

⑦ 도착한 손님의 평균 대기시간 W_q는

$$W_{q}=L_{q}\times\frac{1}{\lambda} \tag{11}$$

⑧ 창구가 전부 막혀 있을 확률(창구에서 기다려야 할 확률) π는

$$\pi=P(n\geq s)=\sum_{n=s}^{\infty}P_{n}=\frac{a^{s}}{(s-1)!(s-a)}P_{0} \tag{12}$$

⑨ 손님이 대기계에서 t(시간)이상 소비할 확률

$$P(T>t)=e^{-\mu t}\left\{1+\frac{(\lambda/\mu)^{s}P_{0}[1-e^{-\mu t(s-1-\lambda/\mu)}]}{s!(1-\lambda/\mu s)(s-1-\lambda/\mu)}\right\}$$ ▩

[예제 9] 어떤 급유소에 2대의 급유대가 있다. 자동차는 평균 도착시간 간격 3분의 Poisson 분포에 따라 도착하고, 급유 및 그 밖의 서비스에 요하는 시간은 평균 4분의 지수분포에 따른다고 하자.

(1) 급유대에 차가 없을 확률을 구하라.

(2) 급유소에 있는 차의 수는 평균 몇 대인가?

(3) 도착하여 서비스가 완료되기까지 요하는 평균 대기시간은 어느 정도인가?

풀이 (1) $\lambda=\frac{1}{3}$, $\mu=\frac{1}{4}$이므로 $a=\frac{\lambda}{\mu}=\frac{4}{3}$, 창구 $s=2$, 식 (6)에 의하여

$$P_{0}=\frac{1}{1+\frac{4}{3}+\frac{1}{2!}\left(\frac{4}{3}\right)^{2}\frac{2}{2-\frac{4}{3}}}=\frac{1}{\frac{7}{3}+\frac{16\times 3}{9\times 2}}=\frac{1}{5}=0.2$$

(2) 식 (8)에 의하여

$$L=\frac{\left(\frac{4}{3}\right)^{3}}{1!\left(2-\frac{4}{3}\right)^{2}}\times 0.2+\frac{4}{3}=\frac{4^{3}\times 3^{2}}{3^{3}\times 2^{2}}\times\frac{1}{5}+\frac{4}{3}$$

$$= \frac{16+20}{15} = \frac{36}{15} = 2.4$$

즉, 평균 2.4대 있는 셈이다.

(3) 식 (10)에 의하여

$$W = 4 \times \frac{\left(\frac{4}{3}\right)^2}{1!\left(2-\frac{4}{3}\right)^2} \times 0.2 + 4 = 16 \times 0.2 + 4 = 7.2$$

즉, 평균 7.2분 걸린다. ■

[예제 10] 어느 슈퍼마켓에는 카운터에 3명의 여점원이 물건값을 계산하여 상품값을 받고 있다. 1명의 손님에 대한 서비스시간은 평균 3분의 지수분포이고, 손님은 1시간에 40명의 비율로, 카운터에 Poisson 분포로 도착하고 있다.

(1) 서비스를 받기 위하여 손님이 기다릴 확률을 구하라.

(2) 이 경우 평균 대기시간을 구하라.

(3) 각 여점원이 1일 8시간 근무한다면 쉬는 시간은 평균 몇 시간이 되는가?

풀이 제의에 의하여 $\lambda = 40$(명/시간), $\mu = 20$(명/시간)(여점원 1인당)이다. 식 (6)에 대입하여 P_0를 구하면

$$P_0 = \frac{1}{1+\frac{40}{20}+\frac{1}{2!}\left(\frac{40}{20}\right)^2+\frac{1}{3!}\left(\frac{40}{20}\right)^3 \times \frac{3\times 20}{3\times 20-40}} = \frac{1}{9}$$

공식을 써서 다음과 같은 답이 얻어진다.

(1) $P_1 = 2 \times \frac{1}{9} = \frac{2}{9}$, $P_2 = \frac{1}{2!} \times 2^2 \times \frac{1}{9} = \frac{2}{9}$

$$\therefore\ P = 1-(P_0+P_1+P_2)$$

$$= 1-\left(\frac{1}{9}+\frac{2}{9}+\frac{2}{9}\right) = \frac{4}{9}$$

(2) 평균 대기시간은 식 (11)에 의하여

$$W_q = \frac{2^4}{40\cdot 2!(3-2)^2} \times \frac{1}{9} = \frac{1}{45}(\text{시간})$$

$$= 1\text{분}\quad 20\text{초}$$

(3) 쉬는 여점원 수의 기대값은

$$3P_0+2P_1+1P_2=\frac{3}{9}+\frac{4}{9}+\frac{2}{9}=1 \text{ (명)}$$

따라서 어느 한 사람의 여점원이 쉬게 될 확률은 $\frac{1}{3}$이다.

그러므로 1일 8시간 근무에 $\frac{8}{3}$시간=2시간 40분 쉬게 된다. ▩

[예제 11] 어느 구청의 민원실에 3인의 민원상담자가 있다. 이들은 1시간에 1인당 평균 6명의 민원을 처리할 수 있다. 민원인이 평균 한 시간에 15명씩 도착한다고 할 때 다음에 답하라.

(1) 민원실이 비워 있을 확률을 구하라.

(2) 민원실에 민원인이 3명 이상 있을 확률을 구하라.

(3) 민원상담을 위하여 기다리는 민원인의 평균수를 구하라.

(4) 민원실에 있는 민원인의 평균수를 구하라.

(5) 민원인이 민원실에서 상담이 끝날 때까지 소비하는 평균 대기시간을 구하라.

(6) 민원인이 민원실에서 20분이상 머무는 확률을 구하라.

(7) 민원인은 시간당 평균 5명 도착하고, 각 민원상담원이 시간당 평균 6명의 상담을 끝낸다 할 때, 민원인이 민원실에서 머무르는 평균시간을 구하라.

풀이 (1) $$P_0=\frac{1}{\left[1+(\lambda/\mu)+\frac{1}{2}(\lambda/\mu)^2+\frac{1}{6}(\lambda/\mu)^3(1/(1-\lambda/3\mu))\right]}$$

$$=\frac{1}{\left[1+\frac{15}{6}+\frac{1}{2}\left(\frac{15}{6}\right)^2+\frac{1}{6}\left(\frac{15}{6}\right)^3\left(\frac{1}{1-\frac{15}{18}}\right)\right]}$$

$$=0.044944$$

(2) $$P(n\geq 3)=\frac{\left(\frac{15}{6}\right)^3(0.044944)}{6\left(1-\frac{15}{18}\right)}=0.70225$$

(3) $$L_q=\frac{\left(\frac{15}{6}\right)^4(0.044944)}{(3)(6)\left(1-\frac{15}{18}\right)^2}=3.51124$$

(4) $L = L_q + \frac{\lambda}{\mu} = 3.51124 + \frac{15}{6} = 6.01124$

(5) $W = \frac{L}{\lambda} = \frac{6.01124}{15} = 0.40075hr \approx 24\,\text{min}$

(6) $P\left(T > \frac{1}{3}hr\right) = e^{-6(1/3)}\left[1 + \frac{\left(\frac{15}{6}\right)^3 (0.044944)(1 - e^{-6(1/3)(3-1-15/6)})}{6\left(1 - \frac{15}{18}\right)\left(3 - 1 - \frac{15}{6}\right)}\right]$

$= 0.46198$

(7) $W = \frac{1}{\mu - \lambda} = \frac{1}{6-5} = 1hr$ ▩

[예제 12] 어느 공사장에 장비계가 2인(창구 2개소) 있고, 이곳에 장비를 받으러 오는 장업인이 와서 공구를 가져가는데, 이들의 도착을 10분 간격으로 100회 조사하여 다음 결과를 얻었다.

도착수	8	9	10	11	12	13	14	15	16	17	18	19	20	21	22	23	24	25	계
도 수	2	2	4	5	6	9	10	11	12	8	9	7	5	4	3	2	1	1	100

100명에 대한 서비스 시간을 조사하니 다음과 같았다.

서비스시간(초)	10	40	70	100	130	160	190	220	250	280	310	계
인 원	33	25	12	10	6	4	3	3	2	1	1	100

이 서비스분포는 지수분포에 근사한다. 다음을 구하라.

(1) 분당 평균도착 인원

(2) 분당 평균서비스 인원

(3) 1일간(8시간) 평균도착 인원 및 총서비스 시간

(4) 대기계가 비워 있을 확률

(5) 대기계에서 서비스가 끝날 때까지의 평균 대기시간

(6) 장업인의 한 시간 임금이 5,000원이고, 징비계의 한 시간 임금이 6,000원일 때, 1일의 총손실

풀이 (1) 10분간에 도착하는 평균인원은

$$\frac{1}{100}(8\times1+9\times2+10\times3+\cdots+25\times1)=15.8$$

이므로, 1분간의 평균도착률 λ는

$$\lambda=\frac{15.8}{10}\fallingdotseq1.6\ (\text{명/분})$$

(2) 1인당 평균서비스 시간은

$$\frac{1}{\mu}=\frac{1}{100}(10\times33+40\times25+\cdots+310\times1)=\frac{6910}{100}=69.1(\text{초/명})$$
$$=1.15(\text{분/명})$$

(3) 1분간에 1.6명이 대기계에 도착하기 때문에 총 8시간 동안에

$$1.6\times8\times60=768(\text{명})$$

이 찾아온다. 1일 총서비스 시간은

$$768(\text{명})\times\frac{1}{\mu}(\text{분})=\frac{768}{0.87}\text{분}=883\text{분}=14.7(\text{시간})$$

(4) 공식에 대입하면

$$a=\frac{\lambda}{\mu}=1.6\times1.15=1.84$$

$$P_0=\frac{1}{1+1.84+\dfrac{1.84^2}{2-1.84}}=0.042$$

(5) $W=1.15\times\dfrac{1.84^2}{(2-1.84)^2}\times0.042+1.15=7.54(\text{분})$

(6) 대기시간의 총계는

$$768(\text{명})\times7.54\text{분}=5790\text{분}=96.5(\text{시간})$$

창고계가 쉬는 시간의 총계는

$$2(\text{인})\times8\text{시간}-14.7\text{시간}=1.3(\text{시간})$$

이므로, 작업을 안하는 시간의 임금은 손실이므로 총손실액은

$$96.5(\text{시간})\times 5{,}000\text{원}+1.3(\text{시간})\times 6{,}000\text{원}=490{,}300(\text{원})$$

■

[예제 13] 어느 슈퍼마켓을 찾는 손님의 분포는 다음과 같다. 손님이 계산대에서 대기하는 시간을 20초 이내로 하고 싶다. 물건값 계산에 임하는 점원은 1일 6시간 근무를 원한다. 주인은 하루에 2시간 정도 계산에 임한다고 할 때, 점원을 어떻게 고용하면 되겠느냐? 단, 손님 1명당 서비스(계산)는 2분의 지수분포에 따르고, 서비스 속도는 모두 같고, 선착순으로 서비스한다 하자.

시 간	8～10	10～12	12～14	14～16	16～18	18～20	20～22	계
손님수	8	30	40	90	180	80	7	435

구분된(2시간 간격) 시간대의 손님의 대기시간을 계산한다.

(1) 8～10시간대

$$\lambda=\frac{8}{120}=\frac{1}{15}(\text{명/분}),\qquad \mu=\frac{1}{2}(\text{명/분})\text{이므로}$$

$$S=1,\ W_q=\frac{\lambda}{\mu(\mu-\lambda)}=\frac{\frac{1}{15}}{\frac{1}{2}\left(\frac{1}{2}-\frac{1}{15}\right)}=\frac{4}{1(15-2)}$$

$$=\frac{4}{13}(\text{분})=18.5(\text{초})<20(\text{초})$$

이므로 이 시간대는 한 사람의 서비스로 족하다.

(2) 10～12시간대, $S=1$이면

$$\lambda=\frac{30}{120}=\frac{1}{4},\quad \mu=\frac{1}{2},\quad a=\frac{1/4}{1/2}=\frac{1}{2}(\text{분})=30(\text{초})>20(\text{초})$$

이므로, $S=2$이면 충분하다.

(3) 12～14시간대

$$\lambda=\frac{40}{120}=\frac{1}{3},\quad \mu=\frac{1}{2},\quad a=\frac{\lambda}{\mu}=\frac{1/3}{1/2}=\frac{2}{3}(\text{분})=40\text{초}>20\text{초}$$

$S=2$이면

$$P_0^{-1}=1+\frac{2}{3}+\frac{\left(\frac{2}{3}\right)^2}{(2-1)!\left(2-\frac{2}{3}\right)}=2$$

$$W_q=\frac{\frac{1}{2}\left(\frac{2}{3}\right)^2}{(2-1)!\left(2\times\frac{1}{2}-\frac{2}{3}\times\frac{1}{2}\right)^2}\times\frac{1}{2}=\frac{1}{4}(\text{분})=15(\text{초})<20(\text{초})$$

이므로, 이 시간대는 점원수를 2명으로 하면 된다.

(4) 14～16시간대

$$\lambda=\frac{90}{120}=\frac{3}{4},\quad \mu=\frac{1}{2},\quad a=\frac{3/4}{1/2}=\frac{3}{2}$$

$S=3$이라면, $W_q=19.2(\text{초})<20$초이므로, 이 시간대는 3명이면 된다.

(5) 16～18시간대

$$\lambda=\frac{180}{120}=\frac{3}{2},\quad \mu=\frac{1}{2}\text{ 이므로,}\quad a=\frac{\lambda}{\mu}=\frac{3/2}{1/2}=3$$

$S=5$일 때, $P_0^{-1}=\frac{343}{16}$, $W_q=\frac{81}{343}(\text{분})=14.1(\text{초})<20(\text{초})$이므로, 이 시간대는 5명이 된다.

(6) 18～20시간대

$S=3$이면 충분하다.

(7) 20～22시간대

$S=1$이면 된다. 이 경우 $W_q=\frac{\lambda}{\mu(\mu-\lambda)}=\frac{14}{53}(\text{분})=15.8(\text{초})<20(\text{초})$

이므로, $S=1$로 충분하다.

이상을 정리하면 다음 표를 얻는다.

시간대	8—10—12—14—16—18—20—22
인 원	1 2 2 3 5 3 1

주인이 16~18시간대, 2시간만 서비스한다면, 이 시간내도 4명의 고용으로 가능하다. 시간에 따른 고용인원은 다음과 같은 Gantt chart를 그려보면 쉽게 구할 수 있다.

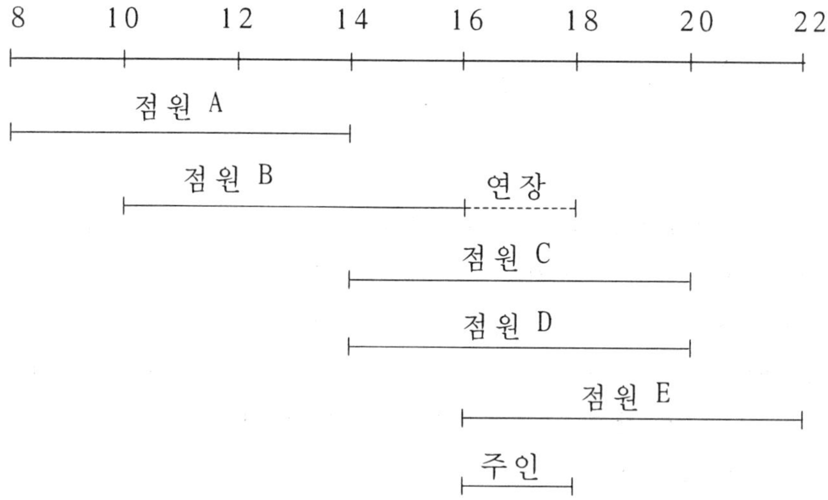

단, 16~18시간대는 한 사람(점원 B)을 두 시간 연장근무를 부탁해서 가능하다.

8. 대기행렬에 제한이 있는 경우

창구의 수가 s이고, 계 안에 대기하는 손님의 수가 $N(>s)$까지 밖에는 대기할 수 없는 대기문제를 살펴보자.

복수창구이론의 여러 가지 조건(Poisson도착, 지수서비스 등)은 동일한 경우라 하고, P_n를 구해보자. 복수창구이론에서 P_n은 다음과 같다.

$$P_n = \begin{cases} \dfrac{a^n}{n!} P_0 (0 < n \leq s), & a = \dfrac{\lambda}{\mu} \\ \dfrac{s^s}{s!} \rho^n P_0 (s \leq n \leq N), & \rho = \dfrac{\lambda}{s\mu} \end{cases}$$

대기계에 도착대수의 제한 $(n \leq N)$이 있으므로

$$P_N = \sum_{n=0}^{N} P_n = \sum_{n=0}^{S} \frac{a^n}{n!} P_0 + \sum_{n=s+1}^{N} \frac{s^n}{s!} \rho^n P_0 = \left(\sum_{n=0}^{S} \frac{a^n}{n!} + \sum_{n=s+1}^{N} \frac{s^n}{s!} \rho^n \right) P_0 = 1$$

에서 다음 공식이 얻어진다(무한행렬인 경우와 다르다).

$$P_0 = \frac{1}{\sum_{n=0}^{s} \frac{a^n}{n!} + \sum_{n=s+1}^{N} \frac{s^n}{s!} \rho^n}$$

[예제 14] L주유소에서 급유를 하기 위하여 오는 차는 4분에 1대의 Poisson분포에 따라서 온다고 한다. 각 차는 한 사람의 종업원에 의하여 서비스를 받으며 차 한 대당의 이익은 평균 1000원이다. 차 한 대당의 서비스 시간은 8분의 지수분포에 따르며, 급유대에서 서비스를 받으려고 대기하는 차량은 1대 한도이며, 그 이상이 되면 가버리고 만다. 각 종업원은 1일 8시간 종사하고, 1인 1일 보수는 20,000원이다.

(1) 종업원이 1명일 때, 이 주유소의 1일 기대이익을 구하라.

(2) 종업원이 2명일 때, 이 주유소의 1일 기대이득을 구하라.

풀이 하루에 주유소에 오는 차량대수는 15대×8(시간)=120대

종업원의 수 S(주유대 수), 주유소 안에 있는 차량대수는 $N=S+1$까지 밖에는 없다. $\lambda=15$(대/시간), $\mu=\frac{60}{8}=7.5$(대/시간), $a=\lambda/\mu=2$, $\rho=a/s=2/s$ 계 안에 n대 있을 확률을 구한다.

P_{s+1}은 어느 시각에 계안에 $s+1$대의 차가 있을 확률이다. 만일 그 시각에 어떤 차가 도착하면 기다릴 곳이 없어서 가야한다. 즉 P_{s+1}은 서비스를 받으러 온 차가 떠날 확률이다. 따라서 서비스를 받으려고 온 차 가운데 $1-P_{s+1}$의 비율만이 서비스를 받게 된다.

(1) $S=1$일 때, $\lambda=1/4$, $\mu=1/8$, $a=s\rho=\frac{\lambda}{\mu}=2$, $P_{s+1}=s^s\rho^{s+1}\frac{1}{s!}P_0$이므로

$$P_0 = \frac{1}{\sum_{n=0}^{1} \frac{2^n}{n!} + \sum_{n=2}^{2} 2^n} = \frac{1}{1+2+2^2} = \frac{1}{7}$$

$$P_{s+1} = P_2 = \frac{1}{1!}(2^2)\left(\frac{1}{7}\right) = \frac{4}{7} \text{ (창구가 꽉 차 있을 확률)}$$

계에 차량이 있을 확률은 $1-P_2=\frac{3}{7}$이므로, 주유소의 1일 이익의 기대값은

$$E_1 = 1,000\text{원} \times 120(\text{대})\left(1-\frac{4}{7}\right) - 20,000\text{원} \times 1(\text{명}) = 31,429(\text{원})$$

(2) $S=2$일 때, $a=2$, $\rho=1$이므로

$$P_0 = \frac{1}{1+2+2+\frac{2^2}{2!}\cdot 1^3} = \frac{1}{7}$$

$$P_{s+1} = P_3 = 2^2 \cdot 1^3 \cdot \frac{1}{2!} \cdot \frac{1}{7} = \frac{2}{7}$$

따라서 이 경우, 주유소의 1일 기대이익 E_2는

$$E_2 = 1,000\text{원} \times 120(\text{대})\left(1-\frac{2}{7}\right) - 20,000\text{원} \times 2(\text{명}) = 45,714(\text{원})$$ ■

참고 $S=3$일 때, $E_3 = 1,000\text{원} \times 120(\text{대})\left(1-\frac{8}{65}\right) - 20,000\text{원} \times 3(\text{명}) = 45,231(\text{원})$

$S=4$일 때, $E_4 = 1,000\text{원} \times 120(\text{대})\left(1-\frac{1}{22}\right) - 20,000\text{원} \times 4(\text{명}) = 34,545(\text{원})$

이므로 종업원 2명일 때, 1일 기대수입이 최대가 된다. 그러나 시설투자비까지 고려하여 종업원수를 결정해야 한다.

9. 지수서비스 이외의 경우

❶ Erlang형 서비스 분포

Erlang 분포는 그의 밀도함수가

$$g(t;\ \mu,\ k) = \begin{cases} \dfrac{(\mu k)^k}{(k-1)!}\, t^{k-1} e^{-\mu k t} & (t>0) \\ 0 & (t\le 0) \end{cases}$$

인 분포이다. 이 분포는 k개의 독립이고 같은 평균값 $\frac{1}{\mu k}$을 갖는 지수분포에 따르는 확률변수의 합의 분포로서 얻어진다.

따라서 각각이 평균 서비스 시간 $\frac{1}{\mu k}$의 지수형의 k개의 독립인 직렬 서비스시설을 어떤 손님이 차례로 통과해 나가는 것같은 서비스기구의 경우에 파라미터 μ를 제 k차의 Erlang분포에 따르는 서비스 기간을 갖는 것이 된다.

이 분포는 파라미터 k에 의하여 여러 가지의 패턴을 취한다. 그러나 어느 경우에도 같은 평균값 $\frac{1}{\mu}$을 취하고, 분산은 $\frac{1}{k\mu^2}$이다.

$k=1$일 때는 지수분포 $g(t\,;\ \mu,\ 1)=\mu e^{-\mu t}\ \ (t>0)$이고, $k=\infty$일 때는 이 확률변수는 일정치를 취한다. 그 중간의 k에 대응하는 많은 분포를 생각할 수 있어서 매우 유용하다.

[예제 15] 어느 마을에 있는 보건소에 담당자 1명이 서비스를 하고 있다. 상담하러 오는 사람은 평균 6분에 1명이고, 상담의 소요시간은 1인당 평균 5분이고, 상담차 오는 사람은 Poisson 도착이고, 상담에 요하는 시간이 다음 경우에 열에서의 대기시간의 기대값을 구하라.

(1) 서비스시간이 phase k가 5인 Erlang 분포에 따르는 경우

(2) 서비스시간이 일정한 경우

풀이 (1) 열대기시간의 기대값 W_q는

$$W_q=\frac{k+1}{2k}\times\frac{\lambda}{\mu(\mu-\lambda)}=\frac{5+1}{2\times 5}\times\frac{\frac{1}{6}}{\frac{1}{5}\left(\frac{1}{5}-\frac{1}{6}\right)}=15(\text{분})$$

(2) $$W_q=\frac{\lambda}{2\mu(\mu-\lambda)}=\frac{\frac{1}{6}}{2\times\frac{1}{5}\left(\frac{1}{5}-\frac{1}{6}\right)}\simeq 13(\text{분})$$ ■

창구가 1개이고, Poisson 도착, 서비스 시간이 phase k의 Erlang 분포에 따르는 경우의 대기행렬에서 다음 공식이 쓰인다.

대기행렬의 제공식(서비스 시간의 분포가 Erlang 분포인 경우)

(1) 대기열의 평균길이

$$L_q = \frac{k+1}{2k} \times \frac{\lambda^2}{\mu(\mu-\lambda)}$$

(2) 대기계의 평균길이

$$L = \frac{k+1}{2k} \times \frac{\lambda^2}{\mu(\mu-\lambda)} + \frac{\lambda}{\mu} = \lambda W$$

(3) 열대기시간의 기대값

$$W_q = \frac{k+1}{2k} \times \frac{\lambda}{\mu(\mu-\lambda)}$$

(4) 계대기시간의 기대값

$$W = \frac{k+1}{2k} \times \frac{\lambda}{\mu(\mu-\lambda)} + \frac{1}{\mu} = W_q + \frac{1}{\mu}$$

이들 공식에서 $k=1$이라면, 지수서비스인 경우의 공식이 된다. 창구가 1개이고 서비스 시간이 일정한 경우의 대기행렬에 관한 제공식은 위 공식에서 $k=\infty$인 경우로 다음과 같다.

대기행렬에 관한 공식(서비스 시간이 일정한 경우)

(1) 대기열의 평균길이(손님수의 기대값)

$$L_q = \frac{\lambda^2}{2\mu(\mu-\lambda)} = \lambda W_q$$

(2) 대기계의 평균길이(대기시간의 기대값)

$$L = \frac{\lambda^2}{2\mu(\mu-\lambda)} + \frac{\lambda}{\mu} = \lambda W \left(= L_q + a,\ \ a = \frac{\lambda}{\mu} \right)$$

(3) 열대기시간의 기대값

$$W_q = \frac{\lambda}{2\mu(\mu-\lambda)}$$

(4) 계대기시간의 기대값

$$W = \frac{\lambda}{2\mu(\mu-\lambda)} + \frac{1}{\mu} \left(= W_q + \frac{1}{\mu} \right)$$

[예제 15] B미용소에는 손님이 40분에 1명의 비율로 Poisson 도착을 하고, 손님에 대한 서비스 시간이 일정하다고 할 때, 다음에 답하라.

(1) 미용사가 한 사람이고, 서비스 시간이 30분일 때, 대기열에서 손님의 평균 대기시간을 구하라.

(2) 미용사가 4명이고, 한 사람에 대한 서비스 시간이 2시간일 때, 대기행렬에서 평균 대기시간을 구하라.

풀이 (1) $\lambda=\frac{60}{40}=\frac{3}{2}$(명/시), $\mu=\frac{60}{30}=2$(명/시)이므로

$$W_q=\frac{\lambda}{2\mu(\mu-\lambda)}=\frac{1.5}{2(2)(2-1.5)}=\frac{3}{4}\text{(시간)}$$

(2) $S=4$, $\lambda=1.5$(명/시), $\mu=2$(명/시), $a=\frac{\lambda}{\mu}=\frac{3}{4}$, $\rho=\frac{\lambda}{s\mu}=\frac{3}{16}$

$$P_0=\frac{1}{1+\frac{3}{4}+\frac{1}{2}\left(\frac{3}{4}\right)^2+\frac{1}{3!}\left(\frac{3}{4}\right)^3+\frac{1}{4!}\left(\frac{3}{4}\right)^4\frac{4}{4-\frac{3}{4}}}=0.501$$

$$W_q=\frac{\mu a^sP_0}{2(s-1)!(s\mu-\lambda)^2}=\frac{2\left(\frac{3}{4}\right)^4(0.529)}{2(4-1)!(8-1.5)^2}=0.00066\text{시간}=0.04\text{분}$$ ■

연습문제 4.3

1. 한 시간에 도착인수가 평균 2명인 Poisson 도착의 대기행렬계가 있다. 서비스는 20분에 한 사람이 끝난다. 서비스 시간중에 한 사람도 도착하지 않을 확률을 구하라.

2. 평균 도착 간격이 5분이고, 평균 서비스 시간이 4분인 대기행렬이 있다. 다음을 구하라.

(1) 이용률(가동률)을 구하라.

(2) 이 대기 계의 행렬의 평균 길이를 구하라.

(3) 손님이 시스템에 도착해서 처리가 끝날 때까지의 평균시간 W를 구하라.

3. 평균 10분에 1명의 비율로 손님이 Poisson 도착을 하고, 평균 5분의 지수 서비스를 받는 대기행렬계가 있다. 다음을 구하라.

(1) 서비스를 받는 손님을 포함한 평균 대기행렬의 계의 길이
(2) 서비스를 받기 위하여 대기하는 평균 대기행렬의 길이
(3) 평균 체재시간(계에서)
(4) 평균 대기시간(열에서)

4. 평균 서비스율이 μ인 지수서비스에서 dt시간 내에 한 사람이 서비스를 끝낼 확률을 다음 경우에 구하라.
(1) 창구가 하나인 경우
(2) 창구가 n개인 경우

5. $M/M/1$ 대기행렬에서 평균도착률이 3(명/시), 평균 서비스 시간이 12(분/명)일 때, 다음을 구하라.
(1) 창구가 비어 있을 확률
(2) 서비스중에 있는 사람을 포함하여 대기계에 2명 이상 있을 확률

6. $M/M/1$ 대기계에서 손님의 평균도착률이 3(명/시)일 때, 계 내의 평균 사람 수를 2명 이하로 하려면, 창구의 서비스율은 얼마 이상이어야 하느냐?

7. 손님의 서비스가 평균 3분의 지수분포에 따른다. 한 손님이 서비스를 시작하여 2분 경과했다고 할 때, 이 손님은 평균 몇 분 후에 서비스가 종료되느냐?

8. 어느 보건소의 상담실에 2명의 상담원이 찾아오는 사람의 상담에 응하고, 질문에 답하거나 전문의를 소개하고 있다. 상담하러 오는 사람의 비율은 평균 6분에 1명이고, 상담에 요하는 소요시간은 1명당 5분이다. 다음을 구하라.
(1) 상담하러 오는 사람이 기다려야 할 확률
(2) 기다리지 않아도 될 확률
(3) 대기행렬의 평균길이
(4) 열대기시간의 기대값

§4.4 시뮬레이션

1. 시뮬레이션의 개념

시뮬레이션(Simulation)은 대상으로 하는 시스템에서 문제가 되는 부분의 모델에 의한 모의실험이다. 따라서 종래의 이론적, 해석적 수법으로는 다루기 어려운 대규모 또는 복잡한 시스템을 문제에 접근하는 유일한 수법이다. 시뮬레이션은 컴퓨터를 사용하면 신속히 실행되어서 자연과학, 사회과학을 막론하고 여러 분야에서 쓰여진다.
실물을 쓰지 않고 시뮬레이션을 쓰는 경우를 다음에 열거한다.

(1) 실험하는 데 대단한 **위험**이 따르는 경우
(2) 실험하는 데 막대한 **비용**이 드는 경우
(3) 전반적 관련 기능이나 인과관계가 불분명한 경우

OR에서 말하는 시뮬레이션은 특수한 실험장치를 쓰는 경우는 별로 없고, 종이나 연필 또는 컴퓨터를 쓰는 경우가 대부분이다. 어떻게 실시하는가 하면, 모형 대신에 대상이 되는 시스템의 움직임을 수식이나 논리식으로 나타내서 이들의 수식 모델을 만들고, 그 시스템에 주어지는 자료를 입력하여 컴퓨터상에서 테스트하는 것이다.
시뮬레이션의 실시 순서는 다음과 같다.

시뮬레이션의 실시 순서
시스템의 분석 ⇒ 모델의 작성 ⇒ 인공적 실행 ⇒ 평가

≪보기 1≫ A, B 두 사람이 가위, 바위, 보로 승부를 정하는 것을 시뮬레이션으로 해보자.

(a) 주사위를 써서 가위, 바위, 보를 나타낸다. 가위는 1 또는 2의 눈, 바위는 3 또는 4의 눈, 보는 5 또는 6의 눈이 나오는 것으로 한다.

(b) A, B 두 사람이 각각 주사위를 1회씩 던진다.

(c) 승부의 판정은 한다.

다음 표는 *A* 입장에서의 승부표이며, ○표는 이기는 것, △표는 비기는 것, ×표는 지는 것을 나타내고 있다.

(d) 가위, 바위, 보의 실행은 다음과 같이 한다.

우선 *A*가 주사위를 던지고, 다음에 *B*가 주사위를 던진다. 그리고 판정표를 써서 판정을 하고, 비기면 다시 던진다. 승부가 나면 어느 쪽이 이겼는지를 기록한다. 이 진행을 순서도로 나타내면 그림 4-17과 같다.

A \ *B*	가위	바위	보
가위	△	×	○
바위	○	△	×
보	×	○	△

그림 4-17 가위, 바위, 보의 실행순서도

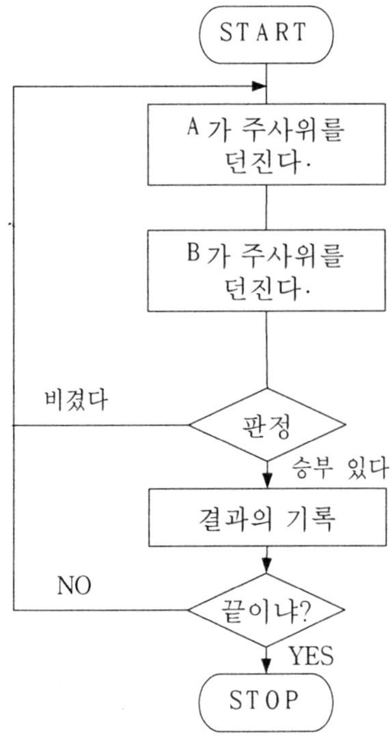

시뮬레이션에서 가장 중요한 것은 가위, 바위, 보를 무엇으로 표현할 것인가이다. 여기서는 가위, 바위, 보를 내는 확률이 같다고 가정하고, 주사위를 던져서 1, 2의 눈이면 가위, 3, 4의 눈이면 바위, 5, 6의 눈이 나오면 보로 하였다.

A, *B*, *C* 세 사람이 10회 실행한 결과의 하나가 다음과 같다. 단, 비기는 경우는 비긴 사람끼리 재실행한다.

표 4-16 가위, 바위, 보의 실행 결과

순 서	*A*	*B*	*C*	승 자
1	4	4	5	*C*
2	4	3	5	*C*
3	5	4	3	*A*
4	5	5	6	*A*, *B*, *C*가 비기다
	1	4	3	*B*, *C*가 비기다
		3	2	*B*
5	4	3	6	*C*
6	2	5	6	*A*
7	4	3	6	*C*
8	1	2	5	*A*, *B*가 비기다
	2	4		*B*
9	3	5	4	*B*
10	6	4	3	*A*

2. 난 수

시뮬레이션을 실시하기 위한 중요한 도구의 하나가 **난수**(random number)이다. 난수란 적당히 배열한 수를 의미한다. 가령 주사위를 던져서 나온 눈의 수같은 것이다. 적당히 배열한 수라 해도 통계를 취해보면 0, 1, 2, …, 9의 수가 거의 같은 확률로 나타난다. 이러한 수를 난수라 한다.

시뮬레이션을 실시할 경우 모델에 변동을 주기 위하여 난수를 사용한다. 이런 난수는 실제로 일어나는 확률에 따라서 주어져야 한다.

난수를 얻기 위한 방법으로 다음 세 가지가 있다.

(1) 난수 주사위

(2) 난수표

(3) 컴퓨로 직접 난수를 발생시킨다.

❶ 난수 주사위

보통의 주사위로도 난수를 만들어낼 수 있으나, 1~6까지의 난수밖에는 만들 수 없다. 난수 주사위는 보통의 주사위와는 모양이 다르고, 정20면체 구조를 하고 있다. 이 주사위에는 0~9까지의 숫자가 두 벌씩 각 면에 기입되어 있고, 색이 다른 3개를 한 세트로 하고 있다.

가령 하루에 손님이 0명에서 9명까지 온다는 조건이 있고, 매일 각각 몇 사람의 손님이 오는가의 시뮬레이션을 하는 경우, 주사위를 던져서 나온 눈을 그날에 온 사람수로 하는 것이다.

❷ 난수표에서 난수를 구하는 경우

통계 관계 서적에는 난수표가 부록으로 붙어 있다. 본 교재에도 부록에 난수표가 있다. 이 난수표의 수치를 필요한 자리수씩 읽으면 된다.

표 4-17 부록의 난수 일부

51291	40198	53383	87796	38210	87841	21914
17660	46341	77518	33314	04238	61623	44378
58264	10159	68984	05793	41581	55352	48679
07167	33165	61641	78392	67706	23465	61851
13434	02044	75938	92344	59950	54231	89358
26860	11193	19962	94036	03996	78754	25163

가령, 한 자리의 난수를 취하려면 왼쪽 위에서 오른쪽으로 차례로 읽어나가면 된다. 즉,

5, 1, 2, 9, 4, …

두 자리의 난수를 취하려면 숫자를 두 자리씩 끊어서 읽어나가면 된다. 즉,

51, 29, 14, …

단, 난수를 늘 같은 위치에서 읽어나가면 난수가 고정되기 때문에 안된다. 읽어나가는 지점을 임의로 취할 필요가 있다. 그러기 위하여는 눈을 감고 연필이나 손가락 등으로 읽어나갈 지점을 선정하여 그 지점부터 읽어나가는 조작이 필요하다.

❸ 컴퓨터에 의한 난수의 발생

컴퓨터에는 난수가 내장되어 있어서 필요한 난수를 임의로 취할 수 있게 되어 있다. 뒤에서 좀더 상세히 알아보기로 하자.

이상의 세 가지 방법이 있는데, 주사위나 난수표에 나타난 난수는 0~9의 숫자가 거의 같은 정도로 주어진다. 이런 난수를 **균등난수**라 한다.

3. 난수의 발생

컴퓨터로 발생할 수 있는 난수의 대표적인 것은

(1) 균등난수
(2) 정규난수
(3) 지수난수

등이다. 여기서 균등난수가 기본이다. 우선 균등난수의 발생법을 소개한다.

어느 구간의 값이 균등히 나타나게 만든 난수를 균등난수라 한다. 주사위를 던져서 얻는 난수는 1~6까지의 균등난수가 된다. 균등난수가 기본이 되는 난수이다. 균등난수를 발생시키는 방법은 다음과 같은 여러 가지가 있는데 몇 가지 대표적인 방법을 소개한다.

❶ 제곱 채중법

최초의 수를 1234로 하여 제곱 채중법을 써서 균등난수를 발생시켜 보자.

$$\sqrt{10000000} = 3162.27\cdots$$

이므로 3162 이하의 수는 제곱해도 8자리의 수가 못된다. 3162 이하의 수의 제곱수에는 앞자리에 0을 추가하여 8자리로 한다. 가령

$$1234^2 = 01522756$$

중앙 4자리의 수를 취하여, 난수

$$5227$$

을 얻는다. 이어서 여기서 얻은 난수를 제곱하여

$$5227^2 = 27321529$$

가 되고, 중앙 4자리의 수를 취하여 난수

$$3215$$

를 얻는다. 다시 여기서 얻은 난수를 제곱하여

$$3215^2 = 10336225$$

를 얻고, 중앙 4자리의 수를 취하여 난수

$$3362$$

를 얻는다. 이하 같은 방법을 계속하여 난수를 취하면 난수는

$$52273215336230301809 2724 \cdots$$

와 같이 한없이 늘어간다.

이 제곱 채중법은 편리하고 간단한 방법이나 큰 결점이 있다. 그 하나는 난수가 무한히 긴 0의 행렬이 나올 위험성이 있다는 것이다. 가령 중앙의 4자리가 3873이 되었다면, 제곱하여

15000129

이고, 중앙 4자리 0001의 제곱에서

00000001

이 되어 중앙 4자리는 0000이고, 이런 조작을 계속하면 0만이 나온다.
또 하나의 결점은 다시 최초의 수 1234가 나타나면 그 뒤로는 똑같은 계산이 반복되어 난수가 주기성을 갖게 된다. 이런 결점으로 이 방법은 사용이 줄어들고 있다.

❷ 합 동 법

제곱 채중법은 계산도 단순하여 편리하나 결점이 있어서 이들 결점을 개선하여 난수 발생의 주역이 된 것이 합동법이다. 우선 합동식의 의미를 알아보자.

$$x_{n+1} \equiv ax_n + b \pmod{M}$$

이라는 식의 의미는 '$n+1$번째의 난수는 n번째 난수 x_n의 a배에 b를 더한 값을 M으로 나누었을 때의 나머지'라는 것이다. 여기서 a와 M은 양의 정수, b는 0또는 양의 정수이다. 가령

$$x_1 = 1234$$

라 하고

$$a=23, \quad b=56, \quad M=10,000$$

이라면

$$x_2 \equiv 23 \times 1234 + 56 \pmod{10,000}$$

이므로 x_2는 28438을 10,000으로 나눈 나머지이므로

$$x_2 = 8438$$

이고, 이어지는 난수 x_3도 마찬가지로 계산하여

$$x_3 \equiv 23 \times 8438 + 56 \pmod{10{,}000}$$
$$= 194130 \pmod{10{,}000}$$
$$= 4130$$

이들 난수는 4자리의 난수로 보아도 되고, 한 자리씩의 난수가 매번 4개씩 만들어진다고 보아도 된다.

이런 합동법으로 만들어지는 난수는 M보다 작은 음수가 아닌 정수가 된다. 0에서 9까지의 난수를 만들어내기 위해서 M은 10의 배수가 되어야 한다. 가령 2진법용 난수를 만든다면 M은 2의 배수가 될 필요가 있다.

앞의 보기에서 M을 10^4으로 하면 난수가 4개씩(4자리 숫자) 만들어지나, 4자리 정수는 10,000개(0000~9999까지)밖에 없으므로 x_1에 쓰인 난수는 다시 나타나므로 난수가 주기성을 가진다는 것을 피할 수 없다.

제곱 채중법에서는 주기의 길이가 분명하였던 것에 반하여 합동법에서는 난수의 주기를 최대로 하기 위한 a, b, M을 선정하는 방법과 주기의 계산법이 연구되어 있다.
합동법이라는 이름의 연유는 정수론에서의 합동식을 쓰기 때문이다. 두 개의 정수 x_{n+1}과 x_n의 차가 M로 나누어질 때 'x_{n+1}과 x_n은 M을 법으로 **합동**이다' 라 하고

$$x_{n+1} \equiv x_n \pmod{M}$$

으로 나타낸다.

합동식

$$x_{n+1} \equiv ax_n + b \pmod{M}$$

은 우변이 $ax_n + b$로 되어 있어서 이런 합동식을 **혼합 합동식**이라 하고

$$x_{n+1} \equiv ax_n \pmod{M}$$

은 우변이 곱셈 ax_n으로 되어서 **승법 합동식**이라 하며,

$$x_{n+1} \equiv x_n + x_{n-k} \pmod{M}$$

의 우변은 덧셈만으로 되어서 이를 **가법 합동식**이라 한다.

≪보기 2≫ (1) $x_1=1234$, $a=23$, $M=10{,}000$이면, 승법 합동식

$$x_{n+1} \equiv 23x_n \pmod{10{,}000}$$

에 의하여 만들어지는 난수는

$x_1=1234$, $x_2=8382$, $x_3=2786$, $x_4=4078$, ⋯

이 만들어진다.

(2) $k=2$, $M=10{,}000$인 경우 가법 합동식

$$x_{n+1} \equiv x_n + x_{n-2} \pmod{10{,}000}$$

$x_1=1234$, $x_2=5678$, $x_3=3579$로 하여 난수를 만들어내면

$$\begin{aligned} x_4 &= x_3 + x_1 && \pmod{10{,}000} \\ &= 3579 + 1234 && \pmod{10{,}000} \\ &\equiv 4813 \\ x_5 &\equiv x_4 + x_2 && \pmod{10{,}000} \\ &\equiv 4813 + 5678 && \pmod{10{,}000} \\ &= 0491 \end{aligned}$$

이렇게 난수들

1234 5678 3579 4813 0491 ⋯

이 만들어진다.

합동법도 난수를 만들어내는 완벽한 방법이라고는 할 수 없다. 주기성을 가지는 것이 결점의 하나이다. 그 밖에 a라든가 b 등의 파라미터를 선정하는 방법에 따라서 이상한 일들이 생기고 있다. 혼합 합동법보다는 승법 합동법이나 가법 합동법 쪽이 간단한 대신 결점도 많다. 이들 결점은 거의 해명되고 있으며, 결점을 보완하는 연구가 이루어지고 있다.

≪보기 3≫ $a=10$, $M=7$, $x_0=1$이라면

$ax_0=10 \cdot 1=10$,

mod M, 즉 M으로 나눈 나머지

$10 \div 7=1$(몫)⋯⋯3(나머지)

이 나머지 3이 최초로 발생된 난수가 된다. 다음은 난수 3을 최초의 식에 대입하여

$$ax_1 = 10 \cdot 3 = 30$$

나머지는 30÷7=4(몫)······2(나머지)

이 나머지 2가 두 번째의 난수가 된다. 이 조작을 계속하면

$$3,\ 2,\ 6,\ 4,\ 5,\ 1,\ 3,\ 2,\ 6,\ 4,\ 5,\ 1,\ 3\ \cdots$$

과 같이 난수가 발생된다.

❸ 컴퓨터에 의한 난수 발생

어떤 확률분포를 이루는 난수를 컴퓨터를 써서 발생시키면, 여러 가지 확률분포에 따르는 문제를 시뮬레이션할 수 있다.

[예제 1] 주사위의 한 눈이 나오는 확률은 1/6이다, 이것을 컴퓨터를 써서 시뮬레이션한다. 시뮬레이션의 순서는 다음과 같다.

(1) 주사위의 눈과 같은 1~6까지의 난수를 발생시킨다.

(2) 주사위의 나온 눈을 센다.

(3) 순서 (1),(2)를 반복한다.

(4) 각각의 눈이 나온 횟수를 시행횟수로 나눈다. 그 값이 확률이다.

풀이 알고리즘은 다음과 같다.

```
for j=1 to 6000
q=rnd(0)
r=int(q *6)+1
x(r)=x(r)+1
for k=1 to 6
x(r)=x(r)/6000
stop
```

실행 결과는 다음 표와 같은 꼴로 나타내면 보기 쉽다.

주사위의 눈	1	2	3	4	5	6
횟 수	996	1012	988	1008	992	1004
확 률	0.166	0.169	0.165	0.168	0.165	0.167

눈의 합에 대한 표본이나, 눈의 합에 대한 확률을 계산하려면 직접 눈의 합을 발생시키고, 이것의 누계를 내면 쉽게 눈의 합에 대한 표본이 구해지며, 눈의 합에 대한 비율, 즉 확률도 쉽게 구해진다. ▩

4. 여러 가지 난수의 발생법

❶ 임의 구간에서의 균등난수 발생

구간 $[a, b]$에서의 균등난수를 발생시키는 방법을 살펴보자. 밀도함수가

$$f(x)=\begin{cases} \dfrac{1}{b-a} & (a<x<b) \\ 0 & (\text{그밖에서}) \end{cases} \tag{1}$$

이라면 분포함수는

$$F(x)=\int_a^x \frac{1}{b-a}\,dt=\frac{x-a}{b-a} \qquad (0\leq F(x)\leq 1) \tag{2}$$

이다. 주어진 구간 (a, b)에서 균등난수를 발생시키려면, 식

$$r=\frac{x-a}{b-a} \qquad (0\leq r\leq 1) \tag{3}$$

에서

$$x=a+r(b-a)$$

가 된다. 여기서 r은 $(0, 1)$에서의 균등난수, x는 (a, b)에서의 균등난수이다.

일반적으로 분포함수 $P(X \le x) = F(x)$가 주어진 경우, 이 분포에 따르는 난수 x는 $F(x)$의 역함수를 써서 구할 수 있다. 즉, (0, 1) 사이의 균등난수 r을 발생시켜

$$F(x) = r\text{에서} \quad x = F^{-1}(r)$$

이 되는 x를 구하면 이것이 구하는 난수이다.

❷ 정규난수 발생법

균등난수 $r_1,\ r_2,\ \cdots,\ r_k$의 평균을 m, 분산을 S^2이라 하면

$$E(r_i) = m\text{이므로} \quad E\left(\sum_{i=1}^{k} r_i\right) = E(k\bar{r}) = km$$

$$V(r_i) = s^2\text{이므로} \quad V\left(\sum_{i=1}^{k} r_i\right) = V(k\bar{r}) = k^2 \cdot \frac{s^2}{k} = ks^2$$

따라서 충분히 큰 k에 대하여

$$z = \frac{\sum_{i=1}^{k} r_i - km}{\sqrt{k}s} \tag{1}$$

은 표준정규분포에 근사한다.

한편 균등분포 $U(0,\ 1)$에서

$$\text{평균} = \frac{0+1}{2} = \frac{1}{2}, \qquad \text{표준편차} = \frac{1-0}{\sqrt{12}} = \frac{1}{\sqrt{12}}$$

이므로

$$z = \frac{\sum_{i=1}^{k} r_i - \frac{k}{2}}{\sqrt{\frac{k}{12}}} \tag{2}$$

는 근사적으로 $N(0,\ 1)$에 따른다.

(2)식을 간단히 하기 위하여

$$k=12$$

로 하면

$$z=\sum_{i=1}^{12} r_i-6 \tag{3}$$

이므로, 평균이 μ이고 표준편차가 σ인 정규난수를 x라 하면

$$\frac{x-\mu}{\sigma}=\sum_{i=1}^{12} r_i-6 \tag{4}$$

에서 구하는 정규난수는 다음 식으로 구해진다.

$$x=\sigma\left(\sum_{i=1}^{12} r_i-6\right)+\mu \tag{5}$$

❸ 지수난수의 발생법

파라미터 λ의 지수분포의 밀도함수는

$$f(x)=\lambda e^{-\lambda x} \quad (x\geq 0) \tag{1}$$

로 주어진다. 그 누적분포함수는

$$F(x)=\int_0^x \lambda e^{-\lambda t}dt=1-e^{-\lambda x} \tag{2}$$

이다. 따라서 $F(x)$의 역함수는 $r=1-e^{-\lambda x}$에서 구해지는 x이고, 이것이 구하는 지수난수 (평균은 $1/\lambda$)가 된다. 단, $0\leq r<1$이다.

그림 4-18

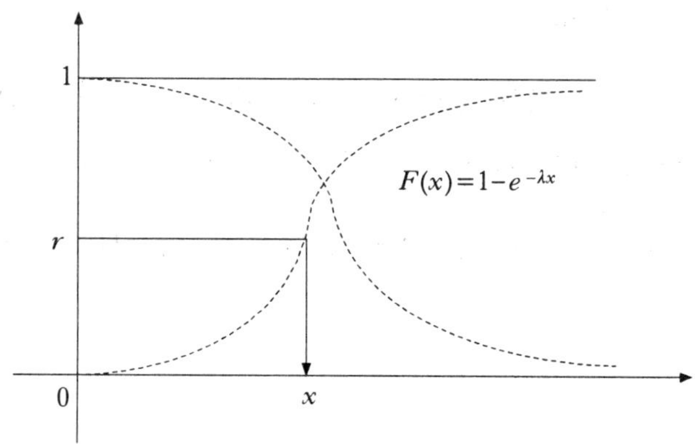

한편 균등분포의 대칭성에 의하여 $F(x)$를 $1-F(x)$로 교환하여

$$e^{-\lambda x}=F(x)=r \tag{4}$$

이라면 구하는 지수난수 x는

$$x=-\left(\frac{1}{\lambda}\right)\log\ r=-E(X)\log\ r \tag{5}$$

이 된다.

균등난수 r을 써서 평균이 1인 지수난수 x는 다음 계산공식

$$x=-\ \log\ r$$

에 의하여 구해진다. 소위 2위까지 구하면 다음과 같은 평균이 1인 지수 난수표가 만들어진다.

표 4-18 지수난수표 (평균=1)

0.18	1.40	0.78	0.08	1.77	0.50	1.37	1.31	0.88	2.27
0.68	1.39	0.27	0.81	0.10	1.12	0.20	0.42	2.05	0.37
3.78	0.36	0.72	2.31	0.61	1.25	0.08	0.75	2.49	0.46
0.77	0.12	3.05	0.41	0.93	1.63	1.52	0.55	1.71	0.08
0.69	1.44	0.37	3.35	0.42	1.84	0.51	0.38	2.16	0.88

만일 평균이 $E(X)$인 지수난수를 구하려면, 계산공식

$$x = -E(X) \log r$$

에 의하여 구한다. 즉, 평균이 1인 지수난수에 평균 $E(x)$를 곱하여 얻는다. 가령 위 난수표의 첫째 항은 $0.18\times5=0.9$, $1.40\times5=7.00$, ⋯ 이므로 평균이 5인 지수난수는

0.9, 7.00, 3.90, 0.40, 8.85, 2.50, 6.85, 6.55, 4.40, 11.35, ⋯

등이 된다.

5. 시뮬레이션의 보기

시뮬레이션은 모델에 의한 실험이다. 그 실험의 목적은 모델이 나타내고 있는 현실의 시스템의 성질에 관한 연구를 하는 것이고, 어떤 경우는 모델에 의하여 복잡한 문제에 대한 해답을 구하려는 것이다. 그런데 이러한 실험은 조직적인 시행착오라는 것이다. OR의 관점에서라면 시뮬레이션은 복잡한 문제를 풀기 위한 하나의 조직적인 시행착오이다. 많은 경영문제는 대단히 복잡하여 단 하나의 최량의 답을 구하는 것은 실제적으로 불가능하다. 이와 같은 상태에서 문제의 중요한 요소의 상호작용을 종이 위에서 또는 컴퓨터로써 시뮬레이션하여 좋은 답을 얻는 일이 종종 있다. 그리고 그 모의는 현실의 시스템보다도 훨씬 빠른 속도로 행해지는 것이 통상이다. 이것이 아마도 시뮬레이션의 장점이기도 하다. 이러한 만능에 가까운 시뮬레이션도 모든 문제를 해결할 수 있는 것은 아니다. 그런데 현상이 복잡하여 모델은 만들어지나, 그것을 쉽게 풀 수 없는 경우도 많다. 그러나 실험적으로 푸는 시뮬레이션은 좋은 해법이다.

현상이 확률적인 문제가 퍽 많다. 이러한 확률적인 현상을 시뮬레이션하는 데는 임의로 나열된 난수가 많이 쓰인다. 난수를 사용하는 시뮬레이션을 **Monte- Carlo법**이라 한다. OR의 수법이 정립된 대기행렬의 문제나 재고관리의 문제에도 복잡한 문제에는 해석적으로 최적해를 구할 수가 없어서 시뮬레이션을 사용하게 된다.

시뮬레이션을 실시하는 단계를 크게 나누면 다음 다섯 단계로 설명된다.

(1) 모델의 구축

우선 현실의 시스템을 나타내는 모델을 만드는 것이다. 모델이 몇 개의 파라미터를 포함하는 경우는 그들 값을 추정해야 모델이 만들어진다. 가령 3절의 대기행렬의 보기 1의 문제에서 화장실에 오는 사람의 도착 분포, 화장실 사용시간의 분포를 과거의 데이터에서 정하는 것이 이 단계이다. 이 단계는 문제를 풀기위한 수학적 방정식을 구하는 단계이다.

(2) 모델의 유효성의 검정

(1)에서 얻은 모델이 현실의 시스템에 유효하게 쓰이는지를 검토하지 않으면 안된다. 이 검토는 모델을 만들 때 이용된 가정이 타당한지를 검토하는 것과, 작은 테스트 시뮬레이션을 모델에 의하여 실시하여 모델의 결과와 현실의 시스템의 움직임이 적합한지 어떤지를 확인하지 않으면 안된다.

(3) 컴퓨터 프로그램의 작성

시뮬레이션에 쓰이는 모델은 보통 크고 복잡한 것이 많아서 프로그래밍이 어렵다. 프로그래밍 기법에 익숙해야 쉽게 컴퓨터를 이용할 수 있다.

(4) 실 험

컴퓨터를 써서 모델에 따라서 인공적으로 현실을 만들어낸다. 화장실 문제에서는 화장실에 도착하는 손님의 수에 관해서만 실험하면 되겠으나, 실제의 시뮬레이션에서는 더 여러 가지 경우에 대하여 실험을 하는 것이 보통이다.

(5) 실험 데이터의 분석

실험(모의)이 끝나면, 여기서 얻어진 데이터를 근거로 하여 현실의 시스템의 성질을 연구하지 않으면 안된다. 화장실 문제에서 화장실의 수를 몇 개로 하는 것이 전체적으로 대기하는 시간을 적게 할 수 있는가를 계산하는 것이 (5)단계의 역할이 된다.

시뮬레션의 실행순서	
(i) 모델의 구축	(ii) 모델의 유효성의 점검
(iii) 프로그램의 작성	(iv) 실험
(v) 실험 데이터의 분석	

≪보기 4≫ 한 컵에 150원 하는 음료수를 파는 자판기가 있다. 이 자판기에는 동전 50원짜리와 100원짜리만을 넣어서 음료수를 살 수 있다. 이 자판기에 100원짜리 동전과 50원짜리 동전을 넣거나 50원짜리 동전 세 개를 넣으면 음료수 한 컵이 나온다. 만일 100원짜리 동전 두개를 넣으면 50원짜리 동전 한 개가 거슬러져 나오고 음료수 한 컵이 나온다. 판매기의 거스름용 50원짜리 동전의 변동을 시뮬레이션 해보자.

단, 음료수대로 들어간 50원짜리 동전은 거스름용으로 사용할 수 있다.

현재까지의 통계에 의하면 손님의 수는 하루에 100명 정도라 한다. 그리고 100원과 50원짜리 동전을 사용하는 손님과, 50원짜리 동전 3개를 사용하는 손님과, 100원짜리 동전 2개를 사용하는 사람의 비율은 같다하고, 이 자판기에 최초 50원짜리 동전 50개를 거스름돈으로 준비했다고 하자.

우선 (A) 100원짜리 동전 2개를 사용하는 손님 (B) 100원과 50원짜리 동전을 사용하는 손님 (C) 50원짜리 동전 3개를 사용하는 손님의 도착을 실현해야 한다. 그러기 위하여 주사위를 던져서 주사위의 눈이

1이나 2이면 100원짜리 동전 2개를 가진 손님　(A)
3이나 4이면 100원짜리 동전과 50원짜리 동전 1개씩을 가진 손님　(B)
5나 6이면 50원짜리 동전 3개를 가진 손님　(C)

이 온다고 본다.

이렇게 하고 주사위를 계속 던져서 50원짜리 동전의 재고 개수를 살펴서 다음과 같았다고 하자.

표 4-19 50원짜리 동전의 재고수의 경과

손님 No.	주사위의 눈	100원 2개	100원1개, 50원 1개	50원 3개	재고개수 (초기50개)
1	3		∨		51
2	4		∨		52
3	1	∨			51
4	2	∨			50
5	3		∨		51
6	4		∨		52
7	4		∨		53
8	5			∨	56
9	6			∨	59
10	1	∨			58
⋮	⋮	⋮	⋮	⋮	⋮

[예제 2] 한 컵에 130원하는 음료수를 자동판매기로 팔고 있다. 여기에 10원, 50원, 100원짜리 동전을 사용할 수 있다. 130원(100원과 10원짜리 3개 또는 50원짜리 2개와 10원짜리 3개 또는 10원짜리 13개)이면 요구한 음료수가 한 컵 나오며, 150원(100원짜리와 50원짜리 각 1개)을 넣으면 10원짜리 2개가 거슬러 나오고, 100원짜리 2개를 넣으면 50원짜리 1개와 10원짜리 2개가 거슬러 나온다고 한다.

손님이 넣은 잔돈들은 다시 거스름돈으로 사용할 수 있다 하고, 100원짜리 2개, 100원짜리 1개와 50원짜리 1개, 50원짜리 3개, 100원짜리 1개와 10원짜리 3개, 50원짜리 2개와 10원짜리 3개, 10원짜리 13개를 가지고 오는 사람의 비율을 10%, 25%, 15%, 30%, 15%, 5%라 하며, 처음에 기계에는 거스름돈으로 50원짜리가 50개, 10원짜리가 100개를 준비하였다. 손님이 10명 올 때까지의 100원, 50원, 10원짜리 동전 각각의 재고량을 시뮬레이션하여라.

풀이 난수표 2자리를 사용한다고 할 때

01～10까지는 100원짜리 2개, 11～35까지는 100원짜리와 50원짜리 각 1개, 35～50까지는 50원짜리 3개, 51～80까지는 100원짜리 1개와 10원짜리 3개, 81～95까지는 50원짜리 2개와 10원짜리 3개, 96～00까지는 10원짜리 13개를 가지고 오는 손님으로 본다.

표 4-20 동전의 재고수의 경과

손님 No.	난수	넣는 개수			재고개수 누계		
		100원	50원	10원	100원	50원	10원
1	28	1	1	-2	1	51	98
2	92		2	3	1	53	101
3	54	1	·	3	2	53	104
4	75	1	·	3	3	53	107
5	24	1	1	-2	4	54	105
6	12	1	1	-2	5	55	103
7	26	1	1	-2	6	56	101
8	39		3	-2	6	59	99
9	77	1	·	3	7	59	102
10	6	2	-1	-2	9	58	100

▨

[예제 3] 손님이 창구에 임의로 도착하는데, 손님의 도착률이 아래 표와 같다고 하고, 난수표를 써서 5분마다의 도착수를 시뮬레이션하여라.

표 4-21 평균 5분마다 도착하는 비율

도착수	비 율	누적비율
0	0.46	0.46
1	0.34	0.80
2	0.17	0.97
3	0.03	1.00

풀이 비율이 소수점 아래 2자리의 수이므로 난수표를 2열씩 이용한다. 이 경우

00～45일 때 도착수 0

46～79일 때 도착수 1

80～96일 때 도착수 2

97～99일 때 도착수 3

으로 읽어나가면 된다. 부록의 난수를 써서 다음 결과를 얻는다.

난 수	09	73	25	33	76	52	01	35	86	34	67	…
도착수	0	1	0	0	1	1	0	0	2	0	1	…

[예제 4] 어느 정류장을 지나가는 좌석버스의 공석수는 평균이 2인 Possion 분포를 이루고 있다. 난수표를 이용하여 버스의 공석수의 표본을 구하라.

풀이 공석수의 분포는 표 4-22와 같다. 단, 난수는 2자리의 수를 배당한 것인데. 이는 누적확률분포(누적상대변수)에 맞게 수를 배당하면 편리하다. 이렇게 하면 난수표에서 임의로 2자리 수를 취해나갈 때. 그 난수에 대응하는 공석수 x가 공석수의 표본이 된다. 가령 이 책 뒷부분의 난수표에서 난수를 67, 11, 09, 48, 96, 29, 94, 59, 84, 41, 68, 38, 04, 13, 86,… 과 같이 얻었다면 이에 대응하는 공석수는 2, 0, 0, 2, 5, 1, 4, 2, 3, 1, 2, 1, 0, 0, 3,… 을 얻는다.

표 4-22 공석수

공석수 x	확률 $P(x)=\dfrac{2^x e^{-2}}{x!}$	누적확률 $\sum P(x)$	난 수
0	0.14	0.14	01～14
1	0.27	0.41	15～41
2	0.27	0.68	42～68
3	0.18	0.86	69～86
4	0.09	0.95	87～95
5	0.04	0.99	96～99
6 이상	0.01	1.00	00

[예제 5] 2개의 주사위를 던질 때 눈의 합의 이상적 분포에 맞는 난수를 만들어라.

풀이 2개의 주사위를 던질 때, 눈의 합의 분포에서 누적분포를 구하고, 이것에 난수를 대응시키면 다음과 같다.

표 4-23 주사위 두 개의 눈의 합의 분포

눈의 합 x	확률 $P(x)$	누적확률	난 수
2	1/36	0.03	01～03
3	2/36	0.08	04～08
4	3/36	0.16	09～16
5	4/36	0.28	17～28
6	5/36	0.42	29～42
7	6/36	0.58	43～58
8	5/36	0.72	59～72
9	4/36	0.83	73～83
10	3/36	0.92	84～92
11	2/36	0.97	93～97
12	1/36	1.00	98～00

여기서 누적확률 2자리의 수 01, 02, ⋯, 99, 00을 대응시키고, 난수표에서 취해지는 2자리수를 취하여 이 수와 위 표의 난수에 대응하는 눈의 수의 합을 취하면 이것은 2개의 주사위를 던질 때의 눈의 합에 대한 하나의 표본이 된다.

난 수	37	54	20	48	05	64	89	47	42	96	24	80	⋯
도착수	6	7	5	7	3	8	10	7	6	11	5	9	⋯

■

6. Monte-Carlo 방법

시뮬레이션의 방법을 확률적인 현상을 갖는 문제에 적용하려면 현상의 발생을 확률적으로 재생해야 한다. 이 경우에 쓰이는 방법이 Monte-Carlo 시뮬레이션이다.

대기행렬 문제에 적용하려는 경우에는 손님의 도착과 손님의 서비스와 같은 현실의 확률적 현상을 재생해야 한다. 다음 수리공에 관한 보기를 통하여 시뮬레이션의 실시방법을 살펴보자.

≪보기 5≫ 기계가 30대 설치된 공장에 1명의 기계수리공이 있고, 기계의 고장시간 간격과 기계수리 소요시간은 다음과 같다.

고장시간 간 격	고장 대수	누적비율
10	5	5
11	14	19
12	19	38
13	22	60
14	17	77
15	8	85
16	5	90
17	5	95
18	4	99
19	1	100
계	100	

수리소요 시 간	수리 대수	누적비율
8	3	3
9	4	7
10	11	18
11	22	40
12	19	59
13	16	75
14	11	86
15	7	93
16	4	97
17	2	99
18	1	100
	100	

이 자료를 써서 20회의 고장발생과 그 수리시간에 대하여 기계가 고장나서 수리를 위하여 대기하는 시간 및 수리공이 쉬는 시간을 시뮬레이션 해보자.

우선 20회의 고장발생과 수리를 발생시켜 보자. 그러기 위해서는 고장시간 간격과 수리 소요시간을 난수를 써서 발생시키는 난수를 정해야 한다. 100개의 난수를 01에서 99, 00으로 하고, 다음과 같은 표가 우선 만들어져야 한다.

표 4-24 고장시간 간격과 난수

고장시간 간격	고장대수	누적도수 비율	해당 난수
10	5	5	01~05
11	14	19	05~19
12	19	38	20~38
13	22	60	39~60
14	17	77	61~77
15	8	85	78~85
16	5	90	86~90
17	5	95	91~95
18	4	99	96~99
19	1	100	00

표 4-25 고장 수리시간과 난수

수리 소요시간	수리대수	누적도수 비율	해당 난수
8	3	3	01~03
9	4	7	04~07
10	11	18	08~18
11	22	40	19~40
12	19	59	41~59
13	16	75	60~75
14	11	86	76~86
15	7	93	87~93
16	4	97	94~97
17	2	99	98~99
18	1	100	00

여기서 난수표에서 난수를 봐나가며, 이 난수에 의하여 고장발생 간격 및 수리 소요시간으로 변환하는 것을 계속하면 다음 표를 얻는다.

표 4-26 20회의 고장과 수리시간 및 수리 대기시간, 수리공이 쉬는 시간

고장발생		수 리		고장 발생 시각	수리 개시 시각	수리 완료 시각	기계 대기 시간	수리공 이쉬는 시간
난수	고장발생간격	난수	수리소요시간					
~	~	91	15	0	0	15	0	0
97	18	04	9	18	18	27	0	3
88	16	72	13	34	34	47	0	7
12	11	12	10	45	47	57	2	0
22	12	30	11	57	57	68	0	0
16	11	32	11	68	68	79	0	0
24	12	91	15	80	80	95	0	1
64	14	29	11	94	95	106	1	0
37	12	33	11	106	106	117	0	0
62	14	08	10	120	120	130	0	3
52	13	25	11	133	133	144	0	3
09	11	74	13	144	144	157	0	0
64	14	97	16	158	158	174	0	1
74	14	70	13	172	174	187	2	0
15	11	15	10	183	187	197	4	0
47	13	43	12	196	197	209	1	0
86	16	42	12	212	212	224	0	3
79	15	25	11	227	227	238	0	3
43	13	71	13	240	240	253	0	2
35	12	14	10	252	253	263	1	~

이렇게 고장의 발생시간 간격 및 수리 소요시간을 발생시키면 수리공의 과부족 현상을 알 수 있다. 수리공이 2명인 경우, 3명인 경우에 대하여도 계산할 수 있어서 수리공의 수

를 몇 명으로 하는 것이 가장 적합한가, 또는 고장난 기계의 대기에서 오는 비용과 수리공의 급여 등을 생각한다면, 비용을 계산하여 비용이 적게 드는 수리공의 수 등을 구할 수도 있다.

7. Hit-Miss 방법

이 방법은 이름이 가르치는 바와 같이 난수에 의하여 영역에 들어 가느냐(hit), 안들어 가느냐(miss)를 판단함으로써 정적분을 구하는 방법이다. 적분을 할 구간에서 (x_i, y_i)를 난수에 의하여 준다. 단,

$0 \le x_i \le 1$　　(적분구간)

$0 \le y_i \le f_{max}$

이고 $f_{max} = \max_{0 \le x \le 1} f(x)$이다.

그림 4-19 적분과 hit-miss법

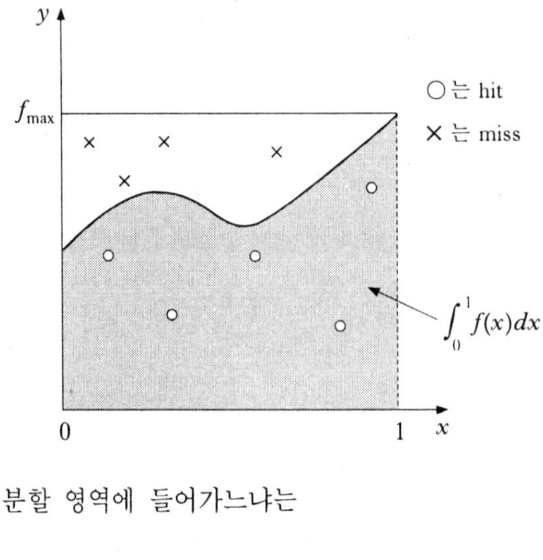

난수 (x_i, y_i)가 적분할 영역에 들어가느냐는

$0 \le y_i \le f(x_i)$

를 만족하느냐로 판정된다. 점 $(x_i,\ y_i)$가 적분영역에 들어가면 hit이고, 안들어가면 miss이다. 시행 샘플수를 n, hit한 점의 수를 r이라 하면

$$\lim_{n\to\infty}\frac{r}{n}=\int_0^1 f(x)\,dx\Big/\int_0^1 f_{\max}\,dx=\frac{1}{f_{\max}}\int_0^1 f(x)\,dx \tag{1}$$

가 되므로 다음과 같은 정적분이 구해진다.

> Hit-Miss법에 의한 정적분값
>
> $$\int_0^1 f(x)\,dx=f_{\max}\cdot\lim_{n\to\infty}\frac{r}{n}$$

≪보기 6≫ 원주율 π의 값은 반지름이 1인 원의 면적이 $\pi(1^2)=\pi$라는 사실에서 단위원의 면적에 해당한다. 즉, 단위원 중에서 제1사분면에 있는 부분의 면적이 $\pi/4$이므로, π의 값을 구하는데 다음 그림의 빗금부분에 hit-miss법을 적용한다.

그림 4-20 π의 값을 구하는 경우

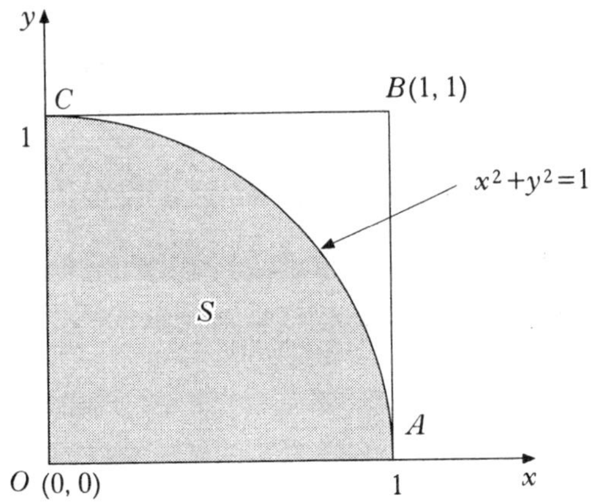

단위원의 방정식은 $x^2+y^2=1$이다. 단위원 면적의 $\frac{1}{4}$을 S라 할 때

$$S = \int_0^1 y\, dx = \int_0^1 \sqrt{1-x^2}\, dx \qquad (2)$$

로 표시되고

$$S = \frac{\pi}{4} \text{ 이므로 } \pi = 4S \qquad (3)$$

로 주어진다. S의 근사값은 hit-miss 법으로 구해진다.

그림 4.20의 정사각형 안에 임의로 n개의 점 $(x_i,\ y_i)$ $(i = 1, 2, \cdots, n)$을 떨어뜨려서 그 가운데 r개가 $\frac{1}{4}$원인 빗금영역에 떨어지면

$$\frac{r}{n} \fallingdotseq \frac{\pi}{4} \text{ 에서 } \pi \fallingdotseq 4 \cdot \frac{r}{n} \qquad (4)$$

이 된다. n을 크게 하면 할수록 위 식의 좌변과 우변은 점점 같아진다.

정사각형 안에 임의로 균등분포의 점을 떨어뜨리기 위하여 균등분포의 난수를 사용한다. 난수는 난수표에서 얻으면 된다. 가령 두 자리의 난수가

82, 69, 41, 10, 89, 35, ⋯

로 계속된다면 둘씩의 난수를 한 조로 하여

$$\begin{cases} x_1 = 0.82 \\ y_1 = 0.69 \end{cases} \quad \begin{cases} x_2 = 0.41 \\ y_2 = 0.10 \end{cases} \quad \begin{cases} x_3 = 0.89 \\ y_3 = 0.35 \end{cases} \quad \cdots\cdots$$

와 같이 취하면 된다(0에서 1까지의 소수의 난수를 얻을 경우는 필요한 자리수의 정수의 난수를 구하여 놓고, 그들 정수 앞에 소수점을 찍으면 된다).

이렇게 점 $(x_i,\ y_i)$ $(i = 1, 2, \cdots, n)$를 정하고, 이들 점을 정사각형 $OABC$ 안에 찍어나간다.

그림 4-21

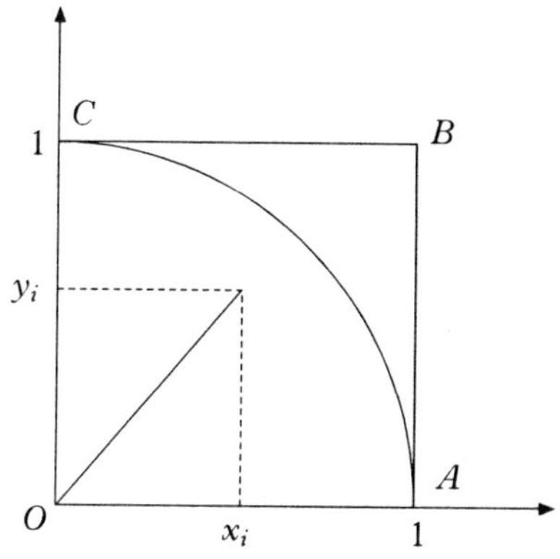

그림에서 $d=\sqrt{x^2+y^2}$이라 할 때 $d\leq 1$이면 점(x_i, y_i)는 원 안에 떨어지고, $d>1$이면 원 밖에 떨어진다.

따라서 난수 n쌍에 대하여 이와 같은 값을 구하여, n쌍 가운데 r개가 원 안에 떨어짐이 확인되면 (4)식에 의하여 π의 근사값을 구한다.

실제로 시뮬레이션에 의하여 π의 값을 구해보자.

난수의 최초의 한 쌍은 (0.82, 0.69)이었고

$$0.82^2+0.69^2=1.1485$$

이고, 이 값은 1보다 크므로 최초의 점은 원 밖에 있다.

둘째 점 (0.41, 0.10)은

$$0.41^2+0.10^2=0.1781$$

이고, 이 값은 1보다 작으므로 두 번째 점 (0.41, 0.10)은 원 안에 떨어진다.

마찬가지로 각 난수의 쌍에 대하여 살펴나가서 10개의 점 가운데 원 내에 떨어지는 점이 6개 있었다면 (3)식에 의하여

$$\pi \fallingdotseq 4\times\frac{6}{10}=2.4$$

가 된다. 시뮬레이션의 횟수 n을 20회, 30회, 40회, 50회, … 로 늘려 나갔을 때, π의 근사값을 표로 하면 다음과 같다. 50쌍의 난수를 써서 50개의 점을 단위원의 1사분면에 찍

을 때, 50개 중 39개가 이 4분면의 원 안에 떨어졌다 하고, 이 결과를 써서 π의 값을 (3)식에 의하여 계산하면 3.12가 된다. 더욱 실행횟수 n을 증대시키면 π의 근사값은 우리가 필요로 하는 값에 가까워진다.

n	r	π
10	6	2.40
20	14	2.80
30	22	2.93
40	31	3.10
50	39	3.12

참 고 π의 값은 3.14159265358979323846 ⋯ 이다.

점 (x_i, y_i) $(0 \le x_i, y_i < 1)$를 8,000개 찍는다고 할 때, 위 방법에 의하여 π의 값을 구하는 알고리즘은 다음과 같다.

```
프로그램
for 100 i=1, 8000
for 150 j=1, 2
x(1)=rnd(r)
x(2)=rnd(r)
continue
if ((x(1) **2+x(2) **2.le.1) = cnt+1
continue
pai=cnt/8000 *4.
stop
```

[예제 6] 적분 $\int_0^2 x^2 dx$를 시뮬레이션으로 구하라.

풀이 구하는 적분값은 다음 그림에서 빗금친 부분의 면적이다.

π의 값을 구할 때와 마찬가지로 폭이 2이고, 높이가 4, 면적이 8인 직사각형 안에

임의로 n개의 점을 떨어뜨려서 그 가운데 r개가 빗금친 부분에 떨어진다면, 구하려는 적분값은

$$8\times\frac{r}{n}$$

이 된다. ▩

그림 4-22 적분에 관한 시뮬레이션

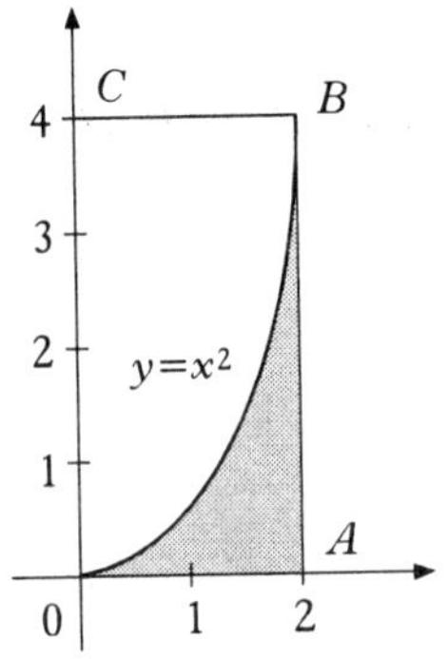

사용되는 난수가 다음과 같다고 하자.

0.17, 0.66, 0.94, 0.63, 0.77, ……

그런데 π의 계산에서는 길이가 1인 정사각형 안에 점을 떨어뜨리기 때문에, 위 난수를 둘씩 짝을 지어 찍는 점의 좌표로 하였다. 여기서는 가로의 길이가 2, 세로의 길이가 4이므로 점 (0.17, 0.66)은 가로좌표를 2배하고, 세로좌표를 4배하여

$$(0.17,\ 0.66)\rightarrow(0.17\times2,\ 0.66\times4)=(0.34,\ 2.64)$$

로 대응시켜서 점을 찍어야 한다. 곡선 $y=x^2$에서

$$x=0.34\text{일 때 } y=(0.34)^2=0.1156<2.64$$

이므로 점 (0.34, 2.64)는 음영부분 밖에 떨어진다. 점 (0.94, 0.63)에 대응하는 점은

$$(0.94\times2,\ 0.63\times4)=(1.98,\ 2.52)$$

이 되고

$$x=1.98\text{일 때 } y=x^2=1.98^2=3.9204>2.52$$

이므로 점 (1.98, 2.52)는 음영부분 안에 떨어진다. 따라서 균등난수에서 $(x_i,\ y_i)$ $(i=1,2,\cdots,n)$을 차례로 취하고

$$(2x_i)^2\geq 4y_i$$

이면, $(x_i,\ y_i)$에 대응하여 직사각형 안에 찍을 점 $(2x_i,\ 4y_i)$가 음영부분 안에 떨어지고, 그렇지 않으면 빗금친 밖에 떨어진다.

이러한 시행을 10회, 20회, …, 50회, 100회로 늘려가면 적분 $\int_0^2 x^2dx$의 좋은 근사값이 얻어지며, 참값은

$$\int_0^2 x^2dx=\frac{1}{3}[x^3]_0^2=\frac{8}{3}=2.6\dot{6}$$

이므로, 시행횟수 n을 충분히 크게 취하면 근사값은 참값에 점점 가까워진다.

n	r	$\int_0^2 x^2dx$의 근사값
10	3	2.40
20	7	2.80
30	12	3.20
40	15	3.00
50	18	2.88
100	33	2.64

■

정적분 $\int_a^b f(x)dx$을 시뮬레이션으로 구하는 일반적인 방법

(1) 직사각형 $ABCD$ 안에 점을 임의로 찍는 조작을 하기 위하여 그림 4.23과 같이 직사각형을 만든다.

(2) 실험횟수(점의 수)를 가령 100이라 하자. 하나의 점이 작은 사각형에 떨어지도록 하기 위하여 0에서 1까지 2개의 균등난수 (x_i, y_i)를 발생시켜서 x_i가 구간 (a, b) 안의 임의의 점으로, y_i가 구간 (0, h)의 임의의 점으로 변환하여 직사각형 $ABCD$ 안에 점을 찍는다. 변환식은

$$x_i \to a+(b-a)x_i, \qquad y_i \to hy_i$$

로 한다.

(3) 실험 1회마다 (0, 1) 사이의 2개의 균등난수 (x_i, y_i)를 변환한 ($a+(b-a)x_i$ hy_i)를 점으로 나타내고, R의 부분에 찍혀진 점을 ＊표로 체크하여 그 수를 센다.

(4) 조작 (3)에서 구간 R 내의 점의 수를 써서 정적분의 값 I를 계산한다.

$$I = h(b-a) \cdot \frac{R\text{내에 있는 점의 수}}{\text{시행횟수}}$$

그림 4-23 적분에 관한 시뮬레이션

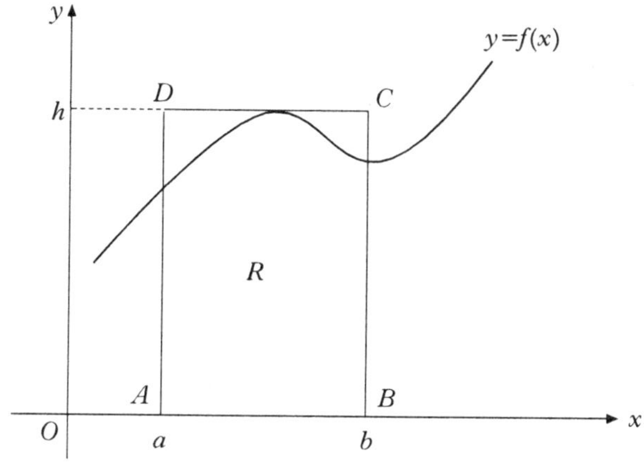

앞의 예제에서

$$I=4\times(2-0)\times\frac{33}{100}=2.64$$

단, h는 적분구간 $[a, b]$에서의 종좌표 y의 최대값을 나타낸다. 앞 예제에서 $h=4$, $a=0$, $b=2$이다.

8. 시뮬레이션의 정도

앞 절에서 hit-miss 법으로 π의 값을 구하는데 50회의 실행 결과로서 3.12(참값은 3.14)를 얻었다. 이 경우의 상대오차는

$$\frac{3.14-3.12}{3.14}=0.000637\fallingdotseq 0.06\%$$

발생하였다.

정적분 $\int_0^2 x^2dx$에서는 100회의 시뮬레이션의 결과 2.64를 얻었고, 참값은 $\frac{8}{3}$ 이므로, 이 경우의 상대오차는

$$\frac{\frac{8}{3}-2.64}{\frac{8}{3}}\fallingdotseq 0.01=1\%$$

발생하였다. 이 적분에서 우리는 면적이 $2\times4=8$인 직사각형 안에 임의로 n개의 점을 떨어뜨리고, 그 가운데 r개가 구하려는 면적부분 R에 떨어지면, 이 영역 R의 면적은 직사각형의 면적의 거의 $\frac{r}{n}$을 점한다고 보고, R의 면적을

$$8\times\frac{r}{n} \tag{1}$$

로 보았다. 이 식에서 $\frac{r}{n}$은 임의로 n개의 점을 취할 때, 그 가운데 영역 R에 떨어지는 비율이므로

$$\frac{r}{n} = p \tag{2}$$

라면 구하는 영역 R의 면적, 즉 정적분의 값은 거의

$$8p$$

라고 볼 수 있다.

이렇게 생각하면, 시뮬레이션의 횟수가 정도에 미치는 영향은, 취해진 표본의 수가 비율을 추정하는 정도에 미치는 영향과 같다.

비율 $\frac{r}{n}$의 참값을 p, 근사값을 $\hat{p}$이라면, 비율의 추정에서

$$p\text{의 } 100(1-\alpha)\text{의 신뢰한계} = \hat{p} \pm z_\alpha \sqrt{\frac{\hat{p}(1-\hat{p})}{n}} \tag{3}$$

로 주어진다. 단, z_α는 신뢰계수 $100(1-\alpha)\%$에 대한 값으로, 90% 신뢰구간이면 1.65이고, 95% 신뢰구간이면 1.96이다.

적분 $\int_0^2 x^2 dx$의 값을 구하는 시뮬레이션에서

$$\hat{p} = \frac{33}{100} = 0.33$$

이었으면, $n = 100$이므로 p의 90% 신뢰구간을 구하면

$$\begin{aligned} 0.33 \pm 1.65\sqrt{\frac{0.33 \times 0.67}{100}} &= 0.33 \pm 0.078 \\ &= 0.252 \sim 0.408 \end{aligned}$$

이다. 그런데 우리가 구하는 면적은 $8 \times \frac{r}{n}$ 이므로, 구하려는 면적에 관한 90%의 신뢰구간은

$$8(0.252 \sim 0.408) = 2.016 \sim 3.264$$

이고, 참값 $\frac{8}{3} = 2.667$은 90%의 신뢰구간에 들어간다. 비록 100회 시행에서 1%의 상대오차가 발생하였으나 이 정도의 오차는 일어난다.

상대오차를 더욱 줄이려면 시뮬레이션의 시행횟수를 늘려야 한다.

오차의 관계식 $|p-\hat{p}|=z_{\alpha}\sqrt{\dfrac{\hat{p}(1-\hat{p})}{n}}$에서 알수 있듯이 오차 $|p-\hat{p}|$은 총 시행횟수 n의 제곱근에 반비례함을 알 수 있다.

앞의 정적분에서는

$$|p-0.33|=1.65\sqrt{\frac{0.33\times 0.67}{n}}=\frac{0.776}{\sqrt{n}}$$

이다. 이 관계식에서 오차를 $\frac{1}{10}$로 줄이려면 횟수 n을 100배 해야 하고, 오차를 $\frac{1}{100}$로 줄이려면 n을 10,000배로 늘려야 한다.

위 경우에 오차를 1% 이하로 하려면

$$\frac{0.776}{\sqrt{n}}\leq 0.01$$

에서 시행횟수 n을 구하면

$$n\geq 6022$$

이므로, 시뮬레이션의 시행횟수를 6022회 이상 시행해야 한다.

시뮬레이션의 횟수가 적으면 큰 오차를 포함할 위험성이 있으며, 오차를 줄이려면 대단히 많은 시행횟수가 요구된다. 많은 시행횟수가 요구되는 시뮬레이션은 손작업으로는 현실적이 못되어 대부분을 컴퓨터를 써서 행한다.

(2)식으로 주어지는 $p=\frac{r}{n}$은 정적분의 시뮬레이션 문제에서

$$p=\frac{r}{n}=\frac{f_{av}}{f_{\max}}$$

로 주어진다. 단, f_{av}는 적분구간에서의 $f(x)$의 평균값이고, $f_{\max}$는 적분구간에서의 $f(x)$의 최대값이다. 예제 6의 정적분 $\int_0^2 x^2dx$에서

$$f_{av}=\frac{1}{2}\int_0^2 x^2dx=\frac{4}{3}, \qquad f_{\max}=4$$

이므로

$$p=\frac{\frac{4}{3}}{4}=\frac{1}{3}=0.33\cdots$$

이다. 이 값은 시뮬레이션에서 얻은 $\frac{r}{n}=\frac{33}{100}$과 같은 값이다.

[예제 7] 정적분 $\int_0^1 xe^x dx$의 값을 hit-miss 법에 의한 시뮬레이션으로 구할 때

(1) $p=\frac{r}{n}$의 값과 p의 표준편차를 구하라.

(2) 신뢰도 90%로 p의 오차를 1% 이하로 하려면 난수 몇개를 발생시켜야 되느냐?

풀이 $p=\frac{f_{av}}{f_{\max}}=\frac{1}{e}$ 단, $f_{\max}$는 $0\leq x\leq 1$에서 $f(x)=xe^x$의 최대값$=e$이고, f_{av}는 $0\leq x\leq 1$에서 $f(x)$의 평균값이므로 $f_{av}=\int_0^1 xe^x dx=1$이다.

$$p\text{의 분산 } \sigma^2=\frac{p(1-p)}{n}=\frac{1}{n}\cdot\frac{1}{e}\left(1-\frac{1}{e}\right)=\frac{e-1}{ne^2}\fallingdotseq\frac{0.233}{n}$$

이므로

$$\sigma=\frac{0.482}{\sqrt{n}}$$

이다. 이 hit-miss 법에 의하여 신뢰도 90%로 p의 오차를 1% 이하로 하려면

$$1.65\cdot\frac{0.482}{\sqrt{n}}\leq 0.01$$

에서 총 난수의 수 n의 값은

$$n\geq 6325$$

이다. ▨

연습문제 4.4

1. 다음 표와 같은 수명 분포를 갖는 부품 A, B로 되는 기계가 있다. 이 기계는 어느 한쪽 부품이 고장나면 못쓰게 된다고 할 때, 이 기계의 수명분포를 구하라.

수 명 (주)	부품 A		부품 B	
	분 포	누적분포	분 포	누적분포
1	0.05	0.05	0.05	0.05
2	0.16	0.21	0.10	0.15
3	0.20	0.41	0.30	0.45
4	0.25	0.66	0.20	0.65
5	0.17	0.83	0.20	0.85
6	0.10	0.93	0.15	1.00
7	0.07	1.00		

2. A, B 두 사람이 게임을 할 때, 각자의 전략에 대한 A의 이득은 다음 표와 같다.

B \ A	b_1	b_2	b_3
a_1	3	1	1
a_2	0	4	1
a_3	0	1	4

단, A는 그의 전략 a_1, a_2, a_3을 확률 $\frac{3}{5}$, $\frac{1}{5}$, $\frac{1}{5}$로 취하고, B는 그의 전략 b_1, b_2, b_3을 각각 $\frac{1}{3}$로 취한다. 이 게임을 10회 실행할 때, A의 총이득을 시뮬레이션으로 구하라.

부 록

<표 I> 난수표

00000	10097 32533	76520 13586	34673 54876	80959 09117	39292 74945
00001	37542 04805	64894 74296	24805 24037	20636 10402	00822 91665
00002	08422 68953	19645 09303	23209 02560	15953 34764	35080 33606
00003	99019 02529	09376 70715	38311 31165	88676 74397	04436 27659
00004	12807 99970	80157 36147	64032 36653	98951 16877	12171 76833
00005	66065 74717	34072 76850	36697 36170	65813 39885	11199 29170
00006	31060 10805	45571 82406	35303 42614	86799 07439	23403 09732
00007	85269 77602	02051 65692	68665 74818	73053 85247	18623 88579
00008	63573 32135	05325 47048	90553 57548	28468 28709	83491 25624
00009	73796 45753	03529 64778	35808 34282	60935 20344	35273 88435
00010	98520 17767	14905 68607	22109 40558	60970 93433	50500 73998
00011	11805 05431	39808 27732	50725 68248	29405 24201	52775 67851
00012	83452 99634	06288 98083	13746 70078	18475 40610	68711 77817
00013	88685 40200	86507 58401	36766 67951	90364 76493	29609 11062
00014	99594 67348	87517 64969	91826 08928	93785 61368	23478 34113
00015	65481 17674	17468 50950	58047 76974	73039 57186	40218 16544
00016	80124 35635	17727 08015	45318 22374	21115 78253	14385 53763
00017	74350 99817	77402 77214	43236 00210	45521 64237	96286 02655
00018	69916 26803	66252 29148	36936 87203	76621 13990	94400 56418
00019	09893 20505	14225 68514	46427 56788	96297 78822	54382 14598
00020	91499 14523	68479 27686	46162 83554	94750 89923	37089 20048
00021	80336 94598	26940 36858	70297 34135	53140 33340	42050 82341
00022	44104 81949	85157 47954	32979 26575	57600 40881	22222 06413
00023	12550 73742	11100 02040	12860 74697	96644 89439	28707 25815
00024	63606 49329	16505 34484	40219 52563	43651 77082	07207 31790
00025	61196 90446	26457 47774	51924 33729	65394 59593	42582 60527
00026	15474 45266	95270 79953	59367 83848	82396 10118	33211 59466
00027	94557 28573	67897 54387	54622 44431	91190 42592	92927 45973
00028	42481 16213	97344 08721	16868 48767	03071 12059	25701 46670
00029	23523 78317	73208 89837	68935 91416	26252 29663	05522 82562
00030	04493 52494	75246 33824	45862 51025	61962 79335	65337 12472
00031	00549 97654	64051 88159	96119 63896	54692 82391	23287 29529
00032	35963 15307	26898 09554	33351 35462	77974 50024	90103 39333
00033	59808 08391	45427 26842	83609 49700	13021 24892	78565 20106
00034	46058 85236	01390 92286	77281 44077	93910 83647	70617 42941
00035	32179 00597	87379 25241	05567 07007	96743 17157	85394 11838
00036	69234 61406	20117 45204	15956 60000	18743 92423	97118 96338
00037	19565 41430	01758 75379	40419 21585	66674 36806	84962 85207
00038	45155 14938	19476 07246	43667 94543	59047 90033	20826 69541
00039	94864 31994	36168 10851	34888 81553	01540 35456	05014 51176
00040	98086 24826	45240 28404	44999 08896	39094 73407	35441 31880
00041	33185 16232	41941 50949	89435 48581	88695 41994	37548 73043
00042	80951 00406	96382 70774	20151 23387	25016 25298	94624 61171
00043	79752 49140	71961 28296	69861 02591	74852 20539	00387 59579
00044	18633 32537	98145 06571	31010 24674	05455 61427	77938 91936
00045	74029 43902	77557 32270	97790 17119	52527 58021	80814 51748
00046	54178 45611	80993 37143	05335 12969	56127 19255	36040 90324
00047	11664 49883	52079 84827	59381 71539	09973 33440	88461 23356
00048	48324 77928	31249 64710	02295 36870	32307 57546	15020 09994
00049	69074 94138	87637 91976	35584 04401	10518 21615	01848 76938

<표 I> 계속

00050	09188	20097	32825	39527	04220	86304	83389	87374	64278	58044
00051	90045	85497	51981	50654	94938	81997	91870	76150	68476	64659
00052	73189	50207	47677	26269	62290	64464	27124	67018	41361	82760
00053	75768	76490	20971	87749	90429	12272	95375	05871	93823	43178
00054	54016	44056	66281	31003	00682	27398	20714	53295	07706	17813
00055	08358	69910	78542	42785	13661	58873	04618	97553	31223	08420
00056	28306	03264	81333	10591	40510	07893	32604	60475	94119	01840
00057	53840	86233	81594	13628	51215	90290	28466	68795	77762	20791
00058	91757	53741	61613	62269	50263	90212	55781	76514	83483	47055
00059	89415	92694	00397	58391	12607	17646	48949	72306	94541	37408
00060	77513	03820	86864	29901	68414	82774	51908	13980	72893	55507
00061	19502	37174	69979	20288	55210	29773	74287	75251	65344	67415
00062	21818	59313	93278	81757	05686	73156	07082	85046	31853	38452
00063	51474	66499	68107	23621	94049	91345	42836	09191	08007	45449
00064	99559	68331	62535	24170	69777	12830	74819	78142	43860	72834
00065	33713	48007	93584	72869	51926	64721	58303	29822	93174	93972
00066	85274	86893	11303	22970	28834	34137	73515	90400	71148	43643
00067	84133	89640	44035	52166	73852	70091	61222	60561	62327	18423
00068	56732	16234	17395	96131	10123	91622	85496	57560	81604	18880
00069	65138	56806	87648	85261	34313	65861	45875	21069	85644	47277
00070	38001	02176	81719	11711	71602	92937	74219	64049	65584	49698
00071	37402	96397	01304	77586	56271	10086	47324	62605	40030	37438
00072	97125	40348	87083	31417	21815	39250	75237	62047	15501	29578
00073	21826	41134	47143	34072	64638	85902	49139	06441	03856	54552
00074	73135	42742	95719	09035	85794	74296	08789	88156	64691	19202
00075	07638	77929	03061	18072	96207	44156	23821	99538	04713	66994
00076	60528	83441	07954	10814	59175	20695	05533	52139	61212	06455
00077	83596	35655	06958	92983	05128	09719	77433	53783	92301	50498
00078	10850	62746	99599	10507	13499	06319	53075	71839	06410	19362
00079	39820	98952	43622	63147	64421	80814	43800	09351	31024	73167
00080	59580	06478	75569	78800	88835	54486	23766	06156	04111	08408
00081	38508	07341	23793	48763	90822	97022	17719	04207	95954	49953
00082	30692	70668	94688	16127	56196	80091	82067	63400	05462	69200
00083	65443	95659	18288	27437	49632	24041	08337	65676	96299	90836
00084	27267	50264	13192	72294	07477	44606	17985	48911	97341	30358
00085	91307	06991	19072	24210	36699	53728	28825	35793	28976	66252
00086	68434	94688	84473	13622	62126	98408	12843	82590	09815	93146
00087	48908	15877	54745	24591	35700	04754	83824	52692	54130	55160
00088	06913	45197	42672	78601	11883	09528	63011	98901	14974	40344
00089	10455	16019	14210	33712	91342	37821	88325	80851	43667	70883
00090	12883	97343	65027	61184	04285	01392	17974	15077	90712	26769
00091	21778	30976	38807	36961	31649	42096	63281	02023	08816	47449
00092	19523	59515	65122	59659	86283	68258	69572	13798	16435	91529
00093	67245	52670	35583	16563	79246	86686	76463	34222	26655	90802
00094	60584	47377	07500	37992	45134	26529	26760	83637	41326	44344
00095	53853	41377	36066	94850	58838	73859	49364	73331	96240	43642
00096	24637	38736	74384	89342	52623	07992	12369	18601	03742	83873
00097	83080	12451	38992	22815	07759	51777	97377	27585	51972	37867
00098	16444	24334	36151	99073	27493	70939	85130	32552	54846	54759
00099	60790	18157	57178	65762	11161	78576	45819	52979	65130	04860

<표 II> 포아송분포표

X	λ									
	0.1	0.2	0.3	0.4	0.5	0.6	0.7	0.8	0.9	1.0
0	.9048	.8187	.7408	.6703	.6065	.5488	.4966	.4493	.4066	.3679
1	.0905	.1637	.0222	.2681	.3033	.3293	.3476	.3595	.3659	.3679
2	.0045	.0164	.0333	.0536	.0758	.0988	.1217	.1438	.1647	.1839
3	.0002	.0011	.0033	.0072	.0126	.0198	.0284	.0383	.0494	.0613
4		.0001	.0002	.0007	.0016	.0030	.0050	.0077	.0111	.0153
5				.0001	.0002	.0004	.0007	.0012	.0020	.0031
6							.0001	.0002	.0003	.0005
7										.0001

X	λ									
	1.5	2.0	2.5	3.0	3.5	4.0	4.5	5.0	6.0	7.0
0	.2231	.1353	.0821	.0498	.0302	.0183	.0111	.0067	.0025	.0009
1	.3347	.2707	.2052	.1494	.1057	.0733	.0500	.0337	.0149	.0064
2	.2510	.2707	.2565	.2240	.1850	.1465	.1125	.0842	.0446	.0223
3	.1255	.1804	.2138	.2240	.2158	.1954	.1687	.1404	.0892	.0521
4	.0471	.0902	.1336	.1680	.1888	.1954	.1898	.1755	.1339	.0912
5	.0141	.0361	.0668	.1008	.1322	.1563	.1708	.1755	.1606	.1277
6	.0035	.0120	.0278	.0504	.0771	.1042	.1281	.1462	.1606	.1490
7	.0008	.0034	.0099	.0216	.0385	.0595	.0824	.1044	.1377	.1490
8	.0001	.0009	.0031	.0081	.0169	.0298	.0463	.0653	.1033	.1304
9		.0002	.0009	.0027	.0066	.0132	.0232	.0363	.0688	.1014
10			.0002	.0008	.0023	.0053	.0104	.0181	.0413	.0710
11				.0002	.0007	.0019	.0043	.0082	.0225	.0452
12				.0001	.0002	.0006	.0016	.0034	.0113	.0264
13					.0001	.0002	.0006	.0013	.0052	.0142
14						.0001	.0002	.0005	.0022	.0071
15							.0001	.0002	.0009	.0033
16									.0003	.0014
17									.0001	.0006
18										.0002
19										.0001

<표 Ⅲ> 표준정규분포표

$$P\{Z \leqq z\} = \int_{-\infty}^{z} \frac{1}{\sqrt{2\pi}} e^{-t^2/2} dt$$

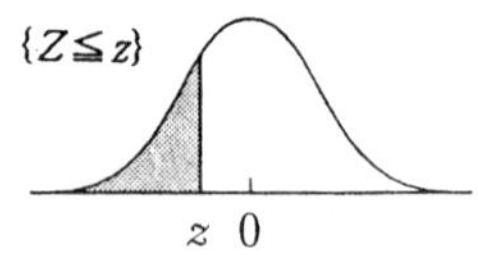

z	.00	.01	.02	.03	.04	.05	.06	.07	.08	.09
.0	.5000	.5040	.5080	.5120	.5160	.5199	.5239	.5279	.5319	.5359
.1	.5398	.5438	.5478	.5517	.5557	.5596	.5636	.5675	.5714	.5753
.2	.5793	.5832	.5871	.5910	.5948	.5987	.6026	.6064	.6103	.6141
.3	.6179	.6217	.6255	.6293	.6331	.6368	.6406	.6443	.6480	.6517
.4	.6554	.6591	.6628	.6664	.6700	.6536	.6772	.6808	.6844	.6879
.5	.6915	.6950	.6985	.7019	.7054	.7088	.7123	.7157	.7190	.7224
.6	.7257	.7291	.7324	.7357	.7389	.7422	.7454	.7486	.7517	.7549
.7	.7580	.7611	.7642	.7673	.7703	.7734	.7764	.7794	.7823	.7852
.8	.7881	.7910	.7939	.7967	.7995	.8023	.8051	.8078	.8106	.8133
.9	.8159	.8186	.8212	.8238	.8264	.8289	.8315	.8340	.8365	.8389
1.0	.8413	.8438	.8461	.8485	.8508	.8531	.8554	.8577	.8599	.8621
1.1	.8643	.8665	.8686	.8708	.8729	.8749	.8770	.8790	.8810	.8830
1.2	.8849	.8869	.8888	.8907	.8925	.8944	.8962	.8980	.8997	.9015
1.3	.9032	.9049	.9066	.9082	.9099	.9115	.9131	.9147	.9162	.9177
1.4	.9192	.9207	.9222	.9236	.9251	.9265	.9279	.9292	.9306	.9319
1.5	.9332	.9345	.9357	.9370	.9382	.9394	.9406	.9418	.9429	.9441
1.6	.9452	.9463	.9474	.9484	.9495	.9505	.9515	.9525	.9535	.9545
1.7	.9554	.9564	.9573	.9582	.9582	.9591	.9599	.9608	.9616	.9633
1.8	.9641	.9649	.9656	.9664	.9671	.9678	.9686	.9693	.9699	.9706
1.9	.9713	.9719	.9726	.9732	.9738	.9744	.9750	.9756	.9761	.9767
2.0	.9772	.9778	.9783	.9783	.9788	.9793	.9798	.9803	.9808	.9812
2.1	.9821	.9826	.9830	.9834	.9838	.9842	.9846	.9850	.9854	.9857
2.2	.9861	.9864	.9868	.9871	.9875	.9878	.9881	.9884	.9887	.9890
2.3	.9893	.996	.9898	.9901	.9904	.9906	.9909	.9911	.9913	.9916
2.4	.9918	.9920	.9922	.9925	.9927	.9929	.9931	.9932	.9934	.9936
25	.9938	.9940	.9941	.9943	.9945	.9946	.9948	.9949	.9951	.9952
2.6	.9953	.9955	.9956	.9957	.9959	.9960	.9961	.9962	.9963	.9964
2.7	.9965	.9966	.9967	.9968	.9969	.9970	.9971	.9972	.9973	.9974
2.8	.9974	.9975	.9976	.9977	.9977	.9978	.9979	.9979	.9980	.9981
2.9	.9981	.9982	.9982	.9983	.9984	.9984	.9985	.9985	.9986	.9986
3.0	.9987	.9987	.9987	.9988	.9988	.9989	.9989	.9989	.9990	.9990
3.1	.9990	.9991	.9991	.9991	.9992	.9992	.9992	.9992	.9993	.9993
3.2	.9993	.9993	.9994	.9994	.9994	.9994	.9994	.9995	.9995	.9995
3.3	.9995	.9995	.9995	.9996	.9996	.9996	.9996	.9996	.9996	.9997
3.4	.9997	.9997	.9997	.9997	.9997	.9997	.9997	.9997	.9997	.9998
3.5	.9998	.9998	.9998	.9998	.9998	.9998	.9998	.9998	.9998	.9998

<표 IV> χ^2 분포표

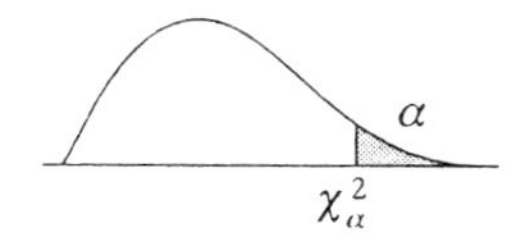

d.f. \ α	.995	.990	.975	.950	.050			
1	392704×10^{-10}	$157088 \times^{-9}$	$982069 \times^{-9}$	$393214 \times^{-8}$	3.84146	5.02389	6.63490	7.87944
2	.0100251	.0201007	.0506356	.102587	.99147	7.37776	9.21034	10.5966
3	.0717212	.114832	.215795	.351846	7.81473	9.34840	11.3449	12.8381
4	.206990	.297110	.484419	.710721	9.48773	11.14433	13.2767	14.8602
5	.411740	.554300	.831211	1.145476	11.0705	12.8325	15.0863	16.7496
6	.675727	.872085	1.237347	1.63539	12.5916	14.4494	16.8119	18.5476
7	.989265	1.239043	1.68987	2.16735	14.0671	16.0128	18.4753	20.2777
8	1.344419	1.646482	2.17973	2.73264	15.5073	17.5346	20.0902	21.9550
9	1.734926	2.087912	2.70039	3.32511	16.9190	19.0228	21.6660	23.5893
10	2.15585	2.55821	3.24697	3.94030	18.3070	20.4831	23.2093	25.1882
11	2.60321	3.05347	3.81575	4.57481	19.6751	21.9200	24.7250	26.7569
12	3.07382	3.57056	4.40379	5.22603	21.0261	23.3367	26.2170	28.2995
13	3.56503	4.10691	5.00874	5.89186	22.3621	24.7356	27.6883	29.8194
14	4.07468	4.66043	5.62872	6.57063	23.6848	26.1190	29.1413	31.3193
15	4.60094	5.22935	6.26214	7.26094	24.9958	27.4884	30.5779	32.8013
16	5.14224	5.81221	6.90766	7.96164	26.2962	28.8454	31.9999	34.2672
17	5.69724	6.40776	7.56418	8.67176	27.5871	30.1910	33.4087	35.7185
18	6.26481	7.01491	8.23075	9.39046	28.8693	31.5264	34.8053	37.1564
19	6.84398	7.63273	8.90655	10.1170	30.1435	32.8523	36.1908	38.5822

<표 Ⅳ> 계속

20	7.43386	8.26040	9.59083	10.8508	31.4104	34.1696	37.5662	39.9968
21	8.03366	8.89720	10.28293	11.5913	32.6705	35.4789	38.9321	41.4010
22	8.64272	9.54249	10.9823	12.3380	33.9244	36.7807	40.2894	42.7956
23	9.26042	10.19567	11.6885	13.0905	35.1725	38.0757	41.6384	44.1813
24	9.88623	10.8564	12.4011	13.8484	36.4151	39.3641	42.9798	45.5585
25	10.5197	11.5240	13.1197	14.6114	37.6525	40.6465	44.3141	46.9278
26	11.1603	12.1981	13.8439	15.3791	38.8852	41.9232	45.6417	48.2899
27	11.8076	12.8786	14.5733	16.1513	40.1133	43.1944	46.9630	49.6449
28	12.4613	13.5648	15.3079	16.9279	41.3372	44.4607	48.2782	50.9933
29	13.1211	14.2565	16.0471	17.7083	42.5569	45.7222	49.5879	52.3356
30	13.7867	14.9535	16.7908	18.4926	43.7729	46.9792	50.8922	53.6720
40	20.7065	22.1643	24.4331	26.5093	55.7585	59.3417	63.6907	66.7659
50	27.9907	29.7067	32.3574	34.7642	67.5048	71.4202	76.1539	79.4900
60	35.5346	37.4848	40.4817	43.1879	79.0819	83.2976	88.3794	91.9517
70	43.2752	45.4418	48.7576	51.7393	90.5312	95.0231	100.425	104.215
80	51.1720	53.5400	57.1532	60.3915	101.879	106.629	112.329	116.321
90	59.1963	61.7541	65.6466	69.1260	113.145	118.136	124.116	128.299
100	67.3276	70.0648	74.2219	77.9295	124.342	129.561	135.807	140.169

<표 V> t 분포표

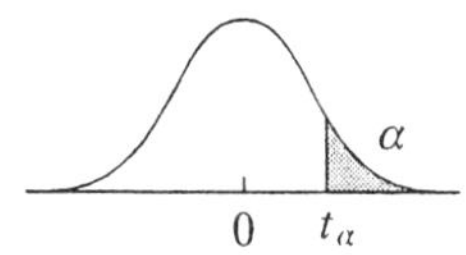

d. f.	α .25	.1	.05	.025	.01	.005
1	1.000	3.078	6.314	12.706	31.821	63.657
2	.816	1.886	2.920	4.303	6.965	9.925
3	.765	1.638	2.353	3.182	4.541	5.841
4	.741	1.533	2.132	2.776	3.747	4.604
5	727	1.476	2.015	2.571	3.365	4.032
6	.718	1.440	1.943	2.447	3.143	3.707
7	.711	1.415	1.895	2.365	2.998	3.499
8	.706	1.397	1.860	2.306	2.896	3.355
9	.703	1.383	1.383	2.262	2.821	3.250
10	.700	1.372	1.812	2.228	2.764	3.169
11	.697	1.363	1.796	2.201	2.718	3.106
12	.695	1.356	13782	2.179	2.681	3.055
13	.694	1.350	1.771	2.160	2.650	3.012
14	.692	1.345	1.761	2.145	2.624	2.977
15	.691	1.341	1.753	2.131	2.602	2.947
16	.689	1.333	1.740	2.110	2.567	2.898
18	.688	1.330	1.734	2.101	2.552	2.878
19	.688	1.328	1.729	2.093	2.539	2.861
20	.687	1.325	1.725	2.086	2.528	2.845
21	.686	1.323	1.721	2.080	2.518	2.831
22	.686	1.321	1.717	2.074	2.508	2.819
23	.685	1.319	1.714	2.069	2.500	2.807
24	.685	1.318	1.711	2.064	2.492	2.797
25	.684	1.316	1.708	2.060	2.485	2.787
26	.684	1.315	1.706	2.056	2.479	2.779
27	.684	1.314	1.703	2.052	2.473	2.771
28	.683	1.313	1.701	2.048	2.467	2.763
29	.683	1.311	1.699	2.045	2.462	2.756
30	.683	1.310	1.697	2.042	2.457	2.750
40	.681	1.303	1.684	2.021	2.423	2.704
60	.679	1.296	1.671	2.000	2.390	2.660
120	.677	1.289	1.658	1.980	2.358	2.617
∞	.677	1.282	1.645	1.960	2.326	2.576

해 답

제 1 장

생략

제 2 장

연습문제 (2.1) 1. 생략

연습문제 (2.2)

1. $\begin{cases} 6x_1 + 4x_2 \le 240 \\ 4x_1 + 8x_2 \le 320 \\ x_1,\ x_2 \ge 0 \end{cases}$ 인 조건에서 $Z = 10x_1 + 10x_2 \rightarrow \max$

2. $\begin{cases} 10x_1 + 20x_2 + 8x_3 \le 3000 \\ 10x_1 + 8x_2 + 25x_3 \le 4000 \\ 15x_1 + 25x_2 + 6x_3 \le 3000 \\ x_1,\ x_2,\ x_3 \ge 0 \end{cases}$ 인 조건에서

$Z = 4x_1 + 6x_2 + 5x_3 \rightarrow \max$

연습문제 (2.3)

1. 최적해 $(x_1,\ x_2) = (0,\ 120)$, 최적값 $Z_{\max} = 1440$
2. 최적해 $(x_1,\ x_2) = (\frac{7}{12},\ \frac{5}{12})$, 최적값 $Z_{\min} = 71.67$

연습문제 (2.4)

1.

꼭지점	x_1	x_2	x_3	x_4	x_5
0	0	0	9	8	1
A	1	0	6	3	0
B	1.5	0.25	3.5	0	0
C	1	1.5	0	0	3
D	0	2.25	0	3.5	5.5

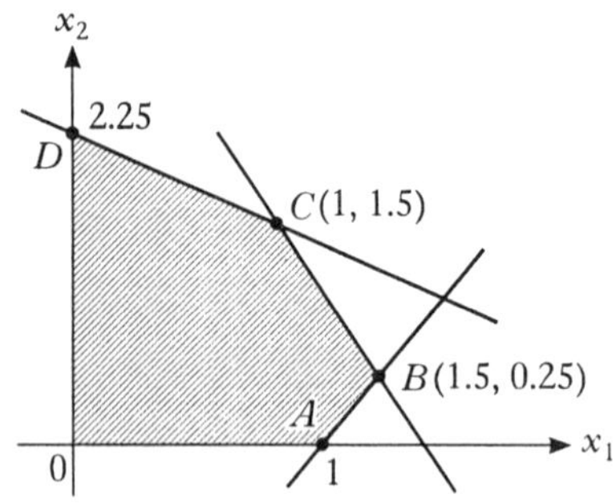

2. $$\begin{cases} -4x_1 + 5x_2 - 7x_3 - z_1 + y_1 = -8 \\ 2x_1 - 4x_2 + 2x_3 - z_2 + y_2 = \ \ 2 \\ -x_1 + 3x_2 - 2x_3 - z_3 + y_3 = -2 \\ x_i,\ y_j,\ z_k \geq 0 \quad (i,\ j,\ k = 1,\ 2,\ 3) \end{cases}$$ 인 조건에서

$$Z = x_1 + 3x_2 + 2x_3 + My_1 + My_2 + My_3 \rightarrow \min$$

연습문제 (2.5)

1. $c_1\begin{pmatrix}1\\1\end{pmatrix} + c_2\begin{pmatrix}2\\-1\end{pmatrix} = \begin{pmatrix}1\\2\end{pmatrix}$에서 $c_1 = \frac{5}{3}$, $c_2 = -\frac{1}{3}$

그림에서 $\frac{5}{3}A_1 = \overrightarrow{OP}$, $\frac{1}{3}A_2 = \overrightarrow{OQ}$ 이고

$\frac{5}{3}A_1 + (-\frac{1}{3}A_2) = B$이다.

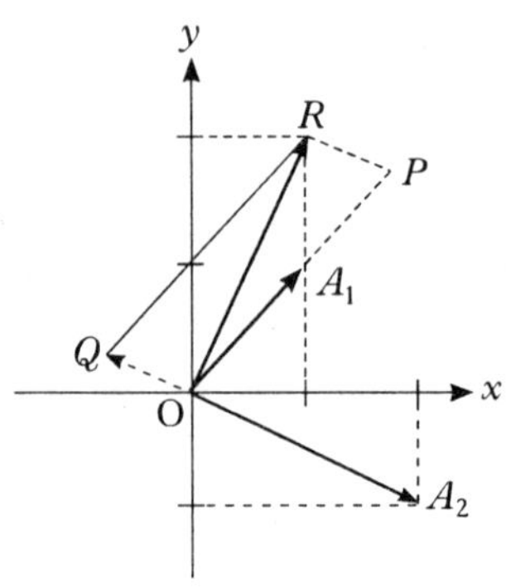

연습문제 (2.6)

1. (1) 최적해 $(x_1, x_2, x_3) = (\frac{15}{2}, \frac{25}{4}, 0)$, 최적값 $Z_{max} = 35$

(2) 최적해 $(x_1, x_2) = (0, 4)$, 최적값 $Z_{max} = 8$

연습문제 (2.7)

1. 쌍대문제

$$\begin{cases} 3y_1 + 2y_2 \geq 4 \\ 2y_1 + y_2 \geq 3 \\ y_1,\ y_2 \geq 0 \end{cases} \text{ 일 때 } W = 12y_1 + 8y_2 \to \min$$

최적해 $(y_1, y_2) = (\frac{3}{2}, 0)$, 최적값 $W_{\min} = 18$

원문제의 최적해 $(x_1, x_2) = (0, 6)$, 최적값 $Z_{\max} = 18$

2. (1) $$\begin{cases} 3y_1 + y_2 \geq 3 \\ 4y_1 + 3y_2 \geq 6 \\ y_1 + 2y_2 \geq 2 \\ y_1,\ y_2 \geq 0 \end{cases} \text{ 일 때 } W = 2y_1 + y_2 \to \min$$

(2) $$\begin{cases} 3x_1 + x_2 - x_3 + 2x_4 \leq 1 \\ 5x_1 - 2x_2 + 2x_3 + x_4 \leq 2 \\ -x_1 + x_2 - x_3 + x_4 \leq 3 \\ x_1,\ x_2,\ x_3,\ x_4 \geq 0 \end{cases} \text{ 일 때}$$

$Z = 10x_1 + 15x_2 - 15x_3 + 10x_4 \to \max$

특히 $x_2' = x_2 - x_3$라 하면

$$\begin{cases} 3x_1 + x_2' + 2x_4 \leq 1 \\ 5x_1 - 2x_2' + x_4 \leq 1 \\ -x_1 + x_2' + x_4 \leq 3 \\ x_1,\ x_4 \geq 0,\ x_2' \text{의 부호는 자유일 때} \end{cases}$$

$Z = 10x_1 + 15x_2' + 10x_4 \to \max$

3. 쌍대문제

$$\begin{cases} -4y_1 + 2y_2 - y_3 \leq 1 \\ 5y_1 - 4y_2 + 3y_3 \leq 3 \\ -7y_1 + 2y_2 - 2y_3 \leq 2 \\ y_1,\ y_2,\ y_3 \geq 0 \end{cases} \text{ 의 조건에서}$$

$W = -8y_1 + 2y_2 - 2y_3 \rightarrow \max$

원문제의 최적해 $(x_1, x_2, x_3) = (1, 0, 0)$

최적값 $Z_{max} = 1$

연습문제 (2.8)

1. c_2가 $51\frac{2}{3}$를 넘지 않는 범위

2. $7 \le b_1 \le \frac{655}{33}$

연습문제 (2.9)

1.

θ의 범위	최적해	Z
$0 \le \theta \le 2$	$(x_1, x_2) = (0, 5)$	$120 - 10\theta$
$2 \le \theta \le 8$	$(x_1, x_2) = (\frac{10}{3}, \frac{10}{3})$	$\frac{320 - 10\theta}{3}$
$8 \le \theta$	$(x_1, x_2) = (5, 0)$	$40 + 5\theta$

2.

θ의 범위	최적해		Z
	x_1	x_2	
$0 \le \theta \le 1$	$10 + 2\theta$	$10 + 2\theta$	$30 + 6\theta$
$1 \le \theta \le 5$	$10 + 2\theta$	$15 - 3\theta$	$35 + \theta$
$5 \le \theta \le 25$	$25 - \theta$	0	$50 - 2\theta$

연습문제 (2.10)

1. (1) 최적해 $(x_1, x_2) = (1, 2)$, 최적값 $Z_{max} = 3$

   (2) 최적해 $(x_1, x_2) = (2, 1)$, 최적값 $Z_{min} = 13$

2. 최적해 $(x_1, x_2) = (2, 2)$, 최적값 $Z_{max} = 4$

연습문제 (2.11)

1. $x_{11} = 80$, $x_{12} = 50$, $x_{22} = 40$, $x_{23} = 60$

2. $x_{12} = 150$, $x_{13} = 50$, $x_{21} = 150$, $x_{23} = 150$

3.

수요지 / 공급지	B_1	B_2	B_3	B_4	공급량
A_1	5			2	7
A_2		2	7		9
A_3		6		12	18
수요량	5	8	7	14	34

총수송비 $= 19 \times 5 + 10 \times 4 + 30 \times 2 + 40 \times 7 + 8 \times 6 + 20 \times 12 = 763$(만원)

연습문제 (2.12)

1. 최적할당 $a \to 2$, $b \to 1$, $c \to 3$ 또는 $a \to 3$, $b \to 1$, $c \to 2$
   총비용 $Z = 23$
2. 최적할당 $a \to 1$, $b \to 3$, $c \to 2$ 또는 $a \to 2$, $b \to 3$, $c \to 1$
   총이익 $Z = 29$
3. 최적할당 $1 \to 4$, $2 \to 3$, $3 \to 5$ 또는 $4 \to 1$, $5 \to 6$, $6 \to 2$
   총비용 $Z = 83$
4. 최적할당 $1 \to 2$, $2 \to 4$, $3 \to 6$, $4 \to 3$, $5 \to 5$, $6 \to 1$
   총이익 $Z = 203$
5. 최적할당 $a \to 3$, $b \to 1$, $c \to 2$, 총작업시간 $Z = 240$

연습문제 (2.13)

1. I 은 전략 a_2, II 는 전략 b_2 게임값은 5

2.

I \ II	3	4
2	2	4
4	5	2

I 의 혼합전략 : $x_1 = 0$, $x_2 = \frac{3}{5}$, $x_3 = 0$, $x_4 = \frac{2}{5}$

II 의 혼합전략 : $y_1 = 0$, $y_2 = 0$, $y_3 = \frac{2}{5}$, $y_4 = \frac{3}{5}$

3. 1) I 의 혼합전략 : $x_1 = \frac{1}{2}$, $x_2 = \frac{1}{2}$

   II 의 혼합전략 : $y_1 = 0$, $y_2 = \frac{1}{2}$, $y_3 = \frac{1}{2}$, $y_4 = 0$

   게임의 값은 $2\frac{1}{2}$

   2) I 의 혼합전략 : $x_1 = 0$, $x_2 = \frac{2}{3}$, $x_3 = \frac{1}{3}$

   II 의 혼합전략 : $y_1 = 0$, $y_2 = \frac{1}{2}$, $y_3 = \frac{1}{2}$

   게임의 값은 4

제 3 장

연습문제 (3.1)

1. 생략
2. (b, b, c), (b, d, c), (d, e, a), (d, c, a)
3. 그래프의 중심점 : b, 주변점 : c

연습문제 (3.2) 1번과 2번

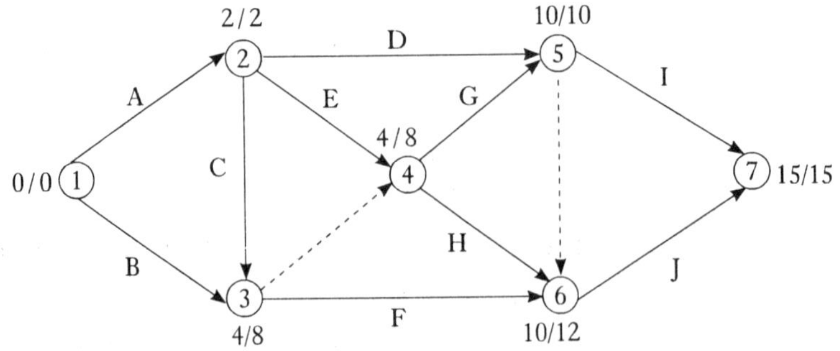

3.

결합점	1	2	3	4	5	6	7
최조시각	0	2	4	4	10	10	15
최지시각	0	2	8	8	10	12	15
여유시간	0	0	4	4	0	2	0

$\therefore\ CP:\ A \rightarrow D \rightarrow I$

4. $CP:\ A \rightarrow D \rightarrow I$ 이므로 이들 작업의 평균과 분산을 계산하면

$$E_A = \frac{1+4\times2+3}{6} = 2$$

$$E_D = \frac{5+4\times8+14}{6} = 8.5$$

$$E_I = \frac{2+4\times5+8}{6} = 5$$

$$V_A = (\frac{2}{6})^2 = 0.11,$$

$$V_D = (\frac{9}{6})^2 = 2.25$$

$$V_I = (\frac{6}{6})^2 = 1$$

$$\therefore\quad E(T) = 2+8.5+5 = 15.5$$

$$V(T) = 0.11+2.25+1 = 3.36$$

$$\Pr(T \le 18) = \Pr[Z \le \frac{18-15.5}{\sqrt{3.36}} = \Pr(Z \le 1.36) = 0.9115$$

연습문제 (3.3) 1. 최대흐름 : 9

2. 최대 유통량: 18

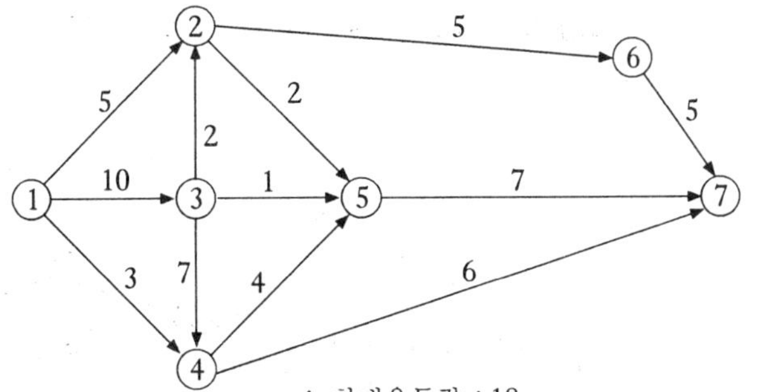

∴ 최대유동량 : 18

3.

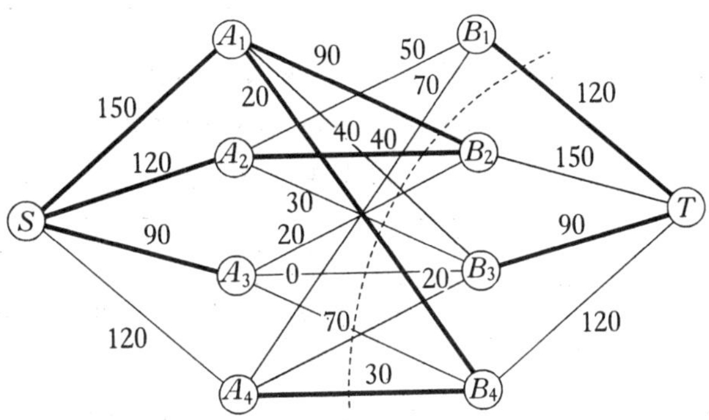

$$150+120+90+120=120+150+90+120=480$$

연습문제 (3.4)

1. $A \rightarrow C \rightarrow E \rightarrow D \rightarrow G$, $8km$ (최단경로)
2. 최단경로 ①→④→⑥→⑨→⑩, 최단거리 : 16
3. $D_3 = \begin{pmatrix} 0 & 3 & 5 & 8 \\ 2 & 0 & 3 & 6 \\ 3 & 1 & 0 & 3 \\ 5 & 3 & 2 & 0 \end{pmatrix}$

연습문제 (3.5)

1.

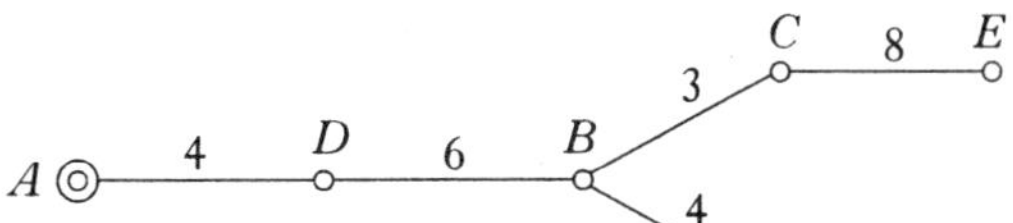

∴ 최소비용
=4+6+3+4+8+5
=30

최소비용 $= 4+6+3+4+8+5=30$

2.

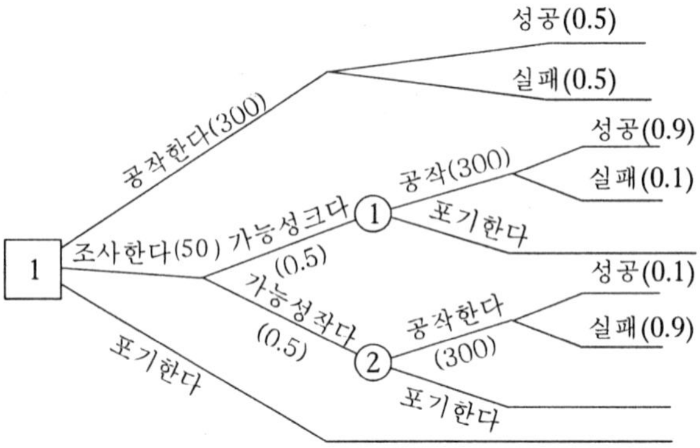

(1) 공작하고 수주할 때의 기대값 = 200만원

(2) 우선조사 할 때의 기대값 = 250만원

(3) 수주를 포기할 때의 기댓값 = 0원 ∴ 우선조사한다로 결정

3.

문 자	x_1	x_2	x_3	x_4	x_5	x_6
부 호	00	01	11	101	1000	1001

연습문제 (3.6)

1. (1) 최적할당 : 1 → 1, 2 → 3, 3 → 4, 4 → 2
   총비용 : $Z_c = 10$

   (2) 최적할당 : 1 → 2, 2 → 1, 3 → 4, 4 → 5, 5 → 3
   총비용 : $Z_c = 19$

2. 품목 1 : 36kg, 품목 2 : 24kg, 품목 3 : 30kg
   총가격 : 132만원

3. ①→③→②→④→⑤→①
   총거리 : 50마일

연습문제 (3.7)

1. 최적스케쥴은 J_2, J_3, J_4, J_1이고 이 때 최대체류시간은 21이다.
2. 최적스케쥴은 J_3, J_1, J_2, J_4이고 이 때 최대체류시간은 26이다.
3. 최적스케쥴 : J_3, J_1, J_2 또는 J_3, J_2, J_1
   최대 체류시간 : 29시간
4. 생략
5. 생략

연습문제 (3.8)

1.

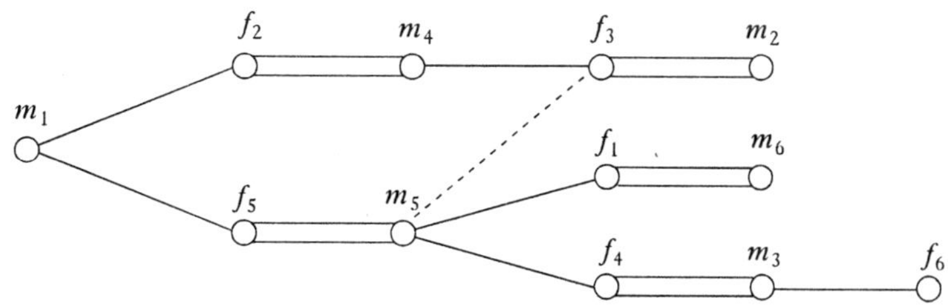

$M = \{(m_2,\ f_3),\ (m_3,\ f_4),\ (m_4,\ f_2),\ (m_5,\ f_5),\ (m_6,\ f_1)\}$

$P = \{(m_1,\ f_5),\ (f_5,\ m_5),\ (m_5,\ f_4),\ (f_4,\ m_3),\ (m_3,\ f_6)\}$

$\therefore$ 최대짝짓기 $= \{(m_2, f_3),\ (m_4, f_2),\ (m_6, f_1),\ (m_1, f_5),$

$(m_5, f_4),\ (m_3, f_6)\}$

연습문제 (4.1)

1.

앞면의 수	0	1	2	3	4	5	6	7	8
확률	$\frac{1}{256}$	$\frac{8}{256}$	$\frac{28}{256}$	$\frac{56}{256}$	$\frac{70}{256}$	$\frac{28}{256}$	$\frac{28}{256}$	$\frac{8}{256}$	$\frac{1}{256}$

2. (1) 동전 앞면을 H, 뒷면을 T라 하면

$S=\{(H, H), (H, T), (T, T), 1, 2, 3, 4, 5, 6\}$

(2) $P(A)=\frac{1}{3}$ (3) $P(B)=\frac{1}{2}$

(4) $P(A\cup B)=\frac{5}{6}$, $P(A\cap B)=\frac{1}{6}$

3. 꺼낸 숫자의 합이 5 이상일 사상을 A,

꺼낸 숫자의 합이 3일 사상을 B,

꺼낸 숫자의 합이 4일 사상을 C라 하면

$A^C = B\cup C$, $B\cup C=\phi$이므로

$P(A^C)=P(B)+P(C)=\frac{1}{125}+\frac{3}{125}+\frac{4}{125}$

$\therefore\ P(A)=1-P(A^C)=1-\frac{4}{125}=\frac{121}{125}$

4. 두 주사위의 눈이 모두 3 이상일 사상을 A, 두 주사위의 눈의 합이 7일 사상을 B라 하면 $P(A)=\frac{16}{36}=\frac{4}{9}$.

$P(A \cap B) = \frac{2}{36} = \frac{1}{18}$

$\therefore P(B \mid A) = \frac{P(A \cap B)}{P(A)} = \frac{1}{18} / \frac{4}{9} = \frac{1}{8}$

5. 공장 A 에서 생산되었을 확률 : $\frac{10}{37}$

공장 B 에서 생산되었을 확률 : $\frac{15}{37}$

공장 C 에서 생산되었을 확률 : $\frac{12}{37}$

연습문제 (4.2)

1. $\sqrt{\frac{2 \times 3000 \times 10000}{1000 \times 0.2}} = 548$개

2. $\sqrt{\frac{2 \times 500 \times 1000}{100}} = 100$개

3. (1) 최적발주량 $= \sqrt{\frac{2 \times 10000 \times 1000}{300}} \fallingdotseq 258$(개)

발주점 $= 5$개 $\times 25$(일) $+ 1.65 \times \sqrt{25} \times 3$(개) $= 150$(개)

(2) 발주량을 x라 할 때 연간 재고비용 = 발주비 + 보관비 = TC는

$x < 300$일 때, $TC = \frac{1000}{x} \times 10000 + \left(\frac{x}{2} + 25\right) \times 300$

$300 \leqq x < 500$일 때, $TC = \frac{1000}{x} \times 10000 + \left(\frac{x}{2} + 25\right) \times 300 - 1000 \times 20$

$x \geqq 500$일 때, $TC = \frac{1000}{x} \times 10000 + \left(\frac{x}{2} + 25\right) \times 300 - 1000 \times 50$

발주량이 258개일 때, $TC = 84,950$원

발주량이 300개일 때, $TC = 65,830$원

발주량이 500개일 때, $TC = 52,500$원

이므로, 1회에 500개씩 발주하는 것이 가장 경제적이다.

4. 발주점 $= 200 \times 9 + 1.65 \times 30 \times \sqrt{9} \fallingdotseq 1948$(개)

5. 경제발주량 $Q = \sqrt{\frac{2 \times 120,000 \times 14,000}{560 \times 0.25}} \fallingdotseq 4900$(개)

평균재고량 $= \frac{Q}{2} = \frac{4900}{2} = 245$(개)

연간 발주횟수 $= \frac{120,000}{4900} \fallingdotseq 25$(회)

6. 안전재고 = 안전계수 $\times \sqrt{\text{조달기간}} \times 1$일 소비량의 표준편차

$= 1.65 \times \sqrt{25} \times 10 = 82.5$(개) $\fallingdotseq 83$(개)

발주점 = 조달기간중의 수요량 + 안전재고 = $40\times25+83=1083$(개)

연습문제 (4.3)

1. 서비스 시간 20분에 도착하는 손님수는 평균 $\frac{2}{3}$명이므로, 이 시간 내에 꼭 k명 도착할 확률은 $P_k=\frac{e^{-\frac{2}{3}}\left(\frac{2}{3}\right)^k}{k!}$이고, $k=0$이라면 P_0=(서비스중에 한 사람도 도착하지 않을 확률) $=e^{-\frac{2}{3}}$이다.

2. (1) $\rho=\frac{1/\mu}{1/\lambda}=\frac{4}{5}=0.8$ (2) $\frac{\rho}{1-\rho}=\frac{0.8}{1-0.8}=4$

 (3) $\frac{L}{\lambda}=4\times5=20$

3. (1) $\rho=\frac{\lambda}{\mu}=\frac{5}{10}=0.5,\ \frac{\rho}{1-\rho}=1$ (2) $\frac{\rho^2}{1-\rho}=0.5$명

 (3) $\frac{1}{\mu-\lambda}=\frac{1}{6}$(시간) (4) $\frac{\rho}{\mu(1-\rho)}=\frac{1}{12}$ 시간

4. (1) $1-e^{-\mu dt}=\mu dt+0(dt)$ (2) $1-e^{-n\mu dt}=n\mu dt+0(dt)$

5. (1) $\lambda=3$(명/시), 평균 서비스시간 $\frac{1}{\mu}=12$(분/명)에서 $\mu=\frac{1}{12}$(명/분)(명/시)$=5$(명/시)이므로, 창구이용률 $\rho=\frac{\lambda}{\mu}=\frac{3}{5}=0.6$

 창구가 비어 있을 확률 $P_0=1-\rho=1-0.6=0.4$

 (2) $1-(P_0+P_1)=1-0.4-0.24=0.36\ (P_n=(1-\rho)\rho^n)$

6. $\rho=\frac{\lambda}{\mu}=\frac{3}{\mu}$, 계 내의 평균 대기인원 $=\frac{\rho}{1-\rho}\leqq2$에서 $\rho\leqq2(1-\rho)$

 여기에 $\rho=\frac{3}{\mu}$을 대입하여 $\frac{3}{\mu}\leqq2\left(1-\frac{3}{\mu}\right)$

 $\therefore\ \mu\geqq\frac{9}{2}=4.5$(명/시)

7. 지수분포는 과거의 이력에 무관하므로, 앞으로 평균 3분이 지나야 서비스가 끝난다.

8. (1) $P_0=\frac{1}{\left[\sum_{n=0}^{1}\frac{1}{n!}\left(\frac{1/6}{1/5}\right)^n\right]+\frac{1}{2!}\left(\frac{1/6}{1/5}\right)^2\frac{2\times1/5}{2\times1/5-1/6}}=\frac{7}{17}$

 $$\therefore\ \pi=\frac{\frac{1}{5}\left(\frac{1/6}{1/5}\right)^2}{(2-1)!\left(2\times\frac{1}{5}-\frac{1}{6}\right)}\times\frac{7}{17}\fallingdotseq0.25$$

 (2) $1-\pi=1-0.25=0.75$

(3) $L_q = \dfrac{\frac{1}{6} \times \frac{1}{5} \times \left(\frac{1/6}{1/5}\right)^2}{(2-1)!\left(2\times\frac{1}{5}-\frac{1}{6}\right)^2} \times \dfrac{7}{17} \fallingdotseq 0.18$(명)

(4) $w_q = \dfrac{L_q}{\lambda} \fallingdotseq 0.18 \times 6 \fallingdotseq 1.1$(분)

연습문제 (4.4)

1. (i) 각 부품의 수명분포에 따르는 난수를 만든다. 부품 A, B의 수명에 대한 난수는 다음과 같다.

수명	A	B
1	01~05	01~05
2	06~21	06~15
3	22~41	16~45
4	42~66	46~65
5	67~83	66~85
6	84~93	86~00
7	94~00	

(ii) 균등난수에서 두 자리 난수를 둘씩 취하여 A, B의 수명을 정한다.

(iii) A, B의 수명을 y_1, y_2이라 하면, 이 기계의 수명 z는

$$z = \min\{y_1, y_2\}$$

에 의하여 정한다.

(iv) (ii)~(iii)을 필요한 만큼 반복한다.

2. (i) 다음 난수표를 써서 A, B는 각자의 전략을 선정한다.

전략	A	B
1	01~60	01~33
2	61~80	34~67
3	81~00	68~00

(ii) 두 자리의 균등난수 2개를 취하여 처음 것으로 A의 전략을, 두 번째 것으로 B의 전략을 정하고, 이 전략에 의하여 이득표에서 A의 이득을 구한다.

(iii) (ii)의 조작을 10회 반복하여 A의 이득의 합계를 구한다.

찾아보기

박용성

서울대학교 사범대학 수학과 졸업
충남대학교, 조선대학교 대학원 수학과 (이학박사)
현 : 군산대학교 자연과학대학 정보통계학과 교수

경영과학의 이론과 실제

2007년 2월 26일 초판 인쇄
2007년 3월 5일 초판 발행

저 자 / 박용성
발행자 / 오판근
발행처 / 교우사

주 소 / 서울 동대문구 제기2동 148-19
전 화 / 925-2861, 929-4865
팩 스 / 925-2860
E-mail / kw2861 @ chollian. net
http: // www. kyowoo. co. kr
등록 / 1994. 3. 24 제7-119호

ISBN 978-89-8172-674-4(93320)

값 **23,000**원